刊行にあたって

　このたび、新カリキュラムに対応した社会福祉士と精神保健福祉士養成の教科書シリーズ（以下、本養成講座）を一般社団法人日本ソーシャルワーク教育学校連盟の編集により刊行することになりました。本養成講座は、社会福祉士・精神保健福祉士共通科目13巻、社会福祉士専門科目8巻、精神保健福祉士専門科目8巻の合計29巻で構成されています。

　社会福祉士の資格制度は、1987（昭和62）年に制定された社会福祉士及び介護福祉士法により創設されました。後に、精神保健福祉士法が制定され、精神保健福祉士の資格制度が1997（平成9）年に創設されました。それから今日までの間に両資格のカリキュラムは2度の改正が行われました。本養成講座は、2019（令和元）年度の両資格のカリキュラム改正に伴い、刊行するものです。

　新カリキュラム改正のねらいは、地域共生社会の実現に向けて、複合化・複雑化した課題を受けとめる包括的な相談支援を実施し、地域住民等が主体的に地域課題を解決していくよう支援できるソーシャルワーカーを養成することにあります。地域共生社会とは支援する者と支援される者が一体となり、誰もが役割をもって生活していくことができる社会です。こうした社会を創り上げる担い手として、社会福祉士や精神保健福祉士が期待されています。

　そのため、本養成講座の制作にあたって、❶ソーシャルワーカーとしてアセスメントから支援計画、モニタリングに至るPDCAサイクルに基づく支援ができる人材の養成、❷個別支援と地域支援を一体的に対応でき、児童、障害者、高齢者等のさまざまな分野を横断して包括的に支援のできる人材の養成、❸「講義─演習─実習」の学習循環をつくることで、実践現場に密着した人材養成をする、を目的にしています。

　社会福祉士および精神保健福祉士になるためには、ソーシャルワークに必要な五つの科目群について学ぶことが必要です。具体的には、①社会福祉の原理・基盤・政策を理解する科目、②複合化・複雑化した福祉課題と包括的な支援を理解する科目、③人・環境・社会とその関係を理解する科目、④ソーシャルワークの基盤・理論・方法を理解する科目、⑤ソーシャルワークの方法と実践を理解する科目です。それぞれの科目群の関係性と全体像は、次頁の図のとおりです。

　これらの科目を本養成講座で学ぶことにより、すべての学生がソーシャルワークの基盤を修得し、社会福祉士ならびに精神保健福祉士の国家資格を取得し、さまざまな領域でソーシャルワーカーとして活躍され、ソーシャルワーカーに対する社会的評価を高めてくれることを願っています。

社会福祉士養成教科書の全体像

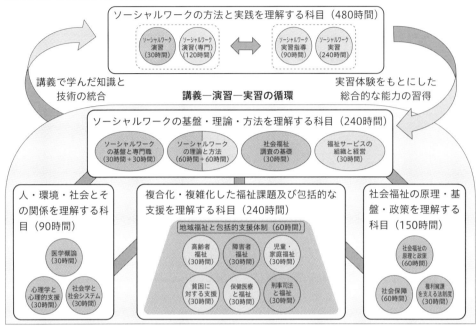

出典：厚生労働省「（別添）見直し後の社会福祉士養成課程の全体像」（https://www.mhlw.go.jp/content/000604998.pdf）
より本連盟が改編

精神保健福祉士養成教科書の全体像

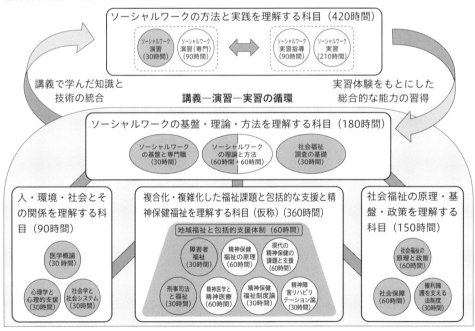

出典：厚生労働省「（別添）見直し後の社会福祉士養成課程の全体像」を参考に本連盟が作成

2020（令和２）年12月１日

一般社団法人日本ソーシャルワーク教育学校連盟
会長　白澤政和

はじめに

　精神保健福祉士は、精神保健福祉士法に基づく名称独占の資格であり、1997（平成9）年に国家資格化された。その後、精神障害者を取り巻く社会情勢の変化を背景として、2010（平成22）年に精神保健福祉士養成カリキュラムが改正されたものの、それから約10年が経過し、精神保健福祉士を取り巻く状況も大きく変化している。法制度では、障害者自立支援法の成立と障害者総合支援法への改正、障害者権利条約の批准、アルコール・薬物・ギャンブル等の各依存症に対する相談支援体制の整備推進など、精神障害者にかかわる障害者施策が展開されると同時に、人口構造や家族構造の変化、国民意識の変化、時代のニーズの変化も著しい。それに伴い、精神保健福祉士の援助や支援の対象が地域生活を目指す精神障害者にとどまらず、精神医療を受診している者、メンタルヘルスの課題を抱えている者、心の健康の増進を目指す国民全体へと拡大してきた。このような変化により、精神保健福祉士の配置・就労状況も、医療（病院・診療所など）、福祉（障害福祉サービス事業所など）、保健（保健所・市役所など）から、教育（各種学校など）、司法（更生保護施設・刑務所等矯正施設など）、産業・労働（ハローワーク・一般企業など）へと職域を広げてきている。そして、2017（平成29）年に公表された「これからの精神保健医療福祉のあり方に関する検討会」報告書では新たな理念である「精神障害にも対応した地域包括ケアシステム」の構築を目指すことが明記された。その一端を担う精神保健福祉士の人材育成を目指して、2018（平成30）年より「精神保健福祉士の養成の在り方等に関する検討会」が設置され、精神保健福祉士の養成カリキュラムが改正されることになった。

　本巻『ソーシャルワーク演習（精神専門）』を学ぶ意義は、ソーシャルワーカーである精神保健福祉士の専門性の基礎を獲得することにある。講義で学習した理論や知識をもとに思考し行動できるソーシャルワークの技術を活用した実践能力を習得することを学習目標としている。ソーシャルワークの技術に関連する「講義―演習―実習」の学びの循環を作ることを踏まえ、今回のカリキュラム改正では、精神保健福祉士と社会福祉士の養成課程において共通して学ぶべき内容と、精神保健福祉士として専門的に学ぶべき内容が明確になるよう、演習科目は「ソーシャルワーク演習」と「ソーシャルワーク演習（専門）」とに再構築された。前者の「ソーシャルワーク演習」は社会福祉士と精神保健福祉士の養成課程における共通科目であり、合同授業が可能となった。後者の「ソーシャルワーク演習（専門）」については時間数の充実（60時間から90時間へ）が図られ、より専門的な相談援助の内容の習得が求められるように

なった。また「ソーシャルワーク演習（専門）」は「ソーシャルワーク演習」を基盤としながら、配属実習・実習指導の前後に位置づけられていることから、精神保健福祉士の専門性に基づく実践に必要なソーシャルワークの視点と価値、理論や知識、援助技術を包括的に実践的に習得できることが学習目標となる。

　本巻『ソーシャルワーク演習（精神専門）』は次の四つの章で構成される。第1章「精神保健福祉士の演習の意義と目的」、基礎編にあたる第2章「ソーシャルワークの課題を通じた演習」、応用編にあたる第3章「支援の場に応じた相談援助の理解」、第4章「ソーシャルワーク実践のための力の獲得」の順で展開される。第2章では、精神疾患を患った方の事例をもとにクライエントが地域の一員として自分らしい暮らしの実現を目指すまでの一連の過程を示し、多種多様な機関・施設の精神保健福祉士のかかわりを紹介している。第3章は精神保健福祉士に求められる専門性の習得を目指して、精神障害者の複層的な生活ニーズ、精神保健福祉士が所属する多種多様な機関・施設の特性を考慮して、28の事例を設定した。いずれの事例も、精神保健福祉士の勤める職場、支援対象者となるクライエントならびにクライエントを取り巻く環境や社会を踏まえ、精神保健福祉士のソーシャルワークの展開過程を提示している。事例に際して、近年クローズアップされている生活課題である、貧困や生活困窮、外国人、DPAT、被災者、アディクション、触法障害者、EAP機関、多機関・多職種連携なども採り入れている。また、第4章では職業アイデンティティの構築を目指し、精神保健福祉士の実践に求められる「コンピテンシー」と卒後教育を視野に入れて日本精神保健福祉士協会のキャリアラダーを紹介している。

　以上のように、本巻『ソーシャルワーク演習（精神専門）』は、社会福祉士との共通科目である「ソーシャルワーク演習」を踏まえ、精神保健福祉士による実践の専門性を習得するという重要な使命がある。学生の皆さまが、テキストの学びを通して、ソーシャルワーカーである精神保健福祉士の職業アイデンティティを構築する意義を学ぶことを期待している。

編集委員一同

目次

第3章　支援の場に応じた相談援助の理解

第 4 章　ソーシャルワーク実践のための力の獲得

編集、統括編集委員、編集委員、執筆者および執筆分担

本書では学習の便宜を図ることを目的として、以下の項目を設けました。

> ・学習のポイント……各節で学習するポイントを示しています。
> ・重要語句…………学習上、特に重要と思われる語句を色文字で示しています。
> ・用語解説…………専門用語や難解な用語・語句等に★を付けて側注で解説しています。
> ・補足説明…………本文の記述に補足が必要な箇所にローマ数字（ⅰ、ⅱ、…）を付けて脚注で説明しています。

第1章

精神保健福祉士の
演習の意義と目的

　これまで多くの知識を学んできたと思うが、その学びを統合し、血の通ったものにしていくのが演習の授業である。ソーシャルワーク演習（共通）においては、基本的な知識と技術に関する実践的な理解を焦点に学んできたと思う。本章では、精神保健福祉士になるための演習の意義、目的、内容、実践における原理・原則について取り上げる。

　近年、精神保健福祉の職域は広がりをみせている。変化していく社会環境のなかで、多様化するニーズに対応していくには、精神保健福祉領域のソーシャルワークの根幹となる価値を押さえたうえで、専門的な知識、技術を総動員しなければならない。本章ではその基本的な枠組みを提示する。

精神保健福祉士になるための演習の意義と目的

学習のポイント

● よりよい学びを得るために、演習の授業に参加する姿勢について考える
● 精神保健福祉士に期待される役割を念頭に置いて、演習の意義や目的を理解する
● 多様な演習の展開方法を学ぶとともに留意点について確認する

　これから学んでいく演習の授業の意義や目的はどういうところにあるのだろうか。また、学びをより深いものにしていくためにはどういうことが重要だろうか。通常、演習は受講者にいくつかのグループに分かれてもらい、ディスカッションを通して、これまで学んできた制度、サービスなどの知識をもとに、具体的な支援について深めていく。よりよい学びを得るためにはどのようなことが求められるのだろうか。

 ## 演習への参加

　演習は多くの場合、グループで学生同士の議論を通して学びを深めていく。授業そのものがグループワークであり、集団のなかで働く力動もまた、学びの意欲に影響を与える。グループのもつ力がプラスの方向に働くためには、演習に参加するためのグランドルールを共有しておくとよいだろう。たとえば、そのルールを受講する学生たちに提案してもらうということも一つの試みとしてやってみてもよいかもしれない。

　授業をより有効にするために、参加する学生にはどういうことが求められるだろうか。

　一般的なグループディスカッションでのグランドルールは、

・グループに主体的に参加する
・お互いを尊重し、人の話は最後まで聞く
・考えやアイデアに焦点を当てて議論をし、相手を非難しない
・個人的な情報は外にもち出さない
・共有している時間を分かちあう

といったところであろうか。

　グループでの学びはその集団において、自分の意見が尊重されている

と感じることで帰属感が高まる。また、意見の対立があったときも、その葛藤を自分たちの力で解決していくことで、より関係性が深まり、お互いが成長しあう場として機能する。

　座学からアクティブな演習への展開は、これまでの一人ひとりの知識や経験をもち寄って、学びを深化させるということである。授業が有用な場になるよう、全員が主体的に参加し、限られた時間を分かちあうことが重要なのである。

2　演習の意義・目的

　1997（平成9）年に制定された精神保健福祉士法であるが、2012（平成24）年にカリキュラム改定が施行されている。そのときの改定は、実践力の高い精神保健福祉士を目指すということが大きな目標として掲げられていた。今回の改定では、精神保健福祉士を取り巻く環境の変化に伴い、対象や役割、配置が拡大してきていること、地域における包括的な相談支援を担える人材を育成することなどがその背景として示されている。特に、精神保健及び精神障害者福祉に関する法律の改正による退院後生活環境相談員の創設、精神障害にも対応した地域包括ケアシステムの構築の推進、精神障害者の雇用の義務化、アルコール健康障害対策基本法およびギャンブル等依存症対策基本法の施行等による専門人材の育成・確保の必要性などによって、精神保健福祉士に期待される社会的役割も大きくなっているのである。そうした背景のもとに厚生労働省が2019（平成31）年3月に取りまとめた「精神保健福祉士の養成の在り方等に関する検討会中間報告書」では、以下を精神保健福祉士の役割として掲げている（**図 1-1**）。

❶　普遍的な役割や基盤となる役割（価値・理念、倫理・責務、視点）
❷　変化に応じた役割（対象や課題に応じた支援の目的・目標、業務）
❸　役割に応じて必要となるもの（機能、技術・技能、理論・知識）

　ソーシャルワーク演習では、普遍的な役割や基盤となる役割を理解したうえで、精神保健福祉士としての専門性の基礎を習得することを目指す。それは、変化していく社会情勢のなかで、揺るがないアイデンティティの確立と、柔軟な発想や手法を繰り出せる精神保健福祉士の養成を目指すということである。

図1-1　精神保健福祉士の目指すべき姿（イメージ）

視点

〈目的、目標、業務等〉
対象・課題：個人・集団・組織・地域・社会
レベル：ミクロ－メゾ－マクロ

出典：厚生労働省「精神保健福祉士の養成の在り方等に関する検討会中間報告書」, p.11, 2019. を一部改変

3　演習の展開

　では、実際にどのように演習という授業を展開していくのであろうか。演習では、これまで他の科目で学んできた理論、方法、技術、価値を統合化していくことになる。

　ソーシャルワークの理論と実践の乖離は、これまでも大きな課題として扱われてきた。それは、理想と現実のギャップという形で語られることもある。現場で実習指導者として実習生とスーパービジョンを行っている際に、「このことは学校では習わなかったのかな？」と問いかけると、「教わってません」という回答の多いことに唖然としたことがある。しかし、話題とした事象に関して、よくよく紐解いていくと、「そういうことなんですね。それは勉強しました」というような回答に変化していくこともある。そういうことがどうして起こるのかというと、学んだ知識や方法、技術を目の前で起こっていることと結びつけて考えることができないからではないだろうか。テキスト等で学んだ事例とまったく同じことが現場で起こるわけではない。しかし、学んだことを咀嚼し、援用することができれば、現場で起こっていることを自分なりに理解し、理論と実践を結びつける手掛かりを得ることができる。演習はそうしたトレーニングの場ともなるのである。

　演習には現場実習に行く前に行うものと、現場実習後に行うものがあ

る。前述したように、理論と実践の結びつきや循環が実習中に十分に経験できれば、それは申し分のないことである。しかし、実習生自身の省察が不十分であったり、実習現場が忙しすぎて、実習生の気づきを触発してくれる機会が少ないといった場合もある。実習が「楽しかった」と語る実習生もいれば、「大変だった」と言う実習生もいる。あるいは、うまく言語化できないが不全感を感じながら養成校に戻ってくる実習生もいる。「楽しい」ということが患者や利用者に声をかけられる機会が多く、会話が弾んで楽しかったということだったり、自分が話を聞いたことや伝えた情報に対して感謝されたために有用感をもったということだった場合はどうだろうか。逆に「大変」という内容が、医療現場や福祉現場の現状を知るにつけ、そこで求められている精神保健福祉士の役割の大きさに驚き、「とても自分にはできない」と考えるに至ったという場合もあるかもしれない。また、現場の忙しさや経営的な状況のなかで、養成校で学んだソーシャルワークの価値がないがしろにされてしまいそうな実態に触れ、自分が立ち返る場所がわからなくなってしまったという場合もあるだろう。いずれも現場でしか得られない貴重な経験であるが、そうした実体験を演習の授業で取り上げ、グループでディスカッションすることにより、再構築していくことが重要なのである。

4 演習の方法

　演習を実施していく方法は実に多様である。昨今、これまで座学で、教員が一方的に話をするという手法から、学生がもっと能動的に学ぶことを重視したアクティブラーニングが推奨されている。ソーシャルワークの演習では、以前からアクティブラーニング手法が用いられてきているが、以下にその方法のいくつかを例示する。

1 演習の入り口 — アイスブレイク

　ソーシャルワーク演習を受講している学生のなかには見知りの学生が多い場合もあれば、そうでもない場合もあるだろう。その際にグループ活動を展開していくための準備運動としてアイスブレイク（ice break）を行う教員もいる。

　アイスブレイクとは、演習の授業でいうと、事例検討などを始める前にちょっとしたゲームなどを行い、リラックスして、ディスカッション

に積極的に参加し、その成果が有効なものになるようにする手法である。アイスブレイクという言葉も、氷を解かすという意味で使用されている。具体的には、自己紹介に「最近うれしかったこと」を含んで話してくださいというものや、ペアになって、相手について質問し、本人になり変わってペアの相手がその人を紹介する他己紹介などを授業の冒頭の10分程度を活用して行う場合が多い。

■2 DVDや体験話を聴く、見学（フィールドワーク）を行う

　精神保健福祉士等、社会福祉領域の資格取得を目指すからといって、自主的にボランティア活動を行っているという学生の比率は決して高くない。身近なところに精神障害者がいたという人もいるが、ほとんどの人が授業を通して精神障害者のイメージを構築することになる。よりリアリティのある授業を展開するために、ゲストスピーカーとして当事者や精神保健福祉士等を招くことや医療、福祉の現状に関するDVDの投影も有効な手段である。可能であれば、施設の見学を実施し、現場で精神保健福祉士や利用者に話をしてもらうほうがイメージをつくりやすい。留意しなければならないのは、経験が少ないために、そのときに聞いた話や見たことがサービスや精神保健福祉士、当事者のイメージとして固定されてしまうリスクがあり、後日、配属された施設とのギャップを埋めきれないということも起こり得ることである。ゲストスピーカーから聞いた話はあくまでも一例であることを念頭に置いておく必要がある。

■3 グループディスカッション

　演習の授業ではグループでの討議が中心となる。グループで話しあうといっても、目的によって方法や活用するツールが異なる。

　アイデア出しをするような場合はブレーンストーミングやバズセッション、ワールドカフェ方式などが採用される。単にアイデアを出すだけでなく、そのアイデアをまとめていく際には、そのプロセスを可視化できるKJ法なども活用される。

　グループディスカッションで事例を活用した授業では、事例紹介を行った後、ディスカッションのテーマを提示し、グループに分かれて話しあい、最後にその結果を発表し、共有することが多いが、たとえば、オンデマンドコンテンツや事前に配布された資料などで、事前に事例について情報を把握し、対面授業ではディスカッションに重点を置いた授

業展開を行うこともある。これを反転授業といい、これまでの多くの授業は、授業後に復習を求めるものが多かったのに対して、事前に学習を求めるということである。

4 ロールプレイ

ロールプレイング技法（role playing）は役割演技法とも訳されるが、具体的な場面を設定し、参加者に役割を割り振り、模擬的な体験を通して学習することである。たとえば、面接場面を設定し、模擬面接をしたり、事例におけるケアカンファレンスの場面を切り出して、それぞれの役割に応じて会議場面を演じたりすることによって、それぞれの立場への理解を深めるということもある。

5 プレゼンテーション

演習の授業では、学んだことをグループでまとめ、全体に向けて発表する機会が多い。グループディスカッションのプロセスを的確に把握し、発信する能力が求められる。

現在は実践現場においてもそうした発信力を求められる機会が多い。通常の演習授業でのグループ発表は口頭の場合も多いであろうが、時に、パワーポイントなどを使用してそのプレゼンテーションのテーマ、目的、内容、考察、結果などをまとめる機会があれば、実習報告などを行う際の事前学習ともなる。

5 演習を行う際の留意点

グループで事例を検討すると、学生が最も気にするのは、自分の事例の見立てや考えた今後の支援計画が「正解」だったかどうかという点である。もちろん、倫理的な視点や活用した制度への理解が間違っているというような点では「不正解」はあるだろう。しかし、それ以外の要件で「正解」「不正解」を誰がどう決めるのだろう。

日本の学生がこれまで受けてきた教育の影響は大きく、教員が投げかける事柄に対して、「正解」「不正解」という2択で判断しようとする学生が多い。冷静に考えてもらえればわかることだが、人の生き方、ものの考え方に対して、他の誰かが正解だ、不正解だと言うことはできないし、するべきではない。それは、社会的に弱い人や判断能力が不十分な

人が対象であっても同様である。

　社会福祉の対象は拡大してきており、社会もまた、多様性を許容する方向に動いている。そして、クライエントを中心に、その価値観に寄り添うことが支援を行う際のスタンダードとなっている。「正解」「不正解」を考える前に、支援を求めている人がどういう人であるのか、どう生きてきて、どういう考え方をもっている人なのか、どういう環境のなかで暮らしているのかということなどに思いを巡らせ、理解を深めることが重要なのである。

　これまでの学生生活のなかで、グループに参加してきた経験はほとんどの人がもっているだろう。この授業におけるグループディスカッションで最も大事にしてほしいのは、前述してきたことと関連するが、人が多様であることを体感するということである。同じくらいの年代で、同じ学生という身分であれば、共通した価値をもっている場合も多い。それでも、ディスカッションしていると、自分とはまったく違うものの見方、考え方をする人と出会う。その現実から推測すると、世の中にはもっと多様な考え方をする人がいるということになる。また、それは支援する人、支援を受ける人双方にいえることである。

　グループへの参加の仕方も積極的に発言する人もいれば指名されないと口を開かない人もいるなどさまざまである。そのなかで、事例などを検討していくことになるが、一人ひとりがそこに参加していることの責任を分かちもって、自分の考えを整理し、人に伝えるということを心がけてもらいたい。多様な福祉現場には、専門性の高い人もいれば、一般の市民も障害当事者もいる。そうした想定のもとに、自分の主張をほかの人に理解してもらいやすく表現できるということが大事なのである。意見が異なったり、対立することは特に恐れる必要はない。たとえば、「考え方はまったく違うが、その人の言っていることは理解できる」というような経験はないだろうか。一人ひとりの考えが違うことはある意味当たり前のことであり、それを尊重しあうことで信頼関係が構築されていくことになる。その信頼を勝ち得るひとつの方法として、相互理解が促進されるような「説明」ができるかどうかということが重要なのである。援助職は相手に「共感」することには敏感だが、自分自身が多様な人たちの調整を図っていく立場になった時に、「共感」してもらえることが実は重要であり、また、説明する責任を担う場合もあるのである。

 第2節 精神保健福祉士の演習の内容

学習のポイント

● 精神保健福祉士が国家資格となって以降の教育内容の変化を知る
● 演習の授業における到達目標と精神保健福祉士に求められる力について理解する
● 本テキストにおける事例演習の構成を確認し、有効な活用方法を考える

1 カリキュラム改定の背景

　精神保健福祉士は精神障害者の保健及び福祉に関する専門的知識及び技術をもって精神障害者の相談援助を行う国家資格として1997（平成9）年に法制度化された。その後、「入院医療中心から地域生活中心へ」という国策の流れや障害者に関する制度の改革などが展開されるなかで、求められる役割にも微妙に変化が生じてきた。そこで、2008（平成20）年に「今後の精神保健医療福祉のあり方等に関する検討会」が開催され、2010（平成22）年に精神保健福祉士法が改正された。検討会の中間報告を受けて、ワーキングチームが設置され、養成カリキュラムの見直しが検討されたわけであるが、当時厚生労働省が示した今後の精神保健福祉士に求められる役割は、以下の4点であった。

❶　医療機関等におけるチームの一員として、治療中の精神障害者に対する相談援助を行う役割

❷　長期在院患者を中心とした精神障害者の地域移行を支援する役割

❸　精神障害者が地域で安心して暮らせるよう相談に応じ、必要なサービスの利用を支援するなど、地域生活の維持・継続を支援し、生活の質を高める役割

❹　関連分野における精神保健福祉の多様化する課題に対し、相談援助を行う役割

　その改定から約10年が経過し、精神障害者をめぐる状況はまた、大きく変化した。障害者自立支援法への反対運動を契機に障害者制度改革が始まり、「障害者の権利に関する条約」の批准を目指す情勢と相まって、2011（平成23）年には障害者基本法の改正、障害者自立支援法の一部改正、障害者虐待の防止、障害者の養護者に対する支援等に関する法律

の制定が行われ、2013（平成25）年には障害者の日常生活及び社会生活を総合的に支援するための法律が成立した。2013（平成25）年に障害を理由とする差別の解消の推進に関する法律の制定、障害者の雇用の促進等に関する法律、精神保健及び精神障害者福祉に関する法律の改正などが行われた。精神科への長期入院を防ぐための退院後生活環境相談員の創設、精神障害にも対応した地域包括ケアシステムの構築の推進など、専門的な人材の育成確保の必要性が高まってきた。

　2000年に採択された国際ソーシャルワーカー連盟のソーシャルワークの定義が2014年に「ソーシャルワーク専門職のグローバル定義」とされ、

> ソーシャルワークは、社会変革と社会開発、社会的結束、および人々のエンパワメントと解放を促進する、実践に基づいた専門職であり学問である。社会正義、人権、集団的責任、および多様性尊重の諸原理は、ソーシャルワークの中核をなす。ソーシャルワークの理論、社会科学、人文学、および地域・民族固有の知を基盤として、ソーシャルワークは、生活課題に取り組みウェルビーイングを高めるよう、人々やさまざまな構造に働きかける。この定義は、各国および世界の各地域で展開してもよい

と改訂されたことも、多様性を許容する社会づくりや、ミクロの個別支援を起点とし、マクロな視点に立った社会資源の開発に福祉専門職がより積極的にかかわっていくことを後押ししている。

　そうした変化を受けて、2018（平成30）年12月から「精神保健福祉士の養成の在り方等に関する検討会」が開催され、精神保健福祉士の役割やカリキュラムの見直し等について検討がなされたのである。

2 演習の到達目標と内容
——精神保健福祉士に求められる力

　今回のカリキュラム改定で設定された社会福祉士との共通となっている演習での到達目標は、

❶　ソーシャルワークの知識と技術に係る他の科目との関連性を踏まえ、社会福祉士および精神保健福祉士として求められる基礎的な能力を涵養する。

❷　ソーシャルワークの価値規範と倫理を実践的に理解する。

❸　ソーシャルワークの実践に必要なコミュニケーション能力を養う。

❹　ソーシャルワークの展開過程において用いられる、知識と技術を実践的に理解する。

という４点である。共通の演習では、ソーシャルワークの基本的な能力、価値や倫理、コミュニケーションなどを含め、知識や技術を実践的に理解することを主眼としている。

　精神保健福祉士養成における演習カリキュラムでは、五つの「ねらい」が示されている。そのねらいに示されている獲得目標を以下に読み解いていこうと思う。

❶精神疾患や精神障害、精神保健の課題のある人の状況や困難、また希望を的確に聞き取り、とりまく状況や環境を含めて理解してソーシャルワークを展開するための精神保健福祉士の専門性（知識、技術、価値）の基礎を獲得する

　このねらいを現実のものとしていくためには、精神疾患や精神保健にかかわる幅広い知識が必要である。生態学的なアプローチによる人と環境の全体状況を把握できるアセスメント力が求められる。また、今回のカリキュラム改定において、精神保健福祉士に共通する原理として、「社会的復権と権利擁護」「自己決定」「当事者主体」「社会正義」「ごく当たり前の生活」が教育に含むべき事項として掲げられている点もよく理解しておく必要があるであろう。

　精神保健福祉士に限らないが、国家資格をもつ福祉職には、高い倫理観が求められている。支援者主導ではなく、当事者が主体であり、その人を尊重する姿勢を忘れないようにしたいものである。

❷精神疾患や精神障害、精神保健の課題のある人のための諸制度、サービスについて、その概念と利用要件や手続きを知り、援助に活用できるようになる

　精神医療保健福祉に係る法制度、社会資源などに関して、実際の援助場面で活用できるような知識を得ておく必要がある。特に地域の福祉サービスについては、障害者自立支援法以降、サービスの供給システムが大きく変化した。市町村によって、運用の違いなども見られ、その人の居住地によって異なる点もあるが、ケアマネジメントの仕組みを中心によく理解しておくことが必要である。

❸精神疾患や精神障害、精神保健の課題のある人のための関係機関や職種の役割を理解し、本人を中心とした援助を展開するチーム

　精神医療保健福祉分野では、医療、保健、福祉以外にも多様な領域とのかかわりが求められる。精神保健福祉士の配属されている機関内でも多様な背景をもつ職員がいるが、対外的な支援においては、さらにその幅は広がっている。クライエントの支援にかかわる多機関多職種をコーディネートしていくためには、かかわる多機関多職種に対する精神保健福祉士の知識と、連携していくためのスキルが重要となってくる。その核となるのは、自身の専門性に立脚した正確なアセスメントと柔軟な思考、そして、コミュニケーションスキルなのであろう。

❹精神疾患や精神障害、精神保健の課題のある人を取巻く環境や社会を見渡し、こうした人々への差別や偏見を除去し共生社会を実現するための活動を精神保健福祉士の役割として認識し、政策や制度、関係行政や地域住民にはたらきかける方法をイメージできるようになる

　これまでの障害者福祉の実践は特定の団体を除き、どちらかというと、個別支援に比重が置かれてきた印象がある。しかし、社会モデル的な発想に立った支援を実現していくためには、ソーシャルワーク専門職のグローバル定義にも示されているように、ミクロとマクロの循環が重要な意味をもつ。地域包括ケアが目指す地域共生社会を念頭に置き、行政や住民を巻き込みながら、マクロな視点に立った社会資源の開発に福祉専門職がより積極的にかかわっていく必要がある。事例検討を通してそのイメージをもってもらえることに期待している。

❺精神保健福祉士として考え、行動するための基盤を獲得し、職業アイデンティティを構築する意義を理解できる

　現場で働いていると、多職種とのかかわりによって、多くのことを学び、クライエントが鏡となってさまざまな示唆をくれる。そうした経験によって、アイデンティティの揺らぎを経験したり、アイデンティティの獲得につながるような場面に出くわす。簡単にいうと、自分の専門性を振り返ることによって、自信をなくしたり、自分自身をうまくコントロールできない状態になることもあれば、逆に、専門職として評価されることによって、明日もまた頑張ろうという気持ちになることもある。職業アイデンティティを構築していくことは、実際に精神保健福祉士として働き続けていくなかで行われる作業であり、演習ではその意義を理解することにとどまる。しかし、演習や実習を通して、精神保健福祉士の専門性とは何かということは常に問い続けてもらいたい。

3 事例の読み方、使い方

本テキストでは、精神保健福祉士に求められる実際の思考と、援助の過程における行為を想定して事例を検討してもらうこととなる。事例内容によって多少異なるが、以下にその構成を示す。

❶事例演習のねらいとポイント

その事例を通して学んでもらいたい知識、視点、姿勢、方法やスキルなどを示している。「4　演習課題」ともリンクしており、事例を読み解く際の起点となる。

❷この事例を検討するための知識

事例を理解するために必要な知識を掲げている。事例を検討する前に、あるいはいったん事例を読んだうえで、ここに挙がっている項目について学習しておくことが、事例への理解を深めるポイントとなる。

❸事例の紹介

基本的には①精神保健福祉士の勤める職場、②支援対象となるクライエント、③問題の発生経過、④支援経過という形で事例が提示されている。精神保健福祉士の職域は拡大してきており、同じ資格をもって採用されていても、その実践フィールドや実務は多種多様である。まず、精神保健福祉士の背景を理解したうえで、支援対象について説明し、事例が展開していく。精神保健福祉士とクライエントを基軸に展開していく物語を、自分がその精神保健福祉士だったら、状況をどう捉え、どういう資源を活用しながら具体的な支援を展開していくのかをぜひ考えながら読み進めてもらいたい。

❹演習課題

この事例を読み込むことで深めていく課題と、少し発展的な視点で掲げた課題もある。授業などでは、いくつか挙がっている課題のなかからいくつかに焦点化して、活用する場合も多いだろう。

❺ミニレクチャー

事例に直接関係する知識や情報のほか、直接は関係しないが、関連する知識や情報として知っておく必要がある内容がまとめられている。事例を検討する前にこのレクチャーを頭に入れておくことも有益だろう。

精神保健福祉士の活躍するフィールド、支援対象、そのニーズも多様化していることを、事例を通して実感してもらえることを期待している。

精神保健福祉士の実践における原理・原則

学習のポイント

- ソーシャルワークを実践する際に、精神保健福祉士として常に念頭に置くべき考え方を理解する
- 精神保健福祉士の価値に基づき、社会の動向を捉え、問題を発見する力をつける
- 第2章以降の学習にあたり、精神保健福祉士の実践における原理・原則を捉える着眼点を確認する

1 精神保健福祉士の原理・原則の意義

　精神保健福祉士は、ソーシャルワーカーとして個人や集団にかかわり、また社会に働きかける際、精神疾患や精神障害をはじめメンタルヘルスの課題を抱えた人々の、人としての尊厳を尊重するとともに、誰もが生活しやすい社会の実現を志向する。さらに、精神疾患や障害のある人が安心して支援を受けることができるよう、偏見や差別のない社会を創り出すことを目指す。国家資格である精神保健福祉士として働くということは、こうした価値観のもとにソーシャルワークを展開するための知識や技術を活用できるようになることをいう。名称独占である精神保健福祉士の実践は、行為・行動だけを見ると他職種や非専門職と変わらないと思えることもある。しかし、実際にはこれらの行為・行動をするための思考は、ソーシャルワーク専門職である精神保健福祉士ならではの拠って立つところや守るべき倫理に基づいている。この思考が、目の前のクライエントと周囲の環境や社会全体に対しての働きかけ方に固有性をもって表現されなければいけない。

　精神保健福祉士の実践における原理・原則は、ほかの科目において重要な知識として学習している。本科目ではこの知識をもとにどのような実践をすることが原理・原則を貫くことになるのかを第2・3章で具体的に学ぶ。そのため本節では、精神保健福祉士の実践の基盤となる原理・原則について、ソーシャルワーク専門職のグローバル定義や、精神科ソーシャルワーカーが精神保健福祉士の国家資格成立以前からの実践により構築してきた理念および倫理綱領等を踏まえて再確認する。

2 相手との「かかわり」における精神保健福祉士のあり方

1 精神保健福祉士とクライエントはどのように出会うか

　精神保健福祉士の前身である精神科ソーシャルワーカーは、福祉職としての固有の視点に基づくクライエントの自己決定の尊重を実践の原理として構築してきた。これは、当時の精神科病院における入院医療が、強制入院制度を中心とする特殊な状況のなかで、それでも患者本人の意思を尊重し、本人の立場に立ったかかわりを実践するという非常に難しい取り組みへの挑戦であったといえる。

　自己決定の質を決める要素の一つは、決定の主体者である本人が有しているが、精神疾患・障害や周囲の環境や社会状況の影響を受けて、自分の希望を言語化できなかったりしづらい事態が生じる。精神保健福祉士は、困難に直面したり受け入れ難い精神疾患や障害を抱えたりして問題の渦中にいる人と出会うことが多い。当事者にしてみれば、精神保健福祉士と出会いたくて出会うのではない場合もある。よかれと思って援助しようとしても、当の本人からは求められていない場合もある。そのようななかで援助関係を築くために、専門的な知識と技術を駆使し、そして一人ひとりをかけがえのない人として大切に尊重し、人や環境の変化の可能性を信じて寄り添わなければならない。精神保健福祉士を名乗るからには、たとえ法制度上の規定や所属する職場の業務として求められていなくとも、この姿勢を常にもち続けなければならない。

　第2章では、医師の診断により非自発入院に至る男性の診察に同席した精神保健福祉士が、入院を拒否した本人と入院直後に面接する。第3章では、室内が荒れ果てていても支援を求めず介入を拒否する認知症の高齢者の自宅に訪問し、支援のきっかけをつかもうとする精神保健福祉士（事例12）や、学校関係者が立てた支援方針について、どう思うかを生徒本人にあらためて尋ね、本人の意向に沿うよう調整する精神保健福祉士（事例22）、発達障害と診断された学生が障害を受容し、障害者就労に進路を定める過程を支える精神保健福祉士（事例23）が登場する。このようなとき、「自己決定の尊重」をどのように具体的に表現できるかという課題を意識して各事例を読み込むことで、学習が深められる。

2 自己決定を尊重するために何をするのか

　「自分のことを自分で決めること」を尊重する行為は、「何もかかわら

ない」ことや「あなたのご自由にどうぞ」という態度とは違う。この違いを理解するには、なぜクライエントの自己決定を尊重するのかを吟味する必要がある。精神保健福祉士の原理として自己決定の尊重を捉え、相手に対する着眼点や姿勢にこの原理が常に表わされなければならない。それは、日本における精神障害者に対する医療や社会的処遇の歴史的経緯と現状や、精神障害の特性を踏まえたうえでかかわりながら、その人が望む生活の実現に向けたプロセスを共有することを指す。つまり、その人の人生はその人のものであり、人が生まれながらにして有する人権はどのようなときにも尊重されるべきであるというソーシャルワークの原理に基づく。

　このように精神保健福祉士は、本人が自分の気持ちをみつめて希望をもち、それを表現できるように支援するため、クライエントとの「かかわり」の質が問われる。単に時間をかければよいのではない。相手の立場に立って考え、その苦しみや悲しみ、また願いや欲求を理解するための声かけや応答の仕方、態度や話しやすい環境設定など、すべてにおいて精神保健福祉士の専門的な知識や技術を活用する。このときにクライエントを「～してあげる」対象として位置づけてはならない。また、自己の価値観の押しつけや「ご自由に」という放任にならないためには、当事者の主体性を尊重する専門的な価値観が必要である。

演習課題

　他の科目（※共通⑪『ソーシャルワークの基盤と専門職』、精神専門④『精神保健福祉制度論』、精神専門⑤『精神保健福祉の原理』等）を復習しながら、以下について自分の考察をまとめ、学生同士で意見交換して多角的に検討してみよう。

❶　精神保健福祉士は、なぜ精神障害者の自己決定の尊重を重視するべきなのか、日本の精神科医療と精神障害者に対する福祉の歴史を踏まえて考察してみよう。

❷　Y問題について、精神保健福祉士としての立場で意見交換してみよう。

❸　精神保健及び精神障害者福祉に関する法律（精神保健福祉法）に認められている非自発入院（措置入院、医療保護入院）の患者に対して、精神保健福祉士として、入院先の病院、行政機関、地域援助事業者などさまざまな立場においてどのように自己決定の尊重をすることができるか考えてみよう。

3 クライエントと環境の双方に働きかける精神保健福祉士の立場

1 精神障害者の人権は尊重されているか

かつて日本精神医学ソーシャル・ワーカー協会では、当事者からの告発を受けて自らのありようを問い直し、精神障害者の社会的復権と福祉のための専門的・社会的活動を基本方針に据えた。この普遍的な意義は、隔離収容政策により精神障害者が受けてきた差別的処遇や、歴史的に作られてきた社会の偏見を踏まえて現状を捉えなおすことにある。精神保健福祉に関する法改正の背景にある精神医療にまつわる人権侵害は、過去のことではないことを念頭に置き、精神保健福祉士は社会正義の実現に努めなければならない。

ソーシャルワークの原理である人権の重要性を再確認するまでもなく、精神保健福祉士は人の権利を擁護する立場を重視する。そのためには「権利」とは何かを認識し、権利侵害の場面や状況を発見し、権利擁護の方法や介入のタイミングを判断できなければならない。第3章では、非自発入院患者が外国人であることによる不利益を被らないように情報提供や意思確認のためのコミュニケーションに工夫を凝らす場面（事例2）や、離婚後、自宅に閉じこもり経済困窮している元サラリーマンの孤独や不安からの脱却を支える精神保健福祉士（事例19）が登場する。いずれも当事者の声を真摯に聴き、あらゆる方策を検討しているが、こうした態度や行動の表面に着目するだけでなく、それを支える精神保健福祉士の価値観について考察することで、ソーシャルワーカーとしてのあり方を理解することができる。

2 人権擁護のために精神保健福祉士は何をするのか

精神保健福祉士の倫理綱領では、倫理基準として「クライエントの批判に対する責務」を掲げ、クライエントからの批判や評価を受けとめ改善に努めることが明記されている。精神保健福祉士は、専門的な知識や情報、援助技術を有し、利用者への支援方針を決める際に一定の裁量が働く余地があり、実質的な権限を有するともいえる。経験の蓄積に伴い情報量も増すことで自分の内に優越感や支配意識が現れ、不遜な態度に陥っていないかを常に自己点検しなければならない。さらに、自身の所属組織の日常的状況やソーシャルワーカーである私たちの業務そのものが利用者の権利を侵害する可能性を常に認識し、自職場を俯瞰する視点

をもって自らの実践を問い直すことが必要である。

　たとえば、精神科病院における退院および処遇改善請求や、施設における苦情解決に向けた支援は、時には所属機関の方針に反してでも対応を推し進めることが必要となる。ここには、専門職としての優れた倫理観と自律的な信念が求められる。第3章では、医療保護入院患者からの退院請求により、精神医療審査会から指摘を受けたことを契機に、院内の体制が見直される場面（事例16）がある。

　また、生活者を支援する視点に基づき、衣食住を満たして「生きる」だけでよしとせず、社会的役割を担ったり他者からの承認を得るなど、病気や障害があっても人としての尊厳を保てることを重視したかかわりが欠かせない。これらは、現代の人々のごく当たり前の生活であり、精神疾患や障害を理由にそれらをあきらめさせる事態は改めなければならない。精神保健福祉士が、精神障害者の社会的復権を実践の原理に据えているのは、この社会のなかに精神障害のある人も含まれ、その存在が自他ともに肯定されるべきであるという価値観に基づく。

演習課題
　同じ職場の職員（同僚や先輩、後輩）が以下のような行動をとっている場面や事態に遭遇したとき、精神保健福祉士としてどのように働きかけるべきか、①利用者に対して、②当該職員に対して、③このような状況が生じる環境や仕組みに対して、それぞれ考えてみよう。このとき、精神保健福祉士の原理に基づき、根拠を説明できることが重要である。
　自分の考えをまとめた後、学生同士で話しあい、多角的に検討しよう。
❶　利用者から預かっている現金を「ちょっと借りるだけですぐ返す」と勝手に使用した。
❷　「どうせわからないから」と言って、利用者宛に届いた選挙に関するお知らせの郵便物を本人に渡さなかった。
❸　利用者が「職員の○○さんに殴られた」と苦情を言ってきた。または、普段連携している機関の利用者から、このような相談を受けた。

差別や偏見のない社会を創り出そうとする精神保健福祉士の視点

1 仕組みや職場の機能をどのように活用するのか

　障害者差別の禁止や、施設利用者による苦情申し立てなど、法制度等に基づく取り組みも精神保健福祉士の役割である。第3章では、入所施設の職員の言動や態度に対して虐待防止の観点から働きかける場面（事例20）や、精神疾患や障害をもつ社員が周囲の理解を得て合理的配慮を受けながら働き続けられるよう、本人と企業に働きかける精神保健福祉士（事例27・28）が登場する。こうした環境への働きかけは施設や企業の改革につながり、直接支援の対象となる当事者だけでなく精神疾患や障害のある別の人々の潜在的なニーズを満たすことにもなる。

　また、広い視野で地域を見渡し市民に対して働きかけることが、疾病や障害の予防や普及啓発のための取り組みにつながる。第3章では、個別の電話相談に加え、自殺対策に関する情報収集や人材育成を行う保健所の精神保健福祉士（事例14）や、地域住民の理解促進のために当事者と協働してボランティア講座を計画する場面（事例10）、精神障害のある人も地域で生活しやすくなるように、ニーズや実態の把握および当事者を含む関係者の声に耳を傾け協議を重ねる場面（事例13、18）がある。このような実践からは、精神保健福祉士が当事者の生きづらさや思いを受けとめ、誰もが等しく大切にされる世の中の創出、すなわち社会正義の実現を志向する姿を学ぶことができる。

2 偏見や差別をなくすための取り組みとは

　ここまで学んできたように、ソーシャルワーカーである精神保健福祉士は、狭義には精神障害者の退院や地域生活の支援、広義にはメンタルヘルス課題の発生予防まで幅広い役割を担い、個人や小集団に加えて地域や国レベルへの働きかけを行う。そして、精神疾患や障害のある人のみならず、社会的弱者とされる人々に対する偏見や差別をなくし、社会に生きる誰もが一人ひとり大切にされる世の中の実現を目指す。その原動力となるのは、精神障害者の社会的復権と権利擁護の原理である。

　一方、こうした働きや法制度、仕組み等が必要とされるのは、現代の日本社会において、障害者に対する偏見や差別が払拭されていないことを意味する。2016（平成28）年に発生した相模原障害者施設殺傷事件では、重度障害者のいのちを軽視した犯人の言動への賛同者がインター

ネット上にみられた。さらに、事件の再発防止に向けて精神保健福祉法の見直しが議論された経緯には、精神疾患や障害に対する偏見に加え、措置入院制度に対する社会防衛機能の期待という誤った認識があり、多角的な視点からの再発防止策の検討が阻害されたという見方ができる。

　この事件に限らず、精神疾患の既往歴や精神医療・障害福祉サービスの利用者が関係した出来事に対する報道のあり方が世論を誘導することもある。こうした世論に抑圧される精神障害者は、心情や生活への影響を受けるとともに自己の存在そのものへの危機感をもたらされることもある。第2章（第3節）では、精神障害に対する偏見に遭遇し、地域住民の認識やマスコミ報道のあり方を含む社会の変革に向けた働きかけが描かれている。

　精神保健福祉士は、世の中に巣食う精神疾患や障害に対する偏見や差別、およびそれらを助長しかねないような政策や世論の動きに敏感でなければならない。直面する課題をどのように捉え、どこに向けてどのように働きかければいいのかを考える際、精神保健福祉士の原理・原則を常に意識して判断し、行動できるようになることが求められる。

演習課題

　偏見や差別をなくし、すべての人が等しく大切にされる社会を創り出すために、精神保健福祉士としてどのようなものの見方、考え方をできるようになる必要があるか、以下の課題に沿って考えてみよう。

❶ 「共生社会」とは、どのような世の中のことなのか、これまでの学びを踏まえて考察し、自分の言葉で説明してみよう。

❷ 2016（平成28）年に発生した相模原障害者施設殺傷事件に関して、事件報道の記事をもとに全容を知り、事件が精神障害のある人たちに与えた影響について考えてみよう。

❸ 重度障害者のいのちを軽視する人々の言動に、精神保健福祉士としてどのように対峙するべきか検討してみよう。

第2章

ソーシャルワークの
課題を通じた演習

　本章の学びの目的は、ソーシャルワーカーである精神保健福祉士が実践する相談援助の体験的理解を目指し、相談援助の根拠となる価値や知識および援助技術の習得にある。「精神障害にも対応した地域包括ケアシステム」の構築という理念の具現化を目指す支援において、相談援助は精神保健福祉士の実践の水路となるものである。

　そこで、多様な機関や施設に所属する精神保健福祉士のかかわりを通して、精神障害のあるAさんが地域の一員として安心しながら自分らしい暮らしを実現していく過程を紹介している。本章では、ソーシャルワークの視点をもつ精神保健福祉士のミクロ（Aさん）・メゾ（グループの活用）・マクロ（地域福祉の基盤整備）レベルにまで視野を広げた相談援助の理解を学習目標としている。

事例の概要

　本章の目的は、統合失調症を患ったＡさんの事例をもとに、約５年にわたる精神保健福祉士のソーシャルワーク視点に基づく相談援助の理解にある。

　事例のＡさんは果樹園農家の長男として生まれ、家業の手伝いをしながら、幼馴染みと果物製品の開発によるまちおこしを希望していた青年だった。ある日、大型台風によって、Ａさんの果樹園が全滅し、相次いで家族を病気で亡くすという喪失体験が重なることによって、不眠や食思不振の状態になり、しだいに幻覚・妄想がみられるようになった。Ａさんの状態を心配した幼馴染みと保健所に相談に行くと、精神科医と精神保健福祉相談員の助言を受け精神科病院を受診することになった。精神保健指定医の診察の結果、Ａさんは医療保護入院となった。精神科病院への入院を不本意に思うＡさんは「これで人生が終わった」と落胆した。

　本章は３つの節で構成され、Ａさんが医療機関における多職種チーム、相談支援事業所や障害サービス事業所等の多機関・施設、同様の病いの経験をもつ人々やピアサポーター、そして地域住民とのかかわりを通して、地域の一員として、自分らしい生活を再構築していく過程を示している。ここでは、Ａさんのライフストーリーに登場する多様な機関・施設に所属する精神保健福祉士の役割や業務について学ぶ。以下、３つの節の概要を示す。

　第１節の目的は、精神保健福祉士によるＡさん個人に対する相談援助の理解を図ることである。入院当初は不安の強いＡさんだったが、幼馴染みをはじめ、精神科病院の多職種チーム、同様の精神疾患の経験をもつ入院者仲間、相談支援事業所の相談支援専門員などのかかわりのなかで、退院となった。ここでは、Ａさんが利用した地域移行支援・地域定着支援（**図 2-1**）に着目し、保健所、医療機関、相談支援事業所、基幹相談支援センターにおける精神保健福祉士の役割や機関間連携、チームアプローチ、ピアサポートについて学ぶ。

　第２節の目的は、精神保健福祉士のグループにおける相談援助を理解

図2-1　Aさんへの退院支援・地域生活の定着に向けた流れ（第1節）

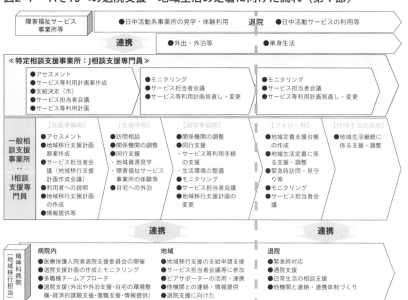

することである。退院後2年が経過し、Aさんは通院を継続しながら、幼馴染みと果樹園を共同経営できるまでに快復した。自身がピアサポーターの支えによって退院できた経験から、Aさんは「ピアサポーター養成講座」を受講することにした。ここでは、基幹相談支援センターの精神保健福祉士がグループワークの手法を用いて行った「ピアサポーター養成講座」の事例から精神保健福祉士のグループワークの相談援助について学ぶ。

　第3節の目的は、地域福祉の基盤整備にかかわる精神保健福祉士の相談援助を理解することにある。Aさんの住んでいるT市は、北部地域は人口流入が多いものの、南部地域は果樹園農家の閉園が進んでいる地域である。また、精神障害者の施設建設に対する住民の反対運動、就労継続支援事業所の企業からの業務委託の減少、農場主の高齢化による果樹園農家の閉園等、複層化された地域課題がある。ここでは、T市協議会が障害をもつ地域住民が地域を構成する一員として住みよい地域生活の実現を目指して、地域福祉の基盤整備を行う事例を示す。事例における多様な機関・施設に所属する精神保健福祉士の社会資源の調整・整備・開発などの地域を創る一連の知識や技法について学ぶ。

個人に対する相談援助
の理解

1 ▶ Aさんの生活歴

■1 事例演習のねらいとポイント
・精神保健福祉士の受療・受診相談の技術について学ぶ。
・事例を通して、心理社会的アセスメントの可視化を習得する。

■2 この事例を検討するための知識
・精神保健福祉士の生活者の視点、人と環境の相互作用の観点について
復習しよう。
・マッピング法について復習しよう。
・保健所の精神保健福祉相談員の業務について復習しよう。
・精神科病院の現状（疾病別、在院期間別、年齢別）を調べよう。

事例

　Aさんは、代々続く果樹園を営む両親の第一子として出生した。母方の祖父母は既に他界しており、父方の祖父母と同居する5人家族だった。元来Aさんは正義感の強いまじめな性格であり、高校卒業後、家業の果樹園を手伝っていた。この辺りは果樹園業が盛んな地域で、Aさんと同様に果樹園農家を継いだ幼馴染みも少なくない。

　近年、Aさんが住む地域の過疎化が進み、果樹園を活用したまちおこしを期待する祖父母や両親の思いを受けて、Aさんは幼馴染みのBさんと果物を使った製品開発を夢見ていた。ところが、31歳のとき、この地域を大型台風が襲い、Aさん農家を含め一帯の果樹園が全滅した。Aさん一家は修繕のために借金をすることになった。そのことで心労が募り、祖父母が相次いで病気で亡くなった。度重なる喪失体験に父親も塞ぎ込みがちになり、母親が父親の代わりに販路の管理や経理事務を担当することになった。その一方で、祖父母や両親が管理していた果樹園の立て直しは、一手にAさんが担当することになった。果物製品の開発を担当していたAさんにとって、慣れない果樹園の立て直しは過重労働だったものの、両親の果樹園再開の期待を受けて、不眠不休で働く生活の日々が続いた。35歳になってようやく借金返済のめどがつき、果樹園の再開を予定していた矢先に、今度は

母親を心筋梗塞で亡くし、追って父親も病死してしまった。以来、Aさんは何をするにも意欲が出ず、果樹園の管理ができなくなった。自宅にひきこもり状態になり、泣く日々を送るAさんを心配し、Bさんが食事や洗濯の世話と果樹園の管理を手伝っていた。しかし、しだいにAさんは人との接触を避けるようになり、Bさんの訪問も拒否するようになった。

37歳時、「誰かが自分を陥れようとしている。まちおこし構想を盗みに来る」と警察に訴えるようになった。ある日、警察から連絡を受けたBさんがAさん宅を訪問すると、やせ細り、無精ひげを生やしたAさんがうす暗い部屋の隅でおびえていた。その表情は険しく、「盗聴される、テレビで操作される」と訴えていた。警察官はAさんの訴えを聞き、事実確認をした後、保健所の精神保健相談の情報を提供した。後日、Bさんに付き添ってもらい、Aさんは保健所に行き、両親が亡くなったあとの生活の変化や不可解な現象について精神科医とE精神保健福祉相談員に相談した。Aさんの話を聞いた精神科医は精神科病院の受診を勧めた。

翌日、AさんはBさんに同行してもらい、O精神科病院を受診した。O精神科病院は駅から車で20分程の山奥にある200床の指定病院である。入院者層に着目すると、長期入院者と入れ替わりの激しい短期入院者の二極化が進み、ようやく長期入院者に対する地域移行支援が始まったところである。

Aさんを診察したD医師は、「統合失調症の可能性があり、入院療養を勧める」と診断した。Aさんは医療費や果樹園の管理を理由に入院を拒否し、「私が精神病になるはずがない。罠にはめられた。もう疲れた、生きていく自信がない」と訴えるばかりだった。そして、医療保護入院が適切とされ、市長の同意を得て、この日のうちに入院が決まった。

診察に同席した精神保健福祉士のC相談員は別室でAさんと幼馴染みのBさんと面接の場をもった。C相談員は、大学の社会福祉学部を卒業後、O精神科病院に勤務して20年の経歴がある。現在、外来部門と入院部門の相談員、退院後生活環境相談員の役割を担っている。C相談員は自己紹介をすると、Aさんの訴えに共感的な態度で接しながら、同席している幼馴染みのBさんからAさんの生活歴や家族関係および経済状況等の情報を聞き、市長同意による医療保護入院や生活保護制度について説明をした。疲れ果てた表情のAさんを見て、C相談員は、「今日はお疲れでしょうから、また明日に説明させてください」と面接を終えた。

■3 演習課題

❶ Aさんのフェイスシートを作成しよう。ジェノグラム、タイムラインのほか、Aさんの支援において必要な項目を考えてみよう。

❷ 二人一組になって、AさんとC相談員の初回の面接場面を設定し、市長同意や生活保護制度の説明についてロールプレイをしてみよう。

① 事例演習のねらいとポイント

・精神科病院の入院から地域移行支援の利用申請までの過程を学ぶ。
・精神科病院の退院後生活環境相談員の役割や業務について理解する。

② この事例を検討するための知識

・病院におけるチーム医療の必要性と構成員について復習しよう。
・医療保護入院に関して、退院後生活環境相談員の役割、医療保護入院者退院支援委員会について復習しよう。
・障害者の日常生活及び社会生活を総合的に支援するための法律（障害者総合支援法）における相談支援体系について整理しよう。
・地域相談（地域移行支援・地域定着支援）の制度化の経緯を調べよう。

事例

入院初期におけるAさんへのかかわり（20X1年4月〜20X1年5月）

　入院翌日、退院後生活環境相談員のC相談員がAさんのベッドに出向くと、Aさんは「家に帰る、早く出たい。果樹園を乗っ取られてしまう」と興奮しながら訴えてきた。C相談員がAさんの思いに共感的な態度で接していると、そこにD医師が訪れた。そして、Aさんの主治医を担当すること、「医療保護入院のお知らせ」をもとに入院の必要性について説明し、Aさんの望む退院に向けて治療に臨んでほしいと願った。続けて、C相談員も入院中のAさんのもつ権利について説明した。

・入院生活や退院後の生活について相談する権利があること。
・必要に応じて、相談支援事業所や障害福祉サービス事業所等の情報を得る権利があること。
・退院の支援内容の検討会議（医療保護入院者退院支援委員会）に参加する権利があること。

　病棟の看護師もAさんの気持ちに共感し、日々の声かけや、本人が希望すれば個別面談の場をもった。精神病になったことを受け入れられないAさんだが、看護師に「ゆっくり休みたい、眠りたい」と言葉にすることもあった。一方、D主治医から「入院診療計画書」について説明を受けた際には、「病気じゃない。精神病になるはずがない」と怒りながら病室に戻ることもあった。服薬により、眠気が強く呂律も回らないことから服薬を拒否したり、主治医に対して猜疑心を抱く言葉がみられたりすることもあった。そのようなAさんの揺れる思いに理解を寄せながら、C相談員は面接の場をもった。Aさんは、早く退院

したいという気持ちと、体力が落ちた現実のなかで果樹園の管理ができるのかという不安があるという。C相談員は、Aさんに性急な退院への不安があるならば不眠不休の生活があった分、今はエネルギーの充電期間だと思うことも大切だと述べた。そして、Aさんの望む入院生活や退院に向けて一緒に考えさせてほしいと願い、Aさんの病状の相談に応じた保健所のE精神保健福祉相談員と市役所の生活保護課のGワーカーと面談する日程を調整した。一週間後の面談で、来院した二人にAさんは不本意な入院に至った戸惑いや不安を伝えた。それを聞いたE精神保健福祉相談員は、入院当初のAさんの訴えを振り返りながら、保健所の機能を説明し、退院に向けて支援できることを伝えた。また、Gワーカーは入院費に関する生活保護制度について説明した。

　Aさんの睡眠リズムや食欲が徐々に戻りつつあったことから、C相談員はAさんと面接の場をもち、入院に至るまでの経緯や家族関係、入院生活の思いを確認した。しかし、入院直前のことを聞くと、Aさんの表情が険しくなり「果樹園を乗っ取られる。早く退院したい」と強い口調で言葉にした。それは診察場面でも同様であり、果樹園の話になると、主治医に声を荒げながら退院を要求することがあった。

　この日の午後、Aさんの支援方針を確認するため、病棟のチーム会議が開催された。

> ・医師は、症状に応じた薬物療法や精神療法を行う。
> ・看護師は病棟生活を観察しながら、Aさんの病状等の不安を受容した看護を行う。
> ・薬剤師は薬の効用や副作用について説明し、Aさんの服薬意欲を高める。
> ・心理士はAさんにリラックス法を教示し、医師の指示に応じて心理テストを行う。
> ・栄養士は入院前の食生活を聞きながら、必要に応じて栄養のバランスの指導を行う。
> ・作業療法士はレクリエーション活動をもとに、本人の得意分野や関心事を確認する。
> ・C相談員（精神保健福祉士）は、Aさんの気持ちに寄り添うとともに、病棟内の多職種間の情報共有や、地域にある保健所や市役所担当課と必要な情報を共有し連携を図る。

Aさんの退院に向けた意識を高める（20X1年6月～20X1年7月）

● 病棟スタッフのかかわり

　病棟のチーム会議後、各々の専門職は役割にそって、Aさんにかかわることになった。

　D主治医はAさんの診察をもとに、症状に応じた薬物療法を行い、精神療法を継続した。また、Aさんには、台風による果樹園の全壊や家族の突然の死等の喪失体験が重なり、それに伴う急激な生活の変化が発病に関連したのではないかと説明した。それを聞いたAさんは入院前の記憶がないほど混乱し、不安・不眠・孤独な生活が続くなかで奇異な体験をしたことを思い出した。服薬によって精神症状が減少するなかで、主治医に対する猜疑心も減り、主治医の勧めで作業療法に参加するようになった。

看護師は、Aさんの入院に対する戸惑いや退院できない苛立ち、薬が合わず拒否する気持ちを受容しながら、Aさんの希望に応じて医師や薬剤師と連携を図った。

医師や看護師からAさんの服薬への不安が高いことを聞き、薬剤師はAさんに呂律が回らず、眠気があるという副作用の対処方法を具体的な事例を通して説明した。

作業療法士は、退院を希望するAさんの気持ちが和らぐようにレクリエーションへの参加を促し、園芸プログラムのなかでAさんの果樹園に対する思いを応援した。それにより、Aさんは自分が入院前に抱いていた果樹園によるまちおこしの夢を思い出した。

また、病棟の入院者に向けた学習会において、Aさんは心理士からリラックス法を学び、栄養士からは栄養バランスの指導を受けた。そして、C相談員は、Aさんの気持ちに寄り添いながら、自宅や果樹園の状況、幼馴染みのBさんとの関係に関する情報を把握し、Aさんとともに退院に向けて生じる経済的課題や日常生活への課題について相談に応じた。

● 同様の精神疾患の経験をもつ人々との語り合い

入院加療によって、症状が安定していくとAさんはC相談員だけでなく同じ病棟の入院者にも「入院するまでの3年間の記憶がない。一人で暮らせるか自信がない」と不安を相談するようになった。そのなかで、地域に受け皿がないために長期に入院する人々がいることを知り、Aさんは精神障害者が置かれてきた歴史に理不尽さを感じた。また、C相談員は入院者同士の病的体験の語り合いの場を設け、互いの苦労してきた生き様を分かちあう雰囲気づくりを行った。Aさんが「果樹園が乗っ取られる。まちおこし構想が奪われる」という病的体験を開示すると、ある入院者から「それ妄想だよ」と応答があり、別の入院者から「人の話は妄想とわかるのに、自分のことは病気とわからないものなんだ」と言われた。病的体験について、主治医の説明では納得できなかったAさんだったが、同じ経験をした人々の発言には説得力があり、自分の幻聴や妄想を認める機会になった。病いの経験を語りあう機会はAさんにとって、とても関心の高いものだった。

● 幼馴染みのBさんの面会

入院当時、人との接触を避けていたAさんはBさんとの面会すら拒否していた。しかし、症状の安定とともに人への猜疑心が弱まり、Bさんの面会を拒否したことに申し訳なさを感じていた。ある日、BさんからAさんを心配する言葉が書かれた手紙が届いた。それを読んだAさんがBさんに電話すると、早速週末に面会に来ることになった。Aさんの表情が和らいでいるのをみて、Bさんが入院生活のことを聞くと、Aさんは「精神科に入院して人生が終わったと思い、連絡できずに申し訳なかった」と話し始め、少し間をおいて、「入院している人たちは優しい。おかげで、自分の妄想や幻聴が理解できるようになった」と続けた。そして、「両親が亡くなってからの記憶がなくて不安なんだ」と言うと、Bさんは当時のAさんは泣いてばかりだったことを伝え、外出や外泊ができるようになれば、自宅の掃除を手伝うと励ました。このようなBさんとの面会はAさんが現実の一人暮らしを

考える機会になった。

　Aさんに一人暮らしのイメージがなく、自宅も果樹園も荒れ果てたままであり整備する必要があることから、C相談員に退院に向けて慎重に進めたいと話した。

● **Aさんの退院意欲の喚起に対する支援（20X1年8月〜20X1年10月）**

　入院して4か月が経ち、退院後生活環境相談員のC相談員はAさんと面接した。Aさんは退院したい気持ちはあるものの、一人暮らしになって発病したことや当時の記憶がないことから、新たな生活に不安があるといい、幼馴染みのBさんとの面会で、自宅がすぐに住める状態にないことを聞き、より不安が高まったという。それを聞いたC相談員は「地域移行支援」の制度や退院後の相談に応じる事業所について説明した。Aさんは、病的体験は減ってきたものの、すぐに家業の果樹園を再開できる自信もないことから、「地域移行支援の制度を知りたい。退院後の生活についても相談にのってほしい」と希望した。

　C相談員はAさんの主治医をはじめ、病棟チームにAさんの意向を伝えたところ、チームの構成員から「このタイミングを逃すと、Aさんの退院に対する意欲が減退するのではないか」という意見があがり、「地域移行支援」の利用を勧める方針が決まった。

　Aさんとチームの意向を受けて、C相談員は市役所障害福祉課と一般相談支援事業所に連絡した。後日のAさんとの面談において、市役所のF担当者は地域移行支援の制度について、一般相談支援事業所のI相談支援専門員は退院支援の過程について説明した。退院の話が現実味を帯びるなかで、Aさんは退院後の生活への期待と不安を感じていた。それを察したI相談支援専門員は、Aさんの納得のいくペースで進めていくと伝えた。

　1週間後、C相談員はAさんの医療保護入院者退院支援委員会を開いた。進行役はC相談員が担い、主治医、看護師、作業療法士、薬剤師、栄養士、心理士、基幹相談支援センターのH相談支援専門員、保健所の精神保健福祉相談員、市役所担当者、そしてAさんが参加した。C相談員は退院に不安を抱くAさんの気持ちを汲み、委員会の目的、参加者、会議の内容を事前に伝えた。それによって、会議においてAさんは、「再発が不安ですが、親から引き継いだ果樹園を再開するため退院の準備をしたい」と言葉にできた。

　Aさんの意向を受けて、医療保護入院者退院支援委員会では、❶入院延長の必要性、❷障害福祉サービス利用の必要性について協議され、以下のことが確認された。

・Aさんは治療計画にも積極的に参加し、精神症状は消褪しつつあり、ほかの入院者との交流もみられる。退院に向けて、疾病理解や服薬自己管理および栄養自己管理を目指す。

・Aさんは退院意向があるものの、一人暮らしになって発病したことから地域生活の不安も強い。自宅への退院を踏まえ、外出や外泊を試しながら、自宅や果樹園の整備、日中の過ごし方、相談先の確保を行う。今後、地域の相談支援事業所や障害福祉サービス事業所と連携できる体制をつくる。

表2-1　医療保護入院者退院支援委員会審議記録

医療保護入院者退院支援委員会審議記録

委員会開催日 20X1 年　10 月4日

患者氏名	A．A	生年月日	19XX 年 11 月1日	
住所	T市T区2丁目3－3			
担当退院後生活環境相談員	精神保健福祉士C			
入院年月日（医療保護入院）	20X1 年4月2日			
出席者	・Aさん ・D主治医（精神保健指定医）・看護師・作業療法士 ・C相談員（精神保健福祉士）・薬剤師・栄養士・心理士 ・基幹相談支援センター（相談支援専門員） ・保健所（精神保健福祉相談員）・市役所担当者			
入院診療計画書に記載した 推定される入院期間	3か月			
本人の意見	「盗聴されている」という不安は減少しつつあるが、自宅や家業の果樹園は入院したままの状態であることが気がかりである。自宅を整える必要があることと、一人暮らしの経験があまりないことから、円滑に地域生活ができるようにしたい。			
入院継続の必要性	有　・　無			
入院継続が必要である場合	理由	・病識をもち、服薬自己管理が可能になる ・ストレスの対処方法を身につける必要がある ・自宅や果樹園を整える必要がある ・一人暮らしのイメージづくりが必要である		
	推定される入院期間	3か月		
退院に向けた取組	・主治医・看護師・薬剤師：疾病教育と服薬自己管理を支援する ・作業療法士：本人の能力の把握と自宅環境の整備を行う ・C相談員：相談機関や事業所と支援体制を組む			
その他	Aさんの入院時に同行した幼馴染みは、退院に際しても協力的である。			

〔病院管理者の署名：　　　　O．O　　　　　　　　〕

〔記録者の署名：　　　　　C．C　　　　　　　　〕

これを受けて、今後3か月の間に、Aさんの障害福祉サービス利用の必要性を検討することになった。

● **地域移行支援の支給申請に向けて（20X1年11月〜20X2年1月）**

　医療保護入院者退院支援委員会の後、C相談員から連絡を受けた市役所障害福祉課のF担当者と特定相談支援事業所のJ相談支援専門員、一般相談支援事業所のI相談支援専門員はAさんと面談し、Aさんの入院に至る生活状況の変化、入院中の生活、病状の軽減の経緯とともに、一人暮らしに対する不安を共有した。

　そして、地域移行支援の支給申請を行う方針を踏まえ、以下のAさんの退院支援計画が作成された。C相談員は、Aさんと面接し退院支援計画と地域移行支援の意向を確認した。

・主治医はAさんの病気の理解と、ストレスの対処方法の習得を目指し疾病教育を行う。
・薬剤師は服薬の効用と副作用を説明し、服薬自己管理に向けて計画表を作成する。
・看護師は精神的不調時の自己管理ができるように対処方法を一緒に考える。
・作業療法士は果樹園の管理に向けてAさんの能力を活用できる方策を考える。
・C相談員（精神保健福祉士）は地域の相談支援事業所や障害福祉サービス事業所と連携する。
・作業療法士とC相談員は、Aさんの外出に同行し、自宅と果樹園の状況を確認する。

---

❸ 演習課題

❶　二人一組となって、C相談員がAさんに「退院後生活環境相談員」と「地域移行支援」の制度を説明する場面を設定し、ロールプレイを行ってみよう。

❷　Aさんの事例を踏まえて、病院のチーム医療における構成員の役割とチームアプローチの意義について考えてみよう。

❸　病的体験に悩むAさんに対して、入院者との語り合いの効果について考えてみよう。

3 地域移行支援：支援準備期

❶ 事例演習のねらいとポイント

・地域移行支援の展開過程をソーシャルワークの展開過程に則して学ぶ。
・地域移行支援の支援準備期における特定相談支援事業所と一般相談支援事業所の相談支援専門員の役割や業務、および両者の関係を学ぶ。
・医療機関と地域の相談支援事業所との連携や協働について学ぶ。

・特定相談支援事業所と一般相談支援事業所の機能、相談支援専門員の業務や役割について復習しよう。

事例

　本項における「支援準備期」は、Ａさんが地域移行支援を申請し、支給決定されるまでの期間を指す（p.23 の図 2-1 参照）。

　Ａさんは正式に地域移行支援の支給申請を行う意思を表明した。Ａさんの意向にそって、Ｃ相談員から連絡を受けた特定相談支援事業所のＪ相談支援専門員はＡさんとサービス等利用計画（案）（表 2-2）を作成し、給付決定後にサービス担当者会議を行った。

　サービス等利用計画には、Ａさんの希望を踏まえて、病院におけるチーム会議の内容と地域移行支援の内容、Ａさん本人の計画における役割、Ａさんの同意署名が記載されている。

　そして、サービス等利用計画を受けて、一般相談支援事業所のＩ相談支援専門員は、Ａさんと面談し、Ａさんの心身の状況や置かれている環境、日常生活全般の状況等を総合的に評価した。面談に同席したＣ相談員は、Ａさんとともに、本人の希望する一人暮らしに向けて課題を挙げた。それらの課題に対して、Ｉ相談支援専門員は地域移行支援の目標および達成する時期、地域移行支援に際する留意事項等を記載した地域移行支援計画（案）を作成した。

　Ｉ相談支援専門員は地域移行支援計画（案）を検討するため地域移行支援計画作成会議を開催した。Ｉ相談支援専門員が進行役となり、主治医・看護師・作業療法士・薬剤師・Ｃ相談員（退院後生活環境相談員）の病院職員、基幹相談支援センター、市の障害福祉課担当者が参加し、各々の立場から意見を交わしながら地域移行支援計画を検討した（表 2-3）。

　次の日、Ｉ相談支援専門員は病院に出向き、Ｃ相談員の同席のもとＡさんと面談を行った。Ｉ相談支援専門員から地域移行支援計画の内容やピアサポーターの役割について説明を受けたＡさんは、自分の希望した内容が計画書に書かれていたことを確認し同意した。Ａさんの希望を確認したＩ相談支援専門員は地域移行支援計画書を交付する段取りをした。

　Ｉ相談支援専門員との面談が終了すると、ＡさんはＣ相談員に「ピアサポーター」という言葉を初めて知ったことを伝えた。それを受けて、Ｃ相談員はＡさんにＯ精神科病院で行われている「院内茶話会」を紹介した。「院内茶話会」とは、地域にある基幹相談支援センターのＨ相談支援専門員が入院している人々に対して地域移行支援の制度について説明し、それを利用した「ピアサポーター」と称する当事者から体験談を聞くという活動である。茶話会に参加したＡさんはピアサポーターやその人の病いの語りに関心をもった。

表2-2　サービス等利用計画（案）

利用者及びその家族の生活に対する意向 （希望する生活）	幼馴染みと共同で自宅の果樹園を活用し、まちおこしをしたいと思っていました。しかし、7年前の台風で自宅の果樹園が全滅し、再開に向けて働いてきました。その矢先に祖父母と両親を病気で亡くし、それから何をするにも意欲が低下しひきこもり状態になっていました。「盗聴される」「まちおこし構想が盗まれる」という思いが強くなり、O精神科病院に入院となりました。症状も軽くなり、一人暮らしのイメージができ果樹園も再開したいと思っています。
総合的な援助の方針	Aさん自身の生活管理能力を活用しながら、一人暮らしの生活にスムーズに移行できるように支援します。Aさんが希望する果樹園の再開も視野にいれて、日中活動も一緒に考えていきたいと思います。
長期目標	自宅農家の果樹園を再開させ、一人暮らしができるようになる。
短期目標	3か月を目途に退院の日を定めて、一人暮らしの不安や課題を挙げ、対処できるようにする。

優先順位	解決すべき課題（本人のニーズ）	支援目標	達成時期	福祉サービス等種類・内容・量（頻度・時間）	課題解決のための本人の役割	評価時期	その他留意事項
1	両親が亡くなったことや将来の生活を考えると不安になり、病的な体験が強くなるので対処方法を身につけたい。	服薬自己管理ができるようになるとともに、不安に対する自己対処ができるようになる支援をします。	3か月	◆入院治療 病棟チーム（医師・看護師・相談員・作業療法士・心理士・薬剤師） ・精神療法 ・薬物療法 ・疾病教育 ・認知行動療法 ・外出・外泊訓練	・服薬の必要性を理解し、自己管理に取り組む。 ・不調になるきっかけを自己分析し、対処方法を身につける。 ・自宅や果樹園を再開するため外出・外泊を繰り返す。	1か月	ピアサポーターが見学同行・情報提供することもあります。
2	一人暮らしの期間が短く不安がある。スムーズに一人暮らしができるようになりたい。	入院中から自宅への外出・外泊を繰り返しながら、一人暮らしができるように支援します。日中活動の場を見学し、退院後の生活のイメージができるように支援します。	3か月	◆地域移行支援 （一般相談支援事業所I相談支援専門員） ・自宅への外出支援 ・自宅への外泊支援 ・日中活動の情報提供と見学同行	・外出・外泊が一人でできるように、活動の範囲や時間を増やす。自宅環境を整える。 ・日中活動の場を見学し、生活のイメージができるようにする。	1か月	退院に向けた外出・外泊時において、幼馴染みの協力をお願いします。

表2-3　地域移行支援計画作成会議で検討された内容（20X2年3月1日）

Aさんの思い	協力者	内容	配慮
突然の入院だったため、自宅の様子を見るために外出したい	・I相談支援専門員 ・ピアサポーター ・C相談員・作業療法士	外出時に同行し、生活が再開できるように自宅を片づける（3月）	幼馴染みの協力を得る
退院後に利用できる制度を知りたい	・I相談支援専門員 ・C相談員	医療費や生活費に関する制度、日中活動の場の情報を提供する（3月～4月）	
日中の活動の場やピアサポートの活動について知りたい	・ピアサポーター	地域活動支援センターや就労支援事業所の見学に同行する（3月～4月）	
ストレスが重なって発病したことから、不調時の対処方法を身につけたい	・主治医・看護師 ・薬剤師・心理士	外出や外泊時の体調をみながら、自己管理の方法を一緒に考える（3月）	病状が悪いまま、突然の入院となったので、その追体験に不安がある
退院後、果樹園を再開したい	・C相談員 ・作業療法士	自宅外出時に果樹園の整備を行う（3月～4月）	幼馴染みの協力を得る
退院後も病状等に関する相談をできる人がほしい	・I相談支援専門員 ・ピアサポーター ・C相談員	相談内容によって、それぞれが具体的に対応する（3月～4月）	基幹相談支援センターや地域活動支援センターも紹介する

❶ 支援準備期のプロセスについて整理してみよう（p.23 の**図 2-1** 参照）。

❷ 二人一組になって、Ａさんと特定相談支援事業所のＪ相談支援専門員との面接場面を設定する。Ｊ相談支援専門員がＡさんに自己紹介をし、サービス等利用計画（案）を作成する際に必要なアセスメント項目を考えながらロールプレイを行ってみよう。

❸ 二人一組になって、Ａさんと一般相談支援事業所のＩ相談支援専門員の面接場面を設定する。Ｉ相談支援専門員がＡさんに自己紹介をし、地域移行支援計画（案）を作成する際に必要なアセスメント項目を考えながらロールプレイを行ってみよう。

❹ Ｃ相談員が「院内茶話会」への参加をＡさんに勧めた理由について考えてみよう。

❺ 支援準備期におけるＣ相談員（退院後生活環境相談員）の役割について整理しよう。

4 地域移行支援：支援中期

1 事例演習のねらいとポイント

・地域移行支援の中期段階における病院の相談員や病棟のチーム、一般相談支援事業所の相談支援専門員、障害福祉サービス事業所等の各々の役割、連携や協働について学ぶ。

・地域移行支援におけるピアサポーターの役割を学ぶ。

2 この事例を検討するための知識

・多職種・多機関における連携や協働について復習しよう。

・地域移行支援におけるピアサポーターの機能や役割について復習しよう。

・クライシスプランの意義や必要性について復習しよう。

事 例

　本項が示す「支援中期」とは、Ａさんが一人暮らしをイメージできるように、地域移行支援計画に沿って、退院先の環境整備、日中活動の場等を選択していく時期である（p.23 の図 2-1 参照）。

　入院して約１年が経過し、Ａさんの精神症状が安定してきたことから、主治医は退院を視野に入れて、医療保護入院から任意入院に切り替えることにした。病棟のチームも個々の支援計画にそって、Ａさんの一人暮らしの実現に向けて具体的にかかわることになった。

　「自宅の様子を見に行きたい」とＡさんが相談すると、主治医から外出の許可がおりた。Ａさんの初めての外出に際し、Ｃ相談員はＡさんと相談し、作業療法士も同行すること、外出の日程について一般相談支援事業所のＩ相談支援専門員に報告することを決めた。Ａさんは幼馴染みのＢさんにやっと外出できるようになったことを連絡した。

　外出当日、Ｃ相談員と作業療法士の同行のもと、Ａさんは電車とバスを乗り継いで自宅に向かった。すでに、Ｉ相談支援専門員とＢさんが玄関先で待っていた。ポストには郵便物があふれており、果樹園も枝葉がのび放題になっていた。自宅に入ると衣類や新聞が散乱しており、入院当時の悲惨な生活状況がうかがえた。ほこりにまみれた家族の遺影写真を見ると、Ａさんは入院当初の悲しみに明け暮れていた日々を思い出した。そして、涙ぐみながら、「こんなにひどい状況のなかで生活をしていたとは思いもよらなかった。何から手をつけてよいのかわからない」と言葉にした。それを聞いたＢさんは、Ａさんの外出する日を利用して、自宅の片づけを手伝うことを約束した。

　Ａさんは病院に戻り、Ｃ相談員や作業療法士との振り返りにおいて、「今日は疲れました。体力も落ちたし……。両親の期待に添えない自分が情けない。家に戻ると病状が悪化しそうで怖い」と話した。そこで、退院に向けた不安の軽減と体力の向上をかねて、自宅までの外出を繰り返すことにした。その際、Ｃ相談員は、Ａさんの入院前の状況やＢさんとの関係、退院に対する思いを聞きながら、公共料金の支払い手続きや部屋の片づけを手伝った。作業療法士は、Ａさんの体力や金銭管理能力、自宅の環境等のアセスメントを行った。

　外出を繰り返すなかで、Ａさんの体力も徐々に回復し、果樹園を含む自宅の環境を整えることができた。その際、Ｂさんから南部地域は過疎化とともに閉園する農家が増えているという現状を聞いた。

　自宅への外出状況を踏まえ、次のステップとして、Ｃ相談員は日中活動の場の見学や外泊等を組み込んだ退院支援計画の内容について、Ｉ相談支援専門員に相談した。すると、ピアサポーターの導入について提案があった。

　後日、Ｉ相談支援専門員はＫピアサポーターと病院に出向いた。Ｃ相談員がＡさんにＫピアサポーターを紹介すると、Ｋピアサポーターは精神科病院の社会的入院を減らしたいという思いから地域移行支援を行っていると自己紹介した。また、Ｏ精神科病院の院内茶話会に参加し、自分の病いの物語を語った経験があることも伝えた。そして、退院支援計画に基づき、ＫピアサポーターはＡさんが利用できる日中活動の場の見学に同行することになった。果樹園の再開を希望するＡさんだったが、院内茶話会で聞いた就労継続支援事業所や地域活動支援センターに関心があったことと、外出の範囲を広げたいという意図が

理由にあった。

　1週間後、AさんはKピアサポーターの同行により就労継続支援事業所を見学した。その事業所は、地域の中小企業から箱折り等の軽作業を請け負っていた。施設長の話によると、企業からの業務委託が減少しており、利用者の士気を高める良策を検討しているということだった。その帰り道、AさんとKピアサポーターはBさんから聞いていた果樹園農家の人手不足と事業所の業務委託の減少がうまくマッチできないかと案を出しあった。

　翌週、地域活動支援センターの見学にもKピアサポーターが同行した。ここでは、当事者同士の語り合いの場があり、壁には「ピアサポーター養成講座の案内」が貼付されていた。Kピアサポーターは、Aさんに「自分も『ピアサポーター養成講座』を修了しており、今も地域活動支援センターの当事者同士の語り合いの場に参加している」と紹介した。

　以上のように、地域移行支援計画に沿って、Aさんは果樹園を含む自宅の環境整備や日中活動の場の見学を行った。C相談員の同席のもと、主治医との診察において、Aさんは Kピアサポーターや幼馴染みのBさんの協力を得て、自宅環境が整うことで退院に対する不安が減ってきたこと、就労継続支援事業所や地域活動支援センターを見学したものの、自分は果樹園の再開を優先したいこと、まだ一人になると「まちおこしの考えが盗まれる」という思いが出てくることから退院には不安があると言った。主治医は外泊を目指して、外出時間を増やすことを提案した。それに対して、C相談員は外泊への思いを尋ねると、AさんはKピアサポーターやBさんと外泊の日程を決めたいと話した。しかし、外泊の話になるたびに、Aさんは不眠になり不安が強くなることがあった。そのようななかで、Bさんから幼馴染みが集まる日に外泊してはどうかという提案があり、外泊の日程が決まった。

　外泊が決まってからのAさんは落ち着きがなく不安な表情がみられた。外泊当日、Aさんの不安な表情は変わらず、主治医と看護師は外泊途中に不安になれば、いつでも病院に戻るように伝えた。外出の迎えに来たKピアサポーターにAさんはいつになく黙ったままだったので、C相談員からAさんの不安な様子を伝えた。自宅に到着すると、Bさんと3人の幼馴染みが待っており、Aさんの表情が和らいだものの、夕方になり皆が帰宅すると、入院当初の病的体験が蘇り、一睡もできずに朝を迎えた。病棟の看護師からAさんの様子を確認する電話があり、Aさんはすがるような思いで「迎えに来てほしい」と懇願した。

　病院に戻ったAさんは憔悴しており、主治医と看護師、C相談員に入院当初の病的体験が蘇ってきたと報告した。主治医は次回の外泊時には不安時の頓服薬を処方すること、看護師は外泊の不安時における対処方法をAさんと一緒に考えることにした。

　後日、C相談員はAさんとKピアサポーターとBさんとで面談の場をもった。Kピアサポーターは自身の入院経験をもとに、初回の外泊時は自分も不安が強かったことを語り、一緒に対処方法を考えようと提案した。Bさんは一緒に泊まることもできると伝えた。

その後、自宅への外出時間を徐々に増やすとともに、看護師やKピアサポーターと不安時の対処方法を検討した。両親の期待に添えない自分を責める思考になると病的症状が出てくる傾向があることがわかり、Bさんに勧められて、Aさんは墓参りに行くことにした。それによって、Aさんの心が安らぎ、代々続く果樹園を守る気持ちが高まっていった。

3 演習課題

❶ 支援中期のプロセスについて整理してみよう（p.23の**図2-1**参照）。

❷ C相談員はじめ病棟チーム構成員と一般相談支援事業所の相談支援専門員の役割や業務について整理しよう。

❸ Kピアサポーターの役割や活動の意義をAさんやKさんの立場から考えてみよう。

5 地域移行支援から退院へ：退院準備期

1 事例演習のねらいとポイント

・地域移行支援の退院準備期段階における一般相談支援事業所、特定相談支援事業所、精神科病院のチーム、障害福祉サービス事業所等の業務について理解する。

・医療機関と相談支援事業所ならびに障害福祉サービス事業所等の連携や協働について学ぶ。

2 この事例を検討するための知識

・自立生活援助（定義、利用方法、期待される効果）について復習しよう。

・医療機関のチーム会議とサービス担当者会議の関連性を復習しよう。

事 例

本項が示す「退院準備期」とは、Aさんが一人暮らしに向けて、具体的な制度の利用や日中活動の場を決めていく時期である（p.23の**図2-1**参照）。

C相談員と一般相談支援事業所のI相談支援専門員は、退院に向けてAさんと面談した。AさんはKピアサポーターの「今も精神的不調はあるものの、病気の体験を活かせる活動に誇りをもっている」という言葉や、幼馴染みのBさんの「果樹園を再開して、新製品で一緒にまちおこしをしよう」という言葉に支えられて、今は退院を希望しているという。

病棟のチーム会議では、外泊で調子を崩すことがあったものの、Aさんの希望を尊重し、

退院に向けて計画を進めることが確認された。そこで、Ａさんの退院支援計画に、心身の
バランスを崩したときに対処できるようクライシスプランの作成が追加された。また、日
中活動について、Ａさんは「家業の果樹園を再開したい」「当事者同士の語り合いの場に
参加したい」と希望があり、退院後の生活に組み込むことにした。

　Ｃ相談員はＩ相談支援専門員に退院支援計画の内容を報告し、Ｉ相談支援専門員は地域
移行支援計画を修正した。また、特定相談支援事業所のＪ相談支援専門員はＡさんの退院
に向けてサービス担当者会議を開催し、サービス等利用計画を見直した。Ｊ相談支援専門
員が会議の進行役を担い、Ｃ相談員・主治医・看護師・作業療法士という病院スタッフ、
地域活動支援センターのスタッフ、Ｋピアサポーター、市役所障害福祉課・生活保護課担
当者、Ｉ相談支援専門員が参加し、サービス等利用計画を再作成した。

　Ａさんの自宅への退院に向けて確認された内容は、以下の通りである。

・Ｏ精神科病院の外来に定期的に通院する（週１回）。
・Ａさんの希望で、地域活動支援センターの仲間との語り合いの場に参加する（月１回）。
・幼馴染みのＢさんの協力を受けながら果樹園の再開に向けて準備する。
・Ａさんの必要度合いに応じて、自立生活援助や訪問看護の手続きをする。

　サービス等利用計画にそって外出や外泊を繰り返し、いよいよ退院の日が決定した。

　Ｃ相談員は、退院に際して、Ａさん、Ｊ相談支援専門員、Ｉ相談支援専門員との４人で
面談の場をもった。Ａさんは入院当時を振り返り、「自分が精神病になるとは思いもよら
なかった」と語り、祖父母と両親の死、台風による果樹園の全壊等の喪失体験が重なるこ
とで、精神的不調が生じたと言う。Ｃ相談員や信頼できる医療スタッフに出会えたこと、「ピ
アサポーター」というリカバリーのモデルに出会えたこと、幼馴染みのＢさんに果樹園の
再開について相談できること、地域移行支援の利用により、一度はあきらめた人生だった
が、病気を抱えながらも自分らしい生活をイメージできるようになったと話した。

　今後については、果樹園の再開にあたり、Ａさんには母親が担当していた経理業務や販
路の管理の仕方がわからず、それがストレスとなって再発するのではないかという不安が
ある。その一方で、病状が落ち着けば、果樹園を活かしたまちおこしがしたいと言葉にした。

▎3 演習課題

❶　退院準備期のプロセスを整理してみよう（p.23 の**図 2-1** 参照）。

❷　退院準備期における、一般相談支援事業所と特定相談支援事業所の
業務や役割について整理しよう。

❸　Ａさんが不安になったときのクライシスプランを作成してみよう。

❹　Ａさんの地域生活に向けた計画について、「自立生活援助」「訪問看

「護」のほかに利用できる支援について考えてみよう。

6 地域定着支援の利用：フォロー期・地域生活定着期

1 事例演習のねらいとポイント

・Ａさんの立場から、入院治療・退院支援・地域生活への定着支援について理解する。
・「精神障害にも対応した地域包括ケアシステム」の全体図を理解する。

2 この事例を検討するための知識

・地域定着支援（定義、利用方法、期待する効果）について復習しよう。
・「精神障害にも対応した地域包括ケアシステム」の構築における障害保健福祉圏域および医療機関・保健所・基幹相談支援センター・市町村・都道府県の機能や役割について整理しよう。

事例

　本項が示す「フォロー期」「地域生活定着期」とは、Ａさんが一人暮らしに向けて、関係機関と連絡・連携体制づくりや緊急対応について確認する時期である（p.23 の図 2-1 参照）。

　Ａさんの自宅における一人暮らしが再開し、特定相談支援事業所のＪ相談支援専門員はＡさんと面談した。Ａさんの不安は果樹園再開後の管理であり、両親が行っていた農業組合の活動や販路の管理や開拓、経理事務がわからないことだった。そのことがストレスになって、また症状が悪化するのではないかという不安があった。幼馴染みのＢさんが相談に応じてくれているものの、Ａさんは一つのことに没頭すると周りが見えなくなるため、病状や生活のことについて相談に応じてほしいという願いがある。そこで、Ｊ相談支援専門員はサービス等利用計画を変更し、「訪問看護」「自立生活援助」の利用を組み込むことにした。訪問看護師は、Ａさんの日々の生活の状況を把握しながら服薬の不安や継続について相談に応じる。自立生活援助の担当者であるＮ地域生活支援員は、Ａさんの不安に対して、夜間の電話対応や自宅訪問が可能なことを説明した。

・訪問看護師により、病状の管理や服薬管理の助言や指導を受ける（週に 1 回）。
・自立生活援助により、Ａさんの必要時に訪問や電話相談に応じる（週に 1 回）。

　その後、1 か月が過ぎ、Ａさんが気がかりだった果樹園については、幼馴染みのＢさんと相談を重ねた結果、経理事務も含めて共同経営することになった。この決定に至る過程

そのものが台風による果樹園の全壊や両親の死を思い出すことになりＡさんにとってストレスとなったが、訪問看護師やＮ地域生活支援員に相談することでストレスにうまく対処できた。この成功体験から、Ａさんは徐々に自分のストレスをマネジメントできるようになり、本来夢見ていた果樹製品の開発によるまちおこしに対する意欲も出てきた。

　その一方で、月に一度、Ａさんは入院中から地域活動支援センターの当事者同士による語り合いの会に参加している。Ａさんは病気にならなければ、自分の精神障害者に対する内なる偏見に気づくこともなかったが、入院患者との語り合いにより病識がもてたことや「社会的入院」という言葉を知ったことで、当事者同士による語り合いの会に関心をもった。語り合いの場では、病いの経験から得た知恵の分かち合いがみられ、「社会的入院は人権侵害である」という認識が共有されていた。Ａさんは精神科病院で出会った入院者のなかに退院することをあきらめた人々が少なくなく、その人々に対して、病いを経験した人が地域で暮らすことの自由や楽しさを伝える活動の必要性を感じていた。

　退院後、３か月が経ち、Ｊ相談支援専門員はＡさんとサービス等利用計画を見直すことにした。Ａさんの病状が安定してきたことから、通院も月に１回となった。訪問看護や自立生活援助の必要性もなくなってきたものの、急に不安が高まることもあったことから、Ｊ相談支援専門員は「訪問看護」「自立生活援助」から「地域定着支援」へとサービスを変更する案を提示した。

▎3 演習課題

❶　フォロー期・地域生活定着期のプロセスについて整理してみよう（p.23 の**図 2-1** 参照）。

❷　Ａさんの地域生活の再開時におけるエコマップを作成してみよう。

❸　Ａさんの事例を踏まえて、「精神障害にも対応した地域包括ケアシステム」の構築について、医療機関・基幹相談支援センター・市町村・保健所等の機能や役割についてグループごとに発表してみよう。

7 ▶ ミニレクチャー

▎1 ソーシャルワークにおける「契約」の重要性

　2017（平成 29）年、精神障害者の地域移行をより強化するために「精神障害にも対応した地域包括ケアシステム」の構築が公表された。そこには、精神障害者が、地域の一員として安心して自分らしい暮らしができる地域づくりが意図されている。この制度的背景をもとに、事例で取

り上げた「地域移行支援」や「地域定着支援」は、精神保健福祉士の実践において重要なテーマとなっている。しかし、「長期入院者」と呼ばれる人々のなかには、退院を拒否する人、地域生活を希望しない人も少なくない。この人が地域を構成する一員として新たな生活を開始するには、精神保健福祉士にいかなるかかわりが求められるのだろうか。わが国の社会福祉制度は申請主義が原則であり、本人の希望によってサービス等の利用が可能になる。そこで、精神保健福祉士は、一人ひとりの生き様に敬意を示しながら、長期入院になった経緯を紐解き、いま・ここの本人の思いに寄り添いながら退院意欲の喚起に向けた創意工夫が求められる。ソーシャルワーク過程における「契約」は「クライエントになる」ことに不安や戸惑いがある人とその思いをかかわりの原点とするソーシャルワーカーとの相互力動的なものである。

■2 ソーシャルワークの展開過程における精神保健福祉士の役割

個人に対するソーシャルワークの展開過程は、ケースの発見➡インテーク➡アセスメント➡プランニング➡インターベンション➡モニタリング➡エバリュエーション➡ターミネーションという順をおって展開していく。

本事例に即すると、精神的不調にあるAさんに対して、複数の機関や施設の精神保健福祉士が相談援助を行っていた。たとえば、精神科病院の退院後生活環境相談員、特定相談支援事業所や一般相談支援事業所の相談支援専門員、基幹相談支援センターの相談支援専門員、保健所の精神保健福祉相談員等が登場する。各々の精神保健福祉士はAさんの生活課題を分析し、所属機関の特性を活かして退院支援計画やサービス等利用計画、地域移行支援計画等を作成・実施し、モニタリングを行い、必要に応じて再アセスメントするといった循環的なかかわりを行いながら、目標の達成度合いを評価していた。

各々の精神保健福祉士の業務内容は所属機関によって異なるものの、Aさんへのかかわりにおいて共通するソーシャルワークの価値や視点について振り返りを行ってほしい。

グループにおける相談援助の理解

1 事例の概要

　Aさんが住むT市では20年前から「ピアカウンセラー養成講座」を開催している。近年、地域移行支援におけるピアサポーターの必要性が高まるなかで、5年前より基幹相談支援センターでは精神障害者に特化した「ピアサポーター養成講座」を実施している。修了者は「ピアサポーター」として、長期入院者の退院への意欲喚起や外出の同行支援、地域定着支援における緊急時の対応のほか、市民講座や家族教室における自身の病いの体験の語り等の活動をしている。

　退院後2年が経過したAさんは、O精神科病院に通院を継続しながら、幼馴染みのBさんと果樹園を共同経営し、果樹園の管理、果物を使った新製品によるまちおこしの情報収集や企画に取り組めるまでに快復した。

　その一方で、月に一度、地域活動支援センターで行われている当事者同士による語り合いの会にKピアサポーターと参加している。Aさんが精神科病院の入院を不本意に思っていた頃、入院者との語り合いにより自分の病的体験を認識できたことや、Kピアサポーターという病いの経験を活かすモデルを得たことにより、病気にならなければ知りえなかった世界に関心をもった。語り合いの会では、各々の生きづらさや生活の知恵を分かちあうだけでなく、「社会的入院者」を減らす方策についても議論を重ねていた。その会では「社会的入院は人権侵害である」という認識があり、Aさんも自身の入院経験からピアサポーターの重要性を実感していた。また、Aさんは市民講座で講演するメンバーに同行するなかで、Aさん自身が精神障害者に対する内なる偏見によって精神的不調を感じてから医療機関にかかるまでに1年以上の月日がかかった体験から、一般市民に精神障害者に対する正しい知識を伝える必要性も感じていた。ある日、語り合いの会に基幹相談支援センターが開催する「ピアサポーター養成講座」のチラシがあり、Aさんの入院中のKピアサポー

図2-2　グループワークの展開過程

①準備期　②開始期　③作業期　④終結期

ターに後押しされて、Aさんは講座を受けることにした。

　Aさんが参加した「ピアサポーター養成講座」は、基幹相談支援センターのL精神保健福祉士がグループワークの手法を用いて行った講座である。本項では、グループワークの展開過程（図2-2）にそって、各々の期の特徴と精神保健福祉士の役割や活動について学ぶ。

2 準備期

1 事例演習のねらいとポイント

・ソーシャルワークの統合化から、グループワークの必要性を学ぶ。
・グループワークの展開過程における準備期の特徴、精神保健福祉士の役割とそれに伴う知識や技法について習得する。

2 この事例を検討するための知識

・グループワークの定義やグループワークの原則について復習しよう。
・準備期の特徴と「波長合わせ」「予備的感情移入」について復習しよう。
・準備期におけるソーシャルワーカーの役割や機能について調べてみよう。

事 例

「ピアサポーター養成講座」の企画

　H基幹相談支援センターのL精神保健福祉士は、障害者の個別相談を担うなかで、自分の病いの経験を活かしたいという当事者の声を聞くことが多くなった。また、精神障害者の地域移行支援におけるピアサポーターの役割が重要視されるようになってきたことから、「ピアサポーター養成講座」を企画することにした。その際、当事者同士の相互支援のなかで、当事者個々の、その当事者の人々を構成員とするグループのエンパワメントを目的として、その展開過程にグループワークの技法を用いることにした。

　L精神保健福祉士は、「ピアサポーター養成講座」の企画案の作成に際して、目的、講座開催時期、場所、人数、講師、費用、スタッフ（L精神保健福祉士とM社会福祉士）、

必要な物品等を記載した。そして、所属機関長の承諾を得て、受講生を募集した。応募者のなかから講座の企図に合った5名と個別面接を行うことにした。また、グループワークを行う場所の確保、グループワークを実施するにあたり環境整備と物品の準備を行った。

受講希望者に対する個別面接（予備的接触）

「ピアサポーター養成講座」を担当するL精神保健福祉士とM社会福祉士は、受講希望者と個別面接を行った。その際、ピアサポーター養成講座の目的、プログラムの内容、参加費について説明した。各自の受講動機は、以下の通りである。

A（40代、男性）：2年前精神科病院を退院。入院中に「社会的入院者」という言葉を知り理不尽さを感じた。その人々を減らしたいという思いがある。今、家業の果樹園を管理しながら地域活動支援センターの当事者同士の語り合いの場にも参加している。

P（40代、女性）：入院が長期化するなかで退院をあきらめていたとき、ピアサポーターとの出会いがあり、退院できたという経験がある。その経験を活かし、長期入院者に地域生活の楽しさや自由さを伝えたい。語り部グループにも参加し、啓発活動もしている。

Q（30代、女性）：20代で精神病を発病。両親が亡くなり、ホームヘルパーを利用することになった。そのとき、ピアヘルパーとの出会いがあった。今は、ホームヘルパー2級の資格を取得し、ピアヘルパーとして勤務している。今後、当事者活動の幅を広げたい。

R（50代、男性）：10代に発病し、閉鎖的な入院生活を経験している。10年前に市のピアカウンセラー養成講座を受講し、以降、障害者福祉会館でピアカウンセラーとして活動している。自分のような辛い体験を次世代の子どもたちにしてほしくないという思いがある。現在、市の協議会に当事者委員として参加している。

S（20代、男性）：大学時代の留学先で発病し、退学を余儀なくされる。入院歴も就労経験もない。現在は、当事者主導で運営されている事業所に通所している。いずれ事業所のピアスタッフとして常勤で働きたいという希望がある。

グループワークの企画者であるL精神保健福祉士とM社会福祉士は、個別面接で得た情報をもとに個々人のフェイスシートを作成した。また、養成講座の日程と講義の内容（担当者）は**表2-4**のとおりである。原則、いずれのプログラムも講義のあとにグループワークを実施するという構造がある。

表2-4 ピアサポーター養成講座のプログラム内容 進行役：L精神保健福祉士

月日	講義・個人ワークの内容（その後、グループワークを実施）
7月2日	オリエンテーション 第1回 講義：精神障害者が置かれてきた歴史（講師：当事者職員）
7月9日	第2回 講義：ピアサポートの意義（講師：当事者職員）
7月16日	第3回 講義：多様なピアサポートの実践（講師：ピアサポーター）
7月23日	第4回 講義：リカバリーストーリーから学ぶ（講師：ピアサポーター）
7月30日	第5回 病いの経験を振り返る
8月7日	第6回 病いの経験に基づく語りを作成する
8月14日	第7回 ピアサポーターのまとめ

3 演習課題

❶ 精神保健福祉士が「ピアサポーター養成講座」にグループワークを用いた有効性について考えてみよう。

❷ あなたが「ピアサポーター養成講座」の企画案を作成するならば、どのようなプログラムを作成するのかを考えてみよう。

❸ L精神保健福祉士とM社会福祉士が行った個別面談について、参加メンバーのフェイスシート（表2-5）を作成してみよう。また、例のほかに必要な項目を考えてみよう。

❹ グループワークの記録を作成する際、必要な項目を検討してみよう。

❺ 準備期におけるグループの特徴、ソーシャルワーカーの役割、および必要とされる知識や技法について整理しよう。

表2-5 参加メンバーのフェイスシート（例）

氏名	生年月日
所属機関	参加経路
現在の活動	グループ活動の経験
ピアサポーター養成講座の参加動機	将来、希望する活動
関心事・得意分野	特記事項

1 事例演習のねらいとポイント

・グループワークの展開過程における開始期の特徴、精神保健福祉士の役割とそれに伴う知識や技法について習得する。

2 この事例を検討するための知識

・開始期の特徴と「われわれ感情」について復習しよう。

・開始期におけるソーシャルワーカーの役割や機能について復習しよう。

・グループワークの原則のうち、「受容」「メンバー同士の協力関係の推進」について調べてみよう。

事例

精神保健福祉士の自己紹介とグループワークの目的の確認

　第1回目の講座では、メンバー同士に面識がなく、各々のメンバーは不安と期待をもって参加する。事前に、L精神保健福祉士は座席をロの字型に並べ、空間づくりを工夫した。

　開始時間になり、メンバーは指定された席についた。まず、企画者であるL精神保健福祉士の自己紹介があり、グループワークの趣旨を述べたあと、アイスブレイクを行った。そのあと、個々のメンバーの表情が和らいだことを確認したL精神保健福祉士は、あらためて「ピアサポーター養成講座」の目的やプログラム等の基本的な枠組みについて、参加メンバー全員の理解に配慮しながら説明した。そして、この場が参加メンバー全員にとって、安心できる安全な場となるようにグランド・ルール（約束ごと）を共有した。精神保健福祉士はメンバー個々の参加動機を共有するため、座席の順に発言を依頼した。

R：私は10代に発病し、長い間入院した経験があります。入院が長引くと、人生をあきらめる人が多い。その人たちが自分の人生を取り戻す手助けをしたいと思っているんです。今はピアカウンセラーの活動をしています。

P：入退院を繰り返すうちに、地域で暮らすことが不安になった経験があります。そのとき、ピアサポーターとの出会いがあり、私の不安に寄り添ってくれたことで退院できました。その経験から、病気になって人生をあきらめている人の支援者になりたいと思い、参加しました。

A：Pさんの話は私の体験そのものです。私もピアサポーターから勇気をもらった経験があります。入院中に一緒に施設を見学したり、不安なときには電話に付き合ってくれました。退院までの伴走者というか……。私のピアサポーターのモデルです。

Q：突然両親を亡くし、すべての時が止まった感がありました。両親のヘルパー担当者が心配して、私にヘルパーの利用を勧めてくれたのです。そのとき、同様の病いの経験をもつピアヘルパーに出会い、私の不安に寄り添ってくれました。薬に関する相談やサービスの情報提供も的確で安心できました。それから、ヘルパーの資格を取り、今、自分がピアヘルパーとして働いているのです。ピアサポートのバリエーションを増やしたいと思っています。

S：あまり「ピア」とかわからないんですけど、利用している事業所のピアスタッフは常勤で働いているんです。私も働きたいので、ピアサポーターの講座を受けることにしました。一度も入院経験はありません。

L精神保健福祉士：ありがとうございます。皆さんのピアサポーターになりたいという動機は、身近にピアサポーターのモデルになる方がおられるのですね。

　その後、基幹相談支援センターの当事者職員から「精神障害者が置かれてきた歴史」をテーマとした講義があり、グループワークでピアサポーターの必要性が確認された。

グループの凝集性の強化

　第2回目は、「ピアサポートの意義」の講義を踏まえたグループワークにおいて、参加メンバーの共通点や類似点を確認することで、グループの凝集性が高まっていった。第3回目は、「多様なピアサポートの実践」の講義のあとのグループワークにおいて、L精神保健福祉士はメンバーにグループの名前づけを提案した。そのとき、Aさんはほかの参加者の様子を見ながら、「皆さんの提案をホワイトボードに書きましょうか」と発言した。参加者全員から「お願いします」という声が聞かれ、グループの一体感が高まった。Rさんが口火を切った。

R：私たちの目標が「ピア」なので、「ピア」は名前に入れたいですね。地域移行も大切なキーワードなので、そこも考慮したいですね。

P：私たちの語り部グループの名前は「ぴあの」といいます。「ピア」と「ピアノ」をかけているんですけど、それぞれの声や音が響きあうという思いがあるんです。

Q：私が所属しているピアヘルパーのグループ名は「ピア・ハンズ」っていうんです。わかりやすいでしょ。

L精神保健福祉士：Sさんはどうですか？

S：（沈黙が続く）すみません、思い浮かばないです。（下を向く）

L精神保健福祉士：また、何か意見があればおっしゃってくださいね。

R：はい。入院が長期化すると、声を出すこともあきらめてしまうんですよね。入院者の声を大切にするという思いを込めて、「ピア・ボイス」ってどうですか？

Q：いいですね。ピア活動って動きがあるので、「ピア・ムーブ」っていかがですか。地

域に声が届くということです。

P：でも「地域移行」のことを考えれば、「ピア・アシスト」のほうがわかりやすいかもね。

A：（ボードに書いた案を見ながら）「声」は大切にしたい、私は「ピア・ボイス」に一票入れます。皆さんはどうですか？（みんなが頷き、Sさんを見る。）

S：皆さんのピアサポーターへの思いに圧倒されています。私も「ピア・ボイス」がいいです。

L精神保健福祉士：皆さん、いかがですか。（少し間を置いて）よろしいですか。では「ピア・ボイス」で決定でよろしいですか。入院中に奪われた声が周囲に届くように、声が語りとなって地域に届くといいですね。あと、グループのルールですが、何か希望はありますか。

S：（挙手をしながら）すみません、皆さんについていけるのか不安です。すぐに意見が出ないときに「パスもOK」を加えてください。

全員：いいですね。グループが安全で安心して参加できますから。

▌3 演習課題

❶　L精神保健福祉士はグループワークの開始にあたって、参加メンバーの座席を指定している。その理由について考えてみよう。

❷　開始期におけるアイスブレイクの目的や効果的なプログラムについて考えてみよう。

❸　L精神保健福祉士は参加メンバーとグランド・ルールについて共有

表2-6　グループワークの観察記録（例）

今回のテーマ	内容（進行：精神保健福祉士）	メンバーのダイナミクス（マップ）
講義：精神障害者が置かれてきた歴史とグループワーク ●ピアサポーターの必要性を学ぶ ・グループワークの目的確認とメンバー同士にわれわれ感情が生じるように支援する。	・自己紹介により、各々のメンバーが講座に参加した動機を共有する。 ・グループのグランドルールを確認する。 ・ピアサポーターの必要性の講義を踏まえて、「ピアサポーター」の共通するイメージをもつ。	
グループの観察	**次回の支援における配慮点**	**説明**
第1回　年齢、病名、入院歴等多様なメンバーの参加がある。メンバーに緊張感がみられ、まだ互いの交流はない。	・グループのグランドルールを確認する。 ・グループワークでは発言が偏らないよう配慮し、互いの共通性を確認する。	精神保健福祉士がグループワークの進行を担い、メンバー間にダイナミクスがみられるように働きかける。
参加メンバーの観察	**次回の支援における配慮点**	**特記事項**
Aさん・Qさん・Pさん：モデルとなるピアサポーターの像を具体的に話す。 Rさん：ピアカウンセラーの経験あり。協議会の当事者委員である。 Sさん：入院経験がなく、年齢も若い。グループにおける発言も少ない。	Rさん：グループのリーダー的存在。経験を語ってもらう。 Sさん：グループへの参加そのものを評価する。 Aさん、Qさん：経験したピアサポートを語ってもらう。	次回の講義は、「ピアサポートの意義」である。「ピアとは何か」、それぞれがもつピアサポーターからの支援内容を共有する。自分の体験にすりあわせて、ピアサポートを考える。

している。その内容と理由について考えてみよう。

❹ 開始期における観察記録（**表 2-6**）を作成してみよう。

❺ 開始期におけるグループの特徴、ソーシャルワーカーの役割、および必要とされる知識や技法について整理してみよう。

4 作業期

1 事例演習のねらいとポイント

・グループワークの展開過程における作業期の特徴、精神保健福祉士の役割とそれに伴う知識や技法について習得する。

2 この事例を検討するための知識

・作業期の特徴と「相互支援システム」について復習しよう。
・作業期におけるソーシャルワーカーの役割や機能について復習しよう。
・グループワークの原則のうち、「葛藤解決の経験」について調べてみよう。

事 例

「ピアサポーター養成講座」を重ねるなかで、L精神保健福祉士を介さなくてもメンバー同士の交流がみられるようになってきた。一方で、個々のメンバー同士の関係にも動きがみられた。発言の少ないSさんに対して、Rさんはいつも声をかけていた。当初はほかのメンバーになじめない様子のSさんだったが、Rさんの横に座り、ピアカウンセリングや当事者委員について尋ねる姿があった。また、PさんとQさんは当事者研究に関心があり、講座終了後に当事者研究の学習会に一緒に行く姿がみられた。

メンバー同士に仲間意識が高まるなかで、隣県で放火が起こり、その容疑者に「精神科病院の通院歴あり」という報道があった。その翌日の講座は「リカバリーストーリーから学ぶ」というテーマであり、Aさんが知っているKピアサポーターが講師だった。L精神保健福祉士は講師のKピアサポーターとの事前の打ち合わせにおいて、報道のあり方をもとにピア・ボイスの活動の重要性を参加者で確認するように依頼した。

講座の開始時間には、既に全員が集まり、報道の話が交わされていた。講師のKピアサポーターはグループの雰囲気を読み、報道に対する参加メンバーの意見を聞いたあとで、自らの病いの物語を語った。その内容は、自分が偏見のある精神病になるとは思わず絶望した時期、同じ病気をもつ仲間と出会い、生きるモデルを得た時期、病いの経験から得た

知恵を活かした現在の活動という過程だった。このような自分の病いの経験が精神障害者や病気を経験していない人の生き方や考え方に役立つことを知り、病気になったことにも意味があったのだと思えるようになったと語った。そして、今回のような報道があると、精神障害者に対する社会の偏見は強くなってしまう、当たり前に暮らす権利を奪われた仲間のためにも、ピア・ボイスの活動には重要な役割があることを強調した。

　Kピアサポーターの語りを聞いた参加メンバーはピア・ボイスの一員であることを自覚し、より一層ピア・ボイスの活動の必要性を実感していた。そのグループの様子を確認したL精神保健福祉士は、あらためて、講座の目標をメンバーに提示し、個々のメンバーの課題の解消や希望の実現にはメンバー同士が知恵を出しあうことが大切と語りかけた。そして、講師のKピアサポーターは、「病いの経験から得られた知恵を生かすことで社会を変えることができる」と強調した。それを聞いて、Rさんが続けた。

R：日本において、精神疾患が5大疾患の一つに位置づけられたけど、まだまだ社会の偏見は強い。精神科病院の長期入院者も多い。もっと当事者の声を社会に届けたい。

Q：講座から精神障害者が置かれてきた現状を知って、ピアサポーターが仲間の支援だけでなく、社会的な意味をもつことも学びました。報道をみても、当事者の声が社会に届く方策が必要ですよね。

A：確かにそうですね。私の場合、この病気にならなければ「ピアサポーター」という言葉すら知りませんでした。社会に「ピアサポート」の存在を伝えたいと思いますが、自分の病気の経験をどう伝えてよいのか悩みます。病気の体験から何を学んだのかなんて考えたこともなかったですから。

P：この病気で失われたものがいっぱいある。一人の人間としての権利を取り戻すには仲間の存在は大きい。私の生きるモデルになります。「ピアサポート」は支援される側だけではなくて、支援する側も元気になっていく、自分も人の役に立っているんだって思えます。

R：それって、「ヘルパーセラピーの原理」っていうんですよ。（「なるほど」一同頷く）

　メンバー同士の意見が活発に交わされるなかで、グループのなかに「ピアサポート」のイメージが一致していった。

S：（少し間を置いて）僕は入院の経験もありませんし、働くために講座を受けただけなんです。皆さんの話を聞いて、ピアサポートに対する思いに圧倒されるというか。社会の精神障害者に対する偏見が強いなかで、自分の病気の体験を語るなんて自分には絶対無理です。ここにいてよいのか不安なまま、今日も参加しているのです。

　Sさんの言葉によって、その場の雰囲気に緊張が漂い、そのなかでQさんが発言した。

Q：私はピアヘルパーとして働いていますけど、いつでも誰にでも病気を開示しているわけじゃないんです。いずれ結婚したい、普通に働きたい。今も病気を開示するか否か

揺れているんです。

A：私の参加する語り合いの会の人たちは、「社会に向けて病いを語るにも時間が必要だった」と言っていました。私も多くの人の前で話したことはないのですが、皆さんと語りあうことで必要性を感じるようになったのです。つまり、語りたいと思ったときが語るタイミングだと思うのですよね。

R：確かに。無理に病気のつらい体験を話す必要はないですよ。ただ、今回の報道のように、まだまだ自分たちの声が社会に届かない。自分のようなつらい体験をする人を一人でもなくしたいと思うと、報道のあり方にも声をあげていくことは大事ですよね。

L精神保健福祉士：海外ではピア・アドボカシーという権利擁護の活動があるんです。この市にも、そのような当事者活動があるといいですね。

R：いいですね。私は協議会の委員なのですけど、社会福祉協議会と教育委員会が共催で、当事者が学校に出向いて病いの体験を語るという福祉教育を実施しているんです。皆さんの声も届けたいですね。Sさんは皆さんの話を聞いてどう思いましたか？

S：（沈黙が続き）子どもの頃に病気の知識を得ることは必要だと思うのです。でも、私は大勢の人の前で病気を語るなんてできませんし、無理です。皆さんがどうやって病気を乗り越えてきたのかを教えてほしいです。

　L精神保健福祉士は、Sさんの発言に基づき、グループ活動はメンバーそれぞれがもつ価値観に対して、自分の価値観をみつめ直したり、新たな気づきができたりする機会になることを参加メンバーと確認した。

　第5回目の「病いの経験を振り返る」というテーマでは、メンバー各々が自分のリカバリーにおいて何が転機となったのか、その経験から得られた生きる知恵とは何かを考えながら、自分のストーリーの振り返りを行った。その後のグループワークでは、他者の経験を自分の経験に重ねて、他者の言葉を聞くことで自分を表す言葉を獲得していた。

　第6回の「病いの経験に基づく語りを作成する」というテーマでは、個々のメンバーが自身の病いの経験を語りにするというワークを行った。グループワークでは、メンバー全員で互いの物語の分かち合いをもとに、自分の経験を表す言葉の獲得と、自分の物語が他者のモデルになる機会の獲得を目的とする。その互酬性のなかで、リカバリーを体感していく姿がみられた。Sさんは、自分の物語を語ることはなかったが、ほかのメンバーの語りにじっと耳を傾けていた。

3 演習課題

❶　L精神保健福祉士はピアサポーターの講師に、「精神障害者」に対する報道のあり方とピア・ボイスの活動の重要性を強調することを依頼していた。その意図について考えてみよう。

★ピア・アドボカシー
（peer-advocacy）
仲間同士による権利擁護。病いや障害等の同じ経験をもつ当事者同士の活動。

❷　　L精神保健福祉士が、海外のピア・アドボカシーについて情報提供
した意図を考えよう。

❸　　L精神保健福祉士は、メンバー個々のリカバリーストーリーを共有
しあうプログラムを設定した。その意図について考えてみよう。

❹　作業期における観察記録を作成しよう（p.48の**表2-6**参照）。

❺　作業期におけるグループの特徴、ソーシャルワーカーの役割、およ
び必要とされる知識や技法について整理しよう。

5　終結期

1　事例演習のねらいとポイント

・グループワークの展開過程における終結期の特徴、精神保健福祉士の
役割とそれに伴う知識や技法について習得する。

・セルフヘルプグループとグループワークの関連性について理解する。

2　この事例を検討するための知識

・終結期におけるソーシャルワーカーの役割や機能について復習しよ
う。

・ピアサポートやヘルパーセラピーの原理について復習しよう。

・グループワークの原則のうち、「継続的評価」について調べてみよう。

事例

　ピアサポーター養成講座も最終回を迎え、企画者であるL精神保健福祉士とM社会福祉
士は参加メンバー全員とプログラムの振り返りを行った。講座に参加した学びや感想を聞
くと、グループのなかでほとんど発言がなかったSさんが緊張した表情で挙手をした。

S：皆さん、ありがとうございました。働きたいという思いだけで参加しましたが、回を
　　重ねることで「ピア」の言葉の重みを学びました。今はRさんのようにピアカウンセ
　　リングにも挑戦したい思いです。あと、子どもたちに正しい病気の知識を伝える活動
　　も大切だと思いました。でも、自分が人前で話すことには抵抗がありますし、話さな
　　い権利も大切にしてほしいです。

A：Sさんの「話さない権利」という言葉に新たな気づきがありました。私の場合、講座
　　を受講して、ますます長期に入院している人の地域移行が進む活動がしたいと思いま
　　した。病気になった当時は病気の正しい知識がなかったので、Sさんと同じように、
　　悩んでいる子どもたちを助けることも広い意味でピア活動だと思いました。

Ｑ：ピアヘルパーの活動を継続しながら、病院に出向いて自分で声を発することができない人の役に立ちたいです。私も地域移行支援や地域定着支援に携わってみたいです。

Ｐ：私も。長期入院している人の力になりたいし、当事者による権利擁護活動を実現させたいという思いが強くなりました。精神障害者の報道のあり方についても意見したいですね。

Ｒ：病気の体験を活かすことができれば、この体験も無駄ではないと思えます。ピアサポートは単に個別な支援だけではなく、Ｐさんの言うように、社会に働きかける活動でもあるんです。これからも皆さんとピアサポートの勉強会をもちたいと思っています。

一同：（頷く）是非。

　プログラムを終了するにあたって、Ｌ精神保健福祉士はメンバーと講座の目標を再度確認するとともに、メンバー個々の目標達成度合いを評価するために個別面談を予定した。また、参加メンバーが自主的に学ぶ機会の場について、基幹相談支援センター内で検討したいと伝えた。そして、「ピアサポーター養成講座」終了後、Ｌ精神保健福祉士はＭ社会福祉士とグループワークの評価を行い、報告書を所属機関に提出した。

　その後、ピアサポーター養成講座の修了生は、地域活動支援センターの語り合いの会に参加することになった。そして、会のメンバーシップが高まるなかで、語り合いの会の名称を「ピア・ボイス」にすることが決まった。

3 演習課題

❶　Ｌ精神保健福祉士は社会福祉士とグループワークの評価を行った。その評価項目について考えてみよう。

❷　Ｌ精神保健福祉士が所属機関に提出した報告書を作成してみよう。

❸　終結期における観察記録を作成してみよう（p.48の**表2-6**参照）。

❹　終結期におけるグループの特徴、ソーシャルワーカーの役割、および必要とされる知識や技法について整理しよう。

6 ミニレクチャー

1 グループワークの特徴

　ソーシャルワークの技法の一つであるグループワークは、個々人の課題の解消や軽減を目指して、グループの力動（ダイナミクス）を活用したグループワーカーの意図的な介入である。本節では、基幹相談支援センターに勤務するＬ精神保健福祉士が日々の相談業務のなかで「ピアサ

ポーター」の必要性を感じたことを機に、グループワークの手法を用いて、「ピアサポーター養成講座」を展開していく過程が示されている。

　グループワークが活用されるグループには、本事例のような目的別のグループとして、長期入院から地域移行、就労支援、社会生活技能訓練の習得を目指す人々によるグループがある。また、統合失調症、認知症、うつ病、アルコール依存症等の疾病別のグループや、自死遺族、障害者家族、児童養護施設の利用経験者等の生活経験別のグループがある。

■2 グループワークの展開過程と精神保健福祉士の役割

　グループワークの展開過程は、準備期➡開始期➡作業期➡終結期の順に展開していく。

　グループワークでは、グループを構成するメンバーの集合体以上に、グループそのものが機能的な性格をもつという考えに基づき、グループワーカーはグループを構成するメンバー間の力動（ダイナミクス）が良好に機能するように働きかける役割がある。

　事例においても、グループワーカーである精神保健福祉士はグループの力動が機能するように、準備期ではメンバーとの波長合わせを行い、開始期ではメンバー同士の共通性の認識を図ったり、グループの場がメンバーにとって安心・安全な場となるようにグランド・ルールを確認したりしていた。それによって、メンバー同士の仲間意識が醸成され、グループの凝集性が高まることを目指していた。作業期では、メンバー同士の多様性を尊重しながら、相互援助システムを形成し、グループの課題とメンバー個々の課題の解決や軽減に向けて検討できるように働きかけていた。そして、終結期ではグループそのものに醸成された教育的力動を経験したメンバー個々の課題の解決や軽減に対する評価を行っていた。

　このように、グループワーカーはグループがもつ特質を理解し、グループの力動を活用しながら、グループの課題とメンバー個々の成長を図ることを目標にしている。

　精神障害のある人が自らのもつ生活課題の解決や軽減を目指して、ワーカーとクライエントというケースワーク関係に加え、メンバー同士の力動関係を活用できるように、精神保健福祉士はグループの相互支援システムを形成することが求められる。

第3節 コミュニティソーシャルワークの理解

1 事例の概要

Aさんはピアサポーター養成講座修了後、語り部グループ「ピア・ボイス」に所属し、月に一度、ピアサポーターとしてO精神科病院の院内茶話会に参加している。Aさんは入院者に対して退院に向けた意欲喚起を行うなかで、「両親を亡くし、自分が働かなければならない」「退院しても働く場所がない」「働かない人に対する社会の偏見が怖い」という声を聞くことが度々あった。そこで、このような人々の声に応じた支援ができないかと幼馴染みのBさんに相談した。BさんはAさんと果樹園の共同経営をしながら、市の商工会の役員をしており、市の産業振興課とまちおこしについて協議する場にも参加している。

Aさんの住んでいる地域の状況は、以下の通りである。

T市の人口は9万人。元来、果樹園を営む農家が多く、第一次産業が主だった地域である。7年前に北部地域に都心まで続く鉄道路線が開通して以降、駅前にマンションがいくつも建設されている。年々、北部地域と南部地域の各々の地域特性が顕著になってきた。

北部地域は人口流入があり、人口密度も高い。共働き家族が多く、児童数も増加している。また、駅前にU大学の教育福祉学部が移転してきたこともあり、若者向けの商業施設も増えている。その一方で、T市の特産である果樹園が広がる南部地域では、高齢化率が30％を超え、年々家業を継ぐ若者が減るなか、過疎化とともに閉園する農家も増えてきた。しかし、町内会の加入率は高く、婦人会の活動も活発である。

精神保健福祉領域の社会資源として、単科のO精神科病院（1か所）、地域活動支援センター（1か所）、就労継続支援事業所A型（1か所）、就労継続支援事業所B型（1か所）、精神科クリニック（O精神科病院系列のクリニックでデイケアを併設）、基幹相談支援センター（1か所）、特定相談支援事業所（1か所）、一般相談支援事業所（1か所）、発達障害者支援センター（1か所）、居宅介護支援事業所（2か所）、グループ

ホーム（身体障害・知的障害 各1か所建設予定）、障害者ボランティアグループ、病院家族会、当事者団体、語り部グループ「ピア・ボイス」がある。

本節では、コミュニティソーシャルワークの観点からAさんが住んでいる地域に着目する。市の協議会の構成メンバーが中心となって、ＳＷＯＴ分析を用いながら、地域のニーズの把握、アセスメント、プランニングを行い、社会資源の活用・開拓、ネットワーキング、ソーシャルアクション等の手法を活用する実践過程を提示し、機関や施設に所属する精神保健福祉士の役割や活動について学ぶ。

❷ 地域のニーズ把握

■1 事例演習のねらいとポイント
・コミュニティソーシャルワークに必要な知識や技法を習得する。
・地域のニーズを把握する方法の知識やスキルを習得する。
・コミュニティアウトリーチの意義と方法を習得する。

■2 この事例を検討するための知識
・地域のニーズを把握する方法について復習しよう。
・市町村の協議会の機能や役割について復習しよう。
・基幹相談支援センターが担う地域生活支援拠点等の整備を整理しよう。

事 例

　Aさんが参加する語り部グループ「ピア・ボイス」を運営する法人のグループホームの建設に対して、「建設反対」という北部地域の住民の署名が法人の理事長宛てに送られてきた。その内容について法人の理事や管理職は、協議会の事務局を担当する基幹相談支援センターのH精神保健福祉士に相談することにした。

　H精神保健福祉士は、Ｏ精神科病院の家族会の相談役も担っている相談支援専門員である。家族の悩みは親亡きあとの子どもの生活であり、グループホームの建設は家族の切なる希望だった。そのため、H精神保健福祉士は今回の地域住民の反対意見は一つの法人で完結する問題ではなく、地域に潜在する問題として取り上げる必要があると判断した。加えて、地域住民の反対意見の要因を明らかにすること、それを踏まえた地域住民の不安を緩和し、精神障害者も地域の住民として安心して暮らせる方策を打ち出すこと、そのことが基幹相談支援センターの役割であると認識した。そこで、H精神保健福祉士は組織の業

務会議において同僚や上司に今回の出来事を相談した。その結果、住民の反対意見を聞く機会を法人幹部ともつこと、市の障害福祉課に他障害のグループホームに関する建設状況を確認すること、そして、この問題を協議会に情報提供することが決定した。

　協議会の構成メンバーは、T市役所障害福祉課、基幹相談支援センター、相談支援事業所、就労継続支援事業所、発達障害者支援センター、地域包括支援センター、O精神科病院、医師会、社会福祉協議会、教育委員会の各担当者に加え、U大学教授（学識経験者）、そして障害当事者団体の代表者である。全体会の開催は年に4回であり、下部組織として相談支援部会、就労支援部会、生活支援部会、権利擁護部会の4つの部会がある。障害者が住みよい地域づくりを目指して、各々の機関や施設の特性を活用し、地域のニーズに応じて活動を展開してきた実績がある。

3 演習課題

❶　地域住民のグループホーム建設反対の意見に対して、H精神保健福祉士が協議会に相談した意図について考えてみよう。

❷　「地域住民のグループホームの建設反対」という課題に対して、施設を利用したい精神障害者、反対する地域住民、施設の職員の立場に立って、各々の思いを共有してみよう。

❸　あなたの住む地域で起こっている福祉的課題を取り上げ、地域のニーズを抽出してみよう。

3 コミュニティアセスメント

1 事例演習のねらいとポイント

・コミュニティアセスメントの意義について理解する。

・コミュニティアセスメントの手法について習得する。

2 この事例を検討するための知識

・ポジティブ・リフレーミングの目的や手法について復習しよう。

・コミュニティアセスメントの項目について確認しよう。

・地域精神保健医療福祉資源分析データベース（ReMHRAD）の情報を確認しよう。

・SWOT分析の意義や方法について整理しよう。

　市の協議会が開催され、進行役は市役所の障害福祉課が担当した。全体会において、各部会から人口流入や地域移行の動向を踏まえた現状と新たな課題が報告された。

　まず、障害福祉課から、障害者等基礎調査の状況、精神病床における地域移行者数、障害福祉計画・障害児福祉計画の進捗状況、障害福祉サービスの利用状況の説明があった。

　相談支援部会からは、基幹相談支援センターにおいて、ピアサポーター養成講座の修了者が病院を訪問し、長期入院者の退院に対する意欲喚起を行っている現状が説明された。また、発達障害者支援センターから北部地域に住む児童の利用が多いという報告があった。PTA から、教職員を対象とした「発達障害をもつ児童・生徒の理解とその対応」をテーマとした研修の依頼があり、教育委員会と共催で実施する予定であることも加えられた。

　就労支援部会からは、就労継続支援事業所A型では企業からの業務委託が減っていることや、B型では利用者の高齢化が課題になっていることが報告された。

　生活支援部会からは、親亡きあとの子どもの生活に対する課題からグループホームの必要性が高まっている状況と、障害者の高齢化に対する課題から介護保険への移行が増えている状況があると説明された。

　権利擁護部会からは、隣県で起きた放火の容疑者に対して「精神障害の疑いがある」というマスコミ報道によって、地域住民の精神障害者に対する偏見が高まっている感があることが報告された。それを受けて、基幹相談支援センターのH精神保健福祉士から、精神障害者が利用するグループホームの建設に際して、北部地域の住民から反対の署名を受け、その意見を集約していることが共有された。

　各部会の報告を受けて、障害福祉課の担当者は、参加者をグループに分けてＳＷＯＴ分析表の作成を依頼した。具体的な作業として、現在の内部環境である強み（Ｓ：Strengths）と弱み（Ｗ：Weaknesses）、今後生じることが予測される外部環境である機会（Ｏ：Opportunities）と脅威（Ｔ：Threats）の各々の事項について抽出を求めた。

▌3 演習課題

❶　地域の特性を表す情報（歴史・文化、人口動態、産業構造、住民組織や団体等）について、調べる方法を列挙してみよう。

❷　事例を踏まえて、ＳＷＯＴ分析表を作成してみよう。

❸　地域住民のグループホーム建設に対する意識調査を設計してみよう。

❹　コミュニティをアセスメントするほかの方法について挙げてみよう。

4 プランニング

1 事例演習のねらいとポイント

・コミュニティプランニングの意義について理解する。
・コミュニティプランニングの手法について習得する。

2 この事例を検討するための知識

・コミュニティプランニングについて復習しよう。
・SWOT分析表における計画作成の方法を復習しよう。

事例

　協議会において、SWOT分析表（プランニング）を作成することを目的として、グループ討議が行われた。各々のグループで抽出された要素の例を挙げる。

● O（Opportunities）の要素を活かして、S（Strengths）の要素を発揮する

　O精神科病院における地域移行の促進には、長期入院者の退院に向けた意欲を喚起し、地域生活のイメージができる取り組みが必要である。T市には、Aさんが参加する語り部グループ「ピア・ボイス」があり、そのメンバーは地域移行の必要性を実感している（Strengths）。その一方で、O精神科病院では、地域移行支援の一環として、既にピアサポーターを招いて院内茶話会を実施している（Opportunities）。

　このことから、O精神科病院における地域移行の促進を目指した茶話会を生かして、ピア・ボイスのメンバーによる長期入院者の退院意欲の喚起に向けた活動を活用するという計画が立てられた。この計画はすでに実施されており、入院者にとって「ピアサポーター」が地域生活のモデルになるとともに、病院の看護師にとっても精神障害者のリカバリー像を獲得できる機会になっている。

● O（Opportunities）の要素を活かして、W（Weaknesses）を強みに変える

　グループホーム建設に対する地域住民の反対意見があるという課題（Weaknesses）に際して、精神障害者についての正しい知識を提供する機会を設定する（Opportunities）。建設反対を主張する地域住民を対象とした短期的な計画と、次世代を担う子どもたちを対象とした長期的な計画が考案された。

　短期的な計画には、現在ある地域の人的資源を活用し、精神障害者と良好な関係をもつ婦人会やボランティアグループの人々の体験を、地域住民に紹介する機会を設定する。

　長期的な計画は、人的資源の開拓を目指し、次世代の子どもたちを対象として「精神障害者」と呼ばれる人の多様性や障害特性を理解する機会の提供を行うという計画である。

- **T（Threats：脅威）の要素には、S（Strengths：個性・強み）の要素で対応する**

　近年、就労継続支援事業所Ａ型では企業からの業務委託が減ってきており、利用者の就労意欲が低下している現状がある（Threats）。一方、南部地域の高齢化が進み、果樹園管理が難しく人材募集のニーズがある（Strengths）。今後、両者をマッチングし、南部地域にある果樹園農家の人材募集のニーズに対して、就労継続支援事業所が果樹園農家から業務委託を受けたり、果樹園における施設外労働の可能性を探る計画が提案された。

- **T（Threats：脅威）の要素と、W（Weaknesses：弱み）の要素の組み合わせで最悪の事態を回避する**

　北部地域において、地域住民が反対するグループホームの建設や、PTAによる発達障害をもつ子どもたちへの教育保障や生活支援に対する要望（Weaknesses）が課題として挙げられた。その一方で、昨年度、隣県で起きた放火の容疑者に「精神障害の疑いがある」という報道があり、地域住民や住居を提供する家主の精神障害者に対する偏見が高まることによって、地域移行が妨げられることが予測できる（Threats）。

▎3 演習課題

❶　事例を踏まえて、SWOT分析表（**表2-7**）を作成し、活動計画（企画書・組織図・プログラム・役割分担・スケジュール）を立ててみよう。

❷　❶で立てた活動計画をグループでプレゼンテーションしてみよう。

❸　例示以外の地域のニーズを抽出し、SWOT分析表に追記しよう。

❹　あなたが住んでいる地域のニーズを抽出し、SWOT分析表を作成してみよう。

表2-7　T市における内部環境と外部環境に基づくSWOT分析表

外部環境	機会 (Opportunities) O1：精神科病院の地域移行の促進を目指して病棟訪問の活動がある。 O2：教育委員会と社会福祉協議会が共催し小・中学校で福祉教育を実施している。 ・ ・ ・	脅威 (Threats) T1：就労継続支援事業所における企業からの業務委託が減っている。 T2：障害福祉サービス事業所の利用者の高齢化が課題となる。 ・ ・ ・
内部環境		
強み (Strengths) S1：『ピアサポーター養成講座』を修了した当事者がいる。 S2：南部地域にある果樹園農家に人材募集のニーズがある。 S3：活動が活発な婦人会がある。 ・ ・ ・	O1とS1 ・ ・ ・	T1とS2 ・ ・ ・
弱み (Weaknesses) W1：グループホーム建設に対する地域住民の反対がある。 W2：発達障害をもつ子どもの教育と支援が必要になる。 ・ ・ ・	O2とW1	T2とW2 ・ ・ ・

5 社会資源の活用・開拓

1 事例演習のねらいとポイント

・地域のニーズに応じる社会資源の活用方法を習得する。

・ニーズに応じる新たな社会資源の開発方法を習得する。

2 この事例を検討するための知識

・インフォーマルな社会資源とフォーマルな社会資源を整理しよう。

・ソーシャルワークの調査・教育・調整・交渉・媒介機能について復習しよう。

・社会資源の開拓法（既存の制度活用型アプローチ法、人的ネットワーク活用型アプローチ法、福祉教育型アプローチ法、ソーシャルアクション型アプローチ法）について調べよう。

北部地域において、地域住民が反対するグループホーム建設の課題に対して、協議会の参加者から、現在ある社会資源を活用して対応できないかという意見が出された。

社会資源の活用

社会福祉協議会のＶ精神保健福祉士は、地域にある社会資源の活用を念頭に置き、精神障害者と良好な関係にある婦人会やボランティアグループの人々から、具体的な活動の実体験を地域住民に伝える機会を設定するという短期的な計画を提案した。

Ｖ精神保健福祉士は、日頃より地域にアウトリーチし、団体や組織の活動状況を把握しながら、必要に応じて情報提供や活動の支援を行っている。婦人会では住民同士の支えあいを重視し、作業所の自主製品を市民祭りで売ったり、食事会を催したりしてきた実績がある。婦人会の会員の多くはボランティアグループにも所属しており、Ｖ精神保健福祉士はボランティア講座の講師を依頼したり、ボランティアの活動先として連携を図っている。婦人会の会員は、講座のなかで「障害はその人の一部であって、その他の部分は個性豊かな部分が多い。年を重ねると、誰もが認知症になる可能性があるし、足腰も弱くなる。障害者が住みよいまちづくりは私たちの老後も住みよいまちになると思う」と伝えている。この言葉は、受講者にとって説得力があり、講座修了後、ボランティアに参加する人が多い。その背景には、Ｖ精神保健福祉士が婦人会やボランティアグループの人々に「障害者の生活のしづらさは地域住民の生活課題として認識する」と繰り返し強調しながら、活動上の相談に応じていることがある。

後日、法人の理事からＶ精神保健福祉士にグループホームの建設に対する説明会に同席の依頼があり、会のもち方について相談を受けた。そこで、Ｖ精神保健福祉士は婦人会やボランティアグループに相談したところ、自分たちの活動を紹介することで、精神障害者に対する偏見が少しでも減るならば協力したいとの返答があった。また、Ｖ精神保健福祉士は〇精神科病院のＣ相談員にも連絡をとり、近年増加している認知症やうつ病の罹患率の傾向とその人々の地域生活の実態について説明してほしいと依頼した。

説明会当日には北部地域に住む20名の住民が参加した。法人の理事が進行役を務め、グループホームの必要性を説明した。そして、Ｖ精神保健福祉士は地域住民に反対する理由を尋ねた。「精神障害者のグループホームが建つことで土地の価値が下がる」「幼い子どもがいる家族が多く、何かあると不安である」という感情的な言葉が多くみられた。そこで、婦人会の会長は自らの体験をもとに、「『精神障害者』と聞くと、最初は私も怖かったのです。

何かされたらという不安がありました。でも、当事者の人たちとのかかわりのなかで否定的な感情はなくなっていき、自分のなかに偏見があったことに気づいたのです。今では一人の人間として付き合っています」と話した。そして、V精神保健福祉士と作製した「精神保健福祉ボランティア」のDVDの画像を見ながら、日々の活動を紹介した。次に、O精神科病院のC相談員は、「認知症やうつ病をはじめ、誰もが精神疾患になる可能性があります」と罹患者数を用いて説明し、安心・安全な環境のなかで病いから快復していくことを報告した。その後の質疑応答では、Aさんが参加する語り部グループ「ピア・ボイス」のメンバーも加わり、地域住民同士の付き合いをしてほしいと伝えた。具体的な病気の情報を得ることで、地域住民から「認知症やうつ病は身近な病気だと知った」「当事者に直接出会って、好ましいイメージに変わった」「今日のような説明会は必要、反対する私たちより無関心の人のほうが課題ではないのか」という言葉が聞かれた。そして、V精神保健福祉士は何も関心を示さない人々に向けても、婦人会やボランティアグループの人たちや当事者団体と取り組んでいきたいので協力してほしいという言葉で締めくくった。

社会資源の開発

　教育委員会のスクールソーシャルワーカーであるX精神保健福祉士は、地域住民の精神障害者に対する偏見の低減に向けた方策として、長期的な観点から次世代を担う子どもたちへの福祉教育の必要性を感じていた。そこで毎年、社会福祉協議会と共催で小・中学校の福祉教育の実績を活かして、子どもたちと精神障害者との良好な接触体験の機会をつくる計画を提案した。また、北部地域に住む発達障害をもつ子どもの保護者からも早期に障害を学ぶ機会が必要という要望を受けていたことから、精神の病いをもつ人々の多様性を重視し、多様な当事者の語りが聞ける場の提供をしたいと考えた。

　そこで、X精神保健福祉士は、教育委員会の企画部担当者、発達障害者支援センター職員、U大学のU教授、社会福祉協議会の職員、ピア・ボイスの代表者、保健所の精神保健福祉相談員に協力を要請し、ヒューマンライブラリー実行委員会を組織化した。第1回目の会議では、X精神保健福祉士が会議の趣旨を説明した。精神保健福祉相談員から「保健所の思春期相談が増えており、中学生のメンタルヘルスのニーズが高い」と報告があった。発達障害者支援センターやピア・ボイスは「専門職による疾病教育に加え、当事者による語りから学ぶ教育を採用してほしい」と希望した。そして、U教授は対話と多様性を重視する「ヒューマンライブラリー」の手法を紹介した。第2回目は、U教授から語りの手法について理解を深め、その企画の実現に向けて議論を重ねた。そして、U教授が所属する大

社会のなかで生きづらさを抱えた人々が「本」となり、読者が読みたい「本」を選び、その本と実際の対話を通して、読者の偏見の低減を目指す手法である。原則として対話は1対1で行い、時間は30分を目安とする。

学の図書館を開放して、中学生を対象としたヒューマンライブラリーが企画された。「本」になる当事者として、20〜70代までの幅広い年代の男女合わせて20人が協力してくれることとなった。一人暮らしの統合失調症の人もいれば、精神科病院の入院中に知り合い結婚した夫婦、息子家族と同居している認知症のある人、摂食障害を乗り越えた人、就労継続支援事業所に通所している発達障害のある人、アルコール依存症の回復者、自分の得意な風景画を紹介する不安神経症の人、C相談員から紹介された地域移行支援を利用している入院患者など、多様な「本」を用意することができた。

X精神保健福祉士は企画書を作成し、組織の承認を得たあと、校長会の会長に交渉し、学校長にヒューマンライブラリーの取り組みについて宣伝できる機会を得た。当日、校長会において、X精神保健福祉士が「ヒューマンライブラリー」の説明を行ったところ、いくつもの学校長からヒューマンライブラリーの依頼があった。そこで、X精神保健福祉士は、グループホームの建設予定地がある校区の中学校の生徒から実施することにした。

X精神保健福祉士は関連機関や団体に連絡をとり、当日の進行や内容について議論を重ねた。当日、U教授のゼミ生が読者（中学生）と本（語り部）が出会うブースの設営や受付を担当した。50名の中学生の参加があり、自分が読みたい本のブースに出向き、本との対話を楽しんでいた。感想文には「障害には多様な種類があることを知った」「自分の中にある障害者に対する偏見に気づいた」「障害者も同じ地域の構成員であると認識できた」等が書かれていた。

後日、X精神保健福祉士はヒューマンライブラリー実行委員会で振り返りを行った。中学生の感想文を振り返ると、語り部を担った人々から「病いの体験は無駄ではなかった」という声が聞かれると同時に、U大学の学生からは「福祉職の職業意識が高まった」という言葉が聞かれた。また、X精神保健福祉士は、実施校の校長から「グループホームの建設反対について、地域住民の生活課題として生徒や保護者と考えていきたい」という手紙の内容を共有した。

あらためて、X精神保健福祉士は、社会資源は建物や制度に限らず、地域に住む中学生も重要な人的資源であると認識した。そして、X精神保健福祉士は上司に「ヒューマンライブラリー」の成果報告書を提出し、継続的な実施を希望した。

▎3 演習課題

❶ グループホームの建設に対する地域住民からの反対意見に対して、「婦人会の活動が活発」という地域の社会資源の活用を提案した。社会福祉協議会のV精神保健福祉士として、具体的な企画案を作成してみよう。

　案）テーマ、目的、メンバー、役割分担、方法と手順、予算、等

❷　❶の課題に対して、教育委員会のＸ精神保健福祉士は中学校の生徒を対象として、「ヒューマンライブラリー（学びの場）」という社会資源の開発を提案した。具体的な企画案を作成してみよう。

　　案）テーマ、目的、メンバー、役割分担、方法と手順、予算、等

❸　精神障害者のグループホームの建設に対する地域住民からの反対意見という課題の解消に向けて、本事例からＴ市の社会資源を列挙してみよう。そして、地域にある社会資源の活用や開発に際して、社会福祉協議会や教育委員会の精神保健福祉士はどのような判断のもとで活動したのか、求められる視点や知識・技術について整理しよう。

6 ネットワーキング

1 事例演習のねらいとポイント

・ネットワーキングの知識や技法について習得する。
・ソーシャル・サポート・ネットワークについて理解する。

2 この事例を検討するための知識

・ネットワーキングの定義や意義について復習しよう。
・「地域組織化」「福祉組織化」について復習しよう。
・ネットワーキングに必要な知識や技法について整理しよう。

事例

　協議会の就労部会から、就労継続支援事業所Ａ型では、企業からの業務委託が減少しており、利用者の就労意欲が低下していることが報告された。一方、南部地域の農家の高齢化により果樹園の管理が困難となっている状態であり、人手不足にある現状が共有された。そこで、就労部会の代表者を務め、就労継続支援事業所の法人理事でもあるＹ精神保健福祉士は、「南部にある果樹園と提携して、就労継続支援事業所の活性化を図る」ことを提案した。そして、市の産業振興課とタイアップしていくことにした。

　後日、産業振興課の担当者はＹ精神保健福祉士と商工会に出向き、障害者の就労継続支援事業所の現状を説明し、果樹園農家と協同できないかともちかけた。商工会の役員の一人がＡさんの幼馴染みのＢさんだった。Ｂさんは、南部地域の果樹園農場主の高齢化により閉園する果樹園が増えてきており、人手不足が課題になっている実情を話した。それを聞いたＹ精神保健福祉士はＢさんに農福連携の取り組みを提案した。ＢさんはＡさんから精神障害者の就労の場がないことを聞いていたので、二つ返事で、商工会で前向きに検討

したいと応じた。そして、三者で会議をもち、Ｙ精神保健福祉士は障害者の就労のニーズの掘り起こしを、産業振興課は都市開発課や障害福祉課との連絡調整を、Ｂさんは果樹園農家の人材不足の現状分析を担当することになった。

　Ｙ精神保健福祉士は、果樹園農家の具体的な作業工程を把握するため、Ｂさんに見学を申し出ると、Ａさんと共同経営している果樹園の情報を得た。後日、Ｙ精神保健福祉士が果樹園に行くとＡさんが待っていた。Ｙ精神保健福祉士はＡさんが入院中に面識があったことから、話はとんとん拍子に進んだ。Ａさんは果樹園における一連の作業を説明した。それを受けて、再度、Ｙ精神保健福祉士は産業振興課の担当者と、Ａさん宅に出向いた。そこにＢさんが加わり、具体的な農福連携を目指した作業について話しあわれた。その後、三者で会議を重ね、Ａさんの果樹園における果実ジャムやジュレの袋詰めとラベル貼りの受託作業、「施設外就労」として果樹園における果物の選定と収穫・出荷作業を請け負うことが決まった。その一方で、Ｙ精神保健福祉士は地域住民を対象とした販路の拡大を目指して、Ｂさんから農協の販売所や駅の売店、大学の食堂の紹介を得た。また、Ｔ市の広報を活用して、Ａさんは繁茂期に果樹園を子どもたちに開放する取り組みを行っている。

　６か月後、ＡさんやＢさんの協力を得て、販売も順調に増え、就労継続支援事業所の工賃が上がったことから、事業所の利用者はやりがいを感じていた。また、産業振興課から、Ｙ精神保健福祉士に農福連携マルシェの情報提供があった。南部地域に「マルシェ」が開催されることで、健康志向の強い北部地域に住む家族が新鮮な果物を求めて買い物に来ることが期待された。また、Ｂさんからは GAP（Good Agricultural Practice）の認証を受けることで、Ｔ市のふるさと納税の品目として申請できないかと提案があった。

　このような経過を協議会の就労支援部会で共有すると、農福連携に係る地域の関係機関や団体によるネットワークを形成し、「働きたい」というニーズをもつ人と「人材を募集する」というニーズをマッチングするNPO法人を設立したいという意見が聞かれた。

▋3 演習課題

❶　「就労継続支援事業所では、企業からの業務委託が減少している」という脅威に、「南部地域にある果樹園農家に人材募集のニーズがある」という強みで対応することを踏まえて、企画案を作成してみよう。
　　案）テーマ、目的、メンバー、役割分担、方法と手順、予算、等
❷　Ｙ精神保健福祉士の果樹園を活用したネットワーキングについて、その目的、メンバーの範囲、活動内容について整理してみよう。
❸　ネットワークの促進要因と阻害要因について考えてみよう。

7 ソーシャルアクション

1 事例演習のねらいとポイント

・ソーシャルアクションに必要な知識や技法について習得する。
・ソーシャルアクションの過程における当事者参加の重要性を理解する。

2 この事例を検討するための知識

・ソーシャルアクションの意義、定義、展開過程について復習しよう。
・住宅入居等支援事業、あんしん賃貸支援事業について復習しよう。

事例

　Ｔ市では精神障害者の地域移行が課題となっているなかで、精神障害者のグループホーム建設に対する地域住民の反対意見が上がり、当事者の地域生活に対する不安が強くなっている。ある日、Ａさんは自分の果樹園で就労訓練中の利用者から「二人暮らしの父親が施設に入所し、家主からアパートを出ていくように言われて困っている」という相談を受けた。Ａさんはその言葉に理不尽さを感じ、利用者本人と就労継続支援事業所のＹ精神保健福祉士に相談することにした。Ｙ精神保健福祉士は、この相談は個人の住まいの課題にとどまらず、「精神障害者」と呼ばれる誰もが体験し得る人権侵害にかかわる課題であると判断し、本人の同意を得て協議会で検討することにした。

　協議会当日、今回の件をＹ精神保健福祉士が報告すると、特定相談支援事業所のＪ精神保健福祉士は「精神障害者に対する偏見が家主にあると、地域移行も進みにくい」と発言した。続いて、生活支援部会から、親亡きあとの生活が喫緊の課題であり、いまだ地域住民の偏見が強いなかで、住まいの課題は重点的に取り組むべき事項であるという意見があった。そこで、協議会では精神障害者の居住に関する課題を具体的に把握するため、各機関や施設の利用者に不動産の取引における不当な差別的体験について聞き取り調査をすることにした。加えて、活用できる居住支援の事業がないか、市の障害福祉課のＺ精神保健福祉士が情報収集することになった。

　３か月後に開催された協議会では、居住の課題に関して、三つの報告があった。一つ目は、利用者が受けた不動産の取引における不当な差別的体験の実例の報告である。精神障害を開示すると、「入居できる物件がないと言われた」「保証人は３人以上と、規定を超えて要求された」「賃貸借契約を断られた」等の声が聞かれた。そして、このような差別的な発言の背景には、マスコミ報道が大きく影響していることが共有された。二つ目に市のＺ精神保健福祉士からは、住宅入居等支援事業やあんしん賃貸支援事業があるものの、その利用率の低さが報告された。続けて、三つ目として、「Ｔ県障害のある人もない人も共に暮

らしやすい社会づくり条例」を踏まえて、居住に係る事業を相談援助職に周知する必要性が報告された。

　これらの地域のニーズに対して、権利擁護部会と生活支援部会が中心となり、三つの行動計画が作成された。短期的計画として、家主との仲介者である宅地建物取引業者に精神障害者の理解を図ること。中期的計画として、居住支援に関する事業の利用状況を分析し、相談援助職への周知を図ることを目的に、Ｔ県精神保健福祉士協会に研修を要請すること。長期的計画として、精神障害に関するマスコミ報道のあり方の課題を分析し、世論の支持を得て、メディア団体にガイドラインの指針に対する要望書を提出することである。

　短期的計画の主な担当者は、市のＺ精神保健福祉士、グループホームの建設を予定していた社会福祉法人の理事を務めるＷ精神保健福祉士、基幹相談支援センターのＨ精神保健福祉士である。Ｗ精神保健福祉士は、当事者団体と家族会に声をかけ、家主との仲介者である宅地建物取引業者の障害理解を求める活動に協働参加を依頼した。どちらの団体・組織も自らが当事者の課題であると快諾を得た。また、障害者の差別解消に向けて取り組んできたＺ精神保健福祉士は、Ｔ県宅地建物取引業協会に出向き、今回の障害者に対する不動産取引における不当な差別的取扱いの事例を報告し、宅地建物取引業者に対して障害理解を目的とした研修を実施したいと依頼した。協会長は「認知症や引きこもりの人の対応に困っているという家主の相談が増えている。仲介する宅地建物取引業者も精神障害者の知識がないので、こちらから研修をお願いしたい」と返答された。早速、Ｚ精神保健福祉士は、Ｗ精神保健福祉士に報告し、宅地建物取引業者の人々を対象とした人権研修を企画することにした。

　研修当日、50名以上の宅地建物取引業者の参加があり、基調講演とシンポジウムが行われた。基調講演はＴ県の人権施策部長による条例の趣旨とその内容の説明であり、「県民一人ひとりの人権が尊重される共生社会を目指して、居住支援の観点から皆さまのお力添えをいただきたい」と締めくくった。その後のシンポジウムは、「障害のある人もない人も共に暮らしやすい社会づくり」をテーマとして、Ｈ精神保健福祉士が司会進行を務めた。シンポジストには３名の登壇者があった。まず、社会福祉法人のＷ精神保健福祉士からは不動産の取引における不当な差別的体験を受けた利用者の聞き取り調査の結果報告があった。次に、Ｕ大学の教授が精神障害者の障害特性の説明と、それに伴う合理的配慮の具体例が紹介された。語り部グループ「ピア・ボイス」の代表者からは、病いの経験とともに、「居住は人権に係る重要な要素であり、社会的入院という人権侵害があることを知ってください。皆さんが家主に精神障害者に対する正しい知識を伝えてほしい」と訴えた。

　翌日、講演会の内容が地方新聞に掲載され、婦人会会員やボランティアだけでなく、多くの地域住民からも反響があった。Ｚ精神保健福祉士は「精神保健福祉士は目の前の精神障害者にかかわりながら、その背景にある社会的な不正義に常にアンテナを張りめぐらせ、

その構造に働きかける必要がある」と再認識した。後日、Ｚ精神保健福祉士と「ピア・ボイス」の代表者とＷ精神保健福祉士はＴ県宅地建物取引業協会に出向き、会長にシンポジウムの結果を報告した。すると、会長から「当事者の方の発言に学びました。不動産取引にかかわる私たちの使命として、業界で今回の学びについて申し合わせをしていきたい」という言葉があった。加えて、会長から継続的な研修とともに、Ｔ県宅地建物取引業協会の福祉部門のアドバイザーをお願いしたいという依頼があった。

　そして、協議会では今回の講演会の振り返りを行い、社会福祉法人のＷ精神保健福祉士が当日の様子を説明し、その成果を報告した。市のＺ精神保健福祉士はＴ県の条例に基づき、県の障害福祉課に居住支援に関する専門相談員が配置されたことから、市の居住に関する差別課題の解決に関しても連携していきたいと発言した。今回の件を踏まえ、個々人の生活課題を地域の生活課題として捉え、社会資源の開発や改善に向けて取り組むことも協議会の重要な機能であることが共有された。そして、中期的な計画である相談援助職の研修や、長期的な計画であるマスメディア団体への要望についても、当事者団体や家族会、婦人会会員やボランティアをはじめとする地域住民と、県の精神保健福祉士協会等の職能団体と連携を図りながら地域づくりを進めていくことになった。

3 演習課題

❶　市のＺ精神保健福祉士が行うソーシャルアクションの企画書を作成してみよう。

　　案）テーマ、目的、メンバー、役割分担、方法と手順、予算、等

❷　ソーシャルアクションにおいて、当事者と協働する利点について考えてみよう。

❸　本事例の中期的計画・長期的計画について企画書を作成してみよう。

8　ミニレクチャー

1　ストレングスの視点からコミュニティを捉える

　ストレングスモデルには、「コミュニティは社会資源のオアシスである」という原則がある。精神障害者が地域の構成員として自分らしく暮らすには、地域住民と互酬性のある関係性や選択できる豊富な資源が必要である。社会資源には、物理的資源（病院、学校、図書館、市民会館、福祉サービス事業所等）、制度的資源（市民サービス、社会福祉サービス、精神保健福祉サービス等）、人的資源（家族、友人、近隣、フォーマル・

インフォーマルな資源）、文化的資源（地域住民のコミュニティへの所属意識や愛着心等）などがある。地域に出向いて活動する精神保健福祉士には、これらの社会資源の体験的理解が求められる。

2 コミュニティソーシャルワークの展開過程と精神保健福祉士の役割

　コミュニティソーシャルワークは、アセスメント➡プランニング➡インターベンション➡モニタリング➡エバリュエーションという過程を追って展開していく。

　本章の精神保健福祉士の実践において振り返ると、第1節では、長期入院を経験したAさんの地域生活を支えるための地域づくりを目指して、精神保健福祉士はチームアプローチや機関間のネットワークづくり、地域にある社会資源の活用等を行っていた。第2節では、精神保健福祉士はピアサポート養成講座の展開過程のなかで、受講者同士の相互支援とともに社会変革の意識を醸成する支援を行っていた。第3節では、SWOT分析の手法を用いて、地域の課題やストレングスのアセスメントを行い、時間を配慮した支援計画を作成した。その結果、地域づくりのプロセスそのものが住民個々人の生活課題を解決・軽減していく方策となることをみてきた。加えて、地域を対象とした介入には「同様の生活課題をもつ人々がいる」という認識が前提にあるため、同様の生活課題をもつ人が新たに生じないことを目的とした予防的機能を発揮する方策を考える必要がある。

　このような地域を対象とした介入には時間を要することが多く、その評価も重要な点である。たとえば、第3節では、精神障害者に対する居住の確保・開拓を目指す事例を紹介した。地域の協議会では「精神障害者の住まいの確保」を目標とし、その実現に向けて「家主や宅地建物取引業者の精神障害者に対する偏見の是正」が計画された。精神障害者に関する正しい知識の習得によって「精神障害者の地域住民としての住まいの確保等」という目標達成（タスク・ゴール）が望ましいが、その計画のなかで行政や職能団体に働きかけたり（プロセス・ゴール）、それによって機関間連携やネットワークが強化される（リレーションシップ・ゴール）ことも重要な評価となる。

第3章

支援の場に応じた
相談援助の理解

　精神保健福祉士の職場は、施設基準や報酬請求上で配置が必要とされる機関・施設をはじめ、精神疾患・障害およびメンタルヘルス課題のある人々を支援する多様な場に広がっており、精神保健福祉士の専門性に基づき、各職場の特性に応じた役割の発揮や業務遂行が求められている。

　本章では、これまで学習した各科目の理解を踏まえ、また現場実習による学習を交えながら、多様な要素を含むモデル事例を用い、精神保健福祉士として必要な知識、技術、価値を統合させたソーシャルワーク実践の基礎を築くために演習課題に取り組み、精神保健福祉士の行動特性（コンピテンシー）について具体的イメージをもつことや、自身の研鑽課題を把握し、卒業後の専門職としての研鑽につなげる。

序 精神保健福祉士の多様な職場におけるソーシャルワーク実践

　本章では複数の要素を組み合わせた28のモデル事例をもとに、精神保健福祉士の望ましいあり方を学ぶ。演習課題に取り組む際はすでに学習した知識を駆使する必要がある。

　精神保健福祉士の職場が国家資格制度の成立当初と比べて広がったことは、実習施設・機関種別の拡大という形でも明示されている。精神保健福祉士は、各種機関・施設や企業等で働く際、それぞれの職場の根拠法や機能を踏まえたうえで、専門性を発揮している。そこで精神保健福祉士にとって必要な知識・技術・価値に基づく実践を具体的にイメージし、これまで修得した内容を統合させることが求められる。そのため、以下のさまざまな側面からの復習や考察を促進するためのモデル事例を作成した。

❶領域

　精神科医療機関、障害福祉サービス事業所、行政機関（合議体を含む）、社会福祉協議会、高齢者福祉施設、教育機関、司法関係の機関・施設、産業分野の機関等を精神保健福祉士の職場として取り上げる。各職場の特性や主たる支援対象、活用される法制度やソーシャルワーク技術、同僚として連携する多職種や、関係機関の機能に関する知識等を復習しながら学ぶことが望ましい。

❷活用する技術やアプローチ

　28事例は、それぞれ精神保健福祉士が主たる支援をする相手（精神疾患や障害の当事者、家族、当事者グループや地域市民などの小集団）の特性を踏まえた望ましいかかわり方について、個別面接や記録作成、グループワークなどの直接的な支援技術のみならず、多職種多機関連携のコーディネートやマネジメント、リハビリテーションプログラムの実施のほか、アウトリーチや計画策定、資源創出、普及啓発活動や人材育成など多様である。授業内でのロールプレイやグループワークのほか、現場実習体験等を通してこれらの技術を獲得することが求められる。

❸中心となる支援課題

　本章の各事例を作成するにあたり、主として、精神疾患や障害のある

人の社会的孤立や排除に対する働きかけ、受診・受療援助、退院・地域移行支援および地域生活支援、自殺対策、ひきこもり支援、児童虐待への対応、アディクション関連問題や精神障害者の家族支援、就労（雇用）およびリワーク支援、貧困・低所得者に対する支援、災害の被災時支援、罪を犯した精神障害者に対する支援を取り上げた。現実の支援は、課題が明確でないものや複合的な問題を抱えることが常であり、精神保健福祉士には、課題を発見し、アセスメントするなかで実際の支援課題を特定する力が求められる。

❹法制度・サービス

　法制度やサービスの活用から制度課題や不備の補完、さらに新たな政策提言まで、精神保健福祉士のソーシャルワーク実践にあたり知識を有することが欠かせない主な法制度等として、以下を取り上げている。

　精神保健及び精神障害者福祉に関する法律・障害者基本法・障害者の日常生活及び社会生活を総合的に支援するための法律・障害を理由とする差別の解消の推進に関する法律・障害者虐待の防止、障害者の養護者に対する支援等に関する法律・心神喪失等の状態で重大な他害行為を行った者の医療及び観察等に関する法律・生活保護制度・障害年金制度・障害者の雇用の促進等に関する法律・労働安全衛生法・介護保険法・老人福祉法・高齢者虐待の防止、高齢者の養護者に対する支援等に関する法律・児童福祉法・児童虐待の防止等に関する法律・アルコール健康障害対策基本法・刑の一部執行猶予制度・覚醒剤取締法等・自殺対策基本法・居住支援制度・生活困窮者自立支援制度・成年後見制度等である。

　なお、モデル事例では地域特性を示したものもあるが、たとえば、実習先や養成校所在地、居住地等の地域特性を学び、比較しながら学習することが効果的である。また、いずれの事例も精神保健福祉士として、いわゆるベテランの実践を想定しているため、これから精神保健福祉士になろうとする者にとっては難しいと感じられることもあるかもしれないが、国家資格の取得後も研鑽を続け、将来的に到達すべき行動特性（コンピテンシー）を示したものである。事例を通して目指すべき働き方を学んでほしい。

　次頁に、精神障害者の地域生活圏域上に各機関・施設種別を図示し、本章で取り上げた事例番号を示す。

図　第3章に登場する精神保健福祉士の職場

精神保健福祉士の職場は、精神疾患や精神障害、メンタルヘルス課題のあるすべての人を対象にしているため、多様な分野・領域に広がっている。
また、利用者の地域生活を支援するため、1機関のみではなく多機関が連携して支援することが多い。

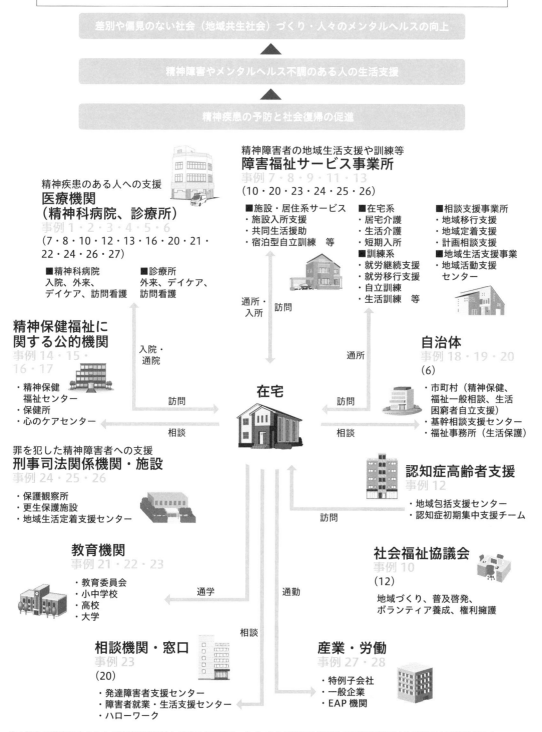

差別や偏見のない社会（地域共生社会）づくり・人々のメンタルヘルスの向上

精神障害やメンタルヘルス不調のある人の生活支援

精神疾患の予防と社会復帰の促進

精神障害者の地域生活支援や訓練等
障害福祉サービス事業所
事例7・8・9・11・13
（10・20・23・24・25・26）

■施設・居住系サービス
・施設入所支援
・共同生活援助
・宿泊型自立訓練　等

■在宅系
・居宅介護
・生活介護
・短期入所
■訓練系
・就労継続支援
・就労移行支援
・自立訓練
・生活訓練　等

■相談支援事業所
・地域移行支援
・地域定着支援
・計画相談支援
・地域生活支援事業
・地域活動支援センター

精神疾患のある人への支援
医療機関
（精神科病院、診療所）
事例1・2・3・4・5・6
（7・8・10・12・13・16・20・21・22・24・26・27）

■精神科病院
入院、外来、デイケア、訪問看護

■診療所
外来、デイケア、訪問看護

精神保健福祉に関する公的機関
事例14・15・16・17

・精神保健福祉センター
・保健所
・心のケアセンター

入院・通院

訪問

相談

通所・入所　訪問

通所

訪問

相談

在宅

自治体
事例18・19・20
（6）

・市町村（精神保健、福祉一般相談、生活困窮者自立支援）
・基幹相談支援センター
・福祉事務所（生活保護）

罪を犯した精神障害者への支援
刑事司法関係機関・施設
事例24・25・26

・保護観察所
・更生保護施設
・地域生活定着支援センター

認知症高齢者支援
事例12

・地域包括支援センター
・認知症初期集中支援チーム

訪問

教育機関
事例21・22・23

・教育委員会
・小中学校
・高校
・大学

通学

通勤

社会福祉協議会
事例10
（12）

地域づくり、普及啓発、ボランティア養成、権利擁護

相談

相談機関・窓口
事例23
（20）

・発達障害者支援センター
・障害者就業・生活支援センター
・ハローワーク

産業・労働
事例27・28

・特例子会社
・一般企業
・EAP機関

注：緑色の数字は中心となる精神保健福祉士が所属する職場。（　）内の黒数字は連携先の精神保健福祉士が所属する職場を示す。

【精神科医療機関】

事例 1 家族からの精神科受診相談とインテーク面接

1 事例演習のねらいとポイント

・精神科病院における受診・受療援助に関する相談面接スキルを学ぶ。
・本人中心の相談姿勢を理解する。
・クライエントの生活課題を人と環境の相互作用の視点から理解する。
・任意入院患者に保障されている患者の権利を確認し、説明できるようにする。
・インテーク面接の記録の仕方を習得する。

2 この事例を検討するための知識

・相談援助における基本的な面接技法について復習しよう。
・うつ病のクライエントと面接する際の留意点や対応方法を復習しよう。
・精神保健及び精神障害者福祉に関する法律に規定されている入院形態や精神医療審査会について復習しよう。
・ソーシャルワークの視点である「生活者の視点」や「人と環境の相互作用の視点」「ストレングス視点」について復習しよう。

3 事例の紹介

事例

精神保健福祉士の勤める職場

　病床400床の精神科単科の病院である。急性期治療のための閉鎖病棟のほか、社会復帰

病棟やストレスケア病棟などがある。また精神科リハビリテーションのためのデイケア施設も備えており、訪問看護も行っている。

精神保健福祉士の配置は病棟担当制になっており、その業務は入院患者へのインテーク面接、退院に向けた環境調整が主である。このほかに、輪番で受診についての電話相談や外来通院者への相談援助を行っている。

支援対象となるクライエント

Ａさん（20歳、男性）は、父親が弁護士として開業している家庭で生まれ育った。幼い頃から父親の仕事を継ぐことを期待され、教育熱心な両親のもと、私立の小学校、中高一貫校へと進んだ。両親が勧めるＢ大学への進学を目標に、部活動に入らず、受験勉強に励む日々を送った。元来の内気な性格もあり、学校での友人は少ない。

問題の発生経過

高校３年生になったＡさんだが、両親が勧めるＢ大学は自分の学力に見合っていないと思いつつも、両親の期待に応えようと受験勉強に熱が入っていた。冬になり、大学入試が始まり、いくつかの大学を受験したが、結果はすべて不合格であった。父親からは「一年浪人してもかまわないので、Ｂ大学へ進学するように」と後押しされ、予備校に通いながら受験勉強を続けた。ところが、翌年の大学入試でもＡさんはＢ大学に合格することが叶わず、父親からは「お前は何をやっているんだ。がっかりした」と厳しく叱責された。この頃からＡさんは、熟睡できない状態が続くようになった。自室に籠もり、父親と距離をとるようになったＡさんは、次第に食欲も低下し、顔もやつれ、母親に「自分には生きる価値がない」とつぶやくようになった。Ａさんの状態を心配した母親は、いても立ってもいられず、地域の精神科病院へ電話し相談した。

支援経過

● 母親からの電話相談への対応

「息子の様子がおかしい。自殺するのではないかと心配。受診させたい」と堰を切ったように話す母親の電話に精神保健福祉士は丁寧に応じた。「息子さんのことをとても心配しているのですね。息子さんの様子に変化がみられたのはいつ頃からでしょうか。何かきっかけがありましたか」と精神保健福祉士はＡさんの状態を把握するためのいくつかの質問をした。そして、「お母さまは受診を希望されていますが、Ａさんは受診を希望されていますか。精神科の受診についてお話はされましたか」と投げかけた。母親からは「息子には受診のことはまだ話をしていません。どう伝えればいいでしょうか」との返答があり、精神保健福祉士は「Ａさんが今一番つらいことを聞いてみて、受診することで解決するこ

ともあるので、一緒に受診してみようと提案してはどうでしょうか。精神科の受診に不安があるようでしたら、Aさんと私が直接電話でお話をすることも可能ですよ」と提案した。

● **インテーク面接（初回面接）に向けた準備**

電話相談の翌日、Aさんは母親と一緒に来院した。Aさんは待合室で終始俯いており、母親は動揺を隠せず、落ち着かない様子であった。

精神科医の診察の結果、Aさんは「うつ病」と診断され、主治医から入院治療を検討したほうがいいと告げられた。Aさん自身も、睡眠や食欲、気分低下などの状態を改善したいと願っており、自らの意思で任意入院することになった。

入院から数日後、Aさんの担当になった精神保健福祉士はインテーク面接の準備を始めた。母親からの電話相談記録や入院時診察記録を電子カルテで確認し、インテーク面接でAさんから情報収集する内容について整理した。その後、病棟の申し送りに参加し、Aさんの入院後の様子について看護師から情報を収集した。また、主治医にはインテーク面接を行う際にAさんの状態を踏まえて、何か配慮が必要かどうか助言を求めた。主治医からは「入院したばかりで、今はしっかりと休養することが必要だが、長時間の面接でなければ問題はない」との返答であった。

● **Aさんとの出会い（インテーク面接）**

病室を訪れるとAさんはベッドに横になっていたが、精神保健福祉士を見ると起き上がった。「Aさん、初めまして。あなたの担当になりました精神保健福祉士の○○といいます。よろしくお願いします」と精神保健福祉士が挨拶をすると、Aさんは小さな声で「こちらこそよろしくお願いします」と礼儀正しく応じた。精神保健福祉士は、自分の役割について話をしたあと、「初めての入院となりますが、眠れていますか。何か入院生活で不安なこと、心配なことはございませんか」と尋ねた。Aさんは少し間をおいたあと、「薬のおかげでよく眠れています。まだ何が不安なのか自分でもわかりませんが、母親に電話することはできるのでしょうか」と話したため、精神保健福祉士は、入院時に説明をしているAさんの入院中の権利事項等（入院（任意入院）に際してのお知らせ）についてあらためて書面を用いて説明を行った。Aさんは薬の影響もあってか眠い様子であったが、「わかりました」と返答した。

精神保健福祉士は、「今日はこのあと30分ほど、Aさんからこれまでの生活や今後の希望についてお話を聞かせていただきたいと思っています。これは主治医による治療と並行して、Aさんの退院に向けて何か課題があるのか、あればどのように解決していくとよいかをお互いに共有するために行うものです。Aさんが希望する退院後の生活の実現に向けて一緒に考えて、課題に取り組みたいと思っています。もちろん、話したくないことは話さなくて結構ですし、私には守秘義務があるので安心してください。お話を聞かせてもらってよろしいでしょうか」とAさんに尋ねると「はい、大丈夫です」と返答した。

精神保健福祉士は、インテーク用紙（**表3-1**）を手元に置きつつ、Ａさんの顔を見ながら「では、今回の入院に至った経緯についてお聞かせいただけますか。Ａさんが話しやすいところからお話してくださって結構ですよ」と伝えると、Ａさんはしばらく下を向いて何か考えているようであった。しばらくの沈黙が続いたあと、Ａさんは「……自分が何のために勉強しているのかわからなくなってしまったんです」と話し始めた。精神保健福祉士は軽くうなずきながら「どうぞ続けてください」と優しく促した。「父親のことは尊敬しているんです。困った人を助ける父の仕事は素晴らしいと思っています。自分も父のようになりたいと思って、だから父の言うとおりに勉強してきました」とＡさんは話を続けた。精神保健福祉士はＡさんの話に耳を傾けながら「Ａさんはお父さまのことを誇りに思っているのですね」と返した。「そうですね。誇らしい父親だと思っています。だからこそ、自分が受験に失敗したときには父親に申し訳ない気持ちでいっぱいでした。父親から見捨てられたような気がして……」とＡさんは涙を流した。精神保健福祉士は「Ａさんはとてもつらい気持ちでいっぱいだったのですね」と共感を示した。しばらくＡさんは涙を流したあと、「すみません、取り乱してしまって。両親が自分にとても期待してくれているから、家ではなかなか本音を話すことができなくて」と話したため、精神保健福祉士は「Ａさんはご自分の気持ちをなかなかご家族に話すことができなかったのですね。お父さまやお母さまとの関係はどうですか」と質問した。「父は仕事が忙しいので、あまり私から話しかけることはありません。母が家のことを担っているので、普段は母と話すことが多いですが、自分の気持ちを話したことはないです」とＡさんは続けた。精神保健福祉士はＡさんの話を聞きながら、Ａさんと両親の間に気持ちのすれ違いが生じていると考え、退院に向けて家族関係の調整が必要ではないかと見立てた。そこで精神保健福祉士は、「Ａさん、病気が改善したら退院になるわけですが、その後の生活についてはどのようなイメージをおもちですか」と尋ねた。するとＡさんは、「……そうですね。少し考える時間が必要だと思っています。自分が本当に弁護士になりたいのかどうかも含めて。まだ具体的なイメージがないのですが、入院する前の自分はどこか無理していたと思います。だから自分がどうしたいのか、考えてみたいと思います。……少し疲れてしまったので、話の続きは明日でもいいでしょうか」と返答したため、精神保健福祉士は「ええ、今日は話を聞かせてくださってありがとうございます。今日のお話から、Ａさんがとても家族のことを大切に思っていることや、ご自身のことを冷静に考える力がおありだと私は感じました。これから定期的にお会いしながら、Ａさんの退院後の生活について一緒に考えていけたらと思います」と伝え、病室を後にした。

● **家族への働きかけ**

病室から自分の部署へ戻る途中、精神保健福祉士はＡさんの母親と廊下ですれ違った。これから面会に行くところだったとのことだが、かなり疲れた表情であった。精神保健福

祉士は母親が入院時にかなり動揺していたことも踏まえて、母親に「初めての精神科の入院ということでご不安もあるかと思います。少しお話をしませんか」と声をかけた。

　母親を面接室に案内し、精神保健福祉士は「少しお疲れのように見えますが、Ａさんが入院されてお母さまは落ち着かれましたか」と尋ねた。母親は「そうですね。息子が自分から入院すると言ってくれたので、その点は安心しました。このままどうなるかと思っていましたので。ただ、息子の病気が治るのか、これからの人生どうなるのか、不安でいっぱいです」と吐露した。精神保健福祉士は母親の気持ちを受けとめ、「そうですよね。これからのことが不安ですよね」と返した。そのうえで、「ここに至るまでお母さまはＡさんのために色々と取り組まれてきたのですから、ここでお母さまも少し休息をとって、ご自身のお体を労わってくださいね」と伝えた。すると母親は「ありがとうございます。夫も忙しくてなかなか相談できなかったものですから……」と話した。精神保健福祉士は母親に支持的に接し、Ａさんの治療のことや今後の生活についてなど、何か不安なことがあれば相談にのる旨を伝えた。

4 演習課題

❶　本事例では、母親からの電話相談の際に、精神保健福祉士がＡさんの意向を確認している。このように、家族や関係機関からの電話相談への対応における留意点について権利擁護の視点から考えてみよう。

❷　精神保健福祉士はインテーク面接を行う前にさまざまな準備をしている。なぜ準備が必要なのかグループで話しあってみよう。また、インテーク面接の目的、姿勢についても話しあってみよう。

❸　インテーク面接では、クライエントに関する情報を収集する。どのような情報を収集するのか、その目的も踏まえてグループで話しあってみよう。また、配属実習の際には、実習施設・機関でどのようなインテーク用紙が活用されているのか確認してみよう。

❹　Ａさんとの初回面接の冒頭で、精神保健福祉士は自分の役割を説明している。なぜ役割を説明する必要があるのか考えたうえで、ロールプレイをして、実際に説明してみよう。

❺　Ａさんに対して精神保健福祉士は入院中の権利事項等について説明している。教科書やインターネットを活用して「入院（任意入院）に際してのお知らせ」の内容を調べてみよう。

❻　精神保健福祉士によるＡさんへのインテーク面接場面を読み、どの

表3-1　インテーク用紙（例）

相談日：　　　年　　月　　日（　　）　　　　　　　　　　　　　記入者：

| 氏名： | 性別： | 生年月日：
年齢： |

住所：
電話番号：

主訴・ニーズ：

相談に至る経緯：

生活歴：

治療歴：

家族状況（ジェノグラム）　　　　　　　　　　　住環境

経済状況：

社会資源の利用状況（手帳・年金・各種サービスなど）：

今後の方針：

注：このインテーク用紙は演習用に作成したものである。

ような面接技法が用いられているか確認したうえで、実際にロールプレイをしてみよう。

❼ インテーク用紙は機関によってさまざまな様式がある。この演習では**表 3-1** のインテーク用紙を用いて、記録を作成してみよう。次の二つの方法でロールプレイを行い、精神保健福祉士役、クライエント役は、①と②それぞれのインテークの進め方を体験したうえで感じたことを共有しよう。

> ① 精神保健福祉士役は、事例のようにインテーク用紙を手元に置き、クライエント役が話しやすいことから聞き、記録をとる。
>
> ② 精神保健福祉士役は、インテーク用紙の項目の順番に沿ってクライエント役に質問しながら記録をとる。

❽ 本事例では精神保健福祉士が母親と面接を行っている。初回入院において精神保健福祉士が家族支援を行う意味や必要性について話しあってみよう。

5 ミニレクチャー

❶本人不在の受診・受療支援になっていないか？

精神疾患の特性として、クライエント本人が医療の必要性を感じず、家族や関係機関から受診・受療に関する相談が入ることが多い。精神保健福祉士は相談に至った相談者の思いを受けとめつつ、家族や関係機関からクライエント本人に関する情報やこれまでの取り組みについて確認することになる。本事例の精神保健福祉士が、Ａさんに受診の意思があるか確認しているように、クライエント不在で受診・受療支援を進めることがあってはならない。クライエントの意思を確認し、必要な医療について説明する働きかけが求められる。これは、「Ｙ問題」（精神専門⑤『精神保健福祉の原理』第５章第１節参照）の教訓から精神保健福祉士が継承している重要な姿勢である。

❷インテーク面接の目的と進め方

インテークは、ソーシャルワークの展開過程においてクライエントと精神保健福祉士の出会いの場面となる。その後のアセスメントにつながる段階であり、その目的は、クライエントの相談理由や抱える問題と主訴を理解したうえで、精神保健福祉士が所属する機関の機能や提供できる支援・サービスについて説明し、クライエントが援助を受けるかどう

かの判断（契約）に寄り添うことである。このプロセスにおいて、クライエントの状況を理解するために情報収集は行われるが、本事例の精神保健福祉士のように、あらかじめ時間の目安や守秘義務について説明することで、クライエントは安心して自身のことを話すことができる。また、情報収集においては本事例の精神保健福祉士のように、クライエントのペースで話したいことから聞いていく姿勢が求められ、インテーク用紙の項目を埋めるために精神保健福祉士による一方的な「事情聴取」のような聞き方（演習課題❼の②）にならないよう留意する必要がある。

❸入院初期のチーム医療における精神保健福祉士の役割と留意点

　精神科医療は、さまざまな職種がチームを組んで治療や支援にあたる。各職種の専門性に基づく視点から得られた情報を共有し、治療目標に反映して支援を展開する。本事例の精神保健福祉士は、Ａさんと面接しながら家族との関係性について見立てているが、入院初期の精神保健福祉士の役割として、インテーク面接等で得られた情報を人と環境の相互作用の視点からアセスメントし、精神保健福祉士としての見立てやクライエントの希望をチームへ発信することが挙げられる。面接の際には、クライエントの体調を考慮し、事前に医療職から情報を得てクライエントが面接できる状態にあるのかなど確認することが重要である。情報の共有は、申し送りやカンファレンスの場で行われるほか、電子カルテ等で共有することもあるが、いずれの場合もクライエントに情報を共有することの同意を得ておくことは必要である。

　また、精神科医療は行動制限を伴うこともあるため、クライエント不在で治療や支援が進められていないか権利擁護の視点をもってチームに参画することも重要な役割となる。

◇参考文献
・日本精神保健福祉士協会「精神保健福祉士業務指針」委員会編著『精神保健福祉士業務指針 第3版』日本精神保健福祉士協会，2020.
・大谷京子・田中和彦『失敗ポイントから学ぶ PSWのソーシャルワークアセスメントスキル』中央法規出版，2018.
・日本精神保健福祉士協会監『精神保健福祉士の実践知に学ぶソーシャルワーク2 ソーシャルワークの面接技術と記録の思考過程』中央法規出版，2017.

事例2

【精神科医療機関】
医療保護入院における 外国人の受診・受療支援

1 事例演習のねらいとポイント

・精神科医療機関への受診・受療支援、および入院時における精神保健
　福祉士の役割と業務について理解する。
・精神保健福祉士の権利擁護の視点を再確認し、外国人への支援の留意
　点や課題について考え、とるべき対応策を検討する。
・外国人に対するサービス利用支援の必要性を理解し、生活保護制度の
　説明や申請支援など適切に行動できるようにする。

2 この事例を検討するための知識

・精神科の入院形態（主に医療保護入院の市町村長同意）の要件と手続
　きについて復習しよう。
・退院後生活環境相談員の業務と役割について、復習しよう。
・生活保護制度の概要と具体的な申請手続きについて復習しよう。
・支援関係形成におけるコミュニケーションのあり方（手段、方法、技
　術等）について復習しよう。
・精神科医療機関における受診・受療支援、および入院時における精神
　保健福祉士の業務内容と、必要となる知識・技術・価値について確認
　しよう。

③ 事例の紹介

精神保健福祉士の勤める職場

　精神保健福祉士が勤務する精神科病院は、大企業の製造業工場と、その下請けである中小企業の工場が集積する地方都市（X市）にある。X市は地元住民の少子高齢化が顕著である一方、製造業に従事する流動的な労働者人口が一定の割合で維持されており、ここ数年は工場勤務の外国人の人口が増加傾向にある。最近、X市は外国人集住都市会議に加盟し、外国人に対する相談窓口を設けたり、公共機関等では英語、中国語、韓国語をはじめ、スペイン語、ポルトガル語など多言語による情報サービスの提供や、通訳派遣事業も展開されるようになってきている。

　X市には入院病棟のある精神科病院は一つしかない。病床数は300床。急性期、療養、認知症、依存症など6つの機能別病棟があり、外来、精神科デイ・ケア、訪問看護などの機能ももち合わせている。地元住民の高齢化に伴い認知症治療へのニーズが高いことに加え、労働者のメンタルヘルス対応、そして近年では外国人労働者の受診・受療相談も目立つようになってきている。

　精神保健福祉士は、相談室、各病棟、デイケアにそれぞれ配属され、生活相談・生活支援・リハビリテーション等の業務を担っている。外国人の受診相談については、救急搬送による入院ケースが多く、未だ手探りの状況であった。

支援対象となるクライエント

　Aさん（30歳・男性）は日系ブラジル人の3世で、半年前に単身でブラジルから日本に出稼ぎに来た。祖父（日本人）が子どもの頃に、一家で移民として日本からブラジルに移住し、その後祖父はブラジル人と結婚し定住。そこで誕生したのがAさんの父（2世）である。父もブラジル人と結婚し、Aさんをはじめ2人の子どもをもうけたが、1年前に突然死。以降、長男であるAさんが働き、病気で療養中の母と未成年の弟の生活を何とか支えてきた。

　ⅰ　ニューカマーと呼ばれる南米日系人を中心とする外国人住民が多数居住する自治体の関係者が集まり、多文化共生への課題について考える会議。

　ⅱ　日本人にルーツをもつブラジル人。1908（明治41）年からの移民政策として多くの日本人がブラジルへと移住し、ブラジル国籍を取得し定住していった歴史がある。近年はその子孫によるブラジルから日本への出稼ぎが増加している。

そんなとき、日本への出稼ぎの話が舞い込み、地方都市（X市）にある製造業の下請け工場で、単純作業を担う派遣社員として雇用された。住まいは派遣会社の寮であり、日系ブラジル人が多く居住していた。

問題の発生経過

Aさんは来日して1か月ほどは日本の生活を楽しんでいたが、寮内で起こった人間関係のトラブルをきっかけに、日系ブラジル人のコミュニティからも足が遠のいていった。

Aさんが派遣社員として配属された工場には複数の出稼ぎ外国人がいたが、Aさんは彼らともうまくなじめず、誰とも言葉を交わさない日も少なくなかった。ホームシックを募らせながらも、かねてから病気療養中の母が入院したとの連絡もあり、ブラジルの家族に心配をかけたくないという思いから、誰にも相談できずにいた。そのうち、夜眠れない日が続くようになり、仕事中もうつろな表情が増え、ついに無断欠勤を重ねるようになった。職場からAさんに連絡を入れてもつながらず、派遣会社を通じて何度も送られた解雇予告通知書にも返答がなく、やがて解雇の手続きが進められていった。書面を通じて寮からの退去勧告も行われるなか、ある日、錯乱状態となったAさんが寮の自室で大声で叫び始めた。

その様子を見た日系ブラジル人の同僚が職場に電話を入れ、職場の人が駆けつけた。職場の人が到着してもAさんは混乱した様子で、ポルトガル語でずっと何かを話し続けていた。以前、精神的な不調に陥った従業員について精神保健福祉士に相談したことがある工場の責任者が、精神科病院への相談を思いつき、同僚を介して「病院に相談に行こう」と伝えたところ、拒否はしなかったため、そのまま受診することになった。

支援経過

● 精神科病院における受診・受療相談

ある日の午後、突然病院の受付に受診相談の依頼があった。外来待合室にいたのは、外国人らしき青年と同年代の同僚と思われる外国人男性、そして病院近くの工場で責任者を務める年配の男性だった。責任者の男性から話を聞くと、「半年前に派遣社員として入職した日系ブラジル人の青年が、寮で混乱していてどうすればよいかわからず、相談に乗ってもらいたくて連れてきた」と言う。

Aさんは数か月前から表情が冴えず、最近は無断欠勤が続き、会社は解雇の手続きを進めているところだという。Aさん自身のことについては「派遣会社から紹介されてきた人で、言葉も通じないのであまり会話をしたことがなく、どのような人かはよくわからない」という話だった。幸い、在留カードを所持していたため、身元を確認することができた。

Aさんの発する言葉から使用言語はポルトガル語だとわかったが、院内にポルトガル語

を話せる職員はおらず、精神保健福祉士は同僚の外国人男性と翻訳ソフトを使って本人とやりとりをした。しかし、Ａさんは混乱しており「助けてほしい」と言うのみであった。精神保健福祉士は早急に診察が必要と判断し、精神保健指定医に診察を依頼。同時に市役所の外国人相談担当部署に現状を伝え、医療通訳の派遣を依頼したところ、1時間後であれば可能との返答があった。診察には精神保健福祉士も同席し、医師とともに翻訳ソフト等を駆使してＡさんとやりとりをしたが、了解不能な文字が並んだ。医師より精神科治療の必要性があることを本人に伝えたところ、「入院、イヤ」という一言のみが返ってきた。

　Ａさんを連れてきた工場責任者は就労を仲介した派遣会社に連絡を入れてくれたが、「本人と連絡がとれないため本日解雇手続きを終了し、寮からも退去してもらう予定だった」と言われてしまう。困っていたところに医療通訳者が到着し、あらためてポルトガル語の通訳を入れて診察を行ったところ、Ａさんは少し安心した表情を見せたが、やはり話の内容は要領を得なかった。医師は本人の様子から入院治療の必要性を伝えたが、Ａさんの入院拒否の姿勢は変わらなかった。医師は医療保護入院の判断をし、家族等の同意の必要性から、精神保健福祉士は通訳を介してＡさんに家族の状況を尋ねた。Ａさんは家族のことになるとはっきりとした口調となり、「家族はブラジルにいて、母親は入院中、弟は17歳、ほかの家族はいない」と答えた。そこで、精神保健福祉士はＸ市に家族状況について調べた結果を伝え、市長同意のうえでＡさんは医療保護入院となった。「入院（医療保護入院）に際してのお知らせ」の文書は、医療通訳者の協力で日本語の下にポルトガル語で記載してもらい、本人に伝えることができた。

● 入院後の精神保健福祉士の支援

　入院治療により数日でＡさんの病状は落ち着き、退院後生活環境相談員に選任された精神保健福祉士は、あらためてＡさんと面接を行った。取り急ぎ経済状況の確認を行ったところ、Ａさんの所持金は数千円しかなく、入院費の支払いも難しい状況であることがわかった。そこで、精神保健福祉士は翻訳ソフトを駆使して日本の生活保護制度についてＡさんに説明し、住民票のあるＸ市の福祉事務所に生活保護の申請に行くことになった。

　Ｘ市の福祉事務所は市役所内にあり、精神保健福祉士が同行した。生活保護申請書などへの記載や申請にかかわる面接には通訳者が同席し、通訳を介して行った。市役所での待ち時間に、Ａさんは通訳を介して、精神保健福祉士にこれまでの経緯を話してくれた。

　Ａさんは幼い頃に祖父から日本の話を聞かされ、自分の原点がある日本に大きな憧れを抱いていたという。しかし、日本での現実は違った。日本の外国人に対する労働環境は劣

---

iii　出入国管理法による在留資格をもって、日本に中長期間在留する外国人に交付される顔写真付きの証明証。氏名・国籍・居住地等の基本的身分事項に加え、在留資格、在留期間等も記載されており、許可証の機能もある。

iv　医療機関において使用言語の異なる医療関係者と患者・家族とのコミュニケーションを保障するために、本人・家族の第一言語を使用し双方の通訳を行うこと。医療通訳者の派遣事業の有無や内容は自治体によって異なる。

悪であり、日常生活においても話しかけてくれる人はほとんどなく、日本では日系人であろうと外国人としてみられ、常に日本人からは遠巻きに見られていた気がした。Aさんは自分のルーツでもある日本を、徐々に嫌いになっていく自分が許せなかったのだという。精神保健福祉士はAさんの話を聞き、日系ブラジル人であるがゆえのアイデンティティの揺れや心理的葛藤、日本へのアンビバレントな思いを初めて知り、言葉に詰まってしまった。そして、日常生活における日本人の外国人への何気ない態度が、心理的なストレスとなっていることを理解した。その後、Aさんは無事に生活保護受給に至った。Aさんの今後については、X市の外国人支援機関や団体等を交え、退院支援委員会を開催しながら検討していく予定である。

● **精神保健福祉士による外国人支援**

精神保健福祉士は、今回のAさんとのかかわりを通して、精神科医療機関における外国人支援について考えるようになった。Aさんは知り合いもいない異国の地で、文化も異なり、言葉も通じないなか生活をしていた。自らの言語で話をすること、日常的なコミュニケーションが気軽に交わせること、必要な情報が必要なときに手に入ること。自分にとっては当たり前だったことが、Aさんにとっては困難を極めることであったことにあらためて気づかされることになった。そして、状況によって生活のしづらさが生じる人たちに対して、適切なサポートを提供し、人としての権利を保障していくことが精神保健福祉士としての権利擁護であることを再認識した。

精神科医療機関において個別性に応じた言語・コミュニケーション保障、情報保障をするには多くの課題がある。Aさんの受診・受療支援の場面だけでも、入院告知文をはじめとする各種書類の多言語化の必要性や、タイムリーな通訳の依頼手続き、翻訳ソフトの有効活用など、考えさせられることが多くあった。そして何より、言語・非言語含めたコミュニケーションのあり方や、個別性に応じて相手に届くような情報の伝え方など、日々の精神保健福祉士としてのかかわり方や姿勢の基本について深く考える機会となった。

その頃、精神保健福祉士が参加したX市の精神保健関係者の地域会議で、外国人への支援の話題が出された。その日、特別に参加していた国際交流協会の外国人相談窓口の相談員からは、年々メンタルヘルスに関する相談が増えてきていることが報告された。その内容は、言語や文化の違いによるコミュニケーションの齟齬から生じる人間関係上のトラブルから、日常的なストレスが積み重なり、発展して精神症状が出現しているものが多くあるとのことだった。さらに、外国人にとって精神科の情報がなかなか伝わらず、医療機関にアクセスしづらいことや、コミュニケーションの問題から受診自体がストレスになって

ⅴ 地域で生活する外国人の支援や交流を行う団体。各自治体の特性に応じて設置、活動している。外国語による情報提供サービスや外国人相談窓口などを設置し、相談内容によっては他機関との連携業務を担っている。

いるという声が紹介され、外国人に対して適切な精神医療や精神保健福祉サービスが提供できていない実態がみえてきた。

精神保健福祉士が勤務する精神科病院においても、Aさんに限らず外国人の入院は救急対応の割合が高い。また、Ｘ市に在住する外国人の中には短期滞在ビザで入国し不法に在留している人もおり、社会保険未加入のため受診ができず、公的な相談につながっていないことも地域課題として挙げられた。これらの課題に対応するために、Ｘ市では外国人支援にかかわる国際交流協会、外国人支援団体等とのネットワークが構築されつつあり、地域会議では精神科医療機関をはじめ精神保健福祉関係者との連携も必須であることが確認された。

地域会議に参加した精神保健福祉士は、問題の背景を理解すると同時に、外国人支援における多機関連携の重要性や、外国人の生活のしづらさを幅広い視点から考えるようになった。外国人支援は外国人コミュニティへの対応ではなく、地域コミュニティとして外国人を含めた地域共生社会の実現という捉え方が必要である。その意味でも、Ｘ市の地域住民として外国人への具体的対応策を含めた「精神障害にも対応した地域包括ケアシステムの構築」の必要性を感じていた。そして、社会問題ともなっている外国人労働者の受け入れ体制についても、現場と直結した問題であり、精神保健福祉士として基本的人権の尊重に基づく権利保障を含め、生活者の視点から何ができるのかを考える必要があることを痛感した。精神保健福祉士は地域会議で行われた議論を院内会議で報告し、精神科病院でできることを早急に検討していく予定である。

4 演習課題

❶ 事例の支援経過前までの状況から、Aさんのこれまでの人生や日本に来るときの思いについて想像してみよう。そのうえで、Aさんのストレス要因について、いくつか考えてみよう。

❷ Aさんへの受診・受療支援から入院までの一連の支援において、精神保健福祉士が大切にすべき価値・理念・視点や、必要とされる知識・技術について確認しよう。加えて、使用言語や文化が異なるクライエントに対して、権利擁護の視点から精神保健福祉士が配慮すべきことについて、考えてみよう。

❸ 受診・受療場面、入院手続き場面、入院後の面接場面、生活保護の申請場面、地域会議場面のそれぞれにおいて、精神保健福祉士として、誰に対してどのような対応が必要なのか、Aさんへの制度等の説明の

方法や内容を含め具体的に考えてみよう。

❹ 精神保健福祉における外国人支援の課題と必要な支援や対応につい
て、ミクロレベル・メゾレベル・マクロレベルのそれぞれの視点から
考えてみよう。

5 ミニレクチャー

❶日本における外国人の出入国管理

外国人の出入国に関する法律として、出入国管理及び難民認定法（以
下、入管法）がある。入管法は、日本における外国人（移民を含む）の
入国・在留について、在留資格の範囲や内容、手続き等について、具体
的に規定している。入管法では、身分、地位に基づく在留資格として「永
住者」「永住者の配偶者等」「日本人の配偶者等」「定住者」の４種類が
定められている。ちなみに、日系人の在留資格は1990（平成２）年入
管法改正により大幅に緩和され、日系２世の配偶者やその子（日系３世）
には「定住者」としての在留資格が与えられるようになった。事例のA
さんの場合、日系ブラジル人の３世であるため「定住者」としての在留
資格となり入管法では「定住者」の活動制限の規定はないため、日系外
国人はあらゆる就労活動が可能となっている。ちなみに、在留手続は法
務省の出入国在留管理庁が担っており、外国人登録により、定住者には
「在留カード」が発行されている。

❷外国人と生活保護制度

生活保護法は日本国憲法第25条に基づく法律であり、原則「日本国
民」以外の外国人は法の対象となっていない。しかし、「生活に困窮す
る外国人に対する生活保護の措置について」（昭和29年5月8日社発
第382号）により、緊急かつ必要な場合の裁量に基づく運用として外
国人の生活保護受給が「準用」として規定されている。準用の対象とな
る外国人は、「適法に滞在し、活動に制限を受けない「永住者」、「定住者」
等の在留資格を有する外国人[1]」であり、外国人の生活保護の運用につい
ては、住民登録を行っている場所の福祉事務所が実施機関となる。事例
のAさんの場合は、入院後、実質住居無しの状況であり、在留カードの
住民登録地の相談も含め、これまで住んでいた寮の所在地であり現在地
（病院所在地）でもあるX市に相談に行き、生活保護の申請を行った。

❸日本における外国人のストレス要因

　異国での生活は文化、習慣の違いから、日常的にストレスが生じやすい状況がある。文化が異なるということは、価値観の相違を含め物事の捉え方や考え方の違いにもつながり、これまで当たり前であると思っていた自明性を喪失する体験となる。異文化に接する際の心理的推移としては、❶異文化との接触→❷自己の価値観の崩壊→❸自己の再統合→❹自律の適応順序があり、そこに大きな不都合が生じるときには、他人の援助が必要になるといわれている。さらに、使用言語が異なる場合のストレス要因は大きい。本人の語学力によっては、言葉の意図が互いに伝わらずコミュニケーション上の齟齬が生じたり、3人以上での会話や雑談が難しく、集団内での疎外感を覚えることもある。言葉の壁による日常的なコミュニケーションの困難さは、緊張・困惑気分を増長させ、高いストレスとなることが多い。加えて、人種・肌の色などの見た目の違いに不慣れな日本での生活では、被注察感が強まることも想像に難くない。Aさんの事例をみても、随所にこれらのストレス要因が垣間見える。これらのことを考えると、外国人のメンタルヘルス支援は必須であるといえる。上記のことは日本人が外国で生活する際にも同様の状況が生じる可能性が高いことも頭に入れておきたい。

❹外国人支援で活用できる社会資源

　精神科医療機関においては、言葉を介しての診察や面接による診断・治療・支援が中心となる。そのため、本人・家族と医療関係者が異なる言語を使用する場合、コミュニケーション保障として通訳者を一つの社会資源と捉え活用する頻度は高い。医療機関における通訳者は医療通訳者と呼ばれるが、資格化された職種ではない。よって、専従の通訳者は少なく、自治体職員や外国人支援団体の職員、ボランティア等が相談員と兼務で担っていることが多い。ちなみに、医療通訳は地域住民である外国人を対象とした専門分野の通訳であり、基本的人権の保護の観点から多様な言語や文化に対応したコミュニティ通訳の一つとして位置づけられている。コミュニティ通訳は、単なる言語置換ではなく、専門分野の知識や状況に応じた通訳技術が求められている。そのほか、外国人支援における主な社会資源として、地域の国際交流協会や、各国の在日公館（大使館・領事館）、入国管理局、弁護士、宗教関係者などが関係機関・団体、関係者として考えられる。また、精神科入院時における「入院告知等多言語様式」は医療機関のホームページ等でも掲載されており、活用が可能である。Aさんの事例をみてもわかるように、これらの社会資

源についての情報をもち、本人の個別性に応じて有効活用していくことが、精神保健福祉士の重要な役割といえる。

❺多文化ソーシャルワークの視点

多文化ソーシャルワークとは、「多様な文化背景をもつクライエントに対するソーシャルワーク」として、異なる文化に属するクライエントとソーシャルワーカーによる援助関係に基づく支援であり、異文化の生活環境によりクライエントに生じた心理的・社会的問題への対応へのソーシャルワークのことをいう[2]。外国人支援においては、使用言語の違いによるコミュニケーションの困難さが大きな障壁となることが多い。言語と文化は密接に関連しており、文化の違いは生活習慣や宗教観・価値観の相違にもつながり、人々の生活に大きな影響を与える。日本では人種、言語、文化において同族意識が強く、日常的に文化の違いや影響について意識する機会は少ない。よって、異なる文化的背景をもつクライエントへの支援では、ソーシャルワーカーがいかに自他の文化を認識し理解していくかが重要となる。そのうえで、生活問題等の背景を文化的視点からも探り、異文化間での調整、仲介、代弁等を通して、支援を展開していく必要がある。Aさんの事例の場合も、多文化ソーシャルワークの視点が不可欠であったといえる。

◇引用文献

1）『生活保護手帳別冊問答集 2019年度版』中央法規出版，p.456，2019.
2）石河久美子『多文化ソーシャルワークの理論と実践——外国人支援者に求められるスキルと役割』明石書店，p.13，2012.

◇参考文献

・朝倉美江『多文化共生地域福祉への展望——多文化共生コミュニティと日系ブラジル人』高菅出版，2017.
・石河久美子『多文化ソーシャルワークの理論と実践——外国人支援者に求められるスキルと役割』明石書店，2012.
・イシカワ・エウニセ・アケミ「「日本の記憶」と「ブラジルの記憶」——日系ブラジル人のアイデンティティ」『Quadrante:Areas, cultures and positions』第10号，pp.177–186，2008.
・木村真理子「移住者とメンタルヘルス——異文化社会に滞在する外国人」『精神保健福祉』第51巻第2号，pp.187–197，2020.
・柴田仁太郎「在日外国人の異文化ストレス——東京都立病院内科外来よりみた視点から」『現代のエスプリ』第412号，pp.94–95，2001.
・東京都立松沢病院ホームページ https://www.byouin.metro.tokyo.lg.jp/matsuzawa/formedical/admissionform.html
・水野真木子・内藤稔『コミュニティ通訳——多文化共生社会のコミュニケーション』みすず書房，pp.19–41，2015.

事例 3

精神科デイ・ケアにおける多機関連携による地域生活支援

1 事例演習のねらいとポイント

・単身の精神障害者の地域生活支援について多面的に学ぶ。
・精神科デイ・ケアで行われるグループワークにおける精神保健福祉士の行動を想像できるようになる。
・精神保健福祉士による多職種連携のコーディネートを学ぶ。
・本人の意向を尊重しつつ、必要なサービスを提供するためのかかわり方を学ぶ。

2 この事例を検討するための知識

・精神科デイ・ケアの施設基準と期待される役割を復習しよう。
・金銭管理や家事援助を提供する仕組みを復習しよう。
・パーソナリティ障害の特徴や支援の留意点について復習しよう。
・SST（社会生活スキル・トレーニング）について復習しよう。

3 事例の紹介

 事 例

精神保健福祉士の勤める職場

　病床数 250 床の単科の精神科病院で、精神科救急病棟、精神一般病棟があり、平均在院日数は 200 日程度である。デイケア、精神科訪問看護も行っている。また、法人内にサテライトクリニック、グループホーム、就労継続支援 B 型事業所がある。精神保健福祉士は、病院に 7 名、デイケアに 1 名、クリニックに 1 名、グループホームに 1 名、B 型事業所に

2名配属されている。

デイケアスタッフは、精神保健福祉士、看護師、作業療法士、臨床心理士がいる。50名の大規模デイケアで、1日平均30名ほど参加しており、プログラムの参加は自由である。

支援対象となるクライエント

Eさん（35歳、女性）は、高校卒業後、隣県の大学に進学し、卒業後は病院事務の仕事に就いた。実はEさんの母親はEさんが幼少の頃、とてもかわいがってくれるかと思うと急に怒り出し、時には厳しい言葉をぶつけてくるような不安定な人であった。そのためEさんは実家から飛び出すように大学進学したのであった。27歳で結婚と同時に、退職した。30歳で長男を出産したが、躾について夫と意見が合わず喧嘩が増え、32歳で離婚する。その頃は長男に対する虐待も疑われ、保健師や児童相談所の職員が訪問していた。実家の両親とも音信が途絶えていたため、離婚と同時に子どもは児童養護施設に預け、アパートで一人暮らしをしながらスーパーのパート勤めを始めた。

問題の発生経過

初出勤の日、Eさんは早く職場になじもうと、休憩時間に女性パート従業員の話の輪に加わろうとした。しかし、「この新人、なんなの！」と思われ、変な噂が流れるのではないかと不安で声をかけることを躊躇した。みんなは楽しそうでいいなと思いながら、疎外感を強めていた。

しばらく休憩時間は一人で過ごしていたが、やがて声をかけてくれる人が現れた。同年代の女性Cさんで、音楽の趣味も同じだったので、休日にはランチに出かけるようになった。そのうちにCさんの洋服やカバンを自分も欲しいと思うようになった。しかし、自分は生活することで精一杯で、我慢するしかなかった。半年ほど過ぎた頃、Cさんへの嫉妬心が強まり、仕事中に「あんたなんか、もう友だちじゃない」と大声で怒鳴り、そのまま帰宅してしまった。さらに衝動買いし、その月の家賃を支払えなくなった。そして無断欠勤が増え、解雇された。次第に不眠、不安、抑うつ、イライラ感が出てきたこと、また生活も昼夜逆転となってきたことで、Eさんは自ら精神科病院を受診した。医師は診察の結果パーソナリティ障害と診断し、新しい仕事に就くことはせず、しばらく通院を継続して治療に専念するように言った。そのため、生活保護を申請し、あわせて自立支援医療（精神通院医療）の手続きも行った。

---

i 訪問看護とは、利用者が在宅で自分の病気や障害を受けとめ、それに対処できるように、生活の場へ出向いて生活に即したやり方で支援することである。精神科訪問看護は、1986（昭和61）年に精神科専門療法として診療報酬化された。精神科医の指示の下で保健師・看護師・精神保健福祉士等が従事すると規定されている。

● 精神保健福祉士との出会い

　その後、主治医は生活リズムの立て直しのためにデイケアの利用と、精神保健福祉士に相談にのってもらうことを勧めた。Eさんと面接したデイケアの精神保健福祉士（女性）は、子どものことを思いながら一人頑張ってきたEさんをねぎらった。その後、なるべくEさんへの声かけを心がけた。しばらくするとEさんは、帰宅後、「困ったことがある」と、精神保健福祉士に電話をかけてくることが増えた。「今はほかの仕事で手が離せない」と断ると、「あなたじゃ私の担当は無理。明日からほかの人に代わってもらう」と電話を叩き切ることもあった。そうかと思うと翌日は何事もなかったかのように、一日中、精神保健福祉士の側で自分の生い立ちを悲劇のヒロインのように語った。精神保健福祉士もEさんへの対応に困惑するようになった。

　ある時、Eさんが数日間無断欠席したため、精神保健福祉士は電話をかけた。すると、「どうせ私のことなんか誰も気にしていない。見捨てられたからどこか遠いところへ行く」と言う。精神保健福祉士は説得したが、Eさんはそれに応じる気配がない。

　この状況を主治医やほかのスタッフに報告し、対応策を考えるとともに生活保護ケースワーカー（以下、生保CW）にも連絡した。そして、生保CWと地区の保健師がEさん宅を訪問してくれることとなった。

● 多職種、多機関との連携

　その日の午後、生保CWと保健師がEさんを連れて来院した。そして主治医、精神保健福祉士、デイケアスタッフも加わりEさんの思いを聞いた。Eさんは自分のわがままで、みんなに迷惑をかけたと謝りながら、「でも、少し嬉しかった」と話した。精神保健福祉士がEさんに将来の夢を聞くと、「自分で働いたお金で息子と一緒に暮らしたい」とはっきり言った。そこでそのためにこれから取り組むことは何かを一同で考えることにした。

　まず、Eさんはデイケアで一人で過ごしていることが多いので、「料理グループ」や「ＳＳＴグループ」に参加してはどうかと勧めた。次に生保CWと保健師から、Eさんの部屋が乱雑だと伝えられると、Eさんは欲しい物を買ってもすぐに飽きて部屋に置きっぱなしだと言う。そこで、精神保健福祉士が片付けや家事を手伝ってくれるヘルパー利用を勧めると、Eさんは渋々承知した。また、保護費の支給日まで１週間あるのに、財布には3000円しか残っていないことがわかり、「日常生活自立支援事業という制度で、金銭管理の助言や手助けを受けることができる」と説明した。Eさんは必要ないと言ったが、「将来、やりくり上手になるための一つの方法」と付け加えると興味を示し、生保CWと社会福祉協議会へ相談に行くことになった。

　最後に主治医が、「Eさんを応援している人はこれだけいるのだから、今回のようにみ

んなを心配させてはいけない」とはっきり伝えると、Eさんは明日からまたデイケアに通うことを約束した。また今後もデイケアスタッフと、生保CW、保健師など、関係者が連携してEさんをサポートすることも確認した。さらに精神保健福祉士は、Eさんに対して自分ができることと、できないことも伝えた。

● デイケアでの様子

精神保健福祉士は、これまでの経過から、Eさんは人とのかかわりを求めているが、相手との距離を急に縮めようとして自分の話ばかりするため、相手が離れていってしまうことや、また面接を通してEさん独自のものの捉え方があることをアセスメントしていた。そこであらためてEさんに「SSTグループは自分の気持ちや考えを上手に相手に伝える練習をするところ」であり、「上手に伝えることができると相手からよい反応が返ってくる」と説明し、参加を促した。

最初のうちは、Eさんは見学席からメンバーの様子を見ているだけだったが、ある日、メンバーの一人が「ヘルパーさんに今日は台所の片付けを手伝ってほしいと伝える」練習をしたところ、すかさずEさんが「私も練習したいことがある」と手を挙げた。この日のリーダーである精神保健福祉士が発言を促すと、ヘルパーさんはいい人だけど、頼んでもいないのに風呂掃除をし、残っていたシャンプーの入れ物を捨ててしまった、それを見て急に怒りがわいてきて「もうあんたなんかに来てもらわなくていい。別のヘルパーにして」と大声で怒鳴ってしまった。次にどんな顔をして会えばよいか困っていると話した。

そこで精神保健福祉士は、「困ったときに立ち止まって考えることはとてもいいことだ」とEさんに伝え、メンバーに自分だったらどうするか問いかけた。「最初に、大声を出してごめんなさいと言う」「あのシャンプーはまだ使えたとはっきり伝える」「今度は自分にも聞いてほしいと伝える」「もっと気の利くほかのヘルパーさんに代えてもらう」などの意見が出されると、Eさんは「いろいろな考え方があるんだね」と言い、今のヘルパーさんに手伝ってもらいたいから、「この前は大声を出してごめんなさい。今度から物を捨てるときは私にも一言、聞いてほしい」と伝える練習をした。

その後、Eさんは「SSTグループ」に継続して参加し、自分だけが話すのではなく、会話のキャッチボールが大切であることや、話しかけるときには相手の都合を考える必要があることなどを練習し学習した。その成果は「料理グループ」での様子からも、確認することができた。

● 児童相談所、児童養護施設との連携

Eさんが安定し始めた頃、生保CWから連絡が入った。日常生活自立支援事業の生活支援員が毎週訪問し、1週間分ずつ生活費を受け渡しているが、Eさんから「もう自分でできるから必要ない」と言われた。しかし次回の訪問前に生活費が残り少なくなっていることも度々あり、契約解除してよいか相談したいという。これまでもEさんの気分によっ

て契約を解除し再契約することが2回あったので、生活支援員もこれ以上振り回されるのは困ると言っているとのことだった。

精神保健福祉士はまずEさんと面接し、思いを聞いた。するとEさんは激しい口調で子どもへの思いをぶつけてきた。本当は施設に面会に行きたいが、行ってよいのかどうかもわからず、金銭的に自立したら子どもに会えると考えたようだった。

そこで、精神保健福祉士は、その気持ちを児童相談所のソーシャルワーカーや児童養護施設の職員にも伝え、具体的に相談してみませんかと尋ねた。するとEさんは笑顔になり、「是非、そうしたい」と力強く返事をしたため、早速ケア会議の日程調整をした。

現在の様子

Eさんは月に1回、子どもの面会に出かけている。また精神保健福祉士との面接で、そろそろ仕事をしたい、主治医も準備をしてもよいと言ってくれたので、自分ができることから取り組みたいと言う。デイケアのメンバーから就労移行支援事業所や就労継続支援事業所があることを聞いていたため、それらの説明をし、一緒に見学に行ってみることにした。そして、「Eさんの夢に向かってさらに一歩前進ですね」と二人で喜んだ。

4 演習課題

★基本訓練モデルの流れ
SST練習の順序
1　練習することを決める
2　場面をつくって1回目の練習をする（必要ならばお手本を見る）
3　よいところをほめる
4　さらによくする点を考える
5　もう一度練習する（必要ならばお手本を見る）
6　よくなったところをほめる
7　チャレンジする課題を決める（宿題）
8　実際の場面で実行する
9　次回に結果を報告する
10　次のステップに進む

❶　精神保健福祉士はEさんに対して途中、「自分ができることと、できないこと」を伝えているが、パーソナリティ障害のEさんに具体的に何を伝えるとよいか考えてみよう。

❷　「ヘルパーさんに自分の気持ちを伝える」練習におけるSSTのリーダー役、コリーダー役、メンバー役を決めて、簡単なウォーミングアップとEさんの練習を、基本訓練モデル★に沿って取り組んでみよう。

❸　Eさんは最初、ヘルパーや日常生活自立支援事業の利用に前向きではなかったのはなぜか、Eさんの気持ちを想像して考えてみよう。

❹　デイケアスタッフ、生保CW、保健師、生活支援員、児童相談所ソーシャルワーカー、児童養護施設職員などが行うケア会議を想定してロールプレイをしてみよう。

5 ミニレクチャー

❶パーソナリティ障害の方へのかかわり方

本事例のクライエントは、DSM-5 における B 群パーソナリティ障害のなかの「境界性パーソナリティ障害」である。境界性パーソナリティ障害の特徴は、感情や自己イメージの不安定さである。コントロールできない激しい怒りや抑うつ、焦燥感など、目まぐるしい気分変動をみせ、また慢性的な空虚感、虚無感が前面に出ることもある。対人関係においては、孤独に耐えきれず、周囲の人を感情的に巻き込み、自分も周囲の状況に巻き込まれやすい。時に、周囲の人を自分にとって「良い人」「悪い人」と決めつけ、一方を過剰に理想化するとともに、他方の価値を引き下げ、周囲の困惑と怒りを引き出してしまう。

支援者がかかわる際のポイントとして岡田は、❶目標と限界をはっきりさせる、❷受容すると同時に枠組みを共有する、❸揺さぶりを乗り越えるために冷静に対処する、❹枠組みを超える行動、要求にはノーとはっきり言う、などを挙げている[1]。これらを参考にかかわり、支援することが求められている。

❷日常生活自立支援事業について

日常生活自立支援事業は、認知症高齢者、知的障害者、精神障害者など判断能力が十分でない方のために福祉サービスを利用する際の援助などを行う事業である。事例では、精神保健福祉士はクライエントが衝動買いをすること、生活保護費を上手にやりくりできないことなどからこの制度の利用を勧めたが、その目的はクライエントが将来自分でやりくりできるようになるためだ、と強調したところに意味がある。

なお、直接支援できるケースワーカーがいることなどを理由に、生活保護受給者を、本事業の利用対象外としている社会福祉協議会もある。地域には少しの支援があれば住み慣れた自宅で生活できる人々がいて、そのような何もサポートのない方々を支援したいという社会福祉協議会の判断とのことである。

❸精神科デイ・ケアで行われるSSTについて

ソーシャル・スキルとは、対人状況において自分の目的を達成し、相手から期待した反応を得られるような対人行動能力のことである。デイケアを利用する精神障害者は、病院やデイケアだけでなく、自分が暮らす地域社会で多くの人と出会い、かかわっている。デイケアの SST グ

ループでは、メンバーたちの毎日の生活で生じるさまざまな対人的な課題が話題となる。精神保健福祉士は日頃からメンバーの生活状況を把握し、その情報をもとに、メンバーの発言に耳を傾け、適切なSSTの練習課題に結びつけることが求められる。

❹多職種・多機関との連携ポイント

支援する過程で、一つの専門機関や職種だけでは解決しない課題が発生すると「連携」の必要性が生じる。「連携」とは、一方的にお願いして終わりではなく、複数の職種、機関と、当事者や家族が、継続的に協働して共通の目標達成のために協力する一連の協働作業のプロセスである。吉池らはそのプロセスを7つに整理している。それは❶単独解決できない課題の確認、❷課題を共有しあえる他者の確認、❸協力の打診、❹目的の確認と目的の一致、❺役割と責任の確認、❻情報の共有、❼連続的な協力関係の展開、である。[2]

精神科デイ・ケアの場合、メンバーを中心とした連携チームの構成メンバーは、デイケアスタッフだけではなく、相談支援専門員や地域の施設職員、保健所の精神保健福祉相談員、生活保護のケースワーカー、その他行政職員、民生委員などさまざまな人々である。このなかで精神保健福祉士は、メンバーの自己決定を尊重して、メンバーが抱える生活上の課題を解決することを支援する。そのために家族や職場、学校などの環境調整、地域ネットワークの形成など、社会福祉の価値と知識に根ざした多様な役割を担う必要がある。

◇引用文献
1）岡田尊司『人格障害の時代』平凡社，pp.138-156，2004.
2）吉池毅志・栄セツコ「精神科ソーシャルワーカーの精神保健福祉実践活動保健医療福祉領域における『連携』の基本的概念整理——精神保健福祉実践における『連携』に着目して」『桃山学院大学総合研究所紀要』第34巻第3号，pp.109-122，2009.

◇参考文献
・前田ケイ『基本から学ぶSST——精神の病からの回復を支援する』星和書店，2013.

・おすすめ
・宮本信也『愛着障害とは何か——親と子のこころのつながりから考える』神奈川LD協会，2020.

精神科クリニックにおけるアルコール依存症者の回復に向けた支援

1 事例演習のねらいとポイント

・アディクション問題を抱える本人の受診に向けた動機づけを高める面接技術を学ぶ。
・アルコール依存症の家族が陥りがちな状況を知り、適切な介入方法を学ぶ。
・自助グループの効用を理解し、当事者が活用できるための支援方法を学ぶ。
・アルコール依存症者の家族への生活支援の必要性を理解し、具体的にかかわれるようにする。

2 この事例を検討するための知識

・飲酒のコントロール障害や離脱症状などのアルコール依存症とアルコール関連身体疾患について復習しよう。
・一般身体科医療機関との連携やインテークについて復習しよう。
・アルコール依存症の治療プログラムについて復習しよう。
・アルコール依存症の家族の状況や回復プロセスについて理解し、支援方法を復習しよう。
・断酒会やアルコホーリクス・アノニマス（AA）などの自助グループについて復習しよう。

精神保健福祉士の勤める職場

アルコール依存症の治療プログラムのあるデイケアを行っているクリニックに勤務して、以下の業務を行っている。

家族や他の医療機関相談機関からの受診に関する相談を行っている。2014（平成26）年のアルコール健康障害対策基本法の施行後は保健所など行政関係からの相談が増加している。

初診時には、インテークを行っている。本人がデイケアを利用した場合には、担当した利用者や家族との個別面接を行い、必要に応じて外部機関との連携をとっている。デイケアでのアルコール依存症治療プログラムを行い、外部の自助グループとの連携も大切にしている。デイケアの卒業に向けての復職や家族を含めた回復の支援を行っている。

支援対象となるクライエント

40代半ばの男性会社員で機械メーカーのエンジニアである。同年代の妻、大学生の長女、高校中退の長男の4人家族で同居している。アルコール性急性膵炎で3回入院し、アルコール依存症で精神科病院に2回入院をしたが、外泊飲酒で退院している。

問題発生の経過1

● 妻からの電話　20ＸＸ年4月1日

Aさんの妻（以下、B恵さん）からクリニックに電話が入った。夫がアルコール依存症で入院していたが、初外泊で飲酒し、病院に戻らず退院した。会社からはちゃんと治療をするように言われているので、病院のケースワーカーに相談し、クリニックを教わったので相談に行きたい、という内容だった。精神保健福祉士は翌日の面接予約を入れた。

問題発生の経過2

● B恵さんとの面接　20ＸＸ年4月2日

翌日、B恵さんが来院した。落ち着いた雰囲気であったが、表情には疲れと沈んだ様子があった。

精神保健福祉士はB恵さんの大変さを受けとめつつ、主訴を尋ねた。

B恵さんは、今回アルコール依存症の治療ができる病院に入院したので、安心したが、

外泊で夫が飲酒し「病院には戻らない」と頑固に言い張り、退院したと話した。病休中に中途退院したことを一番心配している。

B恵さんによると、昔からよく飲む人だったが、3年前から問題が始まった。突然、背中に激痛があり、救急車で搬送されて入院した。アルコール性急性膵炎で内科に2回目に入院したときに「虫が出た!」と大騒ぎをして、精神科に転院した。幻覚は数日で良くなり、精神科に入院したというショックもあって、退院後半年くらい断酒をした。復職後、仕事の遅れを取り戻そうとして頑張り過ぎ、再飲酒した。そして、また膵炎で3回目の入院をし、その病院のケースワーカーの紹介でアルコール依存症の専門治療のできる病院に転院した。本人に不満もあったが、1か月入院していて、今回の外泊で再飲酒した。

精神保健福祉士より、本人がクリニックの治療に納得しているかを尋ねると、会社のことを気にしているので、納得はすると思う。連れてくるので、ぜひ治療をお願いしたいと真剣に訴えられた。精神保健福祉士はクリニックとデイケアの説明を行った。

B恵さんはさらに子どもの心配も話した。長女は大学生でまじめだが、夫とは話をしない。長男は高校に上がってから、悪い仲間ができて、飲酒や喫煙もあり、学校にも行きたがらなくなり、中退した。今はラーメン屋でアルバイトをしているが、アイドルの追っかけをしていてバイト代もみんなつぎ込んでいる。息子はうちの家族の誰ともほとんど話をしない。自分の部屋にひきこもってアイドルの動画ばかり見ていて、将来が心配だ、という内容だった。

精神保健福祉士より、アルコール問題が起こると家族はその問題だけにとらわれがちだが、子どもたちにも目を向けているのは大切である。息子についても、今後一緒に考えていきたい、と答えた。

B恵さんは、夫はまだクリニックを受診する決心が固まっていないようだが、どうしたらよいかと質問もあった。

精神保健福祉士は、今日の説明を情報として正直に伝え、Aさんが今、治療についてどう思っているのかをよく聞いて、治療を無理に押しつけず、答えられる質問であれば答え、答えられない質問であれば「私には分からないので一緒に聞きに行きませんか?」と誘ってみる。また、「会社から治療をするように言われている」ことだけでなく、B恵さん自身が感じている心配や希望を率直に話してみることを提案した。例として「あなたが治療につながってくれると私は安心します」というような言い方(Iメッセージ)を勧めた。受診についてはAさん本人からの電話をいただきたいとも伝えた。

B恵さんにはクリニックで月2回行っている依存症の家族グループへの出席を勧めた。

その後のクリニックのカンファレンスで、精神保健福祉士はB恵さんの相談について報告した。医師からはデイケア利用の方針については了承され、膵炎については内科からの情報が欲しいと言われた。

● 初診とインテーク面接　２０ＸＸ年４月３日

　その翌日、Ａさんから受診希望の電話があり、２日後、Ａさんは妻のＢ恵さんと一緒に受診した。精神保健福祉士がインテークを行った。最初Ａさんは治療に気乗りのしない様子で、Ｂ恵さんは不安げであった。Ａさんと仕事の話をしていくなかで、Ａさんの人となりをうかがうことができた。

　Ａさんは４年前に会社で新しいプロジェクトを任され、チームをまとめるために、酒の力を借りた。急性膵炎になったのは、プロジェクトが軌道に乗ってきたときで、同じ病気で３回入院した。今回の病院はアルコール依存症のプログラムがあり、居心地はよいが２か月以上の入院が必要で、早く職場復帰したいので、外泊して「元気になったから、退院したい」と妻に話したら、口喧嘩になり、飲酒し、その勢いで退院したと話した。熱心に仕事に取り組んだ話を精神保健福祉士は真剣に聞き、この話の後、Ａさんは受診とデイケア参加について承諾した。

　Ａさんは受診して、主治医は通院とデイケアへの利用開始を決定した。

● デイケア開始と再飲酒　２０ＸＸ年４月８日

　Ａさんは30名程度の小規模デイケアの利用を開始し、精神保健福祉士は週１回の面接を設定した。

　デイケア開始４日目の朝、Ａさんから話があり、前日、会社に中途退院とデイケア開始の報告に行ったが、上司から厳しく言われ、つらくて帰りがけに缶ビールを１本飲んでしまったということであった。精神保健福祉士は会社でのつらい思いを受けとめ、正直な話を感謝した。Ａさんは主治医と面接をして、デイケアのミーティングで今回の出来事を話すことが継続の条件となった。また、家族との合同の面接も予定された。

● ミーティング　２０ＸＸ年４月９日

　Ａさんはミーティングで今回の経過を正直に話した。精神保健福祉士はグループに「同じ病気をもつ人の立場で感じたことを話してほしい」と投げかけた。

　いろいろな意見が出た。再飲酒を責める人がいた。「みんなが我慢しているのに飲んじゃだめじゃないか。まだデイケアを始めて４日目なのに何を考えているんだ」別の意見を言う人もいた。「ビール１本でやめられたのだから、そんなに厳しく言わなくてもいいんじゃないか」「俺は酒でクビになっているから、仕事があるだけいい」「僕も離婚されたから妻子がいるだけいい」さらに別の意見もあった。「黙っていてもわからない量なのに正直に話したのは立派だから、もう一度一緒にやろう」幸いにもこの意見が多数の共感を得た。

● 合同面接　２０ＸＸ年４月10日

　翌日、Ｂ恵さんが来院し、主治医、精神保健福祉士、Ａさんとの４人で合同面接を行った。Ａさんは経過を淡々と語ったが、「ミーティングで受け入れられなかったら、席を蹴ってデイケアもやめていた」と言う場面もあった。Ｂ恵さんはとても不安そうだった。

主治医は、今回は1本でやめられたし、葛藤を感じながら飲んだのは、葛藤なしに飲んでいたときより大きな進歩だ。デイケアに通い続け、認知行動療法を学んでほしいと助言があった。精神保健福祉士は、B恵さんが家族の不安に取り組むため、クリニックの家族グループをあらためて勧めた。

その後、Aさんは認知行動療法を熱心に学び、またクリニックのOBでAAメンバーのCさんとも知り合った。B恵さんは家族グループに継続出席を始めた。

● 家での出来事 20XX年5月8日

4週間後、Aさんから夫婦の面接希望の電話があり、精神保健福祉士が面接を行った。

前日、Aさんが帰宅すると、妻が息子に家計費の入った財布からお金を取ったのかと問いただしていた。息子は「知らないよ」の一点張りで、「なんで俺ばっかり疑うんだ。今まで散々親父が家の金を無駄に使っていた。今回だってそうじゃないのか」と言い、B恵さんは「そんなことはない。お父さんは頑張っている」と泣きながら言っていた。

Aさんは息子を怒鳴りつけたくなったが、頭を冷やしに家を出た。息子への怒りよりも、自分の不甲斐なさや後悔でいっぱいだった。強烈なトリガーで飲酒欲求が沸いたが、飲んではいけないと歯を食いしばり、「飲みたくなったら電話をくれ」と言ったAAメンバーのCさんを思い出した。Cさんに電話したら「俺も酒をやめてから子供から言われるのが一番こたえたんだ。飲まないで埋め合わせをしていくしかないよ」と言ってくれた。

精神保健福祉士は、勇気をもってCさんにSOSを出せてよかった。息子がお金を取ったのなら問題で、お金の管理方法を考え直す必要はあるが、今は息子を白状させることにエネルギーを費やすのではなくて、回復への取り組みが大事だと助言した。また、AAの棚卸しとは「飲む飲まない」だけでなくて、「どう生きてきたか、どう生きるのか」という生き方のプログラムであることを確認した。

B恵さんもAさんが出て行ったあとに、家族グループのEさんに電話した。Eさんは「うちの息子と娘は、夫が断酒しておとなしくなってから荒れ出した。断酒したら夫が頼りなくなった。今は断酒が始まったAさんと夫婦の絆をもう一度結び直すことが大事。Aさんは今夜飲むかもしれないけれど、B恵さんはAさんを何ともできないから、気持ちを穏やかにして、回復の希望を捨てないでほしい。息子を責めてはだめ」と言われ、そのアドバイスでB恵さんは落ち着いた。

精神保健福祉士はB恵さんもしっかりSOSを出したことを褒めた。

B恵さんは、自分の気持ちを落ち着かせて帰りを待った。1時間くらいで夫が飲まないで帰ってきたので、思わず「良かったぁ」と言い、その後は夫婦で話しあった。息子が正直に話すまで待つという結論になった。息子は自分の部屋に入ったきり物音ひとつしな

AAでは回復の方法として12のステップが用いられるが、棚卸しはその4番目と5番目のステップに現れ、自分自身のこれまでの生き方に目を向け、そのなかの誤りをすべて認めていく作業を指している。

かった。

　精神保健福祉士は、今回はとても大きな経験をされた。アルコール問題のあった家族は、アルコールをやめてから、改めてしらふで現実に向き合う必要が生じる。アルコールをやめても問題はなくならないが、問題を解決する知恵と勇気が生まれる。仲間や私たちもサポートする、とまとめた。

● 夫婦面接後の経過

　この出来事のあと、Ａさんの回復は目に見えて進んだ。デイケアのグループでこの経験を話し、メンバーの共感を得て、ＡＡに通い始め、仲間と一緒に今までの生き方を見直す棚卸しに取り組んだ。Ｂ恵さんも家族グループに参加を続けて、経験を分かちあった。

　Ａさん夫婦は「夫婦の絆を結び直す」という言葉を大切にして、お互いの気持ちを話しあい、息子との関係修復については、息子の反応はなくても挨拶を続けることから始めた。

　ある日、Ａさんから、息子が「バイト先のラーメン屋に食べに来てもいい。そのときは他人のふりをしていてほしい」と言われて、Ｂ恵さんと一緒に店に行った。家と違ってしっかり働いている様子で安心した、と報告があった。

● 復職に向けて　２０ＸＸ年７月１日

　Ａさんはデイケアに３か月通った後、会社で復職の打ち合わせがあり、そのあとに精神保健福祉士と面接をした。

　Ａさんは、今回はデイケア開始直後のようなつらい場面はなかったが、復帰を期待されている様子はなく、「休まないで、ゆっくりと働いてほしい」と言われ、少し張りあいがないと話した。

　精神保健福祉士は、前回の復職では無理をして自滅したので、ゆっくり目のほうがいいと思うが、Ａさんには物足りない感じですか、と聞いた。

　Ａさんは、焦らないようにしている、アルコール依存症の回復には身体的にも精神的にも、家族関係の面でも思っていたよりもずっと時間がかかることをここで学んだ。以前は「自分は会社にあれほど貢献したのに」と考えたが、今は「どれだけ心配や迷惑をかけたか」も考えられる。ＡＡの棚卸しの成果だと話した。

　精神保健福祉士が、多面的に物事を捉えられるのは大きな進歩だと言うと、Ａさんは、保健室の産業保健師が「Ａさんお帰りなさい。私はアルコール依存症の人がお酒をやめて生きていくのがどれだけ大変なのかをＡさんから教わりながら、サポートします」と声をかけてくれたと話した。

　精神保健福祉士は、真剣に取り組んでいれば、必ず支援してくれる人がいる。周囲がすぐに理解してくれなくても、一人でも味方がいれば心強い。これからも会社や家で色々とあると思うが、クリニックのスタッフも、デイケアやＡＡの仲間たちもみんなでＡさんの回復を応援すると述べた。

Aさんは、確かに飲まずに生きていくのは私たちアルコール依存症者にとっては大変だが、近ごろ、少しずつ嵐が静まって、光が差し込んで来るような回復の感覚がある、特に天気のよい朝に感じると話された。精神保健福祉士は、実感がこもったお話を聞いてとてもうれしいと返答した。

4 演習課題

❶ 各場面（Aさんのインテーク面接、Aさん夫婦との面接、復職に向けて）で精神保健福祉士がどのような視点で面接をしているのかを検討してみよう。

❷ AさんがB恵さんからクリニックのデイケアを勧められたときに、家族について、仕事について、自分の身体について、治療について、どのように考えたのかを考えてみよう。

❸ Aさんの再飲酒後のミーティングのロールプレイを精神保健福祉士、Aさん、数人のデイケアメンバー、精神保健福祉士以外のデイケアスタッフに分かれて行ってみよう。

❹ Aさんの家族（B恵さん、長女、長男）の立場になって、どのような気持ちで今回のAさんの経過をみていたか考えてみよう。

❺ 断酒会やAAなどの自助グループの情報を印刷物やインターネットで集めて、依存症本人や家族の体験談を読んでみよう。身近な場所で参加できる自助グループがあれば、出席してみよう。

5 ミニレクチャー

❶アルコール問題のある家族からの相談への対応

❶ 身体状態・離脱症状・希死念慮などを考慮して、緊急対応を行う。

❷ 暴力や虐待の問題があれば、医学的治療より法的対応を優先する。

❸ 本人の治療への動機づけが弱い場合には、職場や受診・入院している医療機関などとの連携によって、治療を勧める。

❹ 本人の否認や拒絶が強く、他機関との連携が難しい場合には家族のセルフケアの強調と家族グループの利用を含めた継続的な相談を行う。

❺　アルコール問題は多重問題となる場合が多いため、経済問題や他の家族の問題についての配慮と関係機関との連携を図る。

❷アルコール依存症者の防衛機制と対応

アルコール依存症者の防衛機制には、❶否認、❷理由づけ、❸知性化、❹抑圧があげられる。防衛機制は自分を守る役割もあり、無理に打破するよりも、共感しながら解きほぐすことが大切である。

❶否認はよく知られている。「飲酒問題を認めない」「飲酒問題は認めるが飲酒のコントロール障害は認めない」「アルコール以外の問題を認めない」など様々な段階がある。❷飲酒の理由づけとして飲酒問題を認めても、飲酒を正当化する。「飲むのは上司のせいだ！」「飲まないと眠れない」「妻が文句を言うのが飲む理由だ」と悪循環になりやすい。❸知性化では、アルコールや依存症の知識や議論を駆使して、自分の問題から目をそらす。❹抑圧として「飲酒欲求はない」と言っていた人が、簡単に再飲酒する。飲酒時の出来事を思い出せないというのは、ブラックアウト（酩酊時の記憶喪失）の可能性が大きい。

❸アルコール依存症者の回復の動機づけ

依存症者の考えを受けとめながら、回復のプロセスを一緒に探る。依存症者の両価性を認めながらも、健康的な価値観を尊重する。依存症者が「あの人のようになりたい」と思うようなモデルを見つけられるように支援する。

❹アルコール依存症者の復職支援

復職支援に当たっては、断酒と心身が安定し、健康な生活リズムになり、治療や自助グループにつながっていることが必要である。不安定でストレスに弱い時期にあせって復職すると、再飲酒しやすい。休職中の空白を早く埋めたいと頑張り過ぎる場合も危険である。「何で自分だけ忙しいんだ」と周囲と調和せず、被害的になる場合もある。

復職後の給料日や仕事の区切りでの達成感も場合によっては注意が必要で、「お疲れ様。今日ぐらいは……」という気持ちになりやすい。仕事に没頭してしまって、孤独に陥らないように、治療や自助グループのなかで自分を語り、モニタリングしていくことが大切である。

◇参考文献
・A.A. World Services Inc.『アルコホーリクス・アノニマス』ＡＡ日本ゼネラルサービスオフィス，2002.
・AA日本出版局訳編『12のステップと12の伝統』ＡＡ日本ゼネラルサービスオフィス，2001.

【精神科医療機関】

事例5 グループを活用した心理教育プログラムによる家族支援

1 事例演習のねらいとポイント

・精神疾患発症当時における家族の心理・社会状況を把握する。
・家族の感情表出と精神障害者の再発の関係について学ぶ。
・家族心理教育プログラムの目的、内容、効果を学ぶ。
・家族心理教育プログラムのファシリテートを担当する精神保健福祉士
　の役割について理解する。
・さまざまな家族会の形態について整理する。

2 この事例を検討するための知識

・統合失調症の状態像について再確認する。
・精神疾患や障害のある人の家族を支援する際の留意点を復習する。
・本人と家族の関係を測定する感情表出（Expressed Emotion：EE）
　が再発に対してどのように影響するのかについて復習する。
・グループワークの進め方と留意点について復習する。

3 事例の紹介

事例

精神保健福祉士の勤める職場

　精神科の入院、外来、デイケア、訪問看護などの機能をもつ精神科病院である。B精神
保健福祉士は精神科病院の医療福祉相談室に所属している。医療福祉相談室の精神保健福

祉士は、担当の病棟、担当の外来患者をもち、多職種と連携しながらリハビリテーション、訪問看護、生活支援を行っている。毎日、担当病棟の朝の申し送りに出席後、患者・家族との面接・訪問、ケア会議、そして担当業務（入院受付等）、プログラム（家族教室等）、電話による相談などの業務を行っている。

支援対象者となるクライエント

Aさん（24歳、女性）は、もともとおとなしく引っ込み思案ではあったが、数名の友だちとの付き合いを楽しむ大学生活を過ごした。卒業後、企業に就職、慣れない仕事や職場に苦労しながらも何とか総務の仕事をこなしていたが、約1年後に「職場の人が自分の悪口を言っている」と言い突然仕事に行けなくなり、自分の部屋を出ることすらできなくなった。心配した母親とともに、近所の精神科クリニックに受診したところ、「統合失調症という診断で入院が必要な状況」と精神科病院への受診を勧められ、その日のうちに精神科病院を受診した。診察した医師に勧められ本人は渋々納得して任意入院となった。幻聴などの症状が徐々に落ち着いてきたので入院3か月を前にして退院となった。その際、B精神保健福祉士との面会において、退院後も医療福祉相談室を利用できることを伝えた。

母親（52歳）は、Aさんを出産後は子育てをしながらパートタイマーとして働く。しかし、Aさんが就職後、急に精神的に不安定になってきたことを心配し、パートタイマーを退職し、Aさんのケアに専念することにした。Aさんが入院中は「入院すれば病気はすぐよくなる」と思っていたので、特に主治医などに相談はしていなかった。父親（54歳）は会社員だが勤務している会社の経営が厳しく朝早く仕事に出て行き夜遅く帰ってくる生活。

問題の発生経過

精神科病院を退院して約4か月になるAさんは現在通院中である。しかし、デイケアの通所をすぐやめてしまい、時々コンビニなどで買い物をする以外は家からほとんど外出することなく毎日を過ごしている。母親や父親が話しかけても「うん」、「そう」などと返事をするだけで、それ以外は話さない。そのため、母親はAさんと一日の長い時間家に一緒にいるにもかかわらず、Aさんがどうしたいのか、何を考えているのかわからず途方に暮れている。

さらに母親はAさんが外出せず家にばかりいるのは、本当に病気のせいなのかとも考えているが、誰かに相談することも少しためらいがある。そのようななかで、Aさんに「いいかげんに家でゴロゴロしていないで就職でもしたら」と言ってしまい、あとで後悔した。母親はAさんが元通りの生活を送れるための治療方法や対応を知りたいと思っていた。

支援の経過

● 母親が精神科病院・医療福祉相談室のB精神保健福祉士のもとを訪れる

Aさんの通院に同行していた母親は医療福祉相談室を訪れた。入院中に面識のあったB精神保健福祉士は母親と面談した。相談のなかで、母親はAさんに対する上述の心配ごとを一気に話した。B精神保健福祉士は一切否定することなく、母親の話に耳を傾けた。本人の病気をどう理解すればよいのか、なぜ自分には話をしてくれないのか、そういった不安からついつい本人にきつくあたってしまうことを話した母親に対し、B精神保健福祉士は継続的に相談することを勧めるとともに、精神疾患の理解や対応、そして使える制度についての知識が得られるのでと理由を添え、来月からはじまる家族教室の参加を勧めてみた。母親は不安そうにしていたが「B精神保健福祉士さんが参加しているのであれば思い切って参加してみる」と言ってくれた。

● 家族教室への参加

参加している家族は8名であった。B精神保健福祉士を見つけた母親は少しホッとした表情で軽くお辞儀をして、空いている席に座った。

進行を担当しているB精神保健福祉士は、外来担当の看護師、入院患者担当の作業療法士のスタッフ3名でこの家族教室を運営している。毎月1回で1クール4回とし、年に2回行っているこの家族教室は、家族は誰でもどの回からでも参加できるオープン形式で行っている。毎回午後の時間を使い、進め方は前半に担当スタッフによる講義（50分）を行い、後半はグループによる「わかちあい」と呼ぶ話し合いの時間を持っている。講義のテーマと担当者は、第1回：「統合失調症を理解しましょう」（担当：精神科医）、第2回：「回復とリハビリテーション」（担当：作業療法士）、第3回：「家族の対応」（担当：看護師）、第4回：「使える社会資源や制度」（担当：精神保健福祉士）である。

B精神保健福祉士は、参加した家族それぞれに視線を向けながら、開会のあいさつ、今日の予定、そして参加の際のルール（❶参加者が話しているときは途中で質問したりせず最後まで聞きましょう、❷ここで話された話はここだけの秘密としましょう、❸今日は話したくないなと思ったり、その話題は話したくないなと思ったときはパスができること）を説明して家族教室を開始した。

● 家族教室第1回「統合失調症を理解しましょう」の運営

今日の家族教室は「統合失調症を理解しましょう」というテーマで、C医師から統合失調症の説明がなされた。

休憩のあと、家族のわかちあいの時間となった。進行を担当したB精神保健福祉士は、8名のうち3名が初参加であることから、話してもらう順番などに配慮しながら、初回は断酒会やAAなどで行われている「言いっぱなし、聞きっぱなし」のグループワークの進

行を行った。そこで以前から参加している人から順番に家族の話をし、母親は涙を流しながら何度もうなずいて話を聞いていた。そして笑いながら話をする家族の話を聞いてふっと笑顔も見られた。

　終了後、Ｂ精神保健福祉士との短い面接では、母親は第１回の家族教室での体験を次のように語った。参加して最初に知り合いが誰もいなくて逆にホッとした。Ｃ先生の話はとてもわかりやすく、自分でインターネットで調べたり本も読んでいたが間違って理解していることも多く、とてもよかった。さらに、ほかの家族の話を聞いてまるで自分の家の様子を聞いているような感覚になった。Ａさんの言う「言われている悪口」は幻聴であると理解できた、そして回復には時間がかかるかもしれないことなどがストンとこころに落ちるように理解できた、と語った。さらに、このように考えるのは自分だけではないこと、何回か参加している家族の方から笑いながら「何とかなるわよ」と言われて何とかなるかもしれないと思い始めたことなども語った。

● 第３回の問題解決技法を使った家族心理教育のグループワーク

　２回目に「回復とリハビリテーション」を受講した母親は、第３回の「家族の対応」にも参加した。家族教室のなかでも母親にとって最も関心のあるテーマである。参加は３回目なのでスタッフや参加者ともすでに顔なじみになり、安心して参加している。

　今回は看護師より、前半に本人とのコミュニケーションや対応を中心とした講義があり、休憩をはさんでの後半のグループワークでは、約10名の参加者の家族とともに具体的な本人への対応方法について考える問題解決技法を使ったグループワークを行った。グループワークの進行役のＢ精神保健福祉士から参加している家族に対し、「今困っていることで何かほかのご家族からのアイデアをいただいたり、ほかのご家族がされている工夫について聞いてみたいことはありませんか」と問いかけると、Ｄさんから「息子が家にこもっているので何とかできないか」とＡさんの母親と同じような困りごとがだされた。Ｂ精神保健福祉士からＤさんにいくつか質問し、Ｂ精神保健福祉士やほかの参加者家族がＤさんの状況をおおまかにつかんだあと、Ｂ精神保健福祉士はさらにＤさんに「今Ｄさん自身が何とかしたいのはどのあたりになりますか」と尋ねた。するとＤさんは「そういう息子を見ていると私がイライラしてくるのでついあたってしまうが、どうやったら息子にあたらないで済むか」と話した。そこから、Ｂ精神保健福祉士は、いわゆるブレーンストーミングとしても使われている問題解決技法を使って、参加者に対し「イライラしてもあたらないで済むアイデア」を募った。家族からは、「あきらめる」「自分の余裕ができるように趣味の場所に積極的に出かける」「アンガーマネジメントという本に書いてあったけど６秒カウントしてそれから話す」などたくさんのアイデアが出された。それらについてそれぞれのメリットとデメリットを家族全員で吟味し、Ｄさんに「どれをやってみたいですか」と尋ねたところ「６秒ルール」を試してみますと決めた。その案を出した家族も自分の案

が採用されてとてもうれしそうであった。そして「6秒ルール」がDさんの宿題となり、次回の家族教室で報告されることとなった。実は同じグループだったAさんの母親も同じ悩みを抱えていたのでとても参考になると思い、母親は出されたアイデアのうち「趣味の場所に積極的に出かける」ことを試してみようと思い、それまでやめていたフラワーアレンジメントの教室に再び通うことにした。

● 個別化の方法

その次のB精神保健福祉士との面談で、母親は計4回すべての家族教室に参加してみたものの、具体的にAさんに「外に行きなさい」と言えばよいのか、それとも「ゆっくりしていていいよ」と言ってあげてよいのか決めかねていると語った。母親は、第1目目の家族教室で、どうやら本人は消耗期に入って休養が必要なこと、第3回目の家族教室では、できるだけ肯定的にコミュニケーションをとることを学んだが、Aさんにどうやってかかわったらよいのか決められないとのことであった。そこでB精神保健福祉士は「Aさんが1年後に少しニコニコできるような暮らしってどんな暮らしですかね。どういった場所やどういった暮らしがよさそうですか」と母親に尋ねてみた。すると母親は「これまで本人の病気が治って早く働きに行ったり、早く結婚してほしいということばかり考えていましたが、本人はどういう暮らしをすれば少しニコニコするだろうか……」と考え始めた。しばらくB精神保健福祉士といろいろな角度から検討した結果、「安心できる少人数の人たちに囲まれて、コツコツと何かを作ったりする生活が、本人にとって少しニコニコできる生活かもしれない」と語った。その後、母親は「就職や結婚という形にとらわれず、本人が少しニコニコできる生活に向けてどう応援すればよいかさらに工夫を重ねていこうと思います」と言った。

現在の様子

それから1年、B精神保健福祉士は母親と月1回の面接を継続している。母親は地域の家族会にも参加するようになり、さまざまな家族と交流を深めるなかで、「悩んでばかりいてもしようがない」と短時間のパートタイマーの仕事をしたり、趣味のフラワーアレンジメントの教室に通うなどして母親自身も新たな自分の人生を歩み始めている。その影響かAさんも最近地域活動支援センターに週に1〜2回通うようになり、昔得意だった手芸のプログラムに時々顔を出すようになった。Aさんはそこで知り合ったメンバーの人とたまに外出するようになり、少し笑顔が見られるようになってきたとのことである。

演習の課題

❶　Aさんの母親が家族教室を勧められたときに感じた不安や心配はどのようなものかを想像してみよう。そのうえで、家族教室を勧められても参加しない家族はなぜ参加しないのか、その理由をさまざまな角度から考えてみよう。

❷　第1回目の家族教室後半のグループワークでは、「言いっぱなし、聞きっぱなし」の体験談を語る形で進めている。なぜこの方法を採用したのか、参加者の心情を想像し考えてみよう。

❸　第3回目の家族教室後半のグループワークでは、「問題解決技法」で進めている。役割分担について、リーダーはB精神保健福祉士、コ・リーダーは看護師、板書係は作業療法士である。それぞれの役割について学んだことを活かしてロールプレイにより実際に家族を対象に行う問題解決技法を行い、スタッフ、参加者それぞれの立場になって家族教室の効果について話しあってみよう。

❹　家族のリカバリーとは家族がどのような状態になることを指すのだろうか。そのために精神保健福祉士は家族にどのような支援をすることが求められるのか。話しあってみよう。

❺　このような家族教室に参加できない人にはどのような支援が必要だろうか。精神科医療機関の支援にどのような家族支援が加えられるとよいだろうか。あるいは精神科医療機関では難しい場合、地域や関係機関、家族会などでどのような家族支援が用意されるとよいか考えてみよう。

ミニレクチャー

❶生活の基盤である「家族」への支援の重要性

　Aさんと母親の関係をみても、精神疾患や精神障害のある人とその家族の関係がその人の疾患の経過や再発に大きな影響を及ぼすことは明らかである。そして、ソーシャルワーカーの視点、つまり暮らしや生活、人生という観点から考えても、本人だけでなく家族にとっても「家族」はとても重要な生活基盤の一つである。もし自分の家族の誰かが病気になれば不安や心配が増えるだろうし、家族関係の良し悪しは家族一人ひ

とりの生活のＱＯＬにも大きな影響を及ぼすだろう。このように、家族への働きかけは生活支援の観点からも支援メニューの一つとなる。その関係はメインにケアしている親にとどまらず、配偶者、きょうだい、そして子どもも、必要であれば祖父母にとっても求められる。

❷知る・工夫する・わかちあうを家族に届ける家族心理教育の効果

心理教育（psychoeducation）とは、❶精神障害やエイズなど受容しにくい問題をもつ人たちやその家族に対して、❷正しい知識や情報を心理面に十分な配慮をしながら伝え、❸病気や障害の結果もたらされる諸問題・諸困難の対処方法を修得してもらうことによって、主体的な療養生活を営めるようにする技法と定義される[1]。

つまり心理教育の一つである家族心理教育とは、家族に対し病気や治療についての情報を提供することにとどまらず、①家族が直面している課題を解決するために必要な知識や技術を身につけ、家族自身がその課題を解決できる力を身につけること、②困難を解決できる自信（self-efficacy）や自己決定・自己選択の力を身につけること、③家族自身もさまざまな社会資源などを主体的に利用できるようになることなどを目指している。

家族心理教育の前提として、家族は本人をケアする経験という体験的知識（Experiential knowledge[2]）を豊富にもつ人という視点や、家族も長所や魅力をもっているのでそれを発揮していくことができるというストレングス視点、家族教室などは家族同士の知恵や工夫が分かちあえるような相互作用を生み出す場づくりであるといった点もしっかりと押さえておきたい。

なお、日本において家族心理教育は、家族を集めて行う「家族教室」が多いものの、支援者と家族の個別相談、また本人を含むまるごと一つの家族、あるいはグループ（本人のグループ、家族のグループ、本人および家族のグループ）などさまざまな形態で行うことが可能である。

❸グループワークにおけるリーダー、コ・リーダー、板書係の役割

家族心理教育は、知識を提供する部分と家族同士が体験を分かちあう部分に分けられる。特に家族同士が体験を分かちあうセッションに関しては、グループワークの進め方が重要となる。グループワークはスタッフが３つの役割を分担し運営することが効果的である。

まず、リーダー（司会）はグループの進行を担当し、メンバー全体に働きかけていく役割である。出された質問を全員にわかりやすくなるようにリーダーがさらにその人に質問したり、出された質問を肯定的に言

いかえる。また、参加者から出された質問にすぐに答えず、全体にその質問を返して参加者の発言を促し、相互作用を活かすような工夫をする。コ・リーダーは、リーダーの進行をサポートする役割である。リーダーが困っているときに「○○さんはいかがですか」とサポートしたり、泣き出して混乱してしまった家族がいる場合は落ち着くまで部屋の外に一緒にいるなどの役割をとる。そして板書係はわかりやすく板書し、リーダーやコ・リーダーを助ける役割がある。このようなスタッフの役割分担と連携が重要となる。グループワークの場合、できれば3名以上、少なくとも2名で役割を決めて運営することが効果的な運営につながる[3]。

❹家族教室の導入の仕方

この事例の母親のように、精神疾患について学びたい、対応について知りたいと思っている家族でも、知り合いに会うことを不安に思ったり、そもそも集団が苦手な場合などがあり、参加をためらうこともある。そういった家族には家族教室の様子や状況を詳しく説明したり、参加をためらう要因を話してもらい、家族とソーシャルワーカーが相談しながらともに解決していくと参加してもらいやすい。

❺さまざまな家族会の形態

一般的に「家族会」と呼ばれているものには、さまざまな形態がある。家族会は本来はセルフヘルプグループであり、家族が主体的に運営し、会場なども準備する。それに対し、医療機関や市町村などの行政機関が主催で行われる「家族会」は、実際は家族心理教育あるいは集団精神療法であることが多い。また、医療機関や市町村などの行政機関が会場などを準備して声をかけ、希望する家族が集まって行われる「家族会」もセルフヘルプグループでなく、サポートグループを指す。これらは運営の違いによって参加する家族に果たす役割に違いがあることを明確に意識しておきたい。

◇引用文献
1）浦田重治郎「心理教育を中心とした心理社会的援助プログラムガイドライン」厚生労働省, p.7, 2004.
2）Borkman, T.J., 'Experiential knowledge : A new concept for the analysis of self-help groups', *Social Service Review*, 56(3), pp.445-456, 1976.
3）前出1), p.39

【精神科医療機関】

DPATの受け入れによる被災地の精神科病院の受援活動

事例6

1 事例演習のねらいとポイント

・被災地の受援者となる精神保健福祉士の役割を学ぶ。
・被災した病院が機能停止することで生じる利用者への支援課題を理解し、DPAT の役割を学ぶ。
・被災地における多様な専門職の連携についてイメージする。
・精神科病院や精神保健福祉士が、被災に備える日常の実践を考える。
・災害精神支援の概要や DPAT における精神保健福祉士の役割について確認する。

2 この事例を検討するための知識

・災害時は平時より幅広い役割が求められるため、精神保健福祉に関連する法制度やサービスについて復習しよう。
・被災した精神障害者を支援する際の心がけるべき点を復習しよう。
・災害時の支援者支援について復習しよう。

3 事例の紹介

事 例

精神保健福祉士の勤める職場

　F 精神保健福祉士は、O 県 T 市にある N 精神科病院（以下、N 病院）に勤務する。N 病院は、200 床で精神科救急や認知症治療など４つの病棟と精神科デイ・ケア、精神科ショート・ケア、訪問看護がある。精神保健福祉士は、医療福祉相談室とデイケアに配属されて

いる。DPAT（Disaster Psychiatric Assistance Team：災害派遣精神医療チーム）の登録病院でもある。

支援対象となるクライエント

　震災直後、180名の入院・通院患者のうち、特に入院患者Ａさん（53歳、男性、発達障害）、通院患者Ｂさん（60歳、男性、統合失調症）についてみていく。Ａさんは、同居中の両親の年金で生活していた。対人関係が苦手で、就労継続支援事業所のメンバーとのトラブルをきっかけとして、不眠や食欲不振が続き休息目的で任意入院していた。Ｂさんは、単身で障害年金と生活保護を受給し、デイケアと訪問看護を利用していた。身寄りはなく、地域住民との交流もなかった。また、相談することが苦手で、支援者から声をかけないと相談できず、以前、障害年金の「障害状態確認届（診断書）」を提出し忘れて年金が一時停止となったことがある。

問題の発生経過

　20X1年4月1日午後8時7分、Ｏ県Ｔ市を震源とした最大震度7の地震が発生した。震災時、Ｎ病院の病棟の一つは倒壊し、繰り返される強い余震により他の病棟でも窓ガラスやスプリンクラーが破損した。被害の全容がつかめないなかで、すぐに夜勤職員で入院患者をほかの二つの病棟へ誘導した。被害の少なかった精神科救急病棟には、措置入院患者や隔離室を使用中の患者などを中心に避難させた。幸い怪我人は患者、職員ともにゼロ。東日本大震災の教訓から自家発電装置を設置していたため非常電源の確保はできていた。病院長の非常呼集により副院長、看護部長、事務長、医療福祉相談室のＦ精神保健福祉士などが、「とにかく病院に行かなければ」との思いで駆けつけた。それぞれ手分けして患者と職員の身の安全の確保と患者の避難誘導、心理的ケアにあたった。また院長を中心に院内に災害対策本部（以下、院内本部）を設置し、建物の被害や備蓄などの確認を行い、いつまで安全確保や衛生管理が可能か、患者搬送はどれぐらいになるかなどを検討した。院内本部では、建物の柱に亀裂を発見し、激しい余震が続いていることから自病院での治療継続は困難で他の精神科病院への避難が必要と判断した。

　Ｆ精神保健福祉士は、DPAT業務調整員の役割も兼ね、電話やテレビ、ラジオ、SNSなどの通信状況を確認し、病院外の被害状況や患者搬送を想定した道路状況などの情報収集を行うとともに、広域災害救急医療情報システム（EMIS：Emergency Medical Information System）の緊急時入力を行った。また万が一に備え、衛星携帯電話やトランシーバーを準備した。

▶ 支援経過

● 準備・立ち上げ期のDPATの活動経過

（20X1年4月1日午後10時7分）

　東京のDPAT事務局本部（以下、事務局）が活動を開始した。O県障害福祉主管課、DPAT統括者（精神保健福祉センター長）へ現状および県内精神科医療機関の被災状況を確認した。同時に地震の被害を受けていない近県のDPAT先遣隊の情報収集とEMISによる被災地状況を確認した。P県DPAT先遣隊（以下、P県先遣隊）が活動準備を行っていることを把握し、O県から災害対策基本法に基づくDPAT派遣要請を決定してもらった。また事務局でのクロノロジー（時系列活動記録）を開始した。

（20X1年4月2日午前1時7分）

　P県先遣隊は、DPAT派遣要請に基づき、O県庁災害対策本部に登庁した。まずDPAT統括者とともにDMAT（災害派遣医療チーム）調整本部の隣にDPAT調整本部（以下、調整本部）を立ち上げた。同時に調整本部の業務調整員（G精神保健福祉士）は、クロノロジーを開始し、さらにEMISの情報からN病院が患者搬送を要請していることを確認した。そこでDMAT調整本部と協議し、詳細把握のため明朝N病院へ向かう予定とした。またDPAT統括者は、O県の精神科病院協会などに相談し、受け入れ可能病院のリストアップを依頼した。事務局は、調整本部と連携し患者搬送等の病院支援が行えるよう全国のDPATの派遣スケジュールの調整に入った。

● 被災医療機関のDPAT受援における精神保健福祉士の役割

　発災2日目、F精神保健福祉士は、調整本部からの連絡を受け、DPATとDMATが現地調査に来ることを院内本部へ報告した。また看護師らと搬送時の患者情報や処方薬等の準備を行った。

　DPATとDMATが到着し、救急病棟に避難中の患者のトリアージを行い、措置入院患者や病態不安定な患者、あわせて50名の搬送を優先的に行う計画とした。F精神保健福祉士と調整本部は、5名の措置入院患者の移送について保健所と相談し、保健師同行のもと警察車両で、45名の患者は、DPATとDMATが受け入れ病院まで搬送することになった。また、F精神保健福祉士や他の院内精神保健福祉士は、搬送予定者のうち連絡のとれた家族等に安否確認と転院の件を伝えた。なかには、自宅が倒壊し避難所にいる方、不安が高まり会話がうまくできない方など震災の影響がみられた。精神保健福祉士は、家族の声に耳を傾け、落ち着いた口調で状況説明を行い、可能な限り不安軽減に努めた。

　院内本部は、残り入院患者130名の避難についてDPATの助言を受けて検討した。安全第一に考え、130名のうち任意入院患者を中心に30名を退院可能とし、100名は順次搬送と決定した。また今後の外来診療やデイケア、訪問看護については、病院の被災状況や、

自宅等で被害を受けた職員も多いことから当面休診とした。

● 災害による早期退院となった方への精神保健福祉士による支援

　Aさんは震災前に自宅外泊を開始したところで、ケア会議では、外泊中の就労継続支援事業所への通所や自宅での様子確認のため、退院前訪問指導を導入し、1か月後の退院を目指す方針であった。しかし、震災によって急きょ近日中の退院予定となった。

　F精神保健福祉士は、地震発生時、応援に駆けつけ避難誘導にあたった。震災直後のAさんは、目の前で病室の窓ガラスが割れたこともあり恐怖に怯えていた。しきりに「恐い。恐い」と訴え、誘導とは違う方向へ行くなど混乱の極みであった。F精神保健福祉士は、Aさんの体を支え「大丈夫ですよ。安心してください」と繰り返し伝えながら誘導した。避難病棟に無事着いてからも、「胸がどきどきして息苦しい」と情緒不安定で身体反応もみられたので、しばらく落ち着くまでAさんに付き添った。

　発災後2日目、F精神保健福祉士よりAさんの両親の安否確認と退院の説明を行った。自宅は大きな損壊があったが、なんとか生活はできる状況とのことで、本日中に両親が退院手続に来る予定となったためAさんに伝えた。Aさんは余震のたびに震え、また避難の際、F精神保健福祉士に迷惑をかけたと気にしていたため、「異常な状況に対する人間としてごく当たり前の反応だから安心してください」と伝えると小さくうなずいた。

　発災後4日目、退院したAさんは不安感をもちながらもなんとか過ごせていた。しかし、大きな揺れが伴う余震は収まらず、余震のたびに自宅の家具などが倒れて危険であることから、両親は避難所へ避難することにした。

　避難所では多くの避難者のなかプライバシーを守る壁もないため、Aさんは、周囲のちょっとした音に過敏になっていき、不眠が再燃して昼夜関係なく周囲の話し声が気になり易刺激的となっていった。ついには、急に泣き出し、物音や話し声に「うるさい」と大声で怒鳴ることが出てきた。両親から相談を受けたF精神保健福祉士は、主治医と避難所へのアウトリーチを行った。診察の結果、急性ストレス反応のため避難所生活の継続は困難と判断された。入院が必要であることを説明すると、両親は避難所にいられないことを理解した一方で入院費等の心配を述べた。このためF精神保健福祉士より、災害救助法による入院費免除や生活保護の説明を行った。また避難所の巡回支援にきていたDPATに相談し、調整本部から受け入れ可能な病院を紹介してもらうことになった。その後Aさんは、両親とF精神保健福祉士が付き添い、県内の精神科病院に医療保護入院となった。

● 援助希求能力の乏しさにより自宅で孤立していた方への支援

　震災前のBさんは外来診察、デイケアと訪問看護の利用で安定していたが、震災によって治療や支援が突如途絶えた。通院のための交通機関も復旧のめどはわからなかった。

　発災後4日目は外来診察日だったが、通院できず薬をもらえないでいた。また生活保護費の支給日でもあり、毎月、生活保護ケースワーカー（以下、生保CW）との面談を兼ね

てT市役所へ受け取りに行っていたが、それもできなかった。Bさんは困ったが、元々相談やSOSを出すことが苦手で、近隣との付き合いもないため、孤立状態となっていった。先のみえない不安が高まり、地震発生が夜だったこともあり、夜眠れず昼夜逆転していた。

T市役所は、免震構造のため庁舎の被害は少なかったが、家族の負傷、家族や知人の喪失、自宅倒壊など甚大な被害を受けた職員が多くいた。そのなかでも通常業務に加え、避難所運営や救援物資の管理などの業務が日に日に増し、休むことができないでいた。Bさんの生保CWも強い緊張状態のなかで休みもなく、支給日に来ないBさんに気づかなかった。

発災後7日目、Bさんはかろうじて残っていた食料品で食事は摂れていたが、服薬できず、昼夜逆転の生活は続き、テレビで被害映像や被害者の報道を見るたびに不安は増長する一方であった。T市の生活保護費を支給する担当部署がBさんの受け取りがないことを見つけ、生保CWに伝えた。すぐに生保CWが、Bさんへ連絡をとると、間髪入れずに混乱した様子で話し始めた。生保CWは驚くと同時に「こうなってしまったのは自分の責任だ」と申し訳ない気持ちでいっぱいになった。生活保護費は訪問して支給することにしたが、食事や薬については同市障害福祉課のT市精神保健福祉士に相談した。T市精神保健福祉士は、早速N病院のF精神保健福祉士へ連絡をとった。

以前Bさんが障害年金の「障害状態確認届」の提出を忘れたときに再開手続きを支援したことがあったF精神保健福祉士は、主治医と相談したが、主治医は入院患者の転院搬送で往診できなかった。そこで調整本部に依頼し、翌日F精神保健福祉士、生保CWとDPATでBさんの自宅を訪問することになった。

発災後8日目、F精神保健福祉士らはBさん宅を訪問した。まずは精神的不調を十分考慮し震災後の状況を傾聴した。Bさんは疲れた様子で、薬は飲めていなかったが幻聴や妄想の再燃はみられなかった。しかし、高揚気味に「ニュースでたくさん死んだって言ってた」「この先どうなってしまうのか。気になって寝られない」と不安が混在した様子であった。

DPATの医師より薬剤処置と処方がなされた。当面の生活について、食料がないことなどからF精神保健福祉士より避難所への避難を提案した。すると「なにを呑気なことを言っているのですか。自分よりももっと被害を受けた人がいるのに、怪我もしていない自分なんかが行ってご飯をもらうなんて」と、いつになく強い口調で抵抗感を示した。それをみた生保CWは「避難所は誰でも避難できる場所で、困っているときはお互い様、今はBさん自身の安全を第一に考えてほしい」、「地区の民生委員に避難所で水や食料品などの救援物資をもらうことについて相談してみませんか?」と伝えた。Bさんは了解したものの、「知らない人が多いなかでは寝られない」とも話し、自宅での生活を続けることになり、当面はDPATが継続して訪問することとなった。そしてF精神保健福祉士を病院の窓口とし、Bさんには病院の電話番号と「困ったと感じたらすぐに病院へ電話する」と書いた即席のクライシスカードを作って渡した。

4 演習課題

❶ 3～5人のグループをつくり、事例の三つの場面の記述から、災害精神支援で登場する専門職、被災精神科医療機関における精神保健福祉士の役割、DPATを受援する活動について検討し、話しあおう。

❷ 事例の三つの場面それぞれにおける精神保健福祉士として踏まえる視点および倫理、押さえておくべき制度や知識について話しあおう。

❸ 「Aさんと両親に対する避難所での支援場面」、「Bさんの自宅へ訪問した場面」の二つの場面におけるF精神保健福祉士が心がけるべきことについて考えよう。

❹ 災害時の支援者支援として、F精神保健福祉士や、Bさん担当の生保CWに対して、どのようなサポートができるか、考えよう。またF精神保健福祉士や生保CWの立場に立って、専門職として留意すべきことについて確認しよう。

❺ 精神科医療機関の精神保健福祉士として、災害への準備や所属機関、所属部署（医療福祉相談室など）への働きかけについて検討しよう。

❻ 災害は私たちにどのような変化をもたらすか、被災したことによって、生まれる新しい可能性についても検討し、話しあおう。

5 ミニレクチャー

❶災害時の精神医療・保健・福祉に関する支援体制について

　災害時は、被災地・被災者の状況が複雑重層化するため、事例のように、多様なニーズに合わせて平時に比べてより重層的な支援が必要となる。**図 3-1** は、国連の IASC（Inter-Agency Standing Committee：機関間常設委員会）が作成したガイドラインをベースに、DPAT や保健所など災害時の精神支援チームや機関などを入れた支援体制の概要を表したものである。

❷DPATの概要

　DPAT（Disaster Psychiatric Assistance Team：災害派遣精神医療チーム）は2013（平成25）年に設立され、自然災害や犯罪事件、航空機・列車事故等の集団災害が発生した場合、発災当日から遅くとも48時間以内に被災地域に入り、精神保健医療活動を行う専門的なチー

ムである。本事例のように発災直後は被災地域の医療機関支援が最優先
となる。2020（令和 2）年には厚生労働省より派遣依頼が発出され、
新型コロナウイルス感染症の対応でも派遣された。DPAT は都道府県・
政令指定都市によって組織され、災害時は災害対策基本法に基づいて被
災都道府県の派遣斡旋の要請を受けて派遣される。各班の職種構成は、
精神科医師、看護師、業務調整員 3 名を最低限の構成とし、業務調整員
は精神保健福祉士、心理士、作業療法士、薬剤師、事務職員などが担う。
指示命令系統を明確化するため調整本部が設置され、1 班あたりの活動
期間は、数日から 1 週間程度である。

❸DPATにおける精神保健福祉士の役割について

　精神保健福祉士は、基本的に「業務調整員」を担い、情報収集、連絡
調整、環境調整、医療活動を行うための後方支援全般を行う。また、
EMIS（Emergency Medical Information System：広域災害救急
医療情報システム）、クロノロジー（時系列活動記録）の入力など記録
の役割もある。

　災害時は限られた情報を基に多職種で適切な治療および支援を行う
ことが求められるため、精神保健福祉士は、とりわけ内部・外部のコー
ディネートとマネジメントの役割が期待される。被災者の固有性をソー

図3-1　災害時の精神医療・保健・福祉に関する支援体制概要

出典：IASC「災害・紛争等緊急時における精神保健・心理社会的支援に関するIASCガイドライン」
　　　2007. を基に筆者作成

シャルワークの視点で捉え、個の支援から生まれる環境・地域とのつながりを包括的にコーディネートする活動が大切である。

❹災害時の情報管理について

災害時は平時の情報システムが機能しないことが多く、情報伝達のミスや遅延によって被災現場は混乱する。また支援者自身へ及ぼす影響も大きい。そのため、災害時の情報管理として DPAT や DMAT、日本赤十字社などが情報共有を図るため EMIS およびクロノロジーがある。EMIS の目的は、病院の被災状況、DPAT・DMAT の活動状況、避難所状況を可視化し共有することである。事例のように EMIS を通して N病院の被災状況が共有でき、DPAT が迅速に対応することができる。クロノロジーは、調整本部等のホワイトボード等に、時刻、発信元、受信、内容（いつ、どこで、だれが、なにを、どのように等）を時系列に記録するとともに、電子化して保存し、次の支援チームも経過を把握できるようにする。また記録は今後の災害の教訓として活用する。

❺災害時の支援者支援について

被災地の精神保健福祉士、保健師、行政職員などは、救援のため、家族や自宅が被災しても支援活動に従事することが求められるため、一般の被災者よりも災害後の心身不調のリスクは高いといわれている。支援者自身が自覚的に、普段以上に心の健康に注意を払うことは重要であるが、セルフケアには限界があり、適切な援助希求や周りのサポート、特に DPAT などによる積極的な支援者支援が必要となる。

被災地の支援者は災害復旧・復興のキーパーソンであることが多く、一人の支援者に過度な負担が強いられるのを回避するために、支援者支援は、被災者支援に直結する重要な活動である。

◇参考文献
・IASC「災害・紛争等緊急時における精神保健・心理社会的支援に関するIASCガイドライン」2007. https://saigai-kokoro.ncnp.go.jp/document/pdf/mental_info_iasc.pdf
・酒井明夫・丹羽真一・松岡洋夫監、大塚耕太郎・加藤寛・金吉晴・松本和紀編『災害時のメンタルヘルス』医学書院，2016.
・厚生労働省委託事業 DPAT事務局「DPAT活動マニュアルVer.2.1」2019. https://www.dpat.jp/dpat.php
・高橋晶『災害支援者支援』日本評論社，2018.
・内閣府（防災担当）「地方公共団体のための災害時受援体制に関するガイドライン」2017. http://www.bousai.go.jp/taisaku/chihogyoumukeizoku/pdf/jyuen_guidelines.pdf（2020年3月30日閲覧）
・上野谷加代子監、日本社会福祉士養成校協会編『災害ソーシャルワーク入門——被災地の実践知から学ぶ』中央法規出版，2013.

【障害福祉サービス事業所】

事例7　相談支援事業所における危機介入からの地域生活支援

1　事例演習のねらいとポイント

・「高齢な親と中年以降の精神障害者」の地域生活で直面しやすい課題（世代交代、社会的孤立）を知る。

・急に単身となった当事者が、地域生活を維持できるようにするための支援システムの活用方法を確認する。

・統合失調症の人への金銭管理に関する具体的な支援方法を学ぶ。

・各事業所（相談支援事業所、病院等）における精神保健福祉士の役割、実務を学ぶ。

2　この事例を検討するための知識

・ケアマネジメントのプロセスについて復習しよう。

・障害福祉サービスを利用するまでの流れと相談支援専門員の役割について復習しよう。

・指定特定相談支援事業所と指定一般相談支援事業所の機能の違いについて再確認しよう。

・サービス等利用計画と個別支援計画の違いについて再確認しよう。

・危機介入の方法を復習し、当事者の権利擁護や自己決定の尊重、精神保健福祉士の責務などを再確認しよう。

精神保健福祉士の勤める職場

市町村の指定を受け、基本相談、サービス利用支援（サービス等利用計画作成）と継続サービス利用支援（モニタリング）を実施する指定特定相談支援事業所で、地域相談支援（地域移行支援・地域定着支援）を実施する指定一般相談支援事業所が併設されている。

支援対象となるクライエント

Ａさん（女性）は、共働きの両親とともに公営住宅に暮らしていたが、中学時代のいじめがきっかけで自室にひきこもるようになった。中学卒業後はひきこもりつつ、通信制高校に進学したが、17歳のときに両親が離婚した頃から休みがちになり退学した。その後は自室に閉じこもる生活となった。

20歳頃から、Ａさんがひとりで笑ったり、独り言を言うようになり、父親は少し気にしたものの、「周囲に迷惑をかけるわけではない」と放置した。

問題の発生

父親から与えられる小遣いで、深夜に自宅近くのコンビニエンスストアへ買い物に出かけることもあったが、30歳を過ぎた頃からＡさんの生活は昼夜逆転し、隣人宅に「うるさい！」「静かにしてください！」と強い口調で訴えるようになった。近隣住民に対する苦情を役所に繰り返し訴えるようになると、保健センターの保健師がＡさん宅を定期訪問するようになった。

保健師の訪問開始当初は、女友達に接するような態度を示していたものの、独り言は続き、隣人に対する被害的な発言も継続していた。保健師は度々、精神科への受診を勧めたが、Ａさんが応じることはなかった。3年が経過した頃、担当保健師が異動すると、新しい保健師に対して「私を陥れようとしている」と被害的な言動が目立つようになり、訪問を受け入れなくなった。

その10年後、隣人に対して、真夜中にチャイムを鳴らすという行動を繰り返したことで、公営住宅の管理会社から行政機関に連絡が入り、保健師の関与が再開され、「かまわないでほしい」という父親を説得し、精神科病院への受診につながった。

診断は統合失調症であり、併せて糖尿病と高血圧症が指摘され、受診当日に父親の同意による医療保護入院となった。

それから約3か月後、Aさんの症状は落ちつき、退院することになった。

退院にあたり、Aさんだけでなく、Aさんの病気に対する父親の認識の乏しさを気にした病院のC精神保健福祉士と保健師が継続的な訪問や障害福祉サービスの利用を提案した。Aさんは特定相談支援事業所のD相談支援専門員（精神保健福祉士）から丁寧な説明を受け、利用に前向きだったが、いずれも父親に断られてしまった。

退院から半年間程度は父親の運転する車で通院をしていたが、父親の加齢とともに通院は途切れるようになっていった。また、保健師の関与も途絶えてしまった。

Aさんが52歳の時に83歳となっていた父親が自宅で病死。死後、数日が経過した頃、公営住宅の住民から、悪臭や大声での独り言等の苦情が寄せられ、通報を受けた警察により父親の遺体が発見された。自宅内は物であふれ、ごみや汚物との区別がつかない状況だった。Aさんが父親の死亡の経緯について説明できないことや意味不明な発言を繰り返すこと、身なりの極端な不衛生さが目立つこと、近隣住民からの情報がまったく得られないことから、行政（障害福祉課と保健所）も同時に介入することになった。悪臭原因の一つが重度の糖尿病による足の壊疽からくるものであることがわかり、命の危険性があることから、Aさんは救急病院に搬送された。

救急病院では、言動のまとまりのなさから対応が困難とされ、入院歴があり身体疾患も治療可能な精神科病院へ翌々日に転院となった。

支援経過

● 精神保健福祉士による個別面談の支援

Aさんは、転院後しばらく足の治療のため車いす生活が続き、自室を暗くして他者とのかかわりをもたずに過ごしていたが、体調の回復と並行するように精神症状にも改善がみられ、徐々に会話や笑顔が増えていった。

担当医から、依然として精神疾患、身体疾患に対する病識は乏しいものの病状は安定しており、本人が退院を希望していることや入院の長期化を避けるため、退院支援をしてほしいとC精神保健福祉士に依頼があった。

個別面談において、C精神保健福祉士が「担当医からAさんが退院したいとお聞きしました。入院前の生活について教えていただけますか？」と尋ねると、Aさんは、「家事とか全部お父さんがやっていてくれていたんですけど、倒れてしまって……、自分でいろいろとやってみたけど、いつの間にか身体が動かなくなってしまって、あとは覚えていません。でも早く団地に帰りたいんです」と強い口調で訴えた。「なるほど、よくわかりました。ご苦労があったんですね。退院するためにはいろいろと準備をしなければなりません。どのような準備が必要だと思いますか？」と尋ねると、「お金かな」と答えた。「そうですね。生活するお金が必要ですね。入院する際に自宅室内から100万円程度の現金が見つかった

そうですが、滞納していた家賃や公共料金、それに入院費の支払いをするとあまり残りません」と告げると、Aさんは不安な表情を浮かべた。

C精神保健福祉士が続けて、「心配しないでください。Aさんの受診歴をみると障害年金を申請できます。今後の生活のために手続きをしませんか?」と伝えると、Aさんは、「年金って年をとってからもらうものでしょ?」と問い返した。「病気や障害の状況によってもらうことができるのが障害年金です。Aさんにも申請する権利があります」とC精神保健福祉士が説明すると、「そうなんですね。申請します」と笑顔をみせた。

● 精神保健福祉士と相談支援専門員との連携

C精神保健福祉士は「病院でできることには限界がありますし、団地まで少し距離があります。団地の地域に詳しい相談支援事業所のD相談支援専門員にも協力してもらおうと考えているのですが、いかがでしょうか?」とAさんに尋ねると、少し不安そうな表情をみせるも「相談支援事業所? もしかして、前に会った人? わかりやすく説明してくれました。手伝ってくれる人がいるなら助かります」と答えた。

C精神保健福祉士は特定相談支援事業所のD相談支援専門員に連絡し、Aさんの状況や希望を伝えた。翌日、D相談支援専門員が病棟を訪れた。「Aさんお久しぶりです。私のことを覚えてくださってくれて、とても嬉しいです。C精神保健福祉士からAさんが自宅に帰ろうと頑張っていると聞きました。戻ったあと、何をしたいですか?」と尋ねると、Aさんはしばらく考えている様子で黙りこんだ。D相談支援専門員はAさんが話し出すまで静かに待っていると、「あまり考えたことがなかったけど、働いてみたいかな」と小さな声で答えた。

D相談支援専門員は「『働いてみたい』いいですね。では、どのような準備が必要だと思いますか?」と尋ねると、Aさんは「退院して、仕事探して、家事をして……。あ、いろいろとやらなくては……」と落ち込んだ様子をみせた。D相談支援専門員は「具体的に考えているんですね。Aさんができることは力をつけてもらって、苦手な部分は誰かに助けてもらえば、働くことに近づくことができます。病院にいては力はつきにくいと思います」と伝えると、Aさんは真剣な顔つきで「じゃあ、どうすればよいの?」と尋ねた。D相談支援専門員は「Aさんが希望すれば、障害福祉サービスを利用することができます。たとえば宿泊型の自立訓練というものがあり、施設に泊まりながら食事や家事、お金の使い方などの地域生活に必要な力をAさんのペースに合わせてトレーニングをします。今度、一緒に見学に行きませんか?」と誘うと、「考えてみます。また来てくれますか?」と迷いながら尋ねた。D相談支援専門員は「はい。一緒に考えましょう」と応えた。

● 相談支援専門員によるかかわり

後日、AさんからD相談支援専門員に電話があった。「Aさん、どうもありがとうございます。連絡をくれたということは、見学に行く気持ちになったのでしょうか?」と聞くと、

「はい、ずっと病院にいるわけにもいかないし、でもすぐには帰れない。だから自立訓練施設を見てみようと思いました」と応えた。

見学時のAさんは少し緊張していたが、自立訓練施設の職員が丁寧に説明をしたこと、D相談支援専門員が付き添っていたことで安心できたようで、次第に笑顔になった。

「洗濯や料理とか、お金の使い方とかいろいろと教えてもらえるのですね。利用したいのですが、お金がかかるでしょう。どうすればよいの？」と不安を語るAさんに、「お金については病院のC精神保健福祉士に障害年金の申請を手伝ってもらいましょう。必要に応じて生活保護もあります。施設利用の手続きは私がお手伝いをします」と答えると、「ここで頑張れば団地に帰れそうです。やってみます」と目を輝かせた。

● 相談支援専門員によるケアマネジメント

D相談支援専門員は、計画相談支援と自立訓練施設の利用には契約が必要であることを丁寧に説明し、Aさんの同意を得た。そして、Aさんの希望である「団地に帰って働きたい」を叶えるための自立訓練施設の利用、病状の安定のための通院などをサービス等利用計画案に書き込んでいった。Aさんはやらなければならないことが多く、押しつぶされそうな気持ちにもなったが、D相談支援専門員が「これは現在のプランです。気持ちや考えは状況によって変わります。変更したい場合はすぐにおっしゃってください」と伝えたことで安心できた。サービス等利用計画案を作成後、AさんはC相談支援専門員と一緒に役所を訪れ、計画相談支援と訓練等給付の申請をした。

支給決定後、D相談支援専門員が関係機関に連絡し、Aさん、D相談支援専門員、自立訓練施設のサービス管理責任者、主治医、C精神保健福祉士、訪問看護を担当する看護師が参加してサービス担当者会議が開催された。Aさんは「私なんかのためにこんなに集まっていただいて……。ありがとうございます」とお礼を述べた。D相談支援専門員は「Aさんを応援するために集まっています。Aさんの希望をかなえるためにサポートします」と伝え、「困ったときにどうしてもらいたいのかを示した『Aさんのクライシスプラン』を共有します」と説明した。Aさんは「困ったときに自分から伝えるのは苦手です。でも困ったときにどうしてほしいのかを周りの人がわかっていると助かります。うまく家事ができているかとか病気の状態がどうなっているのかは自分で気づきにくいです」と話した。

D相談支援専門員は「日頃の生活のことは自立訓練施設の方々が、病状については病院の方々が相談に乗ってくれます。私はAさんの暮らしが希望に向かってうまく進んでいるのか、困っていることはないかなどをAさんから教えてもらうために定期的に訪問します。これをモニタリングといい、今のことだけでなく、今後についても考えます。必要に応じてプランは見直します。これからの生活で思い通りにできないこともあるかもしれません。その時は、どうすればAさんがやってみたいことができるようになるのかを一緒に考えます。団地で暮らしながら働くことを目指して、少しずつ取り組んでいきましょうね」と伝

えると、Ａさんは「わかりました。やってみます」と笑顔で応えた。

　入所直後のＡさんは新しい環境への戸惑いと緊張があったが、徐々に慣れていった。そして、１年後には、簡単な家事や通院が一人でできるようになった。Ｄ相談支援専門員はモニタリングにおいて「自分でできることが増えてきていますね。糖尿病も安定し、身体状態も改善されてきたので、自宅に戻る具体的なプランを考えていきましょう」と伝えた。Ａさんは「いよいよですね。ちょっと心配ですが楽しみです」と嬉しそうに応じた。

4 演習課題

❶　事例の記述から、Ａさんの人柄や今までの人生について想像しよう。そのうえで、Ａさんはなぜ、孤立してしまったのか考えてみよう。

❷　病院の精神保健福祉士が特定相談支援事業所の相談支援専門員と連携する際、Ａさんの情報をどのように伝え、Ａさんにどのように紹介しているのかロールプレイをして、精神保健福祉士の視点や説明すべき事柄（知識）、相談支援専門員の役割について確認しよう。

❸　相談支援専門員はＡさんの「働きたい」をキーワードにかかわりを深めていく。こうした働きかけの効果について検討しよう。

❹　精神障害者の方が利用できる金銭管理について確認しよう。

5 ミニレクチャー

❶8050問題

　進学や就職でのつまずき、病気や障害などを契機にひきこもり状態となり、その状況が長期化して、高齢となった親の収入が途絶えたり、親が病気や要介護状態になったりする等により経済的困窮、社会的孤立に陥る問題である。「80代の親が50代のひきこもりの子を支える」構造から8050問題といわれる。地域包括支援センターの訪問等により顕在化し、行政や医療機関、相談支援機関に所属する精神保健福祉士と連携する機会も多い。

❷指定特定相談支援事業所と指定一般相談支援事業所の違い

相談支援（障害者総合支援法第5条第18項）とは、基本相談支援、地域相談支援および計画相談支援である。指定特定相談支援事業所と指定一般相談支援事業所は、双方とも基本相談支援を実施し、相談に応じ、情報提供や助言を行い、具体的な支援の出発点となる。

	指定特定相談支援事業所	指定一般相談支援事業所
指定	市町村	都道府県
事業内容	計画相談支援 ・サービス利用支援 ・継続サービス利用支援	地域相談支援 ・地域移行支援 ・地域定着支援
従業者	相談支援専門員	指定地域移行支援従事者
支援内容	サービス等利用計画 モニタリング	地域移行支援計画 地域定着支援計画 ※個別支援計画に相当

❸自立生活援助と地域定着支援の違い

病院や共同生活援助（グループホーム）等からの退院・退所後の地域生活支援として自立生活援助が2018（平成30）年から実施されている。地域移行支援→自立生活援助→地域定着支援という順序でサービスを利用することが想定されている。

	自立生活援助	地域定着支援
給付種別	訓練等給付	地域相談支援
事業内容	定期訪問 随時対応	24時間365日の相談対応 緊急事態の相談、訪問等

❹障害年金の申請および更新の支援

障害年金は、公的年金の一つである。請求の方法は①障害認定日請求、②事後重症請求、③初めて2級の請求、④20歳前の初診による請求があり、申請には❶医師の診断書、❷受診状況等申請書（初診証明書）❸病歴・就労状況等申立書が必要である。❸は障害の発生した理由や経過を申請者または家族が記載する。疾患や障害と向き合うことにもなり、心理的負担が伴う可能性があるため、精神保健福祉士は制度利用の支援にとどまらず、申請者や家族を支えることも求められる。

2016（平成28）年9月より『精神の障害に係る等級判定ガイドライン』が施行され、「障害等級の目安」が示された。等級の目安の基本となる診断書の「日常生活能力の判定」「日常生活能力の程度」の記載は診断書作成医の判断に委ねられ、精神保健福祉士には医師との連携はもちろん、診断書の内容が障害等級に該当するのに不支給になった場合の不服

申立て（審査請求、再審査請求）等の支援をすることが求められる。

❺精神障害者に対する金銭管理の支援

　都道府県および指定都市社会福祉協議会が実施主体となっている「日常生活自立支援事業」のうち、預金の払い戻し、預金の解約、預金の預け入れの手続等利用者の日常生活費の管理をする「日常的金銭管理」や、「成年後見制度」における成年後見人等による金銭管理が代表的である。超高齢社会に突入し、精神保健福祉士の支援の対象となる精神障害者のなかにも高齢者が増加し、金銭管理の支援を必要とする人の増加が予想される。人権を擁護すること、生活を守ることは精神保健福祉士の責務である。説明責任を果たし、金銭管理のための制度を適切に活用していくことが求められる。

◇参考文献
・C.A.ラップ・R.J.ゴスチャ，田中英樹監訳『ストレングスモデル──リカバリー志向の精神保健福祉サービス 第3版』金剛出版，2014.
・岩上洋一・全国地域で暮らそうネットワーク『地域で暮らそう！精神障害者の地域移行支援・地域定着支援・自立生活援助導入ガイド』金剛出版，2018.

【障害福祉サービス事業所】

事例8 就労移行支援事業所における措置入院からの就労支援

1 事例演習のねらいとポイント

- 就労移行支援事業所で就労を支援する精神保健福祉士の役割を学ぶ。
- 障害福祉サービス事業所における個別支援の具体的方法を学ぶ。
- 公共職業安定所（ハローワーク）を中心とした、障害者の就労にかかわる機関の概要について学ぶ。
- 就労移行支援事業所の精神保健福祉士と受け入れ先となる企業および関係機関との連携について学ぶ。
- 疾患や過去の入院歴にとらわれず、受け入れ企業を開拓していく実践を学ぶ。
- 就労支援のプロセスについて学ぶ。

2 この事例を検討するための知識

- 就労移行支援事業の目的、仕組み、期間、支援内容を復習しよう。
- 障害福祉サービス事業所の利用手続き、個別支援計画の立て方、ケースワークの技術について復習しよう。
- 障害者の就労にかかわる機関の概要を復習しよう。
- 福祉機関（相談支援事業、共同生活援助）、医療機関、労働機関（ハローワーク）、企業との連携方法について復習しよう。
- 本人のニーズに基づいた実践の理念、職場探しと雇用移行支援の手法を復習しよう。
- 就労支援のプロセスについて復習しよう。

精神保健福祉士の勤める職場

B市は人口5万人の地方都市で、昔からの農村地域と新興のマンションが建つ住宅地域から成っている。隣市には大手自動車工場があり、B市には、その下請けとして部品製造加工を行う小さな工場がいくつかあり、農業とともに、市の中心的な産業となっている。ずっと人口減少傾向にあったが、近年はマンションが増えて、人口が少しずつ増えている。

就労移行支援と生活訓練を行うC多機能型障害福祉サービス事業所（以下、C事業所）の就労移行支援事業は定員15名で、専任スタッフはA精神保健福祉士を含めて4名（全員精神保健福祉士）で運営している。スタッフがそれぞれ3～4名の利用者を担当して個別支援を行い、そのほかに集団プログラムを行っている。個別支援は、アセスメント、個別支援計画作成、職場探し、職場実習支援、雇用への移行支援、就職後のフォローアップという手順で行っている。

集団プログラムには、❶職場で必要な技能に関するプログラム（ビジネスマナー、職場の常識、対人技能など）、❷職業生活維持に関するプログラム（体力づくり、健康自己管理、リラクゼーションなど）、❸就職活動の技能に関するプログラム（面接技術、履歴書作成、仕事の探し方など）、❹基本的な仕事の技能に関するプログラム（企画事務、パソコン、清掃など）があり、各利用者が必要なプログラムを選択して受けている。

支援対象となるクライエント

ある日、B市内にあるグループホームの精神保健福祉士と隣市にある精神科病院の精神保健福祉士が、Dさん（男性、30歳）とともにC事業所に来所した。2人の話では、Dさんには軽度の知的障害があり、両親も軽度の知的障害があることからDさんの世話や指導は困難と判断され、3か月前からグループホームで生活している。

DさんはB市の中学校特別支援学級卒業後に市内の自動車部品製造加工工場に就職した。もともと学校で不登校気味であったことから、職場でも休みが多かった。そのため仕事も長続きせず、転々としていた。20歳頃からDさんは不良仲間と付き合うようになり、仕事もせず、深夜遅く帰宅するようになった。ほどなくしてシンナー吸引を始め、依存症となっていったようである。25歳のとき、シンナーを吸引した状態でマンションのごみ置き場に火を付けようとしているところを警官に保護され、隣市の精神科病院に措置入院することとなった。その後、2～3度警察に保護され、入退院を繰り返している。3か月

前に退院となり、グループホームへの入居となった。

　退院後は、依存症治療と社会復帰を兼ねて精神科デイ・ケアに通所することとなっていたが、すぐに行かなくなり、ゲームセンターに出入りし始めた。そこで、このままでは昔の仲間から誘われてまたシンナー吸引を始め、再入院となるのではないかと2人は心配になった。いずれはアパート暮らしへの移行も考えているので、日中活動の場として生活訓練事業が利用できないかという相談であった。

　A精神保健福祉士はDさんとも話し始め、これからどのような生活をしたいかを聞いた。Dさんは、「もう入院はしたくないのでシンナー仲間とは縁を切りたい。シンナーは怖い。デイ・ケアや訓練は気が進まない。シンナー仲間も含めて周りの人はいつも俺を馬鹿にする。だから会社員になって周りの人を見返してやりたい」と話した。2人の精神保健福祉士は今の状態で仕事に就くことは難しいという判断であった。

　A精神保健福祉士は、3人に対して、「Dさんが望まないことは、どんなに効果的なプログラムであっても、よい結果は出ないでしょう。ここでは就労移行支援事業も行っています。Dさんが本気で望むなら、仕事に就き、継続できるような支援を本気でしますよ。Dさん、一緒にチャレンジしますか？」と話し、Dさんの気持ちを確かめた。DさんはC事業所を見学したあと、やってみたいと利用を希望した。2人の精神保健福祉士は懐疑的であったが同意した。その後、利用手続きを経て開始となった。

支援経過

● 利用開始と情報収集、仮の個別支援計画作成

　Dさんの担当はA精神保健福祉士となり、アセスメントから支援を開始した。関係機関からの情報によると、Dさんは療育手帳の交付を受けており、軽度の判定であった。また、両親からの支援は期待できず、日常生活ではグループホームなどの社会的支援が必要なこと、Dさんは飽きやすく何をやっても継続しない傾向があることなどが明らかになった。主治医の話では、シンナー依存があり、継続的に通院し、薬物依存症治療グループへの参加が必要とのことであった。どの関係者も、現状では事業主の理解が得られないことから就職は難しく、治療継続や生活支援機関の利用がよいのではないかとの見解であった。

　Dさんとのアセスメント面接では、仕事に就いて、将来はアパートで暮らして結婚もしたいことが話された。できそうで就いてみたい仕事と勤務時間を聞いたところ、コーヒーが大好きなので、カフェやコーヒー販売店、コーヒー工場で働いてみたいことと、体力には自信があるのでほかの人と同じ時間働けることが話された。

　A精神保健福祉士は、Dさんと一緒に仮の個別支援計画を作成した。Dさんはビジネスマナーや健康自己管理プログラム、対人技能プログラム、就職活動技能プログラムに参加しながら、事業所が見つかったらアセスメントのための体験実習を行い、その結果を含め

て正式な個別支援計画を作成することとした。そして週に1回通院し、薬物依存症治療グループに参加することとした。A精神保健福祉士は、Dさんの体験実習を受け入れてくれるカフェやコーヒー販売店、コーヒー工場を探すこととした。

● **アセスメントと個別支援計画作成**

　B市近隣にはコーヒー工場がなかったため、A精神保健福祉士は、市内のカフェやコーヒー販売店を一つひとつ訪ね、体験実習ができないか依頼してまわった。これらの店は新興住宅地域に多く、農村地域には少なかったが、A精神保健福祉士と顔なじみの店がいくつかあり、ある喫茶店が雇用を前提としない条件で受け入れてくれた。オーナー店主はA精神保健福祉士の同級生の知り合いであった。

　翌週の3日間、Dさんは喫茶店で体験実習を行った。A精神保健福祉士も同伴し、一緒に作業をしながら実習の様子を見ていた。そして体験実習終了後、A精神保健福祉士とDさんは、オーナー店主から実習結果を聞いた。オーナー店主は以下のコメントを話した。

①遅れずに出勤し、休まず作業ができた。生活リズム、体力も問題ない

②お客さんに挨拶ができていた

③注文を間違えたり忘れてしまうことがあるので、対処が必要

④緊張して手が震えていたが、経験を積めば解決できる

⑤飲食の店なので、身なりをもっときれいにすることが必要

⑥わからないときにだまってしまったのと、コーヒーをこぼしても無視したことは改善が必要

⑦課題はあるが、練習すればできるようになるのではないか。スピードよりも丁寧に仕事をしてほしい

以上であった。

　その後、A精神保健福祉士はDさんと話しあった。Dさんは、仕事は緊張したけど楽しかったこと、練習して課題を解決し、カフェで働きたい気持ちが固まったと話した。そこで、A精神保健福祉士は、Dさんと一緒に以下の個別支援計画を作成し、仮の個別支援計画に加えた。

❶朝の利用者全体ミーティングでは司会と挨拶を担当する。

❷メモノートを常に携帯し、メモを取る習慣をつける。

❸対人技能プログラムに参加し、さらにA精神保健福祉士と個別にコミュニケーションスキルを高める練習をする。

❹毎朝、スタッフに身なりのチェックをしてもらう。

❺イライラ感やストレスを強く感じたときにはすぐにA精神保健福祉士と面談する。

　そのほか、グループホームスタッフに身なりについてサポートしてもらうこととした。A精神保健福祉士は就職のための職場（カフェ）を探すこととした。そして、週に1回、

進捗状況をDさんを含めてスタッフ全員で確認することとした。A精神保健福祉士は、この内容を精神科病院とグループホームの精神保健福祉士と共有し、定期的にDさんとともにケア会議を開いて情報交換することとした。

● **職場探し**

A精神保健福祉士は、健康自己管理プログラムと対人技能プログラムの集団プログラムを担当しつつ、Dさんの職場探しを開始した。まずはDさんの状況を簡潔にまとめ、Dさんと一緒に隣市にあるハローワークの障害者担当窓口に行った。障害者担当職員や精神障害者雇用トータルサポーターにDさんの状況を話しながら、Dさんとともにカフェの求人を探した。障害者担当職員はDさんが過去にシンナーの影響で放火し、警察に保護されたことをかなり気にしていたが、ハローワークからの信頼が厚いA精神保健福祉士が治療プログラムをきちんと受けていることと、A精神保健福祉士がサポートすることを誠実に話したところ、了解してくれた。

週に1回のハローワーク通いを続けた4回目のとき、障害者求人ではなかったが、大手企業の運営するカフェチェーン店の清掃求人とハンバーガーチェーン店のフライ担当の一般求人があった。Dさんはフライ担当求人のE社に興味を示したので、A精神保健福祉士があたることとした。そして、障害者担当職員からE社に訪問依頼の連絡を入れてもらった。

翌日、A精神保健福祉士はE社を訪問した。店長にDさんの状況と支援状況を話し、障害者雇用についての考えを聞いた。店長は、決められた仕事をこなせるならば障害は気にしないとのことであった。

A精神保健福祉士は職場を見せてもらい、作業内容や職場環境を分析した。そして、作業難易度の確認とDさんおよび従業員への適切な支援方法を明らかにするために、店長にA精神保健福祉士による職場体験（職場のアセスメント）を依頼した。

A精神保健福祉士による職場のアセスメントが終わり、Dさんにできそうな作業であることがわかった。その後にDさんと店長の面接を経て、E社がトライアル雇用として採用し、3か月後に正式な雇用とするかどうかを判断することとなった。職場にはA精神保健福祉士が同行し、トライアル雇用としてDさんやほかの従業員に援助することとした。

● **トライアル雇用と就職後のフォローアップ**

トライアル雇用開始前に、A精神保健福祉士は1日の流れを書いた日課表とフライ作業の手順書を作成し、携帯するよう促した。

初日はDさんにも従業員にも緊張がみられたので、A精神保健福祉士は積極的に作業に介入した。2週目からは緊張もほぐれてきたため、日課表と作業手順書を有効活用し、少しずつ介入の度合いを減らし、従業員による介入の度合いを増やしていった。そして、1か月後にはA精神保健福祉士が見ているだけでよい状況にまで両者は適応していた。

Ａ精神保健福祉士は、１〜２週目は毎日職場に出向いて終日職場にいたが、３〜４週目は日数や滞在時間も半分以下に減らし、滞在時も介入を減らすなど、フェードアウトを心がけた支援を行ったのである。

　トライアル雇用期間終了後に、店長、Ｄさん、Ａ精神保健福祉士、ハローワーク職員、さらに２人の精神保健福祉士に計画相談担当の相談支援専門員も加わり、振り返りと正式雇用への移行の検討、雇用後の支援体制についてケア会議が行われた。求められた仕事は遂行できるようになり、適応上の問題もないので採用したいという店長の意向と、Ｄさんの働きたい意向があり、正式雇用となった。

　また、正式雇用後の支援体制についても検討され、外来診察と薬物依存症治療グループへの参加時は仕事を休みとすることとした。また、フォローアップとして、隔週土曜日は就労移行支援事業から就職した利用者のフォローアップグループに参加することと、Ａ精神保健福祉士による個別の面談を行うこととした。職場に対しては、Ａ精神保健福祉士が定期的に訪問するなどの支援を継続することとした。グループホームと精神科病院の精神保健福祉士とＡ精神保健福祉士はＤさんを含めて定期的に情報交換の場を設けることとした。

　その後、何度かシンナー依存について危機的状況はあったが、就労定着支援事業を活用しながら、関係機関の協力によるバックアップでＤさんは働き続けている。

４ 演習課題

❶　主治医や関係機関のスタッフは、当初Ｄさんの就労に対して肯定的ではなかったが、結果的に就労移行支援の利用や雇用に結びついた支援のポイントは何か考えよう。

❷　Ａ精神保健福祉士が行ったアセスメント方法と内容について検討しよう。

❸　Ａ精神保健福祉士が行った職場探しから就職後のフォローアップまでの支援の流れを整理しよう。

❹　就労に向けた企業に対するかかわり方のポイントを検討しよう。

❺　障害者の雇用の促進等に関する法律（障害者雇用促進法）に規定されている就労支援機関、障害者の日常生活及び社会生活を総合的に支援するための法律（障害者総合支援法）に規定されている就労支援機関を整理してみよう。

5 ミニレクチャー

❶就労可能性の判断と精神保健福祉士の役割

　重度の障害を抱えていたり、多くの生活問題を抱えている対象者に対して、精神保健福祉士は就労支援に踏み込むことに躊躇する場合が多い。その理由として、就職の可能性が低い、働くことで対象者に負荷がかかり疾病が再発する可能性が高いなどが予想されるからである。働くことよりも症状の安定や生活問題の解決が先であるという考えもある。

　そこで考えなくてはいけないことは、就労するかどうかを決めるのは誰か、雇用（採用）の判断をするのは誰かということである。就労するかどうかを決めることは、どのような人生を送るかを決めることであり、その決定権は対象者本人にある。そのため、対象者本人に働きたいという希望があれば、精神保健福祉士その他の専門職は、その希望が達成できるように支援することが使命であり、専門性である。そして、対象者の決定権を擁護することの役割もある。

　また、雇用（採用）の判断をするのは事業主である。精神保健福祉士は、対象者の意向と事業主の意向が一致するよう、双方に働きかける支援が求められている。

❷就労のアセスメント方法と精神保健福祉士の役割

　就労に向けて多くの課題を抱えている対象者のアセスメントを行う場合、どうしても多くの問題点が目につき、そこに焦点が当てられがちである。そうすると、就労に向けての困難性ばかりが明らかになり、精神保健福祉士も対象者も就労に向けた動機づけが低下し、結果的に達成できないことになる。アセスメントを行う場合は、対象者の得意なところ、長所（ストレングス）をアセスメントすることから始めたい。そうすることで、対象者の強みを活用した就労の可能性が広がり、精神保健福祉士および対象者の動機づけが高まる。

　また、アセスメントは精神保健福祉士が対象者の能力等をアセスメントし、その結果から支援計画を作成するものではない。対象者が自分自身の能力等をアセスメントすることを支援し、その結果から一緒に支援計画（リハビリテーション計画、リカバリープランともいう）を作成するものである。対象者が自分の能力等をアセスメントする有効な方法は体験である。そのため、対象者が望む仕事や職場を体験する、そして体験結果を職場の人からフィードバックされること、それを精神保健福祉

士がサポートすることで対象者は自分の能力等をアセスメントすることができる。

精神保健福祉士は、フィードバックのサポートと、アセスメント結果から対象者と一緒に計画を作成すること、アセスメントのための職場を確保することが役割といえる。

❸職場探しおよび援助付き雇用の支援方法と精神保健福祉士の役割

職場探しは、就労支援における精神保健福祉士の大きな役割といえる。そのためにはハローワークとの連携が必要となる。精神障害者雇用トータルサポーターや発達障害者雇用トータルサポーターが配置されていれば、連携しやすい。ハローワークと連携することで、職場開拓への助言や企業情報の提供が得られる。また、トライアル雇用助成金（障害者トライアルコース）や特定求職者雇用開発助成金制度等の事業主への助成制度が活用しやすくなる。

また、対象者の雇用（採用）を判断するのは事業主であるため、事業主との連携も重要となる。そのため、精神保健福祉士は、事業主等に精神障害の正しい理解、対象者の合理的配慮方法の理解を促し、雇用の動機づけを高める支援が必要となる。

合理的配慮の方法は個々の職場によって違いが出る。そのため、精神保健福祉士が職場見学や職場体験を行うことで、職場をアセスメントし、合理的配慮方法を整理する必要がある。そして事業主等にそれを提案することが支援となる。

さらに、対象者に職場を体験してもらい、そこに精神保健福祉士が援助に入り、対象者へのかかわり方など合理的配慮方法のモデルを従業員に示すことで、事業主や従業員が理解できる。

また、事業主や従業員に対する支援だけでなく、対象者が仕事、従業員、職場のルールや文化に適応できるように対象者の支援も行う。このように、事業主（従業員）と対象者双方を職場で支援し、雇用と職場適応を図る支援を援助付き雇用による支援という。

◇参考文献
・日本職業リハビリテーション学会編『職業リハビリテーションの基礎と実践』中央法規出版,
2012.
・日本職業リハビリテーション学会監, 職リハ用語集編集委員会編『職業リハビリテーション用語
集 障害者雇用・就労支援のキーワード』やどかり出版, 2020.

相談支援事業所における ピアサポーターの養成と 活動支援

1 事例演習のねらいとポイント

・精神障害領域におけるピアサポートの位置づけについて学ぶ。
・地域移行支援事業などにおけるピアサポートの活用に係る精神保健福祉士の実践について学ぶ。
・福祉人材としての活躍が期待されるピアサポーターの有効性について知る。
・医療機関、行政と連携し、ピアサポーターと協働する精神保健福祉士の実践を学ぶ。

2 この事例を検討するための知識

・ピアサポートとは何かということを復習しよう。
・障害福祉サービスの仕組みの歴史的変遷と現状について復習しよう。
・協議会の役割や機能について復習しよう。
・精神障害にも対応した地域包括ケアシステムについて復習しよう。

3 事例の紹介

事例

舞台となる事業所

　S県O市にあるN相談支援事業所（以下、N事業所）は、2006（平成18）年に地域活動支援センターⅠ型として、地域における精神障害者の相談の場や居場所として設立されたNPO法人である。その中心になったのは、近隣の精神科病院で長年働いてきたA精神

保健福祉士であった。Ｏ市は人口10万人程度の市で、障害者自立支援法が施行される以前には、地域活動支援センターなど、精神障害者の相談の場はなかった。障害福祉サービスが一元化されるなかで、新たに地域活動支援センターとして開設されたのである。大切にしてきたのは、支援者主導で何かをやるということではなく、当事者と地域の皆さんと一緒に活動を創っていこうということであった。そこで、地域活動支援センターの名称も公募し、住民からも応募がたくさんあった。いくつかの候補のなかから、運営委員による検討の結果、「きずな」という名称が選ばれ、運営が始まった。

地域移行におけるピアサポーターの活動

　精神科病院を退職したＡ精神保健福祉士を中心に、趣旨に賛同した職員が集まってきた。また、開設前の名称公募がきっかけで、事業所を知るようになった当事者たちが利用するようになり、オープンスペースでは、当事者たちの自主的な活動も行われるようになっていった。

　おりしも2004（平成16）年には「精神保健福祉施策の改革ビジョン」が出され、入院から地域へという流れのなかで、当時7万人ともいわれた社会的入院者の退院促進を行うことが盛り込まれていた。Ｎ事業所でも2008（平成20）年から始まった「精神障害者地域移行支援特別対策事業」に名乗りをあげ、地域移行推進員としてピアサポーターを活用することになった。2010（平成22）年からは「精神障害者地域移行・地域定着支援事業」へと変化したが、継続してピアサポーターが地域体制整備コーディネーターと病院に訪問し、退院への動機付け支援や退院者への同行支援などを行ってきた。しかし、2012（平成24）年からは障害者総合支援法により、「地域移行・地域定着支援事業」という形で個別給付化された。その結果、精神科病院で退院したいという気持ちになってくれるように働きかけを行ってきた地域体制整備コーディネーターと地域移行推進員の活動に対して報酬を支払うことができなくなってしまったのである。

　障害者自立支援法から障害者総合支援法への転換により、Ｎ事業所も計画相談を実施し、障害者のサービス利用に関してマネジメントを行うこととなった。地域活動支援センター業務以外に、相談支援専門員として、サービス等利用計画を作成する業務が始まり、あわただしい空気に包まれた。そんななかで、地域移行推進員として働いていたＢさんから自分に何かできることがあるなら、ボランティアでいいので何か活動を始めたいという申し出があった。Ｂさんは精神科病院の中に、まだ多くの仲間が入院していて、そういう人たちを一人でも多くサポートしたいという気持ちから、いても立ってもいられなくなって、職員にそう話してくれた。目の前の忙しさに追われて、法人設立当初の支援者主導で何かをやるということではなく、当事者と地域の皆さんと一緒に活動を創っていこうという姿勢を忘れかけていたことに気づいたのである。

そこで、Bさんを中心に精神科病院に仲間を迎えに行きたいと希望する仲間が何人か集まり、職員を交えて、学習会から始めることとした。

ピアサポーターの仲間づくり

学習会を開催するにあたり、職員は気軽に参加できる集まりをイメージしていたが、Bさんは県外で積極的に活動しているピアサポーターともつながりがあり、基本的なことからきちんと勉強したほうがいいと主張した。先駆的に取り組んでいる団体のテキストを使って、進めていきたいというのである。職員もBさんの熱意に押され、それならと、その団体にも了解を得て、ピアサポーター養成のテキストを使っての学習を始めた。

しかし、いざ学習会が始まると、Bさんの独壇場で、5人集まっていた仲間も学習会に出ることが徐々に負担になってきてしまった。とにかく、そのテキストに書いてあることに添って進めてしまうのだが、ほかの仲間との知識の格差がありすぎることで、Bさんにも徐々に疲れがみえはじめた。

月1回の学習会の4回目になったときに、みんなが待っているのにBさんが来ないという状況になった。職員が電話しても出ず、心配して訪問してみると、「みんなをまとめきれない」「自分に自信がなくなった」と学習会を始めたはいいが、思うように進まず、仲間からの信頼を失ったと落ち込んでしまったというのである。外来受診には職員も同行し、この間の経過を主治医に伝えた。しばらくはその活動は休んだほうがいいという医師の判断であった。

5回目の集まりで、職員はそこに参加している5人にこれからどうしていきたいかを尋ねた。「Bさんがすごすぎて、正直、ちょっとついていけなかった」「生真面目だから」「もう少し、ゆっくりしたペースでやってほしい」というような意見が出た。前回の勉強会のあと、Bさんが自宅にひきこもってしまい、もう学習会には出られないと言っていることを心配する声も出た。みんなそれぞれ、この学習会以前から地域活動支援センターを利用した仲間である。そのなかのひとりが「みんなで手紙を書こう」と言い出した。それに全員が賛同し、ゆっくりしたペースで、Bさんと一緒に勉強を続けたいことを含め、それぞれがBさんに出てきてくれるように手紙を書いた。職員がそれをBさんに届け、次回の日程を伝えることとなったのである。

そして、6回目の学習会の日、無精ひげをはやしたBさんが事業所にやってきた。仲間に心配をかけたことを謝り、みんなの意見を聞きながら進めていきたいと語った。

ピアサポーター養成に取り組む

そうしてあらためてピアサポーターとは何かというところから、みんなで話しあうスタイルの学習を積み重ねた。まず、自分たちの経験を語りあい信頼関係を積み上げていった。

以前からの仲間ではあるものの、これまでの自分の経験を詳しく語りあうことは、初めての体験だった。語ることによって、聞いてくれている仲間に支えられているとお互いが感じることができた。また、それぞれがその経験を活かして、自分たちにも何かできることがあるのではないかと思えるようになっていったのである。

そんなとき、S県とO市の障害者自立支援協議会（現在は協議会と名称が変更）から、当事者委員を推薦してくれないかと申し入れがあった。それは、法人の代表理事であるA精神保健福祉士が長年、S県の精神保健福祉士協会の役員をやっている関係で舞い込んだ話だった。O市もまた、当事者参加を進めていきたいということで、以前から長期入院者の地域移行に取り組んできたN事業所の実績から声をかけてくれたということであった。S県の協議会にはBさん、O市の協議会には学習会メンバーであるCさんが参加することとなった。その後、BさんはS県の協議会で、ピアサポーター養成の必要性を根気強く訴え、県の精神保健福祉士協会のバックアップもあって、S県の地域移行を進めていくことを主たる目的とした、ピアサポーター養成講座の開催を勝ち取った。講座は精神保健福祉士協会が県から委託を受けることとなり、N事業所の仲間も改めて県の養成研修を受けることとなった。

そして、N事業所も障害者総合支援法後の運営がなんとか軌道にのってきたことを契機に、地域移行・地域定着の事業に関して、養成したピアサポーターに職員と精神科病院に同行する形で動いてもらうこととしたのである。

ピアサポーターの活躍

事業がどうにか軌道にのったとはいえ、ピアサポーターを雇用することは財政的にまだまだ困難な状況で、まずは、謝金を支払うという形で、活動を開始した。

市内の精神科病院に入院している40歳代の男性Dさんが退院を希望しているということで、N事業所の精神保健福祉士とピアサポーターのCさんがかかわりを始めた。Dさんは治療中断によって何回か入退院を繰り返していて、母親の死亡後、退院に反対する父親に遠慮して5年にわたる長期入院となってしまっていた。長い入院のなかで、いろいろな患者さんをみてきて、服薬を継続することが安定して生活できる大きな要素だということも実感してきた。以前、服薬をやめて、再発し、暴れて家族に迷惑をかけたこともよく理解している。一番辛かったのは、病院に通い続けてくれていた母親が急死したとき、その葬儀に出られなかったことだという。かかわり始めて3か月が経過した頃、病院の精神保健福祉士から、病院としては退院できる準備が整ったと思っているが、病院の職員だけでは父親に理解を得られない状況が続いているので、地域移行支援事業を担当している精神保健福祉士とピアサポーターにも父親との面接に同席してもらって、地域でどういう支援ができるのか説明してほしいという依頼があった。

　面接当日、精神保健福祉士からは、医療のサービス以外に地域の福祉サービスが充実してきていること、ピアサポーターが自宅訪問を行い、同じような経験をもつことで、危機状況になる前に医療につなぐこともできることなどを説明した。そして、Cさんは父親に対して、自分も若い頃、同じように断薬して再発を繰り返してきたこと、でも、地域の事業所で同じような経験をもつ仲間に出会い、この仕事をすることによって回復してきたという自身のリカバリーストーリーを語った。「こんな僕でも地域で頑張ってやっていますから」と語りかけたのである。それまでは懐疑的な表情で目線を合わせなかった父親が、Cさんの目を見て話を聞き始めた。そして、「そこまで言うなら……」と退院を了解してくれたのである。その後、そのときのことをDさんの父親に聞くと、「他人であるCさんが自分の子どもの力を信じてここまで応援してくれているということに心を打たれた」ということであった。

　精神保健福祉士とピアサポーターの連携が、地域での生活をイメージさせ、患者本人だけでなく、家族や医療スタッフの考えを変えていくきっかけになった事例がいくつか積み重なっていくなかで、病院からピアサポーターの同行を依頼してくる回数が徐々に増えていった。それは、同じような経験をしている人が地域で暮らしているということの手本、つまり、ロールモデルになるということであり、精神保健福祉士がどんなに言葉を尽くしても「百聞は一見にしかず」という場合が多いからである。ピアサポーターもまた、自分と同じ経験をした人の力になれることで、エンパワメントされ、自分が支えるだけでなく、自分も支えられていると実感するようになってきた。そうしたピアのかかわりによって、精神科病院の看護スタッフが変わってきたという市内にある病院の精神保健福祉士からの感謝もあった。N事業所の職員たちも、ピアサポーターがいてくれることで、病院の中に地域の風が吹くと話している。

　2018（平成30）年の障害福祉サービス等報酬改定で新たに自立生活援助というサービスが登場した。障害者の地域生活を支えるアウトリーチを中心にしたサービスである。N事業所では自立生活援助の報酬を根拠に、今年度からピアサポーターを非常勤職員として雇用した。学習会からの仲間を中心に、今は、ピアサポーターが自主的に運営する会議を定期的に開催しているが、待遇に関して、現在は最低賃金での雇用であり、自分たちが自らの専門性を活かして働いていることを国に認めてもらいたいと希望している。

4 演習課題

❶　ピアサポートと一言でいっても、多様な領域で活用されている。事
　例では、精神障害者のピアサポートを取り上げたが、医療や教育の現

場、事故や犯罪被害など幅広くピアサポートが活用されている。具体的にどのようなピアサポートが行われているのか、調べてみよう。

❷　事例で取り上げた事業所ではピアサポーターを活用することの効果がどういうことにあると考えて配置しているのだろうか。

❸　福祉サービス事業所のなかには、ピアサポーターを配置していない事業所もたくさんある。それはどうしてだろうか。

❹　ピアサポーターと精神保健福祉士が協働していくためには、ピアサポーターが力を発揮できる環境や、障害に対する配慮が必要になる。この事例を参考に、ピアサポーターが活躍できる環境について、マクロからミクロの視点で考えてみよう。

❺　長期入院している患者の家族がピアサポーターが支援してくれることによって心を動かされた例があったが、精神保健福祉士単独で、その家族と面接し、退院について理解を得ようとする場面と、精神保健福祉士とピアサポーターが同席して家族と面接する場面について、ロールプレイしてみよう。

5　ミニレクチャー

❶多様なピアサポート活動

　精神保健福祉領域でピアサポートといっても、多様な活動がそのなかに含まれる。病院や地域でのセルフヘルプグループの活動に代表されるように、同じような経験をもつ仲間が集まり、経験を共有しながらお互いに励ましあうような活動もあれば、経験を活かして対価を得るということもある。現在、福祉人材不足という背景もあり、ピアサポーターの雇用が進みつつある。

　日本においては、2000（平成12）年以降、ピアカウンセラーやピアヘルパーの育成・配置がなされるようになった。同様に大阪府で始まった精神科病院における長期入院者を対象とした退院促進事業は、2003（平成15）年に国のモデル事業となり、全国で「精神障害者退院促進支援事業」が実施された。2004（平成16）年には北海道や長野県等が「ピアサポーター」を活用するようになった。2008（平成20）年には「精神障害者地域移行支援特別対策事業」となり、地域移行推進員としてピアサポーターの配置が進んだ。2010（平成22）年からは「精神障害者地域移行・地域定着支援事業」へと変化したが、継続してピアサポーター

が活用され、先駆的な自治体での養成が行われるようになったのである。現在、障害者総合支援法において、地域移行・地域定着支援事業による個別給付が実施されており、ピアサポーターは必置ではないが、前述した施策の流れのなかで、継続して活用したり、新たに育成している自治体や団体、事業所もある。

　これまでの自治体におけるピアサポーター関係の事業は、「精神障害にも対応した地域包括ケアシステムの構築推進事業」や「地域生活支援事業」のなかで実施されてきたが、2020（令和2）年度の都道府県地域生活支援事業には、「障害者ピアサポート研修事業」が項目として明記され、今後、自治体でのピアサポーター養成が促進されることが期待されている。

❷リカバリーストーリーを語ることの意味

　精神的な病気により、学校を中退してしまったり、仕事を続けられなくなったり、家族と離別したり……さまざまなことを経験する場合がある。病気になる以前の自分と比較して、自信を無くし、生きる希望が見出せないと思う人もいる。それがどの程度、どのくらいの期間、継続するのかは人によってさまざまである。また、回復していくプロセスもまた、人それぞれなのである。

　精神保健福祉領域でリカバリーというと、単なる回復を指すのではなく、病気や障害があっても、再び社会活動に参加し、その人らしい生活を送ることができるようになることを意味している。そして、リカバリーストーリーとは、もちろん、その人がその人なりに回復への道筋を歩んできたことを自分なりに整理して語る物語のことである。

　ピアサポーターの養成講座では「リカバリーストーリーを語る」という内容が盛り込まれていることが多く、実際のピアサポーター活動においても精神科病院や福祉専門職の養成課程、あるいは市民公開講座などでも、リカバリーストーリーを語ることが求められる。それはどうしてなのかというと、語ることによって、当事者自身が回復過程を振り返り、自分の人生の意味づけをすることを助けることになるからである。また、聞く人には、感動を与え、同じ立場にいる人たちには希望を与える。

❸福祉サービス事業所等で働くピアサポーターの課題

　ピアサポーターが雇用されて働くことが珍しくない時代に突入している。では、どのように雇用されているのかというと、大きく分けて2通りの採用がある。ハローワークなどを通じて求人がなされる場合と、それまでサービスを利用していた人を職員として雇用するという場合で

ある。前者はこれまでまったく関係性のなかった人を雇用することになり、後者はよく知っている人を雇用するということである。

　まったく関係性がないピアサポーターを雇用する場合とは異なり、利用者だった人を雇用する場合には、さまざまな葛藤が起こりやすいといわれる。つまり、職員として働くことにはなるが、かつては利用者であり、以前は友人だった人たちが、支援対象となることもある。こうした二重関係（多重関係）がピアサポーターの葛藤を生むといわれている。そして、バウンダリー（境界線）の引き方も難しくなり、その葛藤に耐えられないことで離職する人、調子を崩してしまう人もいる。そうした状況が生まれることを十分に予測し、事業所のなかでピアサポーターを支援する役割をとることも精神保健福祉士に求められている。

◇参考文献
　・伊藤智樹『ピア・サポートの社会学——ALS、認知症介護、依存症、自死遺児、犯罪被害者の物語を聴く』晃洋書房，2013.
　・相川章子『精神障がいピアサポーター——活動の実際と効果的な養成・育成プログラム』中央法規出版，2013.
　・岩崎香編著『障害ピアサポート——多様な障害領域の歴史と今後の展望』中央法規出版，2019.

社会福祉協議会における精神保健福祉ボランティアの養成と普及啓発

1 事例演習のねらいとポイント

・地域のニーズをアセスメントする方法について学ぶ。

・地域住民の主体形成を促進する意義について理解する。

・精神保健福祉ボランティアの必要性の理解とともに、精神保健福祉ボランティア講座の内容を学ぶ。

・ボランティア講座を多機関や多様な関係者で協働して実施することで、連携が生まれ地域づくりにもつながることを理解する。

2 この事例を検討するための知識

・ボランティアの役割や機能について、復習しよう。

・自分の住んでいる自治体あるいは大学等養成校のある自治体の社会福祉協議会やボランティアセンターについて、❶所在地、❷業務内容などを調べよう。

・精神保健福祉ボランティアの役割や機能について、復習しよう。

・精神科病院、デイケア、相談支援事業所の機能を復習しよう。

・コミュニティアセスメントについて、復習しよう。

3 事例の紹介

事 例

精神保健福祉士の勤める職場

　A精神保健福祉士（27歳、男性）は、人口約5万人の地方都市にある社会福祉協議会

に勤務している。福祉系の大学に在学中から地域福祉に関心が高かった。卒業後は、併設されているボランティアセンターに配属され、4年間ほどボランティア事業に携わったが、その後、社会福祉協議会に異動となり今に至っている。現在の主な仕事は、地域支援である。ここ数年、市内で困りごとを抱える人が増えており、A精神保健福祉士は、民生委員や地域住民、関係機関などと連携し、課題の解決や予防に向けて、日々、奔走している。

支援対象となるクライエント

　Bさん（56歳、男性）は、統合失調症の診断を受けている。大学2年時に発症し、入退院を繰り返したが、大学は何とか卒業することができた。その後、飲食店に就職したが、仕事は多忙で、また、職場の人間関係も悪く、毎日ストレスを感じながら働いていた。次第に不眠となり、またひどい幻聴に悩まされた。病状は悪化の一途をたどり、24歳のときに精神科病院に医療保護入院となり、入院生活は30年間にも及んだ。その間、家族とは疎遠になった。主治医から退院の話が出たのは、54歳のときである。既に両親は亡くなっており、姉と弟とは連絡がつかなかった。Bさんは、担当のC精神保健福祉士の支援を経て、病院が併設しているグループホームに入居し、1年半が経ったところである。

問題の発生経過

　Bさんが入院していたのは、創立40年を迎えたZ精神科病院である。市内で唯一の精神科病院である。入院病床は、211床。デイケアと相談支援事業所が併設されている。Bさんは、退院後も定期的に外来通院し、また、併設する相談支援事業所も利用している。

　このZ精神科病院には、長期入院をしている患者が多く在院しており、5年前から、地域移行支援に重点をおいている。病院のC精神保健福祉士が中心となって退院へ向けた取り組みや、地域生活支援に力を注ぎ、その甲斐あって、退院し地域で生活を営む精神障害者が増えつつあった。しかしその一方で、地域住民から、精神障害者を不安視する声や、自分の住んでいる近所への退院を拒否する動きが増えてきた。相談支援事業が2か所目となるグループホーム設立の計画を打ち出した時、一気に反対運動へと発展した。

支援経過

● 地域住民の理解促進の向けて取り組む

　困ったC精神保健福祉士は、デイケア担当の精神保健福祉士や、相談支援事業所の精神保健福祉士たちに相談した。まずは、関係機関で集まり、話し合いの場をもとうということになり、数日後に連絡会議が開催された。A精神保健福祉士にも声がかかり、参加することになった。そこでは、「病院から退院しても、地域のなかに居場所がなければ安心して生活することは難しい」「グループホームを利用することで退院に結びつく患者さんが、

病院の中にはまだたくさんいる」「グループホームが1か所では足りない」「地域住民の皆さんの理解が必要だ」との意見が出た。そして、地域住民に精神障害を抱えながら生きる人たちのことを理解してもらうために、そして、メンタルヘルス課題を抱えても安心して暮らしていくことのできるまちづくりを目指して、精神保健福祉ボランティア講座を開催してはどうかということで意見がまとまった。

　A精神保健福祉士は、以前に配属されていたボランティアセンターで一緒に働いていた社会福祉士のDさんに、経緯を話した。ボランティアセンターは、ボランティアをしたい人とボランティアを必要としている人をつなぐ調整や、ボランティア活動のための学習の機会を提供しており、D社会福祉士はそこで中心的な役割を担っていた。このボランティアセンターでは、今まで多くの学習会を開講してきたが、精神保健福祉に関する講座は実施したことがなかった。D社会福祉士は、「講座を実施することは、地域住民の理解を促進することに効果的だと思う。ぜひ、協力したい」と言ってくれた。A精神保健福祉士は、ボランティア育成講座やフォローアップ講座に対する経験が豊富なD社会福祉士の協力を、とても心強く感じた。

● **実行委員会が立ち上がる**

　その後、講座の開催に向けて、実行委員会が立ち上がった。発起人はA精神保健福祉士とC精神保健福祉士、ボランティアセンターのD社会福祉士である。各所への声かけにより、委員のメンバー構成は広がった。デイケアの精神保健福祉士や看護師、相談支援事業所の精神保健福祉士たちが加わった。また、市内にある主に知的障害者の方々が利用している就労支援事業所でボランティアをしている人たちや、定年退職をした元小学校の教諭も加わった。そして、精神障害をもつ当事者として、Bさんをはじめ4人の当事者が趣旨に賛同し、参加することになった。

● **率直に意見を出しあい、一歩を踏みだす**

　第1回目の実行委員会では、地域の現状や、何が問題となっているのかなど率直な意見が交わされた。また、講座を実施することには賛成ではあるが、具体的な実施方法やコツがわからないという意見も出て、「まずは、自分たち実行委員が学ぶことが必要なのではないか」ということとなった。そこでA精神保健福祉士は、勉強会を開き、大学時代の恩師E先生に勉強会の講師をお願いすることを提案した。E先生は、福祉教育やボランティア学習を専門に研究しており、他市でも数多くの精神保健福祉ボランティア講座を立ち上げ、講師も務めている専門家である。委員の賛同が得られたため、A精神保健福祉士は、さっそくE先生に連絡をした。事情を丁寧に説明し、講師を依頼したところ、E先生は快く引き受けてくれた。E先生を囲んで、実行委員会の勉強会が開かれたのは、その3週間後のことであった。

● 講座実施に向けた大切なポイントを学ぶ

　この勉強会でE先生は、あらためて参加者に状況を確認したうえで、精神保健福祉ボランティア講座の大切なポイントとして、以下のことを説明した。

・講座では、精神障害をもつ当事者の役割がとても重要であること。

・ボランティアについての正しい理解を促すこと。

・精神保健福祉ボランティアの役割を丁寧に伝えること。

・精神障害者と受講生が交流する機会が、理解促進には効果的であること。

・疾病や障害に関する医学的な知識を過剰に提供しないこと（それがかえって、新たな偏見を形成してしまうおそれがあるため）。

・講座終了後に、活動につなげる仕組みをつくる必要があること。

・さまざまな課題を抱えていても安心して暮らせるまちづくりがゴールであること。

・そのために、活動開始後も個人ボランティアやボランティア団体への支援を継続していく必要があること。

・多様な人たちで協働して講座のプログラムを考え、実施することが大切であること。

● 立場の異なる人たちと協働して準備を進める

　E先生との勉強会での学びをもとに、実行委員会は講座のプログラムづくりに入った。C精神保健福祉士は、自身の経験をもとに、「まずは、講座の目的から決めましょう。それから、それを達成するために最も適切なプログラムを考えましょう」と委員に伝えた。プログラムづくりでは、さまざまな立場の委員から、それぞれの経験に基づいた貴重な意見が出された。A精神保健福祉士は、「自分ひとりだったら、とてもこんなふうに多様なアイデアは思いつかなかった」と、協働で進める利点や強みを痛感した。何回にもわたる話し合いの末、講座のプログラムは**表3-2**のように決まった。

　次に、具体的な準備の段階に進んだ。必要な準備をリストアップし、それぞれの役割担当を決めた。講座はD社会福祉士の働きかけにより、ボランティアセンターの事業に位置づけることができ、実施に必要な費用の大半も、そこから捻出することになった。会場は、Z精神科病院の大会議室が無料で使用できることになった。また、参加者を募るための広報は、社会福祉協議会やボランティアセンターのホームページにアップし、併せて、市の広報誌にも開催案内を載せることになった。

　講師をE先生に打診をしたところ、「『ボランティアの役割』の講義部分は引き受けるけれど、ほかは実行委員でやったほうがよいですよ」とアドバイスされた。講義に慣れている大学の教員のほうが講師には適していると考えていたA精神保健福祉士は疑問に思い、E先生に質問したところ、「講座は、受講者と実行委員の最初の出会いの場なのです。これからのことも考えると、この市で一緒にまちづくりに取り組んでいく実行委員の人たちが登壇したほうがよいのです」と説明された。A精神保健福祉士は、講座が単なる学びの

表3-2　精神保健福祉ボランティア講座のプログラム

項目と時間の目安（分）	内容	担当者
導入（5）	自己紹介、講座の目的と内容、全体の流れの説明	
ボランティアの役割（20）	ボランタリズム、ボランティアの機能、期待されている役割、精神保健福祉ボランティアとは	
障害について（20）	身体障害、知的障害、精神障害の説明と推計、精神障害が決して珍しいものではなく、メンタルヘルス課題が普遍的であることへの理解を促す	
「語り部」の話（20）	精神障害を経験している人の話を聞き、そこから学ぶ	
質疑応答（30）	参加者からの質問を受け、応える	
地域で暮らすということ（15）	社会資源が生活のしづらさを軽減もしくは解消すること、地域住民の理解や許容的な態度が大切であること、この地域にある社会資源の説明し、参加者自身が大切な社会資源であることへの理解を促す	
まとめ（10）	全体の内容の確認とまとめ、フィードバックシートの記入と提出	

機会であるだけでなく、自分たちと地域住民、そしてこれからボランティアとして活動してくれるかもしれない人たちとの大切な出会いの場であることに気がついた。

● 「語り部」としてのデビューに向けて丁寧に準備する

　実行委員会では、実際に精神障害をもつ当事者の人に話をしてもらってはどうかという意見が、繰り返し出ていた。体験を語ってもらうことで、より受講者にメッセージが届きやすいのではないかという理由である。その話が出始めたころから、Ｂさんの気持ちは揺れていた。「やってみたい」という思いの一方で、人前で話をする経験が乏しいために自信がなかったのである。ある日、Ｂさんは勇気をふりしぼってＡ精神保健福祉士に「語り部をやってみたい」と伝えた。戸惑いがちなその様子からは、Ｂさんの不安な気持ちが伝わってきた。人前で話をするということは、誰にとっても大変なことである。ましてや、自身の経験を話すわけなので、不安は当然のことだと考えた。しかしＢさんは、「確かに不安だし、うまく話せるかもわからない。でも、いまだに退院できないでいる友だちが、病棟にはたくさんいる。自分の経験を話すことが、何かの役に立つかもしれない」と答えた。Ａ精神保健福祉士は、Ｂさんの勇気に励まされるような思いがした。翌日の実行委員会で、Ａ精神保健福祉士とＢさんは、このことを伝えた。賛同が得られた。

　ＢさんからＡ精神保健福祉士に、「原稿づくりを一緒にやってほしい」との依頼があったのは、その翌日のことである。Ａ精神保健福祉士は快諾し、Ｂさんと準備を始めた。講

座まで、あと1か月。あまり時間はないが、Bさんの不安が少しでも和らぐように、そしてBさんの話が受講者の心にしっかりと届くことを願って、二人は丁寧に準備を進めていった。

　まずは、当事者として語ることのリスクを確認しあった。自分の住むまちで、実名を出して体験を語ることになるからである。その後、何を受講者に伝えたいのかを話しあった。Bさんは、「精神障害者に対する誤解や偏見が、このまちにはある。自分の体験を語ることで、そのときに感じたこと、日々の生活で感じる思いやしんどさ、そして喜び、これからへの希望を話したい。精神障害をもっていても、このまちの一員であること、そして、このまちで暮らし続けていきたいと願っていることを伝えたい」と話した。二人の原稿づくりの作業は、何回にも及んだ。完成後、実行委員会の場でリハーサルをした。

● **講座当日を迎える**

　当日は、あいにくの雨模様となったが、会場には、ホームページや広報誌を見て講座の開催を知った多くの参加者が集まった。2時間の講座は順調に進み、お昼前に無事に終了した。とりわけ、「語り部」であるBさんの話に、受講者たちは熱心に耳を傾けた。緊張した面持ちで舞台の脇にたたずんで出番を待っていたBさんだったが、登壇後、退院して地域で暮らしている数人の友だちの姿を会場にみつけ、その笑顔で、落ち着きを取り戻した。20分間の講話は、リハーサルをはるかに上回る出来栄えであった。

　講座終了後は、隣接しているコミュニティセンターで、カレーパーティーが催された。受講者と精神障害者との出会いと交流を図ることを目的としたものであるが、料理と食事をともにする時間は、終始、和やかで、とても楽しい雰囲気であった。

● **リフレクション（振り返り）を行う**

　実行委員会は、後日、リフレクション（振り返り）の機会をもった。「講座をやりっぱなしにしないで、どこがよかったのか、何が改善点なのかをみんなで振り返りましょう。そして、次につなげましょう」というD社会福祉士の提案によるものである。そこでは、委員から次のような意見が挙がった。

・参加者に、理解を促す機会になった。
・参加者のなかから、「せっかくだから、ボランティアグループを作って活動したい」という声が上がっている。
・それぞれに強みや苦手がある。それを活かしあい、補いあうことで質の高いボランティア講座になった。

　また、「語り部」のBさんの話が大変好評だったとの意見を受けてBさんは、「緊張したけれど、Aさんと準備を丁寧にやったおかげで、落ち着いて話ができた。伝えたいことも、きちんと話すことができた」と感想を述べた。そして、「こんな自分でも、誰かの役に立つことができる。それはとてもうれしいし、幸せなことだ」と笑顔で語った。

● **変化はその後にも及んだ**

講座が終了して半年経った今、このまちでは次のような変化が生じている。

・精神障害者に理解のある地域住民が、徐々にではあるが、増えている。

・精神保健福祉ボランティアグループが立ち上がり、活動を開始した。A精神保健福祉士は、ボランティアの相談や助言を継続的に行っている。

・Bさんに、「語り部」の依頼が来るようになった。

・この講座をきっかけに、関係機関の職員同士が顔見知りになることができた。このことは、関係機関同士の風通しのよさをもたらし、普段の業務のなかでも連携しあえるようになった。

・現在、ボランティアの一人が、空き家になっている持ち家の提供を申し出てくれ、グループホーム開設に向けての話がもちあがっている。もちろん地域には不安視する住民もいるが、このボランティアがその地区の民生委員でもあるため、住民の説得にあたってくれている。

 演習課題

❶ この事例で、A精神保健福祉士が果たしたソーシャルワーク機能は何だったか。

❷ この講座が実施できたのは、どのような条件が地域にあったからだと考えられるか。

❸ 今後、さらなる福祉課題の発生とその解決に向けて、どのような条件が地域にあるとよいだろうか。

❹ Bさんが今後、「語り部」として活躍していくために精神保健福祉士はどのような支援を展開したらよいか。

❺ この講座の実施を経て、地域はどのように変化しただろうか。また、その変化が生じた要因として考えられることには何があるだろうか。

❻ この講座をさらに発展させるために、精神保健福祉士はどのような実践を展開したらよいだろうか。

5 ミニレクチャー

❶精神保健福祉ボランティアとは

　一般的にボランティアは、福祉や教育、環境など多様な分野で活躍している。精神保健福祉ボランティアは主に、精神保健福祉領域で活動するボランティアもしくは人（グループ）のことである。精神保健福祉士は、講座を通して精神障害者と受講生が交流する機会を設け、互いの理解促進を目指したり、また、ボランティアを育成することに加えて、さまざまなメンタルヘルスに関連する課題を抱えていても、安心して暮らせるまちづくりを目指す。そのためには、一人で、あるいは精神保健福祉士たちだけでプログラムを考え実施するのではなく、多様な人たちで協働することが重要である。

❷地域住民の主体形成

　地域で顕在的・潜在的に発生している生活問題・福祉課題は、多様化・複雑化の傾向を強め、その解決に向けては行政や専門職だけでなく、地域住民の果たす役割が大変大きい。地域住民が福祉について関心を寄せ、地域にあるさまざまな課題を発見し、その発生の背景を見抜き、解決に向けて行動する力をつけることは、地域福祉の推進に重要である。主体形成の方法の一つとして、福祉教育がある。基本的人権についての理解を深め、解決に向けた行動力を涵養する。

❸コミュニティアセスメントとは

　「地域診断」とも呼ばれる。福祉におけるコミュニティアセスメントは、福祉課題が発生している地域を、さまざまなデータに基づき分析し評価することである。ともすると、実践している地域のことは理解しているつもりになったり、思い込みや期待というバイアスでみてしまうことがある。客観的・俯瞰的に地域を把握しながら、計画的に地域の課題の解決に向けて実践していくことが必要である。また、コミュニティを重層的に捉えることが必要である。なお、コミュニティアセスメントは、精神保健福祉士など専門職だけで行うのではなく、地域住民とともに実施するとよい。この取り組み自体が、地域に対する関心を住民に喚起することにつながったり、解決に向けたモチベーションを高めるきっかけになる。

❹偏見、スティグマとその解消

　偏見とは、偏った理解や認識をもとに、客観的な根拠がないにもかか

わらず、特定の個人・集団などに対して抱く非好意的な意見や判断、感情のことである。いわゆる勘違いや誤解とは異なり、容易には変化しないという性質がある。類似する用語に、スティグマがある。個人に対する否定的な反応のことである。差別を生み、対象となる人のさまざまな権利を侵害することにもつながる。

　精神障害者は、こうした偏見やスティグマの対象になりやすく、そのための対策（予防・軽減・解消）を講じることが重要となる。具体的な方法としては、メンタルヘルスリテラシー教育、啓発活動・広報活動、メンタルヘルス福祉教育、精神障害者との直接的な交流体験などがある。

◇参考文献
　・日本精神保健福祉士協会・日本精神保健福祉学会監『精神保健福祉用語辞典』中央法規出版, 2004.

第3章　支援の場に応じた相談援助の理解

事例11

【障害福祉サービス事業所】
訪問型の生活訓練事業を活用したひきこもりの若者支援

1 事例演習のねらいとポイント

- ひきこもり対策にかかわる精神保健福祉士の役割と実践について学ぶ。
- 訪問型生活訓練事業などのアウトリーチを活用した地域における自立支援について学ぶ。
- ひきこもった状況から通所型サービスに結び付けていく精神保健福祉士のかかわりを知る。
- ひきこもり支援における地域の関係機関等とのネットワークづくりの重要性を理解する。

2 この事例を検討するための知識

- 広くメンタルヘルスに関する最近の課題について復習しよう。
- 保健所の機能について復習しよう。
- ひきこもり対策について復習しよう。
- 医療保健福祉領域におけるアウトリーチサービスについて調べてみよう。

3 事例の紹介

事例

精神保健福祉士の勤める職場

　T県X市は、中心であるX駅の北と南で、農家が多い古い住宅街と都心に通う若い家族

向けのタワーマンションがある市街地に分かれている。現在の人口は30万人であるが、都心への通勤圏であることからマンション建設が進んでおり、まだ人口が増加している。反面、古くからの住宅街では高齢化が進んでいる。

X市には、精神障害者を支援している団体は1法人しかなく、その法人では、多様な通所サービスを提供している。また、法人はひきこもりサポート事業をX市から受託しており、V精神保健福祉士はその法人の相談支援専門員として勤務している。

支援対象となるクライエント

Aさんは現在25歳の男性で、きょうだいはない。60歳代の父親と2人で暮らしてきたが、最近父親が急死し、持ち家で一人暮らしとなっている。Aさん家族はX駅の北側の古い住宅街にずいぶん以前から暮らしており、母親が7年前に亡くなったとき、Aさんは高校3年生で、卒業はしたものの、進学も就職も手につかない状態となり、そのまま自宅で過ごし続けてきた。もともと父親には心臓疾患があり、母親が生きていた頃は母親の収入に頼って家族3人で生活してきた。母親の死亡後は、入った生命保険と父親の年金で生活していたようであった。Aさんは近所に買い物には出かけるし、父親との会話にも特に不自由していたわけでもないが、社会とのかかわりが希薄なままであった。

問題の発生経過

Aさんの父親が脳卒中で突然倒れ、亡くなったのは3か月前のことであった。その後、親族だけの葬儀が行われたそうである。町会のことで、町会長をしている民生委員のBさんがAさん宅を訪れたところ、家の中がごみだらけになっていることから、どうしたものかと地区担当のC保健師に相談があった。

Bさんは地元の小学校の校長を退職後、前任者から頼まれて民生委員となったのであるが、Aさんの父親とは、小学校、中学校の先輩後輩という仲で、Aさんが母親の死後、自宅にひきこもりがちになっていることも以前から知っていた。生前父親が息子について、「何もしないで、ゲームばっかりやってて、困ってるんだよ」と言っていたが、どの程度本当に父親が困っていたのかきちんと聞くこともないまま、亡くなってしまったことを気にしてもいた。そこで、Aさんがどう暮らしているのか、心配して訪ねてみたところ、ごみを捨てていない状況に驚いてC保健師に相談に来たということだった。BさんはC保健師に一緒に訪問に行ってくれないかと言ってきたのである。

Aさん宅をC保健師と一緒に訪問し、ごみだらけの部屋で話を聞いたところ、これまで父親が全部やっていたので、ごみをどう捨てていいかわからずにそのままにしてしまっているとのことであった。疎通は特に問題なく、ごみ捨てに関して説明すると、「わかりました。そうします」とすんなりと了解してくれた。Aさん自身に重篤な精神疾患があるよ

うには見受けられなかったが、家の中は異臭がし、掃除や洗濯も十分にできていない様子がうかがえた。困っていることがあったら相談してほしいとＣ保健師が伝えると、最初は言いにくそうにしていたが、帰り際に「お金がないんです……」と、ぼそっとＡさんがつぶやいた。父親の死亡から３か月が経過しており、父親の年金も止まり、貯金も底を尽きそうになっている様子であった。そこで、ＢさんとＣ保健師が福祉事務所に連絡し、生活保護の申請を進めた。

支援経過

● 両親の死を受け入れる

　Ｘ市の相談支援事業所にＣ保健師からＡさんに関する相談の連絡が入った。今月から生活保護を受給しているということであるが、まだ若い人なので、将来の就労の可能性などを視野に入れて、ひきこもりサポート事業のなかで、相談にのってもらえないかとのＶ精神保健福祉士への依頼だった。

　相談にきたＡさんは、髪は少しぼさぼさであったが、ごく普通の青年のように見えた。これまでどのような生活を送ってきたのか聞いてみると、抵抗もなく、率直に話をしてくれた。Ａさんの話では、一人っ子であったことも影響しているのかどうかはわからないが、小さい頃から友人が少なかったそうである。しかし、そのことで何か不自由を感じたわけでもなければ、いじめを受けたわけでもなく、大きな悩みを抱えることもなく、母親や教師に勧められるままに高校も受験し、言われたように日々を過ごしてきた。父親は物心ついたときから、心臓の病気のために働いておらず、家は母親を中心に生活がまわっていたようであった。ある意味、父親とＡさんの司令塔であった母親がくも膜下出血で倒れ、病弱だった父親よりも早く、他界してしまった。それはちょうど、Ａさんが高校３年の頃で、指示してくれる母親がいなくなってしまったことから、敷かれていたレールをとにかく走って、高校は卒業したが、その後はどうしていいのかわからなかった。ずっと、ゲームをやめろと言ってきた母親がいなくなったために、好きだったゲームの世界にのめりこみ、父親からもこうしろ、ああしろという話もないまま時間が過ぎていった。気がつけば７年の月日が過ぎていて、そうこうしているうちに父親も死亡してしまったということであった。Ａさんは嘘をついているわけでもなさそうで、淡々と経過を話してくれた。

　その話を聞いて、Ｖ精神保健福祉士が「それは辛かったですね」と伝えると、Ａさんは初めて、Ｖ精神保健福祉士の目をじっと見つめた。しばらく沈黙し、そして、一筋の涙が頬を伝った。Ｃ保健師は驚いた表情を浮かべたが、３人ともしばらく何も話さず、その時間を共有した。

　その後、親しく話せるようになってから、Ａさんは、「これまで、ぼくに辛かっただろうと言ってくれる人は誰もいなかったんです。だから、自分でもそんなことは考えたこと

もなかった。Ｖさんにそう言われて、最初は何を言われているのかわからなかったけど、なぜか、涙がでてきちゃって……。それで、しばらくして、自分が辛かったんだということがわかりました」と言っていた。父親もＡさんも、母親がいなくなってしまったことにあまりにも大きなショックを受けていて、その穴を埋めようとすることもできなかった。受け止めきれないまま日々をやりすごしてきたということのようであった。それだけ、幼少期からの母親の影響力は大きく、方向を見失ったＡさんは、現実世界から逃避し、ゲームの世界で彷徨い続けていたのである。Ｖ精神保健福祉士の言葉で、初めて、両親の死を実感し始めたようであった。

生活保護の担当であるＤケースワーカーから言われたこともあって、Ｖ精神保健福祉士が付き添って、精神科も受診した。そこの医師には、広汎性発達障害の傾向はあるが、手帳を取得するというレベルではないと言われた。Ａさん自身も自分が一人になったことを実感し始めるとともに、自分がどうやってこれからの人生を生きていこうかと考えるようになっていった。

● 生活を整える

今後を考えるうえで、目前の課題はＡさんの家事能力が低いことであった。両親任せで生活してきたため、掃除、洗濯、ごみ捨てなどをどのようにすればいいのかわからないと言うのである。そこで、Ｃ保健師はヘルパーを利用してはどうかと提案した。Ｖ精神保健福祉士としては、ヘルパーが入ることはもちろん必要だが、Ａさんが何からどうしていけばいいのかもわからないような状況だということと、将来的には自分で家事をこなすことができる人だという見立てがあるので、法人事業の一つである訪問型の生活訓練事業を利用してはどうかと提案した。

このサービスは、施設や病院に長期入所または長期入院していた人や地域でひきこもりがちな生活をしている人に対して、訪問により、地域生活を送るうえでまず身につけなくてはならない生活上のアセスメントを行い、地域生活を安定させていくための支援を行うものである。訪問型生活訓練では、訪問スタッフがＡさんの家の状態や、Ａさん自身の意欲やスキルをアセスメントし、どのような段取りで、家事能力を高めていくのかということをＡさんと話しあいながら進めていけるという利点がある。Ａさんもその方法に賛同してくれたので、Ｖ精神保健福祉士が相談支援専門員としてサービス等利用計画を作成することとなった。当面、週１回、生活訓練事業所のＪ精神保健福祉士が訪問を行い、Ａさんと相談して、週２回来てくれるヘルパーにどういうことを一緒にやってもらいたいかという内容を決定し、実行してもらうということを繰り返し、行っていくこととした。

Ａさんはもともと素直な性格であり、母親との関係がそうだったのだと想像できるが、指示されたことはきちんとできた。家事を何からどうすればいいのかわからないという最初の段階は、Ｊ精神保健福祉士が主導する形で、日々の計画を立てていった。ある程度毎

日やることがルーティン化できたところで、徐々に主導権をＡさんに渡していき、ヘルパーに何を教えてもらいたいかという形で、生活ニーズを引き出していった。そうして生活が整ってきたときに、Ａさんが「一人の生活は寂しいものですね」と言い始めた。そこを好機と捉えたＪ精神保健福祉士から、Ｖ精神保健福祉士に相談があり、家事はある程度、Ａさんとヘルパーでやっていけるめどが立ったので、訪問ではなく、生活訓練事業所への通所に切り替えてはどうかという提案がなされたのである。

　そこで、Ａさん、Ｃ保健師、Ｄ生活保護ケースワーカー、ヘルパー、Ｊ精神保健福祉士、Ｖ精神保健福祉士が集まり、Ａさんの今後について会議がもたれた。そのときに、最初に相談支援事業所に来たときや通院同行したときと同じ服装だということに気がついたＶ精神保健福祉士が心配すると、Ｊ精神保健福祉士に「Ａさんは出かけるときは、襟のついたこのシャツを着ると決めているみたいで……。自宅には、ほかにも服はあるし、最近は洗濯したあと、きれいにたたんでしまってますから、心配いりませんよ」と言われた。訪問しているスタッフの力強いコメントにＡさんも一緒に笑い、打ち解けた雰囲気のなかで、話しあいが始まった。

　この３か月間の支援で、Ａさんの家での生活が安定し、ひとりで、料理以外の家事をある程度こなせるようになったことが報告された。Ａさんもこの７年間のなかで、ゲーム以外のことに取り組み、Ｊ精神保健福祉士やヘルパーに褒められたことがうれしかったと話した。しかし、世の中の現実に触れたことで、逆に自分の今後に対する不安が出てきたことと、本当に自分がひとりになったことを実感し、今になって、寂しさがこみあげてきたということを誠実に話してくれたのである。そこで、Ｊ精神保健福祉士がいる生活訓練事業所では、日中サービスのなかで、さまざまなプログラムを提供していて、Ａさんがまだ苦手だと思っている料理もみんなで作って楽しく食べていることを伝えた。その料理の日を中心に、週１日からでも通所してみてはどうかという提案がＪ精神保健福祉士からあり、見学をしたうえで通いたいということであれば、しばらくは訪問と併用しながら通所してみることとなった。

● 自分の足で歩み始める

　Ａさんにとって、どこかに通うという経験は、高校生以来のことであり、生活訓練事業所に通い始めた当初は緊張もみられた。しかし、緩やかな流れのなかで、誰かと一緒の時間を過ごすことに、Ａさんも驚くほど、抵抗はなかった。利用者のなかにはＡさんと同年代の人もいて、Ａさんは相変わらず言葉が多くはなかったが、統合失調症の利用者から入院した経験などを聞くにつれ、自分だけでなく、人にはいろいろな悩みや苦しみがあるんだということを感じることができた。生活保護を受給しながら一人で暮らしている人も多く、お金の管理方法や家事の手抜き方法なども伝授されたようであった。

　週１日から始めて、３か月が経過する頃には、週３日の利用ができるまでになっていた。

若い利用者のなかで、Aさんがゲーマーだということも知られるようになり、難しいゲームのクリア方法を教えてくれと頼まれたり、何もできないと思っていた自分が役に立っていることに、Aさん自身も驚きをもって、日々を過ごすことになった。そんななかで、Aさんのなかに新たな悩みが生じてきた。それは、現実の社会を知れば知るほど、これからどうやっていきていけばいいのかと不安が高まってしまったのである。自分の精神的な年齢は高校生で止まっていて、さらに自分と家族とゲームという世界以外に広がりを求めてこなかったので、家事同様、自分がこれから何をして生きていけばいいのか、皆目見当がつかないということなのである。自己評価が低く、経験してきたことが狭いので、Aさんひとりでそのことを考えても出口がみえない状況に陥ってしまっていた。

外界に興味のなかったAさんが家族を亡くしたことによって、初めて自分から外につながろうとしている様子に、V精神保健福祉士はこの半年の支援を振り返るとともに、Aさんの成長に驚いた。そして、現在直面している不安や悩みをどう乗り越えていけるかが、今後のAさんにとって、とても大事になってくると考えている。これまでもひきこもりの人を何人も支援してきたが、その人、その人によってひきこもりになった理由も周辺環境、病気や障害、ひきこもった年数もさまざまであった。そんなひきこもり経験者のなかには、就職した人もいるし、ひきこもり経験のある人たちのセルフヘルプグループを立ち上げて、活動している人もいる。V精神保健福祉士の事業所では、そうした卒業生をひきこもりサポーターとして養成し、相談相手になってもらっている。今度その人たちをAさんに紹介し、今後を具体的に考えていくヒントをもらえるといいなと考えているところである。

4 ▷ 演習課題

❶ V精神保健福祉士は、Aさんに初めて会ったとき、「辛かったですね」と伝えたが、そのとき、そう言ったV精神保健福祉士の気持ちを考えてみよう。

❷ ひきこもりと一言でいっても、本当に多様である。たとえば、どのような原因でひきこもってしまうのかなど、既存の報告書や体験などを調べてみよう。

❸ 訪問型自立訓練事業のようなアウトリーチサービスのメリットと、通所型サービスのメリットを比較してみよう。

❹ 訪問型自立訓練事業以外にどのようなアウトリーチサービスがあるのかを調べて報告しあおう。

❺ 今後のAさんについて、Aさんの不安を軽減するために、ピアサポー

ト以外に、どのようなサービスが必要なのか、どのようなサービスを
受けることができるのか話しあってみよう。

5 ミニレクチャー

❶広義のひきこもり

　ひきこもりとは、仕事や学校に行かず、かつ家族以外の人との交流を
ほとんどせずに、6か月以上続けて自宅にひきこもっている状態といわ
れている。2018（平成30）年に実施された内閣府の「生活状況に関す
る調査」における、広義のひきこもりの定義では、
・自室からほとんど出ない
・自室からは出るが、家からは出ない
・ふだんは家にいるが、近所のコンビニなどには出かける
・ふだんは家にいるが、自分の趣味に関する用事のときだけ外出する
のいずれかに該当し、仕事も家事等も行わないという状態が、6か月以
上続いていることとしているが、その定義に当てはまる人は全国で100
万人を超えているともいわれている。

　ひきこもりは1980年代から取り上げられているが、2000年以降、
新聞をにぎわせた容疑者がひきこもりであったことなどにより、注目さ
れた側面もある。

　ひきこもりは、学齢期に不登校などとして現れる場合もあれば、中高
年でも自宅からほとんど出て行かない人もいる。精神疾患が原因である
場合もあるし、そうではない場合もあり、その背景や原因、現象も多様
であり、慎重な対応が求められる。2009（平成21）年より、「ひきこ
もり地域支援センター」が設置され、ひきこもり支援コーディネーター
が配置されている。しかし、都道府県と政令指定都市を中心に設置され
ており、身近な相談窓口というわけではない。市町村を中心にひきこも
りサポート事業が展開されており、ひきこもりの方への個別支援と並行
して、ひきこもりサポーター養成研修や、ひきこもりサポーター派遣が
行われている。

❷包括型地域生活支援プログラム（ACT：Assertive Community Treatment）

　ACTは入院中心から脱施設化とコミュニティケアの有効な世界標準
のプログラムとして各国で普及してきた。重度で持続的な精神疾患のあ

る人々を地域ベースで支援し、地域における自立生活を目指している。アメリカで発祥し、日本でも重度の精神疾患のある患者の地域生活支援を行う貴重な社会資源として、注目されている。日本では、医療スタッフを中心として、訪問看護という形で実践されていることが多い。サービス内容は、医療から生活支援を含む包括的なもので、24時間、365日サービスが提供される。

ACTが大事にしていることは、

① 希望をもち人生を楽しむことができること―リカバリ（Recovery）

② 本人の環境の強み・長所を大事にすること―ストレングス（Strength）

③ 病院や施設ではなく、地域で自分らしく暮らすこと―地域を中心とすること

である。[1]

2003（平成15）年に千葉県市川市に日本で最初のACTが誕生し、現在は10数か所で実践が行われている。精神保健福祉士もチームの一員として参加している場合が多いが、訪問看護ステーションからの単独訪問が診療報酬として認められていない点が課題である。

◇引用文献
1）地域精神保健福祉機構COMHBO「ACTガイド」，2010.

◇参考文献
・斎藤環『社会的ひきこもり――終わらない思春期』ＰＨＰ研究所，1998.
・斎藤環・畠中雅子『ひきこもりのライフプラン――「親亡き後」をどうするか 新版』岩波書店，2020.

事例12 地域包括支援センターにおける多機関連携による認知症高齢者への危機介入

1 事例演習のねらいとポイント

- 病院の訪問担当の精神保健福祉士および看護師と、地域包括支援センターの精神保健福祉士の連携を踏まえて、認知症をもつクライエントの危機介入方法を理解する。
- 認知症初期集中支援チームの意義と支援内容、成年後見制度の必要性を学ぶ。
- いわゆる「ごみ屋敷」といわれるまでの時間的経過をイメージする。
- 地域包括支援センターの精神保健福祉士が、認知症をもつクライエントに行う危機介入方法や機関間連携、家族支援について理解する。

2 この事例を検討するための知識

- 認知症の症状や対応方法について復習しよう。
- 認知症をもつクライエントに介入する諸機関やその連携方法について復習しよう。
- 認知症をもつクライエントに対しての、日常生活自立支援事業や成年後見制度などの権利擁護のシステムについて復習しよう。
- 地域包括支援センターや認知症初期集中支援チーム、認知症疾患医療センターの機能や、そこに所属するソーシャルワーカー（精神保健福祉士・社会福祉士）の役割を調べよう。

3 事例の紹介

事 例

● 精神保健福祉士の勤める職場

● 支援担当の精神保健福祉士

　精神保健福祉士と社会福祉士の資格をもつＡソーシャルワーカーは、人口約30万人の
Ｂ市の公務員で、地域包括支援センターに勤務している。センターには、保健師と主任ケ
アマネジャーが所属している。このセンターに異動する前は、市立病院の総合相談センター
で医療ソーシャルワーカーとして勤務していた。精神科配属経験もあり、急性期病棟や外
来での地域支援を担当していた。

● 支援関係者

・Ｂ市地域包括支援センター：Ａソーシャルワーカー、主任ケアマネジャー、保健師
・Ｂ市認知症初期集中支援チーム：Ａソーシャルワーカー（兼務）、保健師、認知症専門
　医（Ｃ県認知症疾患医療センター所属）
・Ｆ精神科病院地域支援室：Ｇ精神保健福祉士、Ｈ訪問看護師（精神科訪問看護・指導）
・Ｂ市社会福祉協議会権利擁護センター：Ｉ相談員（社会福祉士・精神保健福祉士）

● 支援対象となるクライエント

● Ｄさんの基礎情報（Ｅさんの兄）

　Ｄさん（69歳、男性）は同胞2人の第一子（長男）。地元の高校を卒業後、東京の大学
へ進学する。元来大人しい性格で真面目過ぎるところがあり、在学中に友人関係のトラブ
ルから被害妄想が出現し、精神科病院を受診。統合失調症の診断を受け、学生時代は通院
服薬をしていた。入院歴はない。卒業後、地元のＢ市役所に就職し、その後の通院歴はなく、
際立った精神症状の異変はない。26歳で結婚し、一人息子がいる。約20年前に両親が相
次いで逝去し、実家にいる統合失調症の弟が、一人での生活が難しいということで、実家
がある敷地内の、祖父母が生前に使用していた家に転居し、妻と長男と住んでいた。市役
所職員を定年まで勤め上げ、5年間再任用され65歳まで勤めた。元来、大人しく物静か
な性格であり、社交的な妻とともに、近所の住民からの評判は非常によかった。67歳の
ときに急にめまいがして自宅内で転倒し、近くのクリニックを受診し、軽い脳梗塞との診
断を受ける。また、加齢に伴う筋力の低下も顕著で、転倒時に骨折はしていないものの、
歩行が不安定になり、妻の手助けが必要となった。その後徐々に物忘れが始まり、近隣住
人に対しての妄想めいた発言が多くなる。クリニックを定期受診した際に、そのことを妻

が相談したところ、主治医の指示により、長谷川式簡易知能評価スケール（HDS‐R）による検査を実施した。結果は20点であり、「脳血管性認知症（疑い）」と診断され、妄想を抑える処方を受けるも途中で受診を中断した。

● Eさんの基礎情報（Dさんの弟）

　Eさん（67歳、男性）は同胞2人の第二子（次男）。中学を卒業後、地元の工業高等専門学校（工専）の機械学科へ進学。20歳で卒業後は、自動車整備士として市内の大手自動車メーカーの工場に5年間勤務していた。当時の勤め先の仕事は忙しく、深夜労働や職場の人間関係のストレスにより、体調を崩してしまった。その状況のなか、25歳のときに不眠や被害妄想が出現し、精神科病院にて統合失調症の診断を受ける。6か月の入院をし、工場を退職する。その後も就労するが、人間関係の悩みを抱えやすく長続きはしない。今も定期的に通院・服薬を継続し、週一回の精神科訪問看護・指導を兄宅で受けている。おおむね日中は敷地内の兄宅で過ごし、食事や入浴、掃除や洗濯などは、すべて義姉の世話になり就寝のために実家に帰るという生活であった。現在は陰性症状が主であり、他人との付き合いはほとんどない。元来従順な性格であり、両親が亡くなってからは事実上の兄夫婦との同居状態であり、日常生活に関しては特に支障はなかった。結婚歴はない。

● Dさんの長男（46歳）

　隣県に在住の公務員で、妻（44歳）と長女（12歳）、義母（70歳）と同居している。実母が他界してから実父（Dさん）や叔父（Eさん）のことを心配はしているものの、遠方であることと、義母の介護のサポートが必要な状況でもあり、疎遠になっている。

> ### 問題発生の経過

● 問題発生時の様子

　20X1年1月、Eさんの精神科訪問看護・指導に定期的に来ていたH訪問看護師が、Dさんから「妻が脳出血で倒れ、近くの病院に入院をした」と聞いた。以前から妻より、Dさんの物忘れや、「隣がガスを漏らしている」と言って、隣の家に向かって大声を出したりしているという話を聞いていたので、転倒したときに通院していた病院や専門医の受診を提案していた。しかし妻は「行こうといっても行かないし、年齢も年齢だから」とのことであった。しかし、生活の全般をDさんの妻が担っていたので、この先DさんとEさんの、2人での生活で大丈夫だろうかと不安がよぎった。その2か月後、妻が入院先の病院で、肺炎をこじらせて死亡する。

---

i 　喜怒哀楽が乏しくなる感情の平板化や会話の貧困、意欲や気力、集中力が低くなって興味や関心を示さなくなる、思考能力が低下するなどが主であり、統合失調症の慢性期に認められる症状。

● 問題の発見

　20X1年5月、Eさんの訪問看護・指導に訪れたH訪問看護師が、いつも一緒にいたDさんと会う機会が減り始めていることに気づいた。また、バイタルチェックを行う場所がリビングから客間に変わり、リビングやキッチン等の状況が確認できなくなった。Eさんに聞くと、「兄と生活しているので大丈夫です」とのこと。20X2年8月、玄関先や廊下に段ボールや食品の空き箱が目立つようなり、明らかに掃除をしていない状況とわかった。H訪問看護師がEさんに聞いても、「特に困ったことはない」と言うが、室内犬3匹が原因と思われる動物臭が漂っていた。リビングからDさんの声や室内犬の鳴き声は聞こえる。1年が経ち、H訪問看護師が、「久しぶりにDさんやワンちゃん（室内犬）に会いたい」と言うと、リビングのほうからDさんが「散らかっているのでこっちには来ないでほしい」と返答があった。玄関先や廊下に不必要と思われる物が溜まり続けて、悪臭もひどい状況である。毎回Eさんに、「Dさんは大丈夫ですか」と確認するも、「（兄のことは）大丈夫」とのことだった。20X3年12月、H訪問看護師が、Dさんに対して介入の必要性を判断し、同僚でEさんと面識のあるG精神保健福祉士と同行訪問をする。

● ニーズの把握

　G精神保健福祉士が、Eさんに「Dさんとお話してもいいですか」とリビングのほうに向かおうとすると、Dさんが「隣から毒ガスがまかれているので、こちらには来ないほうがいい。困っている、何とかしてほしい」とG精神保健福祉士に訴えた。市役所への相談を提案するとDさんは、「市役所ですか？　それはありがたい。ぜひそうしてもらえますか」との返答がある。姿は見えないが、会話は可能である。Eさんに聞くと、「兄と話しても、いつも大丈夫と言うから特に何もしていない」とのことである。「食事や風呂はどうしていますか。それと失礼ですがお金とかは……」と問うと、「毎日スーパーで惣菜や弁当を買ってきて、兄と犬とで食べている。自分は風呂には毎日入っているけど、兄はずいぶん入っていない。洗濯は、週に2回コインランドリーに行っている。お金は、兄の退職金と2人の年金で十分足りている」とのこと。それを聞いたG精神保健福祉士が、「ある程度生活はできているのですね、でもDさんの身体のことやワンちゃんのにおいが気になりませんか？」と具体的に問うと、「心配だから何とかしたい」と返答する。そこで、G精神保健福祉士は、「それならば、時間のあるときに一緒に市役所に相談に行きませんか」と提案し、Eさんは「一緒に行ってくれるなら」と返答する。その後、市役所に情報を提供するためにまとめた書類を作成して渡すことの了解と、一緒に市役所に行く日程の調整をして、年明けにB市地域包括支援センターに行くことになった。

ⅱ　バイタルサインを測定し、健康状態を客観的に数値化し観察する行為。体温、脈拍、血圧、呼吸などを基本的にバイタルサインといい、機器等を使って計測することを一般的にバイタルチェックと呼ぶ。

精神保健福祉士の支援経過

● Aソーシャルワーカーとの出会い

20X4年1月、G精神保健福祉士とEさんが、B市地域包括支援センターを訪問して相談をした。センターのAソーシャルワーカーは、G精神保健福祉士の同行と事前に提供されていた情報提供書のおかげでスムーズに状況を把握することができた。その結果、Aソーシャルワーカーは、早急な介入が必要と判断して、Eさんとよい関係性があるG精神保健福祉士に対して意見を求めた。G精神保健福祉士は介入の必要性を感じており、Eさんに対して丁寧に説明を行った。その結果、「Gさんがそう言われるなら」と同意を得ることができ、翌日、センターの主任ケアマネジャーと自宅を訪問することが決まった。また、Dさんが初めての来訪者に緊張しないよう、「F病院のG精神保健福祉士や隣県に住む長男にも同席してもらいたい」と調整の依頼をした。

● Aソーシャルワーカーによるかかわり

翌日、センターのAソーシャルワーカーと主任ケアマネジャー、病院のG精神保健福祉士の3人でDさんを訪問した。長男は、「自分も妻も仕事の都合でどうしても行けないが、いつでも電話には出られる状態にしている」とのこと。また、「部屋の中が異臭で満ち、ゴミだらけで手が付けられない」と言う。家に入ると、長男が言うとおり、玄関や廊下は食べ物の空き箱が散乱し異臭を放っていた。Dさんに声かけして、リビングの扉を開け入室すると室内犬が吠え、排泄物が散乱し、動物臭が漂っていた。惣菜や弁当のパックやビニール袋が周囲に散乱して新聞や雑誌、書類等々も散乱状態で、いわゆるごみ屋敷状態になっていた。Dさんは、そのなかのソファーの一部に横になるスペースを確保していた。病院のG精神保健福祉士は面識があるため、対応は良好であった。Aソーシャルワーカーは、市の高齢者担当職員ということで紹介をしてもらい、「あけましておめでとうございます。DさんもB市役所の職員さんだったそうですね」と問うと、Dさんは、「もう正月かね。あっそうなんです。福祉事務所の保護係長で定年しました」などとにこやかに話をする。Aソーシャルワーカーが最近の調子を問うと、Dさんの表情が変化し、今まで隣の家から受けてきた毒ガス被害について延々と話を始めた。Dさんは、「自分の部屋にガスが来るため、2年前よりリビングにて寝起きしている」と言い、さらに被害妄想と思われる内容は、「隣の家の住人がガスをまくため、部屋に混入してくる。そのため、被害は身体に及び、寝ていると鼻が詰まり息ができなくなる。便が出て、そのあとに鳥の骨のようなものが出てくる」と具体的に話した。その対処法は、「自身で摘んできた雑草を煎じて飲むことで、なんとか生きている」と言い、「妻はガスのせいで死んだ」「隣人が自宅の様子をジッと見ていたため、睨み返した。庭に侵入してきている感じがするため、庭に棒を立てて罠を仕掛けている」（実際には歩行がおぼつかなく、してはいない）と話す。D

さんの話す内容は、ガスの事ばかりであり、「また、ガスを焚きだした。ボイラーの音が聞こえませんか」と妄想的な内容が中心であった。Aソーシャルワーカーより、「弟さんとは仲よく生活されてますか」と問うと、Dさんは、「弟のおかげで何とか生活できている、本当に助かる、弟も障害をもって頑張っているのに」とEさんを気遣った。Aソーシャルワーカーが長男のことを問うと、まったく連絡がないという。しかし後で長男に電話して状況報告すると、「年末年始は実家に戻っていて、今も毎日電話で話している」とのことだった。

　Aソーシャルワーカーが、部屋の掃除について意見を求めると、「何とかしなくちゃと思うけど、歩けないし、犬もかわいそうだ。弟に頼んでみる」と言う。そこでAソーシャルワーカーが「ヘルパーさんに来てもらって、家の掃除などの片付けをしてもらうというのはどうでしょう」と提案すると、Dさんは「冗談じゃない、知らない人を家にあげたらガスをまかれるかもしれない。断る」と返答した。Aソーシャルワーカーは「もしよろしければ、弟さんの訪問に来てもらっている病院の方に相談して頼んでみましょうか」と話すとDさんは、「まあ、それならば安心です」と返答があった。

　Eさんと相談し、F病院のG精神保健福祉士にEさんに対しての障害福祉サービスの導入を検討してもらい、自宅内の環境整備等の調整依頼をすることにした。

● 支援体制の組織化

　Aソーシャルワーカーは、Dさんに対しての支援の方向性について、定期的な受診を中断していること、介護保険等のサービスの利用に至っていないこと、認知症の鑑別診断を受けたことがないことから、センターにて緊急に会議を実施した。その結果、適切な認知症の診断やサービス導入の必要性から、認知症初期集中支援チームによる支援につなぐことにした。B市の認知症初期集中支援チームは、地域包括支援センター内に設置されていて、センターのAソーシャルワーカーと、B市保健センターの保健師、そしてB市が所属するC県の認知症疾患医療センターの認知症専門医がメンバーである。

　地域包括支援センターの職員と、認知症初期集中支援チームのメンバー、そして今までEさんに対しての訪問活動をしているF病院のG精神保健福祉士が集まり、情報共有を行い、センター（チーム兼務）のAソーシャルワーカーとチームの保健師、そしてF病院のG精神保健福祉士で再度訪問を実施した。前回訪問時と変化はない状態で、チームのメンバーであるC県認知症疾患医療センターの認知症専門医に報告した。「病名としては、妄想と記銘力低下、そして脳梗塞の既往があることから、老人性妄想性障害を伴う脳血管性認知症の可能性はある。被害的な妄想に関しては、薬を処方したところで効果を得られる

かは不明だが、近隣に対する暴言等を落ち着かせることは可能ではないか」との所見あり。地域包括支援センターと認知症初期集中支援チームで再度話しあい、専門医の受診の必要性を確認し、Ｅさんとも相談をして、Ｅさんが現在通院している病院に状況の説明を行った。脳血管性認知症（疑い）、妄想性障害（疑い）が考えられ、専門医の受診を勧められた。

● 受診に向けての調整

　Ｅさんと長男と相談をして、チームのＡソーシャルワーカーと保健師にて訪問し、ＡソーシャルワーカーはＤさんに、「ガスによって体の不調があるならば、専門の医者に一度診てもらいませんか」と促すと、「弟に相談したい」という。ＤさんはＥさんと相談して、「弟が受診している病院に行くときに、一緒に診てもらいたい」と受診の了承を得た。ＡソーシャルワーカーがＦ精神科病院のＧ精神保健福祉士に受診調整を行い、受診に至った。

● 医療機関へのつなぎ

　20X4年２月、Ｅさんと長男と、Ａソーシャルワーカー同行にてＦ病院を受診した。長男は「先月末から、近隣住民からかなり強い口調で、父が外に叫び続けて困る。犬やゴミの悪臭もどうにかしてくれ、と何度も連絡がある」と話し、限界にきている様子である。Ｅさんも不安になり始めているとのこと。この状況を受診のときに医師に相談すると、「妄想がとれることはないかもしれないが、それを理解して頂いたうえであれば、今の状態で考えると入院を勧める」という意見だった。Ｄさんに聞くと、「弟が心配だが、ガスの治療ができるなら」と言うのでＥさんは「大丈夫」と返答した。Ｄさん同意のうえ、任意入院となった。

現在の様子

　Ｅさんと長男は、Ｄさんが入院し安心した様子であったが、Ｅさん自身の統合失調症の病気のこともあり、今後のＤさんの病気のことや、ＤさんとＥさんの生活に伴うお金の取り扱いのこと、そしてＥさんが単独で生活をしていくこと、等々に不安を抱いている。

　Ａソーシャルワーカーは、Ｅさんの今後のトータル的なサポート体制の構築が必要と判断して、Ｆ病院のＧ精神保健福祉士やＢ市社会福祉協議会権利擁護センターのＩ相談員と相談していくことにした。

4 演習課題

❶　認知症をもつクライエントの病状的な理解と、それを支える家族の思いについて考えてみよう。

❷　かかわっている支援者たちの連携状況を踏まえて、認知症をもつ

クライエントへの危機介入の方法を考えてみよう。

❸　認知症をもつクライエントが、近隣住民とトラブルになってしまった場合に解決するための調整方法について考えてみよう。

5 ミニレクチャー

❶認知症初期集中支援チームにおける精神保健福祉士に求められる役割

　認知症の疑いが強いとき、または診断は受けたものの、その後にどう暮らせばよいかわからないようなときに介入する専門家集団のことを「認知症初期集中支援チーム」という。

　本事例のように、病識のない対象者に医療や介護サービスを導入しようとしても、簡単に介入できるものではない。そこで認知症に関しての専門的知識をもった精神保健福祉士などの専門職が、医療・福祉的視点からアプローチし、家族支援を含めたサービスや医療の導入・調整を行っていくことが求められる。支援は、認知症初期集中支援チームだけで完結するものではなく、本事例のように地域包括支援センターや医療機関、保健センター、民生委員、地域住民などさまざまな機関や人材とのサポート体制を構築していくことが求められる。

　支援期間はおおむね6か月以内ということであるが、実際には、支援が長期化し6か月を超えるケースもしばしばある。

　対象者は、40歳以上で自宅で生活している人、専門職から認知症と診断されていない人、適切な医療や介護サービスにつながっていない人、認知症の診断はついているものの、医療や介護サービスが中断している人である。

❷成年後見制度の類型や受任のシステム

　認知症の進行や精神・知的の障害により判断能力が不十分な状態になると、財産管理や契約などの法律行為が難しくなり、さまざまなトラブルに巻き込まれる危険性がある。そのような状況から、本人の権利を擁護するために、家庭裁判所が選任した後見人などが本人に代わって財産管理や契約行為を行うための制度「成年後見制度」が重要となる。

　身寄りがいない高齢者や障害者の場合、市町村長申し立てのシステムもあるが、ケースによっては調査に時間がかかる場合もあり、制度開始まで数か月かかることもある。親族が後見人になる場合や、専門職後見

人が受任する場合もあり、弁護士、司法書士、社会福祉士らとともに、精神保健福祉士も受任する場合がある。

類型としては、本人の判断能力に応じて、後見、保佐、補助の3つに分類される。また、将来に備えて本人の意思で、信頼できる家族などを後見人に決めておく場合を任意後見制度という。

❸セルフネグレクト状態の方への対応法

セルフネグレクトは「自己放任」、つまり「自分自身による世話の放棄・放任」を指す。具体的には、いわゆる「ごみ屋敷」や多頭飼育（多数の動物の放し飼い）などによる極端な家の不衛生な状態、本人の著しく不潔な状態、医療や福祉サービスを勧めても繰り返し拒否することで、本人の健康に悪影響を及ぼすような状態に陥ることをいう。時に生命にかかわり死に至ることもある危険な状態でもある。本事例のような世間一般でいうごみ屋敷は、認知症初期集中支援チーム介入事例のなかにおいても、約3分の2以上がそのような状況になっているのが現状である。ただ、本人にとってはごみという認識ではなく、必要なものであるため、簡単に捨てるような発言や行動は避けなければならない。本人のこれまでの生活状況のアセスメントや、ごみ屋敷に至るまでの経緯などの状況を、十分に理解したうえで介入していくことが求められる。

◇参考文献
・日本精神保健福祉士協会・日本精神保健福祉学会監『精神保健福祉用語辞典』中央法規出版，2004.
・日本精神保健福祉士協会監，岩崎香・田村綾子編『よくわかる成年後見制度活用ブック――精神障害や認知症などのある人の意思決定支援のために』中央法規出版，2018.
・厚生労働省「主な認知症施策」https://www.mhlw.go.jp/stf/seisakunitsuite/bunya/0000076236_00006.html

【障害福祉サービス事業所】
精神科病院からの地域移行支援と福祉サービスの利用支援

事例13

1 　事例演習のねらいとポイント

・高齢障害者が抱える生活課題について理解する。
・高齢障害者の日中活動へのニーズについて考える。
・障害者のサービスから高齢者のサービスへの移行について考える。
・2018（平成30）年度の報酬改定で創設された共生型サービスの必要
　性について学ぶ。

2 　この事例を検討するための知識

・介護保険制度について復習しよう。
・日本の高齢化における課題について復習しよう。
・精神障害者の地域移行支援について復習しよう。
・障害福祉サービスの種類や内容について復習しよう。

3 　事例の紹介

> 事　例

精神保健福祉士の勤める職場とその周辺環境

　M県Y市は、人口17万、古い工業地帯で、比較的安価なアパートが多いこともあり、生活保護受給率が高く、大規模精神科病院からの地域移行者が多く居住している地域である。

　地域移行してきた人たちを受け入れているのが、N社会福祉法人である。N社会福祉法人は、精神障害者の共同作業所を母体に、2000（平成12）年に入って、社会福祉法人となっ

た施設である。2005（平成17）年の障害者自立支援法以後は、就労継続支援Ｂ型事業所と、地域活動支援センターⅢ型、グループホームを２か所で運営してきた。2008（平成20）年には「精神障害者地域移行支援特別対策事業」を受託し、2012（平成24）年からは、相談支援事業所を設立し、計画相談、地域移行・地域定着支援事業も実施している。

　入院中心から地域生活中心へという政策転換によって、大型の精神科病院にも変化が訪れ、Ｎ社会福祉法人と病院の精神保健福祉士が連携しながら、この10年間で約40人の患者をＹ市内のアパートに退院させてきた。グループホームを経由した人もおり、現在もＮ社会福祉法人のグループホームに10人が暮らしている。ほかの事業所を利用して退院した人、Ｙ市以外の出身者で、地元のグループホームに入所した人、生活保護法による更生施設に移った人、高齢で特別養護老人ホームや療養型の病院に入った人もいる。この間に死亡退院した人も合わせると約100人が退院したことになる。精神科病院も病床を減らし、精神科救急入院料病棟を開棟したり、機能分化を行っている。

　グループホームに入居している人を含めて40人ほどが精神科病院からの退院者で、Ｎ社会福祉法人のサービスを利用している。

支援対象となるクライエント

　長年、市内の精神科病院に入院していた患者の平均年齢は62歳で、病院周辺のアパートで、生活保護を受給しながら一人暮らしをしている人が多い。そういう人たちを受け入れるために、Ｎ社会福祉法人も最初は就労継続支援Ｂ型事業所の定員を拡大しながら対応してきたが、登録者が定員を超え、通所者も徐々に高齢化が進んできている現状がある。作業が難しい人たちのために地域活動支援センターⅢ型で、創作活動などを行っているが、若い発達障害の利用者やパーソナリティ障害の人もおり、高齢者の人たちが肩身の狭い状態になっている。また、身体疾患を抱える人もおり、退院はしたものの、地域での支援が難しい状況も生じてきている。ここでは、２人の高齢障害者の事例を紹介する。

問題の発生経過①

　精神科病院から「精神障害者地域移行支援特別対策事業」により、2009（平成21）年に退院してきたＡさんは統合失調症の患者で当時63歳だった。Ｙ市の隣町の出身で、中学卒業後、旋盤工として働いていたが、25歳のときに発症し、ある日突然、路上で通行人に暴言を吐いたことで、警察官通報になり、警官ともみあったときに激しく抵抗し、警官に暴力を振るったということで入院となった。その後、一度も退院することなく、病院で入院生活を送ってきた人である。退院できなかったのは、Ａさんの病状が原因ではなく、家族が経済的に貧しく、扶養できないという理由からであった。それ以後、措置入院が長く続いたが、当時、Ａさんだけでなく、経済的に困窮している患者を支援するために、公

費で入院が継続できる措置入院を継続していた人も多かった。措置入院が解除となると同時に生活保護を受給し、今日に至っている。措置入院が解除になる頃には、両親も亡くなり、今は兄弟も他界している。

　Aさんに関しては、Aさんの意思を確認し、実際に支援を開始してから1年がかりでの退院であった。長期入院している患者さんのなかで、自分から積極的に退院を希望してくる人は少ない。それは、病気や障害、薬の副作用というような原因だけでなく、長く閉ざされた環境にいるために意欲がそがれてしまったり、自信をなくしてしまったりしている場合も多い。そこで、地域体制整備コーディネーターであるN社会福祉法人のH精神保健福祉士は病院の協力を得て、開放病棟を訪れては、「退院しませんか」という呼びかけを続けている。

　Aさんもその呼びかけに最初は乗り気ではなかったが、H精神保健福祉士が企画したN社会福祉法人の茶話会に参加し、気持ちが動いた。H精神保健福祉士からずいぶん前に同じ病棟で同室にいたCさんを紹介されたからである。AさんはCさんからどうやって退院したのか、退院してからどういう風に暮らしているかという具体的な話を聞いた。そして、「Aさんならできるよ。また一緒に飯、食おうよ」と声をかけられたのである。Cさんの話に心が動き、初めて、退院という夢だと思っていたことが現実に可能かもしれないと感じた。

　そうして、退院を決意したAさんの支援が始まったが、40年近く入院してきたAさんにとって、現実の社会はタイムスリップしてきたような状況で、その環境に慣れることから始まったのである。H精神保健福祉士の支援を受けながらN社会福祉法人の施設近くのアパートに居を定め、外泊訓練を何度も繰り返した。そのなかで、ようやく自信をもてるようになり、日中は、N社会福祉法人の地域活動支援センターⅢ型に通うことになった。病院からは週1回、訪問看護が入ることにもなっていた。AさんはH精神保健福祉士に、「好きなときに好きなテレビが見られることがうれしい」「お刺身を38年ぶりに食べました！」と退院後の生活を報告してくれていた。Cさんとも時々一緒に外出したり、食事をしたりしている様子で、H精神保健福祉士も、Aさんが元気で地域生活を送ってくれていることをうれしく思っていた。

　退院後、5年が経過したある日、地域活動支援センターⅢ型の職員から、いつもならとっくに来ているAさんが来所していないし、電話にも出ないという連絡が入った。驚いたH精神保健福祉士が訪問してみると、ドアをノックしても返事がない。生活保護担当と病院に状況を説明し、緊急用にと預かっていた鍵で中に入ってみることとなった。部屋に入ると布団の中で、Aさんが胸を押さえて横になっていた。H精神保健福祉士は急いで救急車を呼び、Aさんは市内の病院に搬送された。心筋梗塞を起こしたとのことで、発見が早かったので、一命をとりとめたと説明を受けた。しかし、今後は内科の薬も飲み続けなければ

ならず、無理はできない状態だと説明を受けた。それから3年が経過し、Aさんは時々胸の痛みを訴えるものの、今のところは体に負担をかけない程度に地域活動支援センターⅢ型を利用しながら生活している。年々体力が衰えていることを自覚していて、「いつ死んでも迷惑をかけないようにしたい」が口癖のようになっている。通っている地域活動支援センターⅢ型でも、「若い人の邪魔にならないようにしたい」と遠慮がちで、自分からの希望を言うことはない。Aさんがしたいことが十分に提供できていないのではないかと職員たちも心配しているのが現状である。

問題の発生経過②

　Bさんは現在70歳になる女性で、Aさんと同様に精神科病院から5年前に退院支援を受けて単身アパートでの生活を送っている。Bさんは30歳で躁うつ病を発症し、精神科病院に入院してきた。その後、何回か入退院を繰り返したが、離婚後はずっと病院生活が続いている。

　Bさんは高校卒業後、駅前の喫茶店でウエイトレスをしていたところを見初められ、3歳年上の会社員の男性と25歳で結婚した。子どもも2人もうけ、平穏な生活を送っていたそうである。しかし、30歳のときに、急に調子が高くなり、高い買い物をしたり、あちこちに電話をかけては迷惑をかけることが多くなり、困った夫が精神科を受診させ、即日で入院となった。入院後、躁状態は改善したものの、今度はうつ状態となり、それ以後、躁とうつを繰り返してきた。調子のいいときもあって、数回退院し、家族のもとで過ごしたこともあったが、最後はうつ状態になって自宅の風呂場で手首を切っているところを子どもが発見し、救急搬送されることになった。夫は根気強くサポートしてくれていたが、「こんなに自分が頑張っても、今回のようなことをされると、もう一緒にやっていくことはできない」と、Bさんが35歳のときに離婚となった。離婚の際の条件で、子どもには二度と会わないという約束をしたそうである。Bさんの家族は同じ県内に住んでいたが、身内に精神病の人間が出たということを周囲に知られたくないということで、一切面会にも来なかった。両親と他家に嫁いだ姉がいたが、両親はすでに亡くなり、姉とは音信不通である。Bさんも離婚と同時に生活保護を受給することになり、現在に至っている。生活保護担当のほうで、姉の所在は確認しているとのことであった。

　Bさんは離婚後長くうつ状態に苦しんでいたが、うつ病の治療薬が次々と出てくるなかで、合う薬がみつかり、退院前の10年間は大きな病状の波はなかった。そして、数年前に彼女にとって大きな出来事が起こった。元夫が死亡し、そのときに元夫が遺した書類のなかから母親が精神科病院に入院していたことを知った娘が病院を訪ねてきたのである。娘は結婚しており、子どもたちも手を離れたことから、母親の消息を尋ねたいと思ってきたとのことであった。一生会えないと思っていた子どもとの面会は、Bさんのこころに希

望をもたらした。そのとき、ちょうど、Ｎ社会福祉法人のＨ精神保健福祉士が病棟を訪れ、「退院したい人がいたら、声をかけてください。ワーカーさん経由でも結構です。すでに何人もの人が地域で暮らしています。その仲間になりませんか」という呼びかけをしていたのである。これまでは、退院して苦労するよりもこのまま病院で静かに一生を終えたいと思っていたＢさんだったが、娘が隣の市で暮らしていて、また会いに来てくれると言ってくれた、娘が許してくれるなら、自分からも娘に会いに行きたいという気持ちが日に日に大きくなっていた。そこで、月に数回病棟に来ていたＨ精神保健福祉士に、「私でも退院できるんでしょうか」と声をかけてみた。Ｈ精神保健福祉士は、「もちろんです」とにこやかに応えてくれた。Ｈ精神保健福祉士は、病院と連携し、以前から各病棟の中で退院の対象となり得る患者リストをもらっており、病状が安定していることから、Ｂさんもその対象として含まれていたからである。

そこからの展開は早かった。Ｂさんの希望で、Ｈ精神保健福祉士が娘にＢさんが退院したいと言っていることを伝えると、すんなりと了解してくれた。Ｂさんのアパートの保証人に娘がなってくれるということで、比較的早く、１階で陽当たりがよく、病院や施設に通うことができる物件に入居ができた。

退院から５年が経過し、今も娘と行き来しながら、Ｂさんは地域での生活を楽しんでいるが、一つ困っていることは、地域活動支援センターⅢ型での利用者間のトラブルである。センターでは有料で昼食を提供していて、その配膳をＢさんがやっていたのだが、遅いと苦情が出て、若い利用者たちがＢさんに代わってやってしまうことがあった。その結果、Ｂさんと若い利用者の間で口論となった。Ｂさんの日中活動でのやりがいをどこに求めればいいのかということが課題となっている。

支援過程

Ｎ社会福祉法人では、地域移行支援を積極的に実施してきた。多くの患者を地域で支援していることに誇りをもってやってきたが、その支援も10年を迎え、退院者の高齢化が進んできていることが法人としての課題になった。特に日中活動における高齢障害者の支援に関して、大きな話題となった。就労継続支援Ｂ型事業所に働きたい人を受け入れているが、今後、近いうちに働くことが難しくなる利用者がいる。その受け皿となってきた地域活動支援センターⅢ型は創作活動やレクリエーションを中心に運営しているが、最近の傾向として、若い発達障害の人たちの居場所としての地域ニーズが高まっている。Ｂさんのように若い利用者とのトラブルも起こっており、高齢者の利用者が安心できる居場所ではなくなってきているのではないか、身体的な疾患のある人やADLが低下し、失禁などが始まってきている人たちをこのまま、地域活動支援センターⅢ型で受け入れ続けることができるのかどうかといった点が施設長の会議で議論となった。

定員40名の就労継続支援B型事業所における65歳以上の利用者のうち、約10名が数年のうちに働くことが難しくなる可能性があることが報告された。また、定員10名の地域活動支援センターⅢ型の利用者のうち、5名が65歳以上であり、そのうち3名が70歳を超えていることも報告された。高齢になってきた障害者をどこで、どう支援していくのかという話し合いが行われたわけであるが、地域移行・地域定着支援事業をこれまで引っ張ってきたH精神保健福祉士が、精神科病院から地域に生活の場を移してきた高齢障害者たちに寄り添ってきた経験から、「何も希望を聞かれずに、何十年も病院で過ごしてきた人たちに、せっかく退院できたのに病院と同じことを繰り返すのか」と発言したのである。その言葉に、法人の経営のことや、リスクばかり考えていたほかの施設長たちが、はっと顔を上げた。そこで、H精神保健福祉士を中心とするプロジェクトが結成され、利用者に対して意向調査を実施することとなった。

　その結果、これまでみんなの前では出てこなかった高齢障害者たちの本音を聞き出すことができた。

「働くことは好きだが、B型事業所では、ほかの人のペースに合わせなければならない気がして頑張ってしまう。そのときはなんとかやり切るが、帰ってから疲れてしまい、何もしないで横になってしまって、何のために生きているのかなって、時々思う」

「仕事ができるうちはやりたいね。少しでも稼げると励みになる」

「若い人と一緒に何かやるのはうれしいけど、時々、じゃまにされている気がするし、うまくできないことがあったとき、バカにされているような気分になる」

「カラオケで演歌とか歌いたいね」

「囲碁や将棋をやりたい」

「昔やってたお習字やら、生け花とか、そういう習い事をまたしてみたい」

「浴槽のふちが高くて、家でお風呂に入るのが怖い。ここ（事業所）にお風呂があるとありがたい」

というようなさまざまな意見が出てきた。大きく分類すると、調査対象となった就労継続支援B型事業所の15名のうち、現状維持を望む人が5名、もう少しのんびりと過ごしたいという人が10名という結果であった。また、地域活動支援センターⅢ型で調査対象となった5名のうち、2名は現状維持、3名はもう少しのんびりしたいという回答であった。若かった頃、親しんだ習い事やレクリエーションを希望する声が多く、会議でその結果を報告したところ、理事長から「そりゃ、高齢者のデイサービスじゃないか」という声が出た。

　Y市は小さな工場が多かった山間の市で、すでに廃業になった工場も多い。下請けの仕事が海外に流れるなかで、子どもたちは都市に出ていき、高齢化率も上がってきている。そこで、N社会福祉法人の周辺の高齢者関連のサービスの数と利用状況を調べてみることにした。その結果、近隣でのデイサービスの数は少なく、送迎バスに揺られ、長時間かけ

て利用している実態がみえてきた。また、N社会福祉法人の利用者が既存の高齢者のサービスを利用することについては、介護保険に該当するほど、ADL が落ちていないことや、精神障害者への対応がとれるかどうかという点でも不安の声があがった。最終的には障害福祉サービスのなかの生活介護事業を新規で始めることになった。50 歳以上であれば、障害支援区分 2 以上で利用でき、期限も定められてないからである。そして、若い人たちとの交流を望む声もあったため、現在の地域活動支援センターⅢ型に新たな施設を併設し、入浴設備と交流できるスペースも設けながら、新たな事業を開設することとなった。

　生活介護事業は、送迎付きで、定員 10 名からスタートしたが、徐々に人数も増えていった。送迎の様子を見かけたケアマネジャーが新しい事業所が高齢者の施設だと勘違いして問い合わせが舞い込むこともあった。近隣に多くの高齢者が居住しているため、「おたくでデイサービスをやってくれていると、近くていいんだけど」と言われることが増えた。そして、生活介護の利用者のなかでも、A さんの ADL が低下し、入浴や着替えなどの支援も必要で、介護保険の利用を検討したほうがいい状態になってきたのである。しかし、A さんにとって、親しんだ事業所を離れ、違う環境で日中サービスを受けることもまた、大きな負担である。そこで、H 精神保健福祉士は、介護保険と障害福祉サービスを相乗りさせた、共生型サービスを用いてみてはどうかと施設長会議で提案した。事務局長からは、「これ以上事務が複雑になるのは困る」と悲鳴が上がったが、「地域の高齢者のニーズもあるし、今後、もっと ADL が落ちてくる人が増えるなら、早いうちから共生型サービスに切り替えて、スムーズに介護保険に移行できるように備えておくのもいいんじゃないか」という理事長の意見もあって、次年度から共生型サービスに移行し、障害福祉サービスの生活介護と、居宅サービスの通所介護（デイサービス）で合わせて 20 名の定員として再スタートを切ることとなったのである。

4 演習課題

❶　長期入院している患者たちのなかには、退院に際して、積極的に考えることが難しい人もいる。何十年も長期入院していて、高齢になった人の立場に立って、その理由に関して、話しあってみよう。

❷　障害者の障害支援区分と介護保険における要介護認定の基準を比較してみよう。

❸　障害福祉サービスと介護保険において、共生型サービスの対象サービスを理解したうえで、近隣で実施している事業所について、インターネットを活用して調べてみよう。

❹　共生型サービスを実施することによる、利用者にとって、事業所に
とって、地域にとってのメリットを挙げてみよう。

5　ミニレクチャー

❶富山型デイサービスと共生型サービス

　赤ちゃんからお年寄りまで、障害の有無にかかわらず、誰もが一緒に
身近な地域でデイサービスを受けられる場所として富山県で実施されて
きたのが、「富山型」といわれるデイサービスである。

　富山型デイサービスは、1993（平成5）年に病院を退職した看護師
たちが民家で、対象を限定しないサービスを開始したことに始まった。
その後、障害の種別や年齢を超えて一つの事業所でサービスを提供する
方式として全国から注目を集めた。2006（平成18）年10月からは、「指
定通所介護事業所等における知的障害者及び障害児の受入事業」が全国
で実施されるようになり、2018（平成30）年4月から実施されている
共生型サービスは、この富山での実践を参考として、障害福祉サービス
と介護保険サービスの両方を行うサービスとして新たに位置づけられた
のである。

　共生型サービスでは、介護保険、または、障害福祉サービスのいずれ
かの指定を受けている事業所がもう一方の制度の指定を受けやすくし、
介護保険のサービスと、障害福祉サービスを同一の事業所で実施するこ
とができるというものである。

　障害をもった人が65歳になっても、使い慣れた事業所においてサー
ビスを利用しやすくすることや、地域の実情に合わせて限られた福祉人
材を有効活用するという考えのもとで創設された。

【行政機関】
事例14 保健所における自殺予防のための電話相談と普及啓発

1 事例演習のねらいとポイント

・自殺の原因の多様性、自殺に傾きかけている人へのかかわり方の基礎を学ぶ。
・精神保健福祉相談員等の役割について学ぶ。
・精神保健福祉行政における都道府県保健所の市町村援助のあり方について学ぶ。
・自殺防止対策にかかわる人材育成の必要性を理解する。

2 この事例を検討するための知識

・我が国の自殺の実態について復習しよう。
・自殺に傾きかけている人へのかかわり方で、個別支援のみならず、多職種、多機関の連携によって、「面で支える」ことの必要性について復習しよう。
・精神保健福祉政策における保健所および精神保健福祉相談員の役割を復習しよう。
・我が国の自殺予防に関連する法政策を復習しよう。

3 事例の紹介

事例

精神保健福祉士の勤める職場

　都道府県の保健所が職場である。保健所は地域保健法第5条により、都道府県、指定都市、

中核市や特別区に設置することとなっている。精神保健福祉相談員は、精神保健及び精神障害者福祉に関する法律（精神保健福祉法）第48条により、都道府県および市町村が精神保健福祉センターや保健所等に置くことができると規定されている。1965（昭和40）年の精神衛生法改正で精神衛生相談員の名称で配置が始まり、その後、法律の改正とともに名称も変わってきた。精神保健福祉相談員は、保健所で保健師をはじめとする他のスタッフとともに、自治体の精神保健対策業務を担っている。その内容は、精神保健に関する現状把握、精神保健福祉相談、精神保健訪問指導、医療・保護に関する事務等である。

　精神保健福祉相談員（精神保健福祉士）が配置されているこの事例の保健所は、県内の市町村、およそ人口18万人を管轄している。保健所管轄区域は指定都市に隣接しており、管轄内の市町村に住みながら、隣接している指定都市へ通勤する者も多い地域である。高齢化率はさほど高くないものの、核家族、ひとり親世帯も多く、地域住民のつながりが乏しい。

個別支援の対象となるクライエント

　精神保健福祉士である精神保健福祉相談員は、自殺総合対策の一環として保健所に開設した「こころといのちの電話相談」を、担当する保健師、自殺相談窓口の嘱託職員（社会福祉士、公認心理師）と交代で担当している。ある週に対応したなかで、深刻なケースとして、Aさん（30代前半、女性）と、Bさん（50代後半、男性）、Cさん（70代、男性）のケースがあげられた。そこで、担当者間でケースについて情報共有し、より直接的な対応をしていくこととした。

○Aさん（30代前半、女性）は、生後11か月の子どもの子育てがインターネットの情報どおりに進まないことに思い悩み、「消えてしまいたい」と訴えていた。

○Bさん（50代後半、男性）は、仕事を辞めて認知症の親の介護をしている。先日、市の検診で自身の早期がんを発見した。「先がみえなくなった」とのことであった。

○Cさん（70代、男性）は、妻に先立たれ、毎日酒ばかり飲んでいる。「生きる希望がもてない」と繰り返していた。

Aさんへの支援

● 問題の発生経過

　Aさん（30代前半、女性）は、幼い頃に両親が離婚し、祖父母に育てられた。両親はそれぞれ再婚相手がおり、再婚相手との間に子どもがいた。Aさんは勉学に励み、関東の大学に進学し、同郷の人と職場結婚をした。その後、妊娠と夫の転勤をきっかけに退職し、新興住宅街に住むこととなった。自分の出身県とはいえ、生まれ育った地域から離れた地域で、祖父母はすでに亡くなっていることもあり、ほとんど知り合いのいないなかでの子

育て開始であった。夫は転勤したばかりで忙しく、週末は疲れ切って寝てしまう。Aさんはもともと大人しい性格で、自分から友人をつくっていく性格ではなかった。そのため、子育てに関する疑問はすべてインターネットを頼りにしてきた。気持ちの落ち込みの強さを感じ始めていた頃、自治体の広報誌に掲載されていた「こころといのちの電話相談」の電話番号をみつけて電話し、精神保健福祉相談員が応対することとなった。生後11か月の子どもの成長や子育て対応がインターネット情報どおりにいかないことに思い悩み、食欲がなく、ものごとを決めることができないでいた。「ともに消えてしまおう」と考えている、とのことであった。

● 精神保健福祉相談員による個別面接の支援

Aさんは子どもが小さいため、保健所への来所による面接は難しいとのことであった。Aさんが地域で孤立し、思い詰めている様子が明らかであったため、精神保健福祉相談員は訪問することとした。訪問による面接で、精神保健福祉相談員はよく話を傾聴した。精神保健福祉相談員は、Aさんのやってきたことを言葉に出して認め、考えを決して否定しなかった。「子どもが小さいうちはわからないことが多く、心細く感じることありますよね」、「ネットに頼ると情報が多すぎて何を指針にすればいいかわからなくて混乱しますよね」など共感した。Aさんは面接をしているうちに落ち着きを取り戻してきて、表情が少し明るくなってきた。Aさんには子育てについて気になることや、わからないことを相談する相手がいないことがわかった。そこで、精神保健福祉相談員は、いくつかの関係機関に連絡してAさんを紹介することを提案した。Aさんはこれらを了承し、面接の最後には笑顔も少しみられるようになった。

● 精神保健福祉相談員から関係機関への働きかけ

精神保健福祉相談員は、Aさんを地元の市の母子保健担当保健師と、養育支援訪問事業につないだ。これにより、Aさんは保健師、助産師、保育士等の定期的な訪問を受けることとなった。さらに、精神保健福祉相談員は社会福祉協議会に相談し、その結果、近くで開設されている赤ちゃんアロママッサージのサロンの場所と日時を紹介することができた。赤ちゃんアロママッサージのサロンを一番初めに訪れる日を調整し、1回目には精神保健福祉相談員が同行した。事前に連絡をしておいたので、事情を知るスタッフがとても温かく迎え入れてくれ、Aさんはほっとした様子であった。さらに、Aさんの夫と電話で話をして、Aさんには心の支えが必要であることを説明し、理解してもらった。精神保健福祉相談員は、Aさんの自殺のリスクアセスメントを再度行った。Aさんは「今は子どもと一緒に死のうという考えはありません」と答えた。食欲がないという状態は続いているということなので、精神科医の受診予約を一緒に行った。今度は強い抵抗もなく同意され、Aさんの受診予定も決まった。初診の予約であるため、2週間後となった。

● 現在の様子

　Aさんは、自宅近くで開設されている赤ちゃんアロママッサージサロンに参加するようになった。乳児を抱えるお母さん同士でかかわることができ、日頃の悩みを聞いてもらえるようになり、表情が明るくなった。また、定期的に市の母子保健担当保健師の訪問を受けている。精神科クリニックの受診では、Aさんの状況、母乳育児を続けたいという希望、本人の状況を見守る関係機関が複数あることから、最小限の頓服薬の処方のみがなされた。

Bさんへの支援

● 問題の発生経過

　Bさん（50代後半、男性）は、独身で、長く両親と同居しつつ、小規模な小売店で働いてきた。家のことはすべて両親がしてくれたので、仕事に専念できたので感謝していた。しかし、両親が80代後半になり、家事はもちろんのこと、身の回りのことを行うにも支障がでてきていた。父親は脳梗塞で半身不随となり、ほとんどベッドで過ごしている。母親は認知症が進み、同じ質問ばかり繰り返す。料理上手な母であったが、火を扱うのは危険なため、料理はやめてもらうことにした。家の事情をほとんど周囲に相談することなく、思いあまってBさんは仕事を辞め、親の介護に専念していた。先日、市の検診のあとの精密検査で自身の早期がんが確定した。市役所のロビーで愕然として座っていたとき、壁に貼られていたポスターに載っていた「こころといのちの電話相談」の電話番号をみつけ、その場で電話し、精神保健福祉相談員が応対した。再検査が必要との連絡を受けたあと夜寝ても、数時間で目覚めてしまい、それ以降眠れない日々が続いていた。「先が見えなくなった」とのことであった。

● 精神保健福祉相談員による個別面接の支援

　Bさんは絶望感が強いものの、他人が自宅に訪問してくることに消極的だった。精神保健福祉相談員は、保健所での来所面接を提案した。Bさんは面接に同意し、両親がデイサービスなどを利用する時間帯に保健所での面接を開始した。精神保健福祉相談員は、Bさんの早期がんや介護負担などに関する不安について、まずは傾聴した。Bさんが自己卑下をしても、自己否定しても、決して頭ごなしに否定したり、安易にはげましたりせず、考えを受けとめて聞いた。Bさんの話の内容に合わせ、「5年生存率が高いといくら説明されても、とてつもなく不安でしょうね」「自身の闘病と介護が二重に肩にかかって、押しつぶされそうな気持ちになるかもしれませんね」などと共感した。そのうえで、精神保健福祉相談員は、Bさんが適切にがん闘病のための受診を進めているのかを確認した。

　Bさんの両親は、介護保険の利用はしており、地域包括支援センターもかかわっていることがわかった。しかし、年金が少額で預貯金もあまり多くはないため、家族全員が「介護保険の利用を最小限にしたい」という強い意向をもち、Bさんの介護負担が大きくなっ

ていることがわかった。そこで、精神保健福祉相談員は、医療と介護の金銭的負担をできるだけ抑える方策や経済的な支援の相談にのれる機関の選択肢を示した。Bさんは、面接をしているうちに、涙をみせることもあったが、徐々に視線を合わせて話をするようになり、最後は語調もしっかりしてきた。

● 精神保健福祉相談員から関係機関への働きかけ

精神保健福祉相談員がBさんにがん診療連携拠点病院のがん相談支援センターを紹介すると、Bさんは「慣れないところへ出かけるのは苦手でして。その病院にはかかっていませんし」と言った。精神保健福祉相談員は、がん相談支援センターは、その病院の患者でなくても利用できることも含めて説明し、いつでも連絡をしてかまわないことをあらためて説明した。精神保健福祉相談員は、Bさんと一緒にがん相談支援センターに電話をした。その結果「男性のサポートグループ」が開催されることがわかり、その日程を確認した。また、同時に、がん専門相談員の個別相談を予約した。

● 現在の様子

Bさんは、がん相談支援センターの「男性のサポートグループ」に1回参加してみた。内容は参考になったが、「合わない」といって2回目以降は参加しなかった。しかし、Bさんは同センターのがん専門相談員の個別面接を複数回受け、経済的支援制度などをより詳しく知り、利用することとなった。

Cさんへの支援

● 問題の発生経過

Cさん（70代、男性）は、地元の大学卒業後、地元企業で定年退職するまで勤め上げた。妻とはお見合い結婚だった。一人息子は、大手企業に勤め、南アジアに家族とともに赴任している。数年後には帰国予定だと聞かされているが、息子家族には心配をかけたくないという気持ちが強い。Cさんは仕事人間だったからこそ、退職後、妻と旅行をすることなどを楽しみにしていた。ところが、退職した頃に妻の難病がみつかり、妻の身体機能はどんどん衰え、あっという間に亡くなってしまった。妻の葬儀等が済むと、息子家族はすぐ南アジアに戻ってしまった。その後、Cさんは毎日酒ばかり飲んでいる。地域とのつながりはなく、親戚は年老いて介護が必要な兄弟か、忙しく生活している甥や姪の家族で、めったに連絡をとることはない。たまたま、地元のケーブルテレビで流れた公共のコマーシャルの案内で「こころといのちの電話相談」の電話番号を知り、そこへ電話し、精神保健福祉相談員が応対した。何事にも興味を感じられなくなり、「生きる希望がもてない」とのことであった。

● 精神保健福祉相談員による個別面接の支援

Cさんは、地域で孤立していることが明白であった。精神保健福祉相談員は話を聞き始

めた段階から、小地域でのつながりづくりが早急に必要であると判断した。そこで、Cさんの許可を得たうえで、地元の社会福祉協議会のコミュニティ・ソーシャルワーカー（地域福祉コーディネーター）に連絡をとり、二人でCさん宅を訪れた。Cさんは、訪れた精神保健福祉相談員とコミュニティ・ソーシャルワーカーに対して、自分の企業戦士時代の武勇伝を一通り話した。面接当初、Cさんは先日「こころといのちの電話相談」に電話をかけたそぶりも見せなかった。しかし、二人がよくCさんの話を傾聴し、Cさんの壮年期に誇りに思っていたことについて認め、尊敬する言葉を繰り返していると、だんだん話の内容が今現在の孤独な生活の話になっていった。とうとうCさんは、妻がいなくて地域に知り合いが一人もいない自分の状態がふがいないこと、何とかしたいと思っていることを吐露した。そこで、精神保健福祉相談員とコミュニティ・ソーシャルワーカーは、「本当にお一人でよく頑張ってこられましたね」、「さみしいお気持ちがつのりますね」などと声かけをした。するとCさんはうつむいてしばらく黙ったあと、「生きていても仕方ないんだよ」とつぶやいた。二人はCさんにゆっくりと地域で知り合いを増やしていくことを提案した。複数の具体的な選択肢を提示したので、Cさんは「押しつけられた」と感じることがなく、少しずつ顔をあげて話を聞くようになった。

● 精神保健福祉相談員から関係機関への働きかけ

　面接に同行してくれた社会福祉協議会のコミュニティ・ソーシャルワーカーは、訪問する日までに、Cさんのような男性に向く地域活動やボランティア活動などを探してきてくれた。示された選択肢のなかから、Cさんは、近くの公民館で開催されている在日外国人のための日本語教室のボランティア活動に興味を示した。Cさんは、アジアやアフリカ諸国からの輸入を取り扱う専門商社に勤めていたことから、この活動に最も興味をもったようだった。この日本語教室のボランティアグループ代表を、社会福祉協議会のコミュニティ・ソーシャルワーカーはよく知っていたので、Cさんを紹介した。そして、初めのひと月、日本語教室に顔出しをして、Cさんの参加の様子をみて、精神保健福祉相談員に報告してくれた。その後、精神保健福祉相談員は、Cさんとあらためて個別面接を行った。お酒の量を確認したところ、「以前よりだいぶ減った」とのことであった。精神保健福祉相談員は、アルコール依存の傾向があるとみたので、減酒外来のあるクリニックに通院することを提案した。Cさんは、その提案を拒否することなく、「一度行ってみる」と答えた。そこで、その場でCさんが初診の予約をとる支援をした。また、海外にいる息子家族とスマホでビデオ通話ができるよう設定を手助けし、孫と会話ができるよう支援した。

● 現在の様子

　Cさんは、公民館の日本語教室ボランティア活動に参加し続けている。初めは、自慢話を長々としたり、偉そうに振る舞ったりしてしまい、ほかのボランティアや外国人との摩擦が生じたときもあった。しかし、社会福祉協議会のコミュニティ・ソーシャルワーカーと、

ボランティアグループのリーダーがやんわりと示唆し、うまくアドバイスして、乗り越えることができた。町を散歩しているときも、時折知り合いと立ち話ができるようになった。アルコールの問題についても、精神科への通院を続けることができている。

精神保健福祉相談員による地域支援

精神保健福祉相談員は、保健所の自殺対策担当スタッフと相談内容等について情報を共有し、自殺は特別な人のみに起こることではなく、誰にでも起こり得ることであることをあらためて確認した。そして、地域に対して、❶生きることを包括的に支援することと、❷自殺予防に必要な人材の養成を意識した実践を行うこととした。

● 生きることを包括的に支援するための計画づくり

自殺対策基本法では、市町村において自殺対策計画を策定することになっている。都道府県保健所は、管轄内の市町村が行う計画づくりの側面的支援も行う。そこで、精神保健福祉相談員は、都道府県保健所がもっている全国および都道府県内各市町村のデータなどを比較しやすい形で市町村の自殺対策担当部署に提供し、❶管轄する市町村ごとの自殺の実態、❷地域の社会資源、特に公的および非営利の相談窓口の開設状況と対応内容、❸精神科や救急病院との連携体制の状況などの整理を手伝った。そのうえで、各地域において、人々が生きることを包括的に支援する小地域の支援活動の重要性と、市町村窓口や市町村内の非営利団体によるさまざまな相談窓口における自殺予防を視野にいれた対応の必要性を説明してまわった。

● 自殺予防に必要な人材の養成

精神保健福祉相談員は、都道府県保健所としては管轄内の医療、保健、福祉のネットワークづくりと、自殺予防に必要な人材の養成を行うことが重要であると実感した。さまざまな文献や全国レベルの研修などを受講するにつれ、自殺予防のゲートキーパーの養成のためには、大勢を対象とした短時間の講演ではほとんど効果がないことを理解した。また、人材養成の研修等は、年次継続的に行うことが重要であることを理解した。

そこで、都道府県レベルの自殺対策計画においても、保健福祉医療教育分野の専門職等を対象とした、実践的な（ロールプレイなどにより技術が身につく）自殺予防のゲートキーパー養成研修を毎年、定期的に開催することとした。このような人材養成研修を各市町村の自殺対策計画でも盛り込むことを推奨した。

精神保健福祉相談員による地域支援のその後

地域では、自殺者の数が多いことを気にかけて、自殺予防のゲートキーパーを志願する専門職や市民が多くいた。研修の募集をすると、午前から午後にわたる比較的長い研修であるにもかかわらず、毎回応募人数を上回る申し込みを得た。医療機関や障害福祉サービ

ス事業所のスタッフ、小中高の教員、市役所の相談窓口職員、司法書士、薬剤師など幅広い専門職の参加を得ている。研修では、日本の10万人あたりの自殺者数が年間20人前後（16人から26人）で推移してきており、世界でも10位以内に入る高率であることや、人口20万人くらいの地域では10年間に300人から500人もの人が自殺で亡くなっていることを知ると、参加者の多くは驚くのであった。

　講演のみの短時間の研修は行わず、演習中心の研修を行ったため、参加者の多くが研修終了後、「死にたい気持ちの人に出会ったときには、きちんとかかわり、学んだことを活かしていきたい」と感想を述べている。

　管轄する地域内の市町村は、多少の温度差はあるものの真摯に自殺対策計画づくりを行い、自殺予防と自殺者の減少を目指した取り組みを進めるようになった。その過程で、自殺対策のネットワークづくりが進んだことが地域支援の何よりの収穫であった。

　地域では、自殺の多いスポット（橋、高い建物、断崖絶壁、砂浜、樹林など）の見回りボランティアが組織化され、地域において、死にたい気持ちの人がいるならば、早く気づき、声をかけ、多機関で支えていこうという気運が高まってきた。

４ 演習課題

❶【ディスカッション】

　この事例の３人に焦点をあて、幅広い性別・年齢層の人がどのような原因やきっかけで「死にたい」と考えるのか、小グループでディスカッションしてみよう。

❷【ロールプレイ】

　短いロールプレイをしよう。ロールプレイは、双方が安全に進められるように配慮して実施する。たとえば、①ロールプレイは二人一組で行い、一人は精神保健福祉士役で、もう一人は生活課題を抱え、悩んでいる人となる。②自分たちとは異なる年齢層の人のロールプレイを行う。③役作りに30秒、その後、ロールプレイに５分程度。５分経ったら役割を交代して５分程度ロールプレイをする。

　短い時間のロールプレイを安全に進めるために、④生活課題を抱えて悩んでいる側の役の人は、「最終的には支援を受け入れ、拒まない」ことをこのロールプレイのルールとしよう。⑤ロールプレイの最後に入れる内容（ゴールとなる内容）をおおよそ定めて実施する。たとえば、支援者役：「明日○時にここでまた会いましょう。今後のことを

一緒に考えましょう」、生活課題を抱え悩んでいる人役：「わかりまし
た、明日ここにまた来ます」等。

❸【調べ学習】

　身近な市町村（および都道府県）の自殺対策計画を調べてみよう。
自殺対策計画の中でも、①相談、②生きることの包括的な支援、③人
材養成の内容を調べ、都道府県内の市区町村の計画内容を一覧にして
みよう。

5 ミニレクチャー

❶自殺対策基本法策定の背景

　自殺対策基本法は、2006（平成 18）年に施行され、2016（平成 28）
年にも改正、施行された。「自殺対策は、生きることの包括的な支援」
であること（第 2 条）が明記され、都道府県・市町村で自殺対策計画策
定が義務づけされた。この背景には、1998（平成 10）年以降自殺者が
急増し、全国で年間 3 万人以上の人が自殺で命を落としてきていたこと
があった。その後、自殺者の実数は減少してきているものの、世界の先
進 7 か国（G 7）の中で、人口 10 万人あたりの自殺率は日本が最も高い。

　このような法律の策定が必要となった背景や、自殺の実態を知り、自
殺は特定の年代や性別の人のみに起こることではないこと、また、幅広
い理由やきっかけで起こることを理解しておくことが大切である。

❷自殺危機にある人とのロールプレイ

　ロールプレイは、双方が安全に進められるように配慮して実施する。

　専門の研修ではないこともあり、この演習では、自分たちとは異なる
年齢層の人の役のロールプレイを行うことが推奨される。たとえば、X
さん：30 代男性で、仕事でのミスが原因で会社に損失が生じて、悩ん
でいる人。Y さん：70 代女性で、夫に先立たれ、子どもはなく、家に
ひきこもりがちで、話す相手もおらず、「生きる意味がわからない」と
考えている人。どちらかを選んで演じる。また、2 人とも「精神保健福
祉士の支援や提案を最終的には受け入れ、拒まない」ことをルールとし
て実施することが推奨される。

　初歩的なロールプレイの指針を次に掲げる。

　❶はじめに、精神保健福祉士役から X（または Y）さん役に話しかけ
る。❷続いて、X（または Y）さん役は、あまり間をおかず、自分の身

**★自殺危機にある人への
　相談支援の流れ**

自殺危機にある人への
支援をテーマにロール
プレイする場合は、次
の支援の流れの基本を
踏まえて行う。①自殺
危機にある人の出して
いるサインに気づくこ
と、②自分の考えや価
値観を押しつけないこ
と、③精神的痛みへの
理解を伝えるために、
共感し、認識に寄り添
うこと、④その人の状
況を包括的に理解する
こと、⑤自殺のリスク
アセスメントをするこ
と、⑥安全確保、⑦そ
の人の抱えている課題
に応じた人や機関につ
なげること、⑧つなが
りつづける、あるいは、
フォローアップするこ
と。

の上話を始める。❸精神保健福祉士役は、相手の話をよく聴き、共感する。❹やりとりのなかで「死にたいと考えるほど、つらいのですね」、❺「これからも、この地域で少しでも今より楽に（あるいは前向きに）生きていかれるよう、一緒に考えていきましょう」❻再度会う日時（1週間以内くらい）を相手の意向を尋ねながら決め、「次回必ず会いましょう。そのときに、今後のことについてお話しましょう」等を入れるとよい。❼X（またはY）さん役は、躊躇したり、ゆっくり考えながら答えてよいが、最終的には拒否しないで、支援の申し出を受け入れて終える。

❸自殺予防のゲートキーパー

自殺対策や自殺対策計画において、「ゲートキーパーの養成」が掲げられることが多い。ゲートキーパー（Gate Keeper）とは「門番」のことで、2つの領域の境目で働きかけられる人のことである。自殺予防のゲートキーパーとは、自殺に傾いている人が自殺を思いとどまり、生き続けられるよう、生死の境目で働きかけることができる人である。よって、傾聴のみをすることや、居場所づくりのみを指す言葉ではない。

自殺予防のゲートキーパーには、自殺の危機にある人を発見し、よく共感しつつ話を傾聴し、自殺のリスクアセスメントを行い、安全を確保しつつ、必要な人や機関につなげていくことが求められる。

❹保健所及び市町村の精神保健福祉業務

自治体における精神保健福祉業務は、企画調整、普及啓発、研修、組織育成、相談、訪問指導、社会復帰および社会参加への支援、入院等関係事務、市町村への協力および連携等を行うこととされている。都道府県保健所や市町村の保健所で、多様な職種の人々がチームで業務を実施していることを理解するとよい。

◇参考文献
・福島喜代子『自殺危機にある人への初期介入の実際――自殺予防の「ゲートキーパー」のスキルと養成』明石書店，2013.
・本橋豊『Q&A自殺対策計画策定ハンドブック』ぎょうせい，2018.

【行政機関】

事例15 保健所における家族に対するかかわりと受診・受療に向けた支援

1 事例演習のねらいとポイント

・精神科医療機関への受診、受療にかかわる精神保健福祉相談員の役割について学ぶ。

・地域における偏見や差別、患者や家族のセルフスティグマについて理解を深める。

・患者を抱える家族への精神保健福祉相談員の個別のかかわりとその意義について考える。

・家族を支援する社会資源を知り、その活用を支援する方法を学ぶ。

2 この事例を検討するための知識

・精神障害者の家族がおかれている状況とその生活実態について確認しよう。

・精神保健福祉相談員の法的な位置づけと業務内容を復習しよう。

・セルフヘルプグループ（家族会）の意義と役割について復習しよう。

・精神保健福祉士の業務指針のうち、家族への支援について確認しよう。

3 事例の紹介

事例

精神保健福祉士の勤める職場

　6市3町1村を管轄区域とし、管内人口は約50万人（県全体の約20%）の保健所である。保健所では、多くの精神保健福祉士が精神保健福祉相談員として実務に携わっている。

精神保健福祉相談員は、精神保健及び精神障害者福祉に関する法律第48条に規定され、保健所や精神保健福祉センター等において、精神保健および精神障害者の福祉に関する相談に応じ、精神障害者やその家族等を訪問して、必要な指導や援助を行う職員である。

　保健所等の行政機関は住民の最初の相談先となることが多いため、正確でわかりやすい情報提供を行い、住民の安心と適切な資源へのアクセスを保障できるよう質の向上が求められる。適切な情報提供のためには、当事者とその家族が生活している地域の文化や社会資源などを把握し、地域の現状を知ることが重要である。

支援対象となるクライエント

　Aさん（女性、55歳）には、夫（60歳）と息子のBさん（28歳）、娘（26歳）がおり、現在は夫とBさんの3人で暮らしている。結婚後は長らく専業主婦をしていたが、子どもたちの高校進学をきっかけに、近所の介護施設で調理補助のパート勤務を始めた。夫は出張が多く、家を不在にすることが多かったため、これまでAさんが中心となり家庭を支えてきた。Aさんは明るい人柄で、地域の自治会役員を担った経験もあり、近所付き合いも活発であった。Bさんが実家に戻ってからAさんは徐々にパートの日数を減らし、現在は仕事をしていない。最近は、近所との交流や趣味の合唱サークルからも足が遠のいている。

問題の発生経過

　Aさんは、保健所の精神保健福祉相談の窓口を訪れた。以前から、市の広報に掲載されている精神保健福祉相談の記事が気になっていたが、近所に市役所勤めの知り合いがいることや、娘の縁談に影響するのではないかと考えると、相談に足が向かなかった。最近、Bさんが音に対して敏感になり、自室で大きな声をあげることが頻回になってきた。Aさんはβさんの大声に恐怖を感じ、日中もなるべく音をたてないように生活していたが、いつまでこの状態が続くのだろうと思い悩み、眠れない日が続くようになっていった。Aさんは、このままでは自分も倒れてしまうかもしれないと体力的にも精神的にも限界を感じ、家族に内緒で精神保健福祉相談に申し込み、今回の相談となった。

支援経過

● 精神保健福祉士との出会い

　Aさんは周囲を見渡しながら、「もう、どうしたらよいかわからなくて……」と切羽詰まった表情で精神保健福祉相談に訪れた。

　精神保健福祉士は、「よく来てくださいましたね」とAさんが意を決して相談機関に足を運んでくれたことに感謝の気持ちを伝えた。初めての相談でもあるため、Aさんにとって誰かに相談するということが否定的な体験にならないように、情緒的なサポートを意識

しながら面接を実施した。

　Aさんはとても思いつめた表情であったが、精神保健福祉士の言葉を聞いて、息子であるBさんのことを少しずつ話し始めた。途中、「私の育て方が悪かったのでしょうか…」と涙ぐみ、話が中断することもあった。Aさんの話は以下のとおりである。

　Bさんは、私立大学の理工学部に入学し、地方都市で一人暮らしをしていた。大学院への進学を考え始めた頃から、「ゼミの同級生が自分を馬鹿にしている」と言い始め、大学を休むようになる。その後、コンビニエンスストアに外出する以外はアパートにこもり、インターネットをして過ごすことが多くなっていった。

　Aさんは月に1度ほど、電話でBさんの様子を確認していたが、口数が少ないことが気になり、アパートを訪問することにした。Bさんの部屋は荒れており、カーテンもしばらく開けた様子がみられない。Aさんが片付けようとしても「自分でやるから」と嫌がり、「学校も行っているので心配ない」と嘘をつき、すぐに帰そうとする。結局、卒業単位が足りず大学を留年、さらに中退し、実家に戻ることになった。

　Aさんの夫は典型的な仕事人間で、結婚当初から家庭のことはAさんに任せきりであった。子どもたちの高校進学を機に、Aさんは近所の介護施設で調理のパートを始めた。昔からの友人と2か月に1度外出することがAさんの楽しみであった。

　Bさんが実家に戻ってから、Aさんはパートの日数を減らしていたが、家庭を任されてきた母親としての責任を感じ、結局パートを辞めることにした。夫婦の間でも、言い合いになることを避けるため、次第にBさんの話題を口にしなくなっていった。

　Bさんが実家に戻り半年ほど経った頃、様子をみかねた夫が、「そろそろ、仕事をしたらどうだ」「ニートになるつもりか」とBさんに話した。Bさんは黙って聞いていたが、それ以来、父親を避け、なるべく家族と顔を合わせないように生活するようになった。特に父親とは、ここ数年間ほとんど顔を合わせていない。Bさんは夜間に食事をとり、それ以外は自室にこもり、ほぼ昼夜逆転の生活をしている。Aさんが注意すると、Bさんは大きな声をあげ、Aさんに向かって物を投げることもある。物を投げるときはAさんに当たらないようにしており、直接暴力を振るうことはしない。

　1年ほど前から、Bさんの自室から独語も聞こえるようになった。Aさんが話しかけると独語は収まるが、夜も眠れていない様子で、夜中にパソコンの音が聞こえている。実家に戻った頃、大学の学生相談室からの助言もあり、Bさんに精神科の受診を勧めてみたが、「俺は病気じゃない」と大きな声で怒ったことから、それ以来、受診を勧めていない。夫も「ただ怠けているだけだ」「息子を精神病にするつもりか」と精神科を受診することに否定的である。

　これまで、娘がAさんの話し相手になっていたが、1年前から実家を出て、交際相手と同棲している。不動産会社に勤めており、毎日帰宅が遅いため、Aさんも遠慮して電話を

かけておらず、気持ちが沈む日が多くなっていった。

　精神保健福祉士は、Aさんの語りから、Bさんの体調や暴力など緊急性の有無を確認しつつ、Aさんの体調を気遣い、Aさんの睡眠や体調の変化についても尋ねながら、面接を進めていった。Aさんは最近かかりつけ医に睡眠導入剤を処方してもらったことを話し、「私のことより息子が心配です。どうしたらよいのか……」と涙を流した。

● **精神保健福祉士による精神保健福祉相談**

　初回面接では、精神保健福祉士はAさんの言葉に耳を傾け、Aさんが問題に感じていること、その問題がAさんの生活にどのような影響を与えているかを丁寧に確認していった。AさんはBさんに精神科を受診させたいと思っていること、夫に反対されていること、誰にも相談できずに困っていることなど、少しずつ自分の困りごとを言葉にしていった。

　精神保健福祉士は、これまでのBさんの状況から、ひきこもりの背景に精神疾患が影響している可能性があること、Bさんの状況を確認するために保健所の嘱託医とともに自宅に訪問できることを伝えた。さらに夫について、今後の相談に夫に同席してもらい、Bさんの状況や今後の対応について、私から話しましょうかと提案した。Aさんは、「夫を連れてくることは難しいので、まずは娘に相談してみます」と話した。面接の終盤に、しばらく隔週での個別面接を続けることを提案すると、Aさんは、「話ができて少し安心しました、これからもよろしくお願いします」と話し、その日の面談を終えた。

　その後も、精神保健福祉士はBさんの体調や暴力など、緊急性の有無を確認しつつ、Aさん自身の体調にも配慮しながら面接を継続していった。緊急時には保健所や警察などに連絡することなど、具体的な対応についても情報提供を行った。Aさんによると、娘が自分の体調を心配しており、父親に面接に同席するよう説得すると話しているということであった。

　初回面接から2か月が経った頃、Aさんから夫婦での面接希望があった。夫はしばらく無言で、面接の様子をみていたが、「息子は精神病なんですか？」と精神保健福祉士に質問した。精神保健福祉士は、独語や昼夜逆転の生活、大声をあげるなど、これまでのBさんの具体的な行動を挙げ、ひきこもりの背景に精神疾患が影響している可能性があり、精神科の受診が必要であること、保健所の嘱託医への相談が可能であること等を説明した。夫は「わかりました」と一言だけ返し、その後は無言のままであった。

● **精神障害者家族会との出会い**

　その後、夫が面接に同席することはなかったが、Aさんの話から、夫がひきこもりに関連する本を取り寄せたり、精神保健福祉士との面接の様子を尋ねてくるなど、少しずつ変化がみられることがわかった。まだBさんの受診にはつながっていないものの、Aさんは家族と会話できるようになったことで、少し表情が明るくなった。

　ある日の面接で、Aさんは近所の人に「息子さんはどうしているの？」と聞かれ、答え

られなかったこと、それ以来近所の人との交流を避けていることを話した。精神保健福祉士は、Ａさんの話をゆっくり聞いたあと、家族会のパンフレットを渡し、家族会についての情報を提供した。精神保健福祉士は年に数回、地域の家族会の例会に参加しており、メンバーのなかにＡさんのような悩みを抱えている家族がいることを知っていた。「そのうち、行ってみますね……」と言うＡさんに、家族会では例会だけでなく、電話相談を実施していることも伝えた。

● 精神保健福祉士による受療支援

その後、Ａさんから訪問の希望があり、精神保健福祉士が自宅を訪問することになった。精神保健福祉士は、突然の訪問によってＢさんとの信頼関係の構築に支障となる場合があるため、できる範囲で事前に家族から訪問の目的と趣旨を本人に伝えてほしいと依頼した。

精神保健福祉士が自宅を訪問すると、夫も待機していたが、Ｂさんが部屋から出てくる様子はない。ＡさんがＢさんの部屋をノックしても応答はなかったが、かすかな音が聞こえるため、精神保健福祉士は、ドア越しにＢさんに自己紹介し、今回の訪問の目的を伝えた。また、同様の内容をメモに書いて残していった。そして、Ａさんと夫に、今回の訪問について嘱託医とも情報を共有し、医学的な判断を聞きながら訪問を継続していくこと、Ｂさんの意向やタイミングを尊重しながら、受診の必要性を伝えていくことを提案した。Ａさんと夫は、不安な表情をみせながらも「また来てもらえるんですね」と応じた。

● 孤立からの解放

なかなか受診につながらないことに不安を感じたＡさんは、家族会の実施する電話相談を思い出し、Ｂさんに聞かれないように、小さな声で電話をかけた。緊張するＡさんに、家族相談員は、「電話するのも大変ですよね。私も同じ家族ですから、お気持ちがわかります」と言葉をかけた。Ａさんは電話する苦労が伝わったこと、「同じ家族です」という言葉にホッとする思いがした。ひきこもりがちな息子への対応を相談すると、家族相談員は、「私の場合は……」と自分の体験を話してくれた。Ａさんは「同じ立場だからわかってもらえるのではないか」という安心感を覚えた。何度か電話するうちに、家族会の例会に誘われ、Ａさんは思い切って参加してみることにした。

Ａさんは、この数年間「自分の育て方が間違っていたのではないか」と毎日のように自分を責めながら過ごしてきた。初めて家族会に参加したＡさんに、会長は、「ここまで来るのは大変だったでしょう」と声をかけ、ほかのメンバーも温かく迎えてくれた。Ａさんがひきこもり状態が続き、病院に行きたがらない息子のことを話すと、母親たちは、「私もそうだったのよ」「うちの子の場合は……」と自分たちの体験を教えてくれた。Ａさんは同じ立場で話を聞いてもらえたことで、心が解放されるような思いがした。

Ａさんはほかの家族も自分と同じように泣いて暮らしているのだろうと思っていたが、家族会は茶話会のような居心地のよさがあり、家族はこれまでの苦労を笑って話すことも

あった。家族によると、毎年家族会のメンバーで地域のイベントなどにも参加しているという。Aさんは、「なぜ、この人たちは笑って話せるのだろう」と驚き、いつか自分も笑って話せる日が来るのだろうか、と小さな希望をもった。

4 演習課題

❶　Aさんが初めて相談機関に出向くまでの経緯やその心境を想像してみよう。そのうえで、これまでAさんが、誰にも相談しなかった理由を考えてみよう。

❷　Aさんが息子の生活を支えるために、担っているケアについて、具体的に考えてみよう。息子のケアを担うことで、Aさんの生活にどのような影響があるのかを想像してみよう。

❸　初めての相談でAさんは精神保健福祉士にどのような対応を望んでいるのかを考えてみよう。また、精神保健福祉士として、Aさんにどのようなアプローチが可能なのか、家族支援に関する社会資源やプログラムについても確認してみよう。

❹　受診・受療にかかわる相談を行ううえで、精神保健福祉士に求められる態度と相談援助技術について、ロールプレイをして考察してみよう。

❺　実際に家族会はどのような活動をしているのか、自分の居住する地域の家族会について、インターネットや実習などの機会を活用して調べてみよう。

❻　家族会に参加することで、Aさんにどのような変化が起こり得るのか、Aさんの立場になって想像してみよう。

❼　家族会は精神保健福祉士に対して、どのような支援を求めているのか、精神保健福祉士が行うセルフヘルプグループへの支援について、具体的に考えてみよう。

5 ミニレクチャー

❶家族を支援する際の視点や基本的態度

本事例では、家族であるAさんが相談の「当事者」である。精神保健

福祉士が精神障害者本位のアプローチを意識するあまり、家族の意向を軽視してしまうことも少なくない。

　精神保健福祉士には、精神障害者本人の背後に家族をみるのではなく、家族を相談の「当事者」として捉えることが求められる。また、精神保健福祉士には、自分の家族が精神疾患を抱えるということがどういうことなのかを想像し、家族の立場になってじっくりと話を聞くこと、家族が苦労や葛藤など、つらい気持ちを受けとめてもらえたと感じられるような態度が求められる。

　精神障害者本人の地域生活を支えるために、家族が精神科治療や福祉サービス利用への協力、経済的な支援といったさまざまな支援を担っている場合が多い。これらの状況は、家族に過大な負担をかけるだけでなく、本人の側からみても、家族が支援を担えない状況になったとき、これまでの生活を続けていくことが困難になるということである。精神保健福祉士には、家族を個別に支援していくだけでなく、家族による支援から社会的支援に移行するための仕組みづくりにも目を向けていくことが求められている。精神保健福祉士の業務指針のなかで「家族支援」について明記されていることも確認しておきたい[1]。

❷保健所による訪問指導

　1965（昭和40）年の精神衛生法改正により、保健所が地域における精神保健行政の第一線機関として位置づけられ、精神衛生相談員による訪問指導や相談業務が規定された。現在は、「保健所及び市町村における精神保健福祉業務運営要領」により、保健所の精神保健福祉業務として「訪問指導」が規定されている。

　訪問指導では、本人や家族に対して、保健師・精神保健福祉士等の専門職が居宅を訪問して支援する。訪問指導は本人・家族等への説明と同意の下に行うことが原則となっているが、危機介入的な訪問等が必要な場合にも行われる。本事例のような家族からの受療相談においては、緊急性の判断を必要としつつ、「精神保健福祉士の倫理綱領」が示す「クライエントの自己決定の尊重」を基本とすることが肝心である。精神保健福祉士には、受療を困難にしている要因を見定めながら、本人に対する粘り強いかかわりが求められるだろう。

　保健所の業務については、人員、圏域の広さを含めて、それぞれの地域で大きく異なり、設置形態によっても期待される役割が異なるのが現状であり[2]、地域格差が生じている等の課題もあるが、未受診や医療中断等の危機介入時にも対応できる全国的な社会資源として、期待される役

割は大きい。

❸家族会支援における精神保健福祉士の役割

　家族会の機能として、❶相互支援：経験のわかちあい、❷学習：精神疾患や社会資源について学びあう、❸運動：国や自治体に対して制度や施策の充実を働きかける、の３つが挙げられる。家族依存の意識が根強い社会において、家族会は家族が自分のことを安心して語ることができる場所であり、家族が「精神障害者家族」という役割から離れ、本事例のように茶話会や親睦会等で楽しむことも保障される場所である。さらには、地域で暮らす一市民として、家族相談など社会的な活動にかかわり、これから仲間になるかもしれない家族を支えることができる場所でもある。家族会は、「精神障害者家族」としてあるべき姿に縛られず、「人」として尊重されるからこそ、これまで家族のリカバリーに重要な役割を果たしてきたといえるだろう。

　家族会支援においては、例会場所の確保や財政的支援といったハード面の支援だけでなく、例会への出席や相談役など人的な支援も求められている。2012（平成24）年の「家族会」全国調査では、「会員の高齢化」や「新規加入者の減少」が指摘され、専門家に対して家族会へのサポートを求める意見が示されている[3]。新規会員が減少することで会員の高齢化や固定化が進み、会員が減少することで家族会を維持することが難しくなり、さらに新規会員が減少するという悪循環に陥りやすい。高齢化だけでなく、病状の安定しない本人を抱えながら、家族の力だけで活動するのは現実的に厳しい状況がある。

　家族会はセルフヘルプグループだから、と支援者が手を引くのではなく、家族会が何を望んでいるのかを理解するために、家族会の状況に応じた継続的なかかわりが求められる。また、障害者基本法第23条においても、「国及び地方公共団体は（中略）障害者の家族に対し、障害者の家族が互いに支え合うための活動の支援その他の支援を適切に行うものとする」と規定しており、行政機関は家族会活動を支援する役割があることをあらためて確認したい。

◇引用文献
　1）日本精神保健福祉士協会「精神保健福祉士業務指針」委員会編著『精神保健福祉士業務指針　第3版』日本精神保健福祉士協会，2020.
　2）野口正行「保健所等に勤務する地域保健従事者のための地域精神保健福祉活動の手引き」『平成23年度障害者総合福祉推進事業　地域精神保健福祉活動における保健所機能強化ガイドラインの作成　報告書』日本精神保健福祉連盟，p.59，2012.
　3）全国精神保健福祉会連合会『2012年度「家族会」全国調査』，p.73，2013.

【行政機関】

事例 16

精神医療審査会における退院請求への対応

1 事例演習のねらいとポイント

・精神医療審査会の役割や機能について学ぶ。
・精神科病院で入院が長期化する要因について考える。
・精神医療審査会における精神保健福祉領域の委員の役割を理解する。
・事例を通して、患者の人権尊重という立場での精神保健福祉士の面接の意義を理解する。

2 この事例を検討するための知識

・躁うつ病（双極性障害）とストレスの関係や行動傾向に関する知識を復習しよう。
・精神科病院における行動制限の範囲や法的根拠を復習しよう。
・精神医療審査会の機能および委員の役割について復習しよう。
・精神保健福祉士の面接技法について復習しよう。

3 事例紹介

事 例

精神保健福祉士の勤める職場

　本事例の場面は精神保健福祉センターおよび精神医療審査会である。両者は、都道府県精神保健福祉センターが精神医療審査会の事務局を担う（精神保健及び精神障害者福祉に関する法律（精神保健福祉法）第6条第2項第3号）という関係性である。なお、精神保健福祉センターは運営要領によって精神保健福祉士が配置されることになっており、また

後述するように精神医療審査会の保健福祉委員はおおむね精神保健福祉士である。

支援対象となるクライエント

Ａさん（40代、男性）は、躁うつ病で精神科病院に入院中である。入院前は大企業の中間管理職としてバリバリ働き、妻と受験生である中学3年生の長男と暮らしている。職場では上司と部下の間に立つことが多く、強いストレスを抱えていた。性格は真面目で熱心であるが、意に沿わないことがあると激怒する傾向が時々みられた。また、20代の頃にうつによる自殺企図があり、短期間だが精神科入院歴がある。

問題の発生経過

Ａさんは半年ほど前から妻および長男の些細な生活や、長男の学習態度を責めて激怒したり、物にあたるなど乱暴な行為が目立つようになった。時々近隣に響き渡るような声で怒ることがあった。Ａさんの自宅は閑静な住宅街にあり、徐々に近隣から奇異な目で見られるようになっていったのである。

その後、不眠をきっかけに妻の強い勧めで精神科病院の外来に通い始めた。しかし定期的に通院せず、問題行動は断続的に出現していた。受診時に妻が同伴した際、主治医から医療の必要性を認識することが難しい状態であると判断され、妻の同意による医療保護入院となった。

勤めている会社は比較的精神疾患に理解があり、「今は治療に専念するように」と言ってくれ、休職となった。

Ａさんは入院から3か月経過した時点で徐々に落ち着きを取り戻してきた。しかし、「職場のことが気になるので、近いうちに退院したい」「すぐに退院して自宅に戻りたい！」と主治医や妻に強く訴えるようになった。そのため、妻が電話に出るのを躊躇するようになると、時折つながった際に「なぜ電話に出ない！　俺を見捨てるのか？」と威嚇や泣き言を言うので、妻は退院して家に戻ってきたとき以前のように暴言や乱暴な態度があったら怖いと、面会はおろか、電話も少なくなり、「近所の手前もあるので、しばらく入院させておいてください」との希望があった。当該病院の内部ルールとして、医療保護入院者の外出は原則「家族等の同伴が必要」とされ、Ａさんは、「妻が来ないと会社に顔を出すこともできない」とイライラを募らせていった。

Ａさんの退院について話しあった医療保護入院者退院支援委員会では、主治医は、「感情の波が安定化していないため入院を継続して、可能な限り刺激を避けることが大切である。さらに妻も退院を望んでいない」ことを理由に現時点での退院を否定した。会議には妻が出席し、Ａさんは欠席であった。欠席の理由は「朝方で気分が重く、頭が働かなかった」ためだったが、後日、「会議の出席希望の有無について丁寧な説明がなかった。そんな大

事な会議なら、是非出席したかった」と述べていた。

　会議終了後も入院継続の必要性について、Ａさんには主治医からの簡単な説明と文書を渡されたのみで、ほかの職員からも十分な説明はなかった。そのため、Ａさんは精神医療審査会に退院請求を行った。入院から６か月後のことである。

支援経過

● 立入指導および実地審査の実施

　精神医療審査会の委員たちはＡさんが入院している病院に訪問し、Ａさん、妻、病院側の主治医、Ｂ精神保健福祉士（退院後生活環境相談員）からそれぞれ聞き取りを行った。事前準備および当日の進行は、精神医療審査会事務局員であり、精神保健福祉センター職員であるＣ精神保健福祉士が中心となった。

● 保健福祉委員（精神保健福祉士）とＡさんとの面接場面から

保健福祉委員：今日はありがとうございました。Ａさん体調のほうはいかがですか？

Ａさん：審査会の先生方がみえるので、緊張して昨日眠れなかったのですよ！

保健福祉委員：緊張しますよね。では今のお気持ちを聞かせてください。

Ａさん：とにかく早く退院したいのです。職場がどうなっているか心配だし。

保健福祉委員：そうですよね。治療とはいえ長期間休むのは心配ですよね。

Ａさん：そうなのですよ！（強い口調で）妻ときたら、私の心配をまったくわかってくれない！

保健福祉委員：なるほど。奥様はなんておっしゃっていましたか？

Ａさん：妻は、退院はまだ早いと言っています。私が会議（医療保護入院者退院支援委員会）後に主治医から入院継続の説明を受け、それで納得をしたのに、急に精神医療審査会に申立てをするのは、妻は「変だ、まだ治ってない」と言うのです。

保健福祉委員：その後退院に関して、主治医に何と伝えたのですか？

Ａさん：何回も退院したいと言いましたよ！　でも何か言いくるめられる感じで……。会議のあとに主治医が説明してくれましたが、言っていることはよくわからなかったし、そんな大切な会議とは知らなかった。私が退院したいと、今回精神医療審査会に申し立てたのは変なのでしょうか？　妻は変だと言うのです。

保健福祉委員：私はＡさんが精神医療審査会に退院の申立てをしたのは、別に変だとは思いませんよ。よく考えてみて納得できないなら、申立てするのは権利だと思います。我々としては、可能な限り、少しでもＡさんのお気持ちに沿った対応をしたいと考えています。

Ａさん：私はすぐ退院できますか？　職場に顔を出したいのです。

保健福祉委員：そのお気持ちは十分わかります。奥様がＡさんの退院が『まだ早い』と心

配している点は何でしょう？

Ａさん：私が電話で大声を出すのが「怖い」と言っていました。入院前のことを思い出す
とも……。でも妻がなかなか電話に出ないから……。

保健福祉委員：Ａさんは職場の様子がわからず、焦ってらっしゃる。痛いほどお気持ちは
わかります。先がみえず、その焦りが強い口調になっているのでしょう。人間ですから
当然なことです。しかし、奥様はその口調から「まだ回復していない」と思ってしまう。

Ａさん：そうかも知れません……。

保健福祉委員：Ａさんにも奥様にも、十分な説明や、回復への道筋が示される必要がある
と思うのですが、いかがでしょう？　まず我々委員と病院で、どうしたらよいか話しあ
います。方向性が決まった段階で、後日Ａさんと奥様に文書で説明があります。

Ａさん：わかりました。よろしくお願いいたします。

　面接前は、硬く緊張した表情をしていたＡさんだったが、面接後は少し和らいだ表情に
変化していった。

● 各委員との面接の結果

　精神医療審査会では、それぞれ以下のような意見があった。

　医療委員（精神保健指定医）の意見は、病状は回復傾向にはあるが「継続入院の必要性
はあり」と指摘があった。しかし、「任意入院に変更しての入院継続も可能な状態」との
意見であった。

　法律家委員からは「入院の必要性等を主治医等からＡさんに丁寧に伝えられていない」
ことや、「原則、医療保護入院者の外出は、家族等の同伴が必要」という、画一的な院内ルー
ルを定めることが問題との指摘があった。さらに、医療保護入院者退院支援委員会の運営
が、規定に沿っていないとの指摘があった。特にＡさんに委員会出席希望の有無を丁寧に
確認していなかったのは、法の趣旨に沿っておらず、「問題である」との意見であった。

　保健福祉委員（精神保健福祉士）の意見は、入院経過から妻の不安には「共感はできる」
とした。しかし、家族都合による不適切な処遇が行われる可能性が高く、「重大な権利侵
害である」との意見であった。さらに今回の件は、当該病院が、Ａさんや妻に退院後の生
活に関する相談に応じる義務（精神保健福祉法第33条の4）を果たしておらず、退院後
生活環境相談員の活用が不充分であるとの指摘があった。

　上記の理由から適切な支援がないために、「両者の不安や焦りが強くなり、さらに関係
性が悪化した」という点が「病院側の課題である」との意見であった。

● Ａさんの処遇の変更

　精神医療審査会による審査の結果、Ａさんが主張した「すぐに退院したい」という意思
は実現しなかった。しかし、精神医療審査会は、❶可能な限り早期に任意入院への変更を
行うこと、❷医療保護入院者退院支援委員会をＡさんが参加のうえで開催すること、❸退

院後生活環境相談員の適切な活用を図ることといった審査結果を通知した。そのことでA
さんの状況は変化した。

　当該病院では、精神医療審査会の審査結果を受けて、Aさんと妻が参加しての医療保護
入院者退院支援委員会が開かれた。そこでは基本方針として、Aさんと妻に、今後につい
て丁寧に説明を行うことから始めることが合意された。特に退院後の生活や職場復帰に関
する不安などは、退院後生活環境相談員であるB精神保健福祉士が中心となって対応する
と確認された。さらにAさんの状況に配慮しつつ、入院形態を任意入院に変更することに
なった。

現在の様子

● その後のAさん

　Aさんは、主治医をはじめとする支援者から、治療、退院までの道筋など、必要な情報
が得られるようになり、冷静に自身の状況を見つめることができるようになった。

　ほどなく精神状態が安定化したため任意入院に変更となり、休職中の会社にも準備的な
出勤を行うことが可能となった。任意入院中に週1回程度の短時間勤務から始め、経過を
観察しつつ、試験外泊を繰り返して退院となった。その間、主治医と会社側担当者との連
携はB精神保健福祉士が行った。

　現在、Aさんは短時間勤務制度を使いながら、週5日の勤務をしている。

● 病院の変化

　今回の精神医療審査会の介入は、Aさんの権利擁護と社会復帰を促進したが、それをきっ
かけに当該病院の意識や慣習の変化を促した。たとえば「原則、医療保護入院者の外出は、
家族等の同伴が必要」という院内ルールについては、「患者の症状に照らして個別具体的
に決められる[1]」こととなったのである。

　当該病院は医療保護入院者への制限を少なからず「一律」に決めていた。この点に問題
があった。指摘を受けて、病院は制限に関する院内ルールや医療保護入院者退院支援委員
会および退院後生活環境相談員の活用について、大幅に再考することとなった。B精神保
健福祉士が中心となり、精神医療審査会事務局のC精神保健福祉士が協力を行った。具体
的にはC精神保健福祉士がほかの病院の例などを提示し、病棟見学の仲介を行った。B精
神保健福祉士は病棟スタッフとともに、C精神保健福祉士から紹介された県内近隣の精神
科病院に訪問した。閉鎖病棟であっても安静度や自由度を、個々の状況や病状にあわせて
設けることで、制限が必要最小限で済むことがわかった。B精神保健福祉士は「近隣の病
院が、こんなによい実践をしているのを知らなかった」と認識を改めた。

　B精神保健福祉士は、「とにかく事故があったらいけない」と、極端に保護的な対応を
していたことに気がついた。さらに、「規則が多くて入院者の方々が不便になっているこ

とに気がついてはいたが、ついつい見逃してしまっていた。退院促進や権利擁護の役割があることに無自覚だった」と反省した。「Aさんの退院請求がよいきっかけとなった。これを契機にほかの保護的すぎる病院のルールを、病院一丸で見直したい」と力強く述べた。

4 演習課題

❶ 事例の記述からAさんの人柄や仕事ぶりについて想像してみよう。そのうえで、Aさんはなぜストレスをため込んでしまったのか。その理由を考えてみよう。

❷ なぜAさんの入院が当初の予定より長くなってしまったのか。その要因を、Aさんの「環境面」から挙げてみよう。

❸ 精神医療審査会の保健福祉士委員（精神保健福祉士）の面接前に硬い表情であったAさんが、面接後には表情が和らいだ。なぜそのような変化が出現したか、要因を挙げてみよう。

❹ 精神医療審査会の権利擁護機能について、この事例から医療委員、法律家委員、保健福祉委員の役割について考察してみよう。

❺ Aさんが退院請求をする前に、B精神保健福祉士は退院後生活環境相談員の業務として、本来何を行うべきだったのか考えてみよう。

5 ミニレクチャー

❶退院請求・処遇改善請求

退院請求および処遇改善請求は、措置入院、緊急措置入院、応急入院、医療保護入院の患者が行うことが想定されているが、任意入院でも請求できる。なお、心神喪失等の状態で重大な他害行為を行った者の医療及び観察等に関する法律（医療観察法）による入院は、この制度の対象外である。

退院請求は退院の請求を行うものであり、処遇改善請求は、隔離や身体拘束の中止のほか、閉鎖病棟から開放病棟への転棟を求めることなどが想定されている。さらに電話の制限や携帯電話の所持禁止、金銭や私物所持の制限、禁止などを緩和する請求などが対象である。

従来、精神科病院が患者の行動を制限することは当然とされ、それが

必要不可欠のものであるのか否か、検討・判断されない場合が少なからずあった。近年、精神科入院中であっても、携帯電話の所持を求める人が増えており、病院も制限は必要最小限で、また代替法がないか常に試行錯誤するという姿勢が求められる。

❷医療保護入院者退院支援委員会

退院支援委員会は、医療保護入院者の入院の必要性について審議する体制を整備するとともに、入院が必要とされる場合の推定入院期間を明確化し、退院に向けた取り組みを審議する体制をとる。国は対象者を❶在院期間が1年未満の医療保護入院者であり、入院時の入院診療計画書に記載した入院期間を経過する者、❷在院期間1年未満であって、委員会の審議で設定された推定入院期間を経過する者、❸在院期間が1年以上であって、管理者が委員会での審議が必要と認める者と定めている。

さらに入院から1年以上の医療保護入院者を委員会での審議対象としない場合は、具体的な理由（重度かつ慢性的症状を呈し、入院の継続が明らかに必要な病状であること等）を定期病状報告に記載する必要があり、具体的な理由がない場合には、原則として委員会での審議を行うことが望ましいとされている。

なお、本人に対しては「医療保護入院者退院支援委員会開催のお知らせ」の様式により通知し、出席希望の有無を確認すること、通知を行った旨を診療録に記載することが定められている。本事例のAさんは、同会議が午前中に行われたことで、「気分が沈んでおり、出席できなかった」とのことである。Aさんは「うつ」であり、朝方は体調が悪いことは配慮すべきであった。重要な会議であるとの説明がAさんにない等、Aさんの積極的な参加を前提としていない点も不適切であろう。

また審議すべき内容は以下である。

○審議内容
❶ 医療保護入院者の入院継続の必要性の有無とその理由
❷ 入院継続が必要な場合の委員会開催時点からの推定される入院期間
❸ ❷の推定入院期間における退院に向けた取り組み

前述のようにAさんは退院支援委員会を欠席した。国は審議内容について、出欠にかかわらず審議終了後できる限り速やかに文書で通知することとしている。本事例では文書をAさんに手渡してはいるものの、簡単な説明をしただけであった。

このような場合は、主治医から詳しく文書の説明を行う場を設定する

など、後述する退院後生活環境相談員であるＢ精神保健福祉士が、仲介や調整をすべきだったと思われる。

❸退院後生活環境相談員

精神保健福祉法第 33 条の４には「精神科病院の管理者は、（中略）退院後生活環境相談員を選任し、（中略）医療保護入院者及びその家族等からの相談に応じさせ、及びこれらの者を指導させなければならない」と規定されている。国は退院後生活環境相談員として有するべき資格の一つとして「精神保健福祉士」を挙げている。

退院後生活環境相談員は、退院に向けた相談支援業務、医療保護入院者の退院支援委員会の運営等、病院内の調整だけでなく、地域援助事業所の紹介に関する業務（第 33 条の５）地域援助事業者との連携（第 33 条の６）など、障害者総合支援法などの諸サービス利用に関する業務も行う。まさに、対象者が退院するための環境整備を行う「責任者」といえるだろう。

本事例ではＡさんの退院後生活環境相談員であるＢ精神保健福祉士は自身の「退院促進や権利擁護の役割に無自覚」だったことを認めている。Ｂ精神保健福祉士は、この経験から職能団体が行う研修会や、諸活動に参加する必要性を今、強く感じている。

◇引用文献
1）精神保健福祉研究会監『精神保健福祉法詳解』中央法規出版，p.401，2016.

◇参考文献
・日本精神保健福祉士協会「精神保健福祉士のための退院後生活環境相談員実践ガイドライン（ver.1.1）」2019.

【行政機関】

事例17 心のケアセンターにおける被災者支援とコミュニティの再生に向けた働きかけ

1 事例演習のねらいとポイント

・家族を亡くした深い悲しみにある人への精神保健福祉士による心のケアについて面接技術を習得する。

・自然災害などで急に生活状況に大きな変化が生じた人の心的ストレスの大きさを理解し、精神科医療でできることと生活支援のなかで回復を支えることの両面の必要性を理解する。

・民生委員、市町村の保健師等と連携する心のケアセンターの精神保健福祉士の業務を知り、アウトリーチ支援の方法を学ぶ。

・自然災害がもたらす地域構造の変化を想像し、地域再生に向けた取り組みの意義について想像できるようになる。

2 この事例を検討するための知識

・災害などにより喪失を経験した人への個別支援、特にグリーフケアについて復習しよう。

・喪失を経験した人にみられる症状と、それが生活に及ぼす影響について復習しよう。

・キューブラー＝ロスの提唱した「死の受容」のプロセス、心的外傷、PTSD について復習しよう。

・地域における多職種連携の資源と、その方法と課題について復習しよう。

・大規模災害によるコミュニティの変化と、再生の課題について復習しよう。

精神保健福祉士の勤める職場

　3年前の巨大地震ののち、Ｂ県から委託を受けて運営されている心のケアセンター。この地域では、地震後に大規模火災も発生し、被害状況が非常に複雑化した。避難区域に指定された地域に居住していた住民の避難生活も長期にわたり、多くの被災者はいまだストレスにさらされている。被災後、転居した住民も多く、従来の地域住民間のつながりは崩壊している。その一方で、地域再生のための取り組みも始まっている。

　ケアセンターでは精神保健福祉士が、看護師、保健師、臨床心理士、社会福祉士、作業療法士などと多職種チームを編成し、活動している。その内容は、人材の育成、心のケアに関する普及啓発、被災者への相談や支援、心のケアに関する情報収集と分析などである。

支援対象者

　Ａさんは現在52歳の女性。夫とは20年前に離婚して連絡はとっていない。3年前の大規模災害で当時22歳の一人息子を亡くし、今は一人暮らしである。

　Ａさんの暮らすＣ市は災害で一部壊滅状態になったが、Ａさんの自宅は被災せず、転居していない。しかし、結婚して夫とＣ市に転居してきたＡさんの親戚はみなＢ県内の遠方で疎遠で、Ｃ市内の知人も被災後散り散りになり、近隣に親しい人はいない。

問題の発生経過

　Ａさんは離婚後、近所のスーパーで長らくパート勤めをしていた。そのスーパーが、被災後休業していたものの、3か月前に再開にこぎつけた。Ａさんの働きぶりを買っていた店長が、また働いてほしいと声をかけたところ、Ａさんは腰痛を理由に断った。

　Ａさんの様子が気になった店長は、地元で付き合いもある民生委員のＤさんにＡさんについて相談した。Ｄさんの息子は亡くなったＡさんの息子の部活の後輩で、ＤさんもＡさんのことは気になっていたという。

　そこでＤさんがＡさんの自宅を訪ねると、Ａさんは玄関先で、「大丈夫」「たいしたことないから」と言うだけで、家に上げようとしなかった。そのときのＡさんは、以前息子たちの部活でよく見かけていたころと比べるとかなり痩せているようにも思えたが、かれこれ7、8年前のことで、Ｄさんもそれ以上踏み込むことはできなかった。

　しかしどうしてもＡさんのことが気になったＤさんは、顔見知りのＥ保健師の意見を聞

いてみることにした。Dさんの話を聞いたE保健師は、ひとまず会って話を聞こうとAさんに電話したが、やはり「大丈夫です」と断られてしまった。

Aさんが被災後、孤立していると思われること、周囲の援助に拒否的であること、体調や生活ぶりが不明なことから、E保健師は心のケアセンターに協力を要請することにした。

支援経過

● 精神保健福祉士と出会うまで

E保健師からの連絡を受け、心のケアセンターでは精神保健福祉士がAさんを担当することになった。精神保健福祉士はまず、これまで、民生委員にも保健師にも、Aさんはなぜ会おうとしなかったのか、ケアセンター内で意見交換を行った。また、ケアセンターの職員としては自宅訪問だけでなく、センターで話を聞くことも可能なため、Aさんがより相談しやすい場所はどこか、検討した。Dさんが玄関から上がれなかったこと、E保健師が訪問を断られたことを踏まえてである。

その結果、一度ケアセンターに来てもらおうと、精神保健福祉士はAさんに電話をした。E保健師からの依頼で腰痛の状態について話を聞きたいと言うと、最初は「大丈夫です」と断ったAさんだったが、希望があれば就労についても相談に乗れるし、自宅ではなくケアセンターでお会いしたいと提案すると、「それなら」と来談に同意した。

● 精神保健福祉士による個別面接の支援

Aさんは時間通りに一人でケアセンターに来所した。身だしなみは整っていたが、とても疲れた様子で、髪には白髪が目立った。まず、わざわざ出向いていただいたことをねぎらい、もともとはスーパーの店長がDさんに相談してE保健師に話がつながった、と伝えると、「そんなに皆さんにご心配いただいて申し訳ない」と涙ぐんで恐縮した。

ティッシュペーパーを差し出しながら、「おつらそうですね」と声をかけると、Aさんは、「いつまでもぐずぐずしている自分が嫌で……」と言葉に詰まり、しばらくは泣いてしまって言葉が出なかった。Aさんの様子が少し落ち着いたので、「何が一番おつらいですか？」と聞くと、3年前に息子に先立たれたことがつらかったはずが、最近はよくわからなくなってきた、とのことだった。しばらく沈黙が続いたところで、「そういえば、スーパーの店長には腰が痛いとお話しされたようですが」と尋ねると、「腰も何となくすっきりしないんですが、本当はもうやる気が出なくて。家もぐちゃぐちゃなんです。でも周りは復興、復興って言ってますし、もう今さら、息子の話もできない感じで、人と何の話をしたらいいか、わからないんです」と答えた。そこで「よかったら、息子さんのお話を聞かせていただけませんか？」と聞くと、Aさんは息子の話を語り始めた。20年前に夫と離婚して以来、母一人子一人で支えあってきたこと、新しい仕事が決まった矢先に大規模災害で亡くなってしまったこと、当初行方不明で、1か月経ってようやく遺骨が見つかったこと、

母親想いの優しい息子だったことなど、途中涙で途切れながらもＡさんはしっかりと話をした。精神保健福祉士は死の受容のプロセスを思い出しながら、ほとんど言葉を発することなく、傾聴に努めた。

● 精神保健福祉士によるアセスメント

　しばらく息子の話を聞いたところで、精神保健福祉士は、「やる気が出ない、とおっしゃっていましたが、体調はいかがですか」と聞いた。Ａさんが返事に困っていたようだったので、「睡眠とか、食欲とか」と付け加えると、「あまりよく眠れないです。夜もちょっとした物音ですぐ目が覚めたり、いまだに災害のときの夢も見ますし。食欲は、まあ、痩せられたのでちょうどいいです」とＡさんは答えた。さらに、「家の片づけがご負担なようですが、家事はいかがですか」と聞くと、「とにかくおっくうで。一人だと食事を作るのも面倒だし、洗濯物も大して出ませんから。もともとは息子も手伝ってくれていたので、それなりにきれいにしていたんですけど……」と息子の話題になりまた涙ぐんだ。

　少し間をおいて、精神保健福祉士が、「息子さんのことは本当におつらいと思います。息子さんに先立たれて、ご自分は生き残ってしまって申し訳ない、といったお気持ちはありますか？」と切り出すと、「もう、生きてる意味も張りあいもないです……」とＡさんは消え入るように答えた。精神保健福祉士が、「話しづらいことをお話しさせてしまってすみません。でも聞かせていただいて、どうもありがとうございました。こういったお話はこれまでどなたかにされていますか？」と聞くと、Ａさんは首を横に振った。そこで精神保健福祉士は、「長い間、お一人でいろいろな思いを抱えてらしたのですね。大変でしたね。できればこんな風にお話をまた聞かせていただきたいのですが」と伝えた。Ａさんはしばらく黙っていたが、「人に話してどうなるものでもないと思ってましたけど……。でも少し、楽になった気がします」と笑顔を作って答えた。精神保健福祉士が、「今日のように、ケアセンターに来ていただいてもいいですし、ご負担であれば、こちらがご自宅にお邪魔しますよ」と言うと、「そうですね、少し片付いたら、来ていただいたほうが楽かな。そのほうが家も掃除するかな」とＡさんが答えたので、「それでは、何度かお目にかかれればと思います。Ｅ保健師やＤさんには、今日お越しいただいたことをお伝えしておきますね」と、地域と連携しながら対応することをそれとなく伝えた。

　さらに精神保健福祉士は、Ａさんの抱える問題が心的外傷によるものかもしれないと考え、「それから、精神的にも体調的にも、かなり長い間不調が続いていらっしゃるようなので、一度医師に相談してみていただくのがよいと思いますが、いかがですか？」と提案した。災害時の心のケアを意識し、安易に専門用語を使ったりレッテル貼りをしたりしないよう、言葉遣いに十分に気をつけた。Ａさんが、「お医者さんって、精神科ですか？」と少し構えたようにみえたので、「よく眠れないことはもちろんですが、気分の落ち込みなども相談されるには、精神科がいいと思います。普段連携している信頼できる先生もい

らっしゃるので、ご紹介しますよ」と伝えると、それならと受診に同意された。

● 精神保健福祉士と多職種チームによる支援

Ａさんが帰宅したあと、精神保健福祉士はＥ保健師に連絡し、来談されたことと精神科受診を了承されたことを伝えた。Ｄさんへは、サービスにつながったことをＥ保健師から連絡してもらうことになった。地域でＡさんを支えられるよう、コミュニティワークを念頭に置いて、関係者と連携したのである。その３日後、Ａさんは精神保健福祉士が紹介した精神科を受診し、抑うつ状態とPTSDという診断を受けて投薬治療を開始した。

最初の面接から２週間後、２回目の面接を行った。「家が片付いていないのもあるけれど、知らない人が訪ねてくるとご近所で噂になりそうなので、自宅には来てほしくない」というＡさんの希望で、ケアセンターで相談を受けた。精神保健福祉士が、前回からの変化を尋ねると、「ずっと自分のなかに溜めていたことを人に話して、最初は何だかもやもやして、夢も見たりしたんです。でもそれをお医者さんに話したら、『そうやって少しずつ回復していくんですよ』って言われて、そんなものなのかなって。おかげさまで、物音で目が覚めることは少し減った気がします」とのことだった。

「少しでも楽になられたようで、よかったです。ところで、前回はお仕事の話まで行きつかなかったんですが、もともとＡさんにお会いするきっかけになったのは、以前お勤めだったスーパーへの復職を断られたことだったんですよね。今、お仕事の話をするのは、ちょっとこちらが急ぎ過ぎかなと思うんですが」と、精神保健福祉士が問いかけると、Ａさんは、復職できるかどうかというより、周りの変化に自分自身の気持ちがついていけていないことを突き付けられたようで、断ってしまったのだと語った。

精神保健福祉士は、被災者の心の動きを思い浮かべながら、「前回も、人と何を話していいかわからない、とおっしゃっていましたね」と語りかけた。するとＡさんは、「最初はよかったんです。でもしばらくすると、親戚は『いつまでも泣いていても仕方ない』とか『息子が浮かばれない』とか『そんな家は処分して、さっさと地元に帰ってこい』とか言うようになって。私、Ｃ市には結婚して夫と引っ越してきたので、知り合いのほとんどは息子のママ友なんですけど、会えばどうしても息子の話になりますし、そうこうしてるうちに皆さん避難先で落ち着かれて散り散りになってしまって。話す相手も話すこともないんです。あ、でも、あなたには結構しゃべってますね」と少し笑顔をみせた。

精神保健福祉士は、面接を継続すること、Ｄさん、Ｅ保健師、精神科医と情報共有しながら支援を進めることを確認して、面接を終了した。

● 地域の再生と個人の回復

その後もＡさんとの面接は定期的に行われた。精神保健福祉士が訪問すると自宅は小ぎれいに片付けられていて、「やっとここまでできました」と照れつつも誇らしげだった。また久しぶりに美容院に行ったら、なじみの美容師さんから声をかけてもらった、とうれ

しそうに語った。精神科での投薬治療は継続しており、不眠や食欲不振は改善してきていた。

その頃、以前Ａさんが勤めていたスーパーは、新たな課題に直面していた。Ｃ市では被災後、若い子育て世代が転出して、地元の人口が減少するとともに急速に高齢化が進んでいた。スーパーも半年前に営業を再開したものの、買い物に来られない高齢世帯が地域に点在する状況になったのである。店長は宅配サービスを拡充することにしたが、人手が足りず、社会福祉協議会のボランティアにドライバーのサポートをしてもらうことになった。

スーパーの常連客でもあるＤさんはこの話を耳にして、Ａさんが地域と再びかかわるきっかけになるかもしれないと考え、精神保健福祉士に相談することにした。話を聞いた精神保健福祉士が主治医に確認すると、「１日２、３時間、週２日程度ならいいだろう」という意見だった。そこでＤさん、Ｅ保健師とも相談し、まずは精神保健福祉士が打診して、Ａさんが了承すればＤさんと一緒に店長に会うことにした。

次の面談で、Ａさんが順調に回復していることを確認したうえで、精神保健福祉士からスーパーで人手を探している話をした。「パートを断ったのに……」と遠慮するＡさんに、「ひとまずボランティアでやってみてはどうですか。Ａさん自身にもお店側にも、お試し期間と思って」と持ちかけると、「そうですね、せっかくなのでやってみます」と了承した。

店長との面接の前日には、Ａさんから精神保健福祉士に「店長にはいろいろご心配かけてしまったのに、明日なんて言ってお詫びすればいいかわからない」と電話があった。精神保健福祉士は傾聴し、ロールプレイで挨拶の練習をした。面接当日はＤさんが同行し、久しぶりに顔を合わせたＡさんと店長は、握手して涙を浮かべながらお互いを懐かしんだ。

その後、Ａさんはドライバーのサポートとして週２回程度、スーパーの宅配のボランティアに携わっている。息子を思って涙が止まらないこともあるが、ボランティア仲間や宅配先のお客さんたちとの何気ない会話が、支えになりつつある。息子の思い出の詰まった家で、新しいつながりを築き始めた地域で、Ａさんは暮らしていくことを決意した。

４ 演習課題

❶ 事例の記述から、Ａさんの人柄や被災前と後の生活を想像してみよう。そのうえで、Ａさんがなぜ顔見知りの民生委員や行政の保健師に相談しなかったのか、考えてみよう。

❷ アウトリーチ活動を行ううえで、対象者の自宅でサービスを行う場合と、事業所に来所してもらってサービスを提供する場合、それぞれのメリットとデメリットを考えてみよう。

❸　息子さんの死と被災という喪失を体験したＡさんへの個別支援で
は、特にどんなことを心がければよいだろうか。

❹　Ａさんを精神科に紹介したほうがよいと精神保健福祉士が判断した
のは、なぜだろうか。Ａさんの言動のどの部分が気になるか、具体的
に拾い出してみよう。

❺　Ａさんについてスーパーの店長、Ｄさん、Ｅ保健師、精神科医と連
携する際、それぞれ①どのような情報を共有するか、②どのように役
割分担するか、検討しよう。

❻　災害によって、Ｃ市にはどのような変化があったか。Ｃ市の地域再
生にはどのような取り組みが必要か、考えてみよう。

5 ミニレクチャー

❶心のケアセンター

　心のケアセンターは、大規模な災害の発生時、地域の精神医療保健福
祉システムが機能不全に陥ったり、増大するニーズや災害時特有の事象
への対応に困難を抱えたりした状況において、地域の精神医療保健福祉
活動を補う存在として設立される機関である。これまでに、兵庫県（阪
神・淡路大震災）、新潟県（新潟県中越地震）、岩手県、宮城県、福島県
（東日本大震災）、熊本県（熊本地震）で設立された。

図3-2　Ａさんのエコマップ

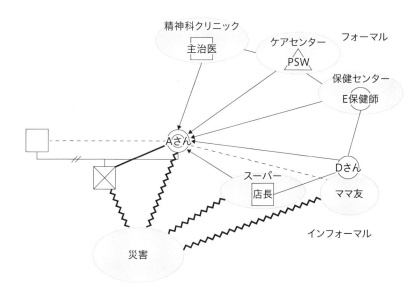

東日本大震災後の住民支援においては、訪問活動（アウトリーチ）による活動を主に行っている。被災者の多くは自ら精神的ケアを受けようとせず、中長期の災害支援では支援が必要な者に支援の手が届きにくくなるという問題が指摘されていて、被災3県の心のケアセンターはアウトリーチによる支援を重要な活動と位置づけている。そのほか、予防的な活動としての集団活動（サロン）なども積極的に実施している。

❷グリーフケア

グリーフ（悲嘆）とは、喪失に伴って発生する強烈かつ急性の悲しみである。さまざまな身体症状や精神症状を表出するが、多くの場合、時間の経過とともに減少する。喪失を体験すると、人は懐かしんだり、感情をあらわにしたり、受容したり、新しい状況になじんだり、という過程を経て、徐々に適応し回復していく。このプロセスを援助することをグリーフケアという。海外ではグリーフワークという用語は一般的ではなく、本人の回復の過程そのものをグリーフワークと呼ぶ[1]。

本事例では、精神保健福祉士が定期的に面接し、コミュニティで孤立していたAさんが回復のプロセスを経験する様子が描かれている。

❸アウトリーチ

手を差し伸ばす、という意味の英語で、現状の枠組みを超えてサービスや支援を提供することである。もともとは、さまざまな理由で支援機関に来られない対象者の元に出向いて、サービスについて情報提供する、という意味合いが強かった。最近では実際に現場に赴いて提供される支援についても使われる。

被災者は、自ら助けを求める希求行動をとらないことが多いため、精神保健福祉士は現地に出向くことがより求められる。

❹コミュニティワーク

地域社会における社会的な問題に対処し、社会的健康を高めるために用いられる技術で、問題やニーズの特定、原因分析、計画策定、必要資源の開発と調達、地域のリーダーのリクルートと、これらの活動の連絡調整を含む介入のプロセスである。継続的に地域社会のニーズを発掘し、迅速にサービスを提供できるような、仕組みづくりが重要である。

大規模災害では、避難生活などによるコミュニティの分断が指摘されることが多いが、すべての資源がなくなってしまうわけではない。災害後も生きている地域の力を速やかに把握し、それを活用することで、効果的かつ効率的な支援が可能になる。

❺被災者の心の動き

　災害発生後、被災者の心の状態は一般的に、段階を経て変化するといわれている。第1段階の被災直後（茫然自失期）は、恐怖体験のためにリアルな感情や感覚が感じられなくなったり、思考が混乱したりする。第2段階の急性期（ハネムーン期）には、被災者同士が劇的な災害の体験を共有し潜り抜けてきたという強い一体感で結ばれる。一見、被災者が災害後の生活に適応したようにみえるが、必ずしも心理的に回復しているわけではない。第3段階の中長期（幻滅期）では、災害直後の混乱が収まり、メディアや被災地外の関心が薄れる一方、被災者の疲労・忍耐が限界に達し、不満や怒りが噴出する。第4段階の再建期には、復旧が進み、生活のめどが立ち始め、被災者の多くは生活再建への自信が向上する。フラッシュバックなどが起きることもあるが、徐々に回復する。しかし、精神的支えを失った人や復興から取り残された人には継続的な支援が必要な場合もある。

❻災害時の心のケア

　災害は被災者の心に大きなストレスを与える。災害には、地震や水害といった天災や、大規模火災や事故、テロなどの人災がある。災害直後にみられる精神症状や身体症状の多くは、大きなショックを受けたときに誰にでも起こりうる反応である。被災者の大部分はコーピングスキルや周囲の支援で1か月以内に回復する。

　支援する際には、❶事前準備をしっかりして、災害の詳細、具体的な支援の情報などはあらかじめ収集しておく、❷「メンタル」「トラウマ」といった専門用語を安易に使わない、❸必要に応じて医療機関につなぐ、❹災害時要援護者といわれる子ども、高齢者、障害者、日本語を母語としない者、妊産婦、傷病者等に特に配慮する、❺支援者も二次受傷者になり得ることを理解してセルフケアに努める、といったことを心掛ける。

◇引用文献

1）Barker, R. L., *The Social Work Dictionary 6th edition*, NASW Press, p.386, 2013.

◇参考文献

・E. キューブラー＝ロス，川口正吉訳『死ぬ瞬間——死にゆく人々との対話』読売新聞社，1971.
・金吉晴編『心的トラウマの理解とケア 第2版』じほう，2006.
・日本医療社会福祉協会編『保健医療ソーシャルワークの基礎——実践力の構築』相川書房，2015.
・厚生労働省「みんなのメンタルヘルス総合サイト」 https://www.mhlw.go.jp/kokoro/
・日本総合研究所「平成30年度被災3県心のケア総合支援調査研究等事業報告書」，2019.
・日本赤十字社『災害時のこころのケア』日本赤十字社，2004.
・東京都福祉保健局『災害時の「こころのケア」の手引き』東京都福祉保健局，2008.
・国立精神・神経医療研究センター『PTSD（心的外傷後ストレス障害）』2020. https://www.ncnp.go.jp/hospital/patient/disease35.html
・Barker, R. L., *The Social Work Dictionary 6th edition*, NASW Press, 2013.

事例18 市町村の協議会（精神の部会）における障害福祉計画の立案

1 事例演習のねらいとポイント

・各市町村の協議会（精神の部会）の目的を知る。
・精神障害にも対応した地域包括ケアシステムの構築の概要を知る。
・精神障害にも対応した地域包括ケアシステムの構築に向けた地域課題のアセスメント、計画策定など一連のプロセスについて理解する。
・ネットワークの構築や協議の場の確保にかかわる市町村の精神保健福祉士の役割について学ぶ。
・精神障害にも対応した地域包括ケアシステムの構築に向けた保健、医療、福祉の連携の実例を学び、地域特性に応じた社会資源創出の必要性について理解を深める。

2 この事例を検討するための知識

・協議会について復習しよう。
・障害福祉計画について復習しよう。
・精神障害にも対応した地域包括ケアシステムについて復習しよう。
・社会資源創出について復習しよう。

3 事例の紹介

精神保健福祉士の勤める職場

　R県S市障害福祉課に勤務する精神保健福祉担当の精神保健福祉士。

R県には、政令指定都市が2市ある。S市は両市の中間にあり、人口減少とともに高齢化が進んでいる。2005（平成17）年度に1市、2町が合併し、沿岸部、平野部、山間部がある人口10万人のS市は誕生した。

S市は2012（平成24）年度から、地域の関係者が集まり、個別の相談支援の事例を通じて明らかになった地域の課題を共有し、その課題を踏まえて、地域のサービス基盤の整備を着実に進めていく役割を担うための、協議会を設置している。また、S市では2016（平成28）年度から、協議会の下部組織として、施策の遅れている精神障害領域および児童領域推進のために精神障害者部会と児童部会を設置した。

S市には、単科の精神科病院が1か所ある（200床、外来）。2004（平成16）年度にこのT精神科病院が援護寮（精神障害者生活訓練施設）と地域生活支援センターを設置することを試みたが、地元住人からの反対運動が起き中止となったという経過がある。障害福祉計画第1期から第4期の間で、S市の精神障害者を主な対象とする福祉事業所は、精神障害者地域家族会（以下、家族会）がNPO法人Uを設立し就労継続支援B型事業所1か所と地域活動支援センターを設置。市内知的障害者を主な対象とする社会福祉法人Vが、就労移行支援事業所1か所と就労継続支援B型事業所1か所、相談支援事業所（委託）を設置。隣接する市で活動している社会福祉法人Wが、就労移行支援事業所1か所と就労継続支援B型事業所1か所設置した。S市内には、一定の福祉事業所が設置されてきたが、居住支援としてのグループホームがなく、T精神科病院の平均在院日数は、全国平均を100日ほど上回る380日前後であった。

自立支援協議会メンバー・精神障害者部会メンバー

協議会のメンバーは、S市立病院医療ソーシャルワーカー（社会福祉士）、R県立特別支援学校教員、S市小学校代表、S市中学校代表、S市内福祉事業所相談員など（聴覚、知的、精神）、訪問介護事業所職員、地域包括支援センター介護支援専門員、精神障害者地域家族会相談員、民生委員児童委員協議会副会長、社会福祉協議会職員（社会福祉士）、障害者相談支援事業所職員（3か所）であった。

精神障害者部会のメンバーは、第1期から第3期の間に事業所を設置した法人等に依頼し、就労継続支援B型事業所から2人、就労移行支援事業所から1人、地域活動支援センターから1人、家族会から1人、T精神科病院から精神保健福祉士1人、社会福祉協議会から1人、民生・児童委員から1人の8人が部会委員となり、事務局を相談支援事業所（委託）の精神保健福祉士とS市障害福祉課の精神保健福祉担当者（A精神保健福祉士）が担うこととなった。この10人に、障害保健福祉課の主任（保健師）を加えた11人が部会のメンバーである。

　部会では、グループホームや就労支援体制・相談支援体制の充実について意見が交わされ、協議会に提案された。しかし、協議会では、かつてT精神科病院が援護寮（精神障害者生活訓練施設）および地域生活支援センターを建設しようとした際、地元から反対運動が起きたことに言及し、今回の件についても地元の意見を聞く必要があるのではないかという意見が出た。反対運動が起きた当時、自治会役員だった協議会のメンバーの民生委員児童委員協議会副会長から、「施設（援護寮）建設の必要性については、多くの住民は理解していたが、数名の反対住民がいたため、地元としては反対という意思を示すしかなかった」と当時の経過についての説明があった。

　最終的に「今回の就労支援・相談支援体制の充実が必要なことは理解できるが、居住の場であるグループホームとなると話は別、広く市民の考えを聞くべき」「小さな市であるため住民同士が対立してしまうような状況を再び作りたくない」という意見が交わされ、部会にて再度検討することとなった。

経過

● 調査の計画

　部会では、協議会の意見を受けて再度検討が行われた。実態把握のために調査を行い検討することが必要なのではないかとの意見が示され、精神科病院調査（聞き取りによる現状把握）と各事業所の利用者に抽出調査（聞き取りによるニーズ把握）を行うことになった。

● 調査の結果とパブリックコメント

　精神科病院調査では、現時点ではT精神科病院側から積極的には福祉事業所を設置する意向がないこと、一方でグループホームなど居住支援や就労支援、相談支援等が整えば、退院可能な精神障害者は一定数いることがわかった。また、各事業所の利用者調査では、就労支援の充実やグループホーム、アパート等で自立した生活を望む声が多数あった。その後行われたパブリックコメントでも、「他市と比較して遅れているS市の精神保健福祉施策を推進してほしい」という意見や、「精神障害者が市民として暮らすことができる町づくりを望む」という意見、「就労支援や雇用支援を進めてほしい」という意見や、「適切に精神科医療を受けることができる体制整備を進めてほしい」等の意見が10件近く寄せられた。

● 地域包括支援センター運営協議会から

　地域包括支援センター運営協議会から、介護支援専門員訪問時に、中高年の未治療と思われる同居家族を発見する事例が増えているという指摘が協議会および部会に示された（いわゆる8050問題）。

● 協議会への再提案

調査結果・パブリックコメントに加え、地域包括支援センター運営協議会からの報告、さらに家族会から親亡きあとへの不安と就労支援や居住支援を望む声が上がってきた。再度、第5期福祉計画に、グループホーム1か所、就労継続支援B型事業所1か所、委託相談支援事業所を基幹相談として、公的施設内に設置すること、精神障害にも対応した地域包括ケアシステムの体制構築に向けた準備のためのワーキングチーム設置を、協議会に再提案し、合意を得て第5期福祉計画が決定した。

● 精神障害にも対応した地域包括ケアシステムの体制構築に向けて

S市では、2016（平成28）年度に地域包括ケアシステム協議会を設置し、医師会、歯科医師会、薬剤師会、地域包括支援センター、身体・知的障害者施設、社会福祉協議会、民生・児童委員、相談支援事業所、行政（高齢者領域）等により、年4回協議会が行われていた。第5期障害福祉計画に入れた「精神障害にも対応した地域包括ケアシステムの体制構築」準備のために、この協議会に協議会および部会から各1名と障害福祉課担当者（A精神保健福祉士）も部会事務局の立場で陪席することになった。その後、部会の下部組織として、「精神障害にも対応した地域包括ケアシステムの体制構築ワーキングチーム」が設置された。

4 演習課題

❶ S市の「精神障害にも対応した地域包括ケアシステムの体制構築ワーキングチーム」が設置されるまでの経過を時系列で整理してみよう。

❷ 模擬精神障害者部会をロールプレイで演じるために、協議会の目的、模擬精神障害者部会の到達目標を設定しよう。

❸ 模擬精神障害者部会をロールプレイで演じてみよう。以下の様な手順で進めるために、役割は事前に決め、各自事前準備をしておこう。
役割分担例：市の担当者、就労支援B型、家族会、T精神科病院精神保健福祉士、社会福祉協議会、民生・児童委員
市の担当者役が1人では大変なときは、複数で担おう（A精神保健福祉士が進行、職員Bが進行補助、職員Cが板書等）。
市の担当者役は、模擬委員に協議会の目的、本日の達成目標を説明し、模擬委員に、以下のような質問をし、意見の集約を行ってみよう。
・模擬委員がそれぞれの選出母体の特徴と部会への期待（希望）を発

言するよう依頼しよう（自己紹介を含む）。

・精神障害者の地域移行が進まない理由は何か。

・どのような支援体制があれば、精神障害者が住みやすい市になるか。

・反対意見等の阻害要因に、どのように対処すればいいか。

・障害福祉計画（特に精神障害者を対象とした計画）を推進することは、それぞれの立場でどのようなメリットがあると考えるか。

❹ 模擬精神障害者部会の討議を踏まえて、振り返りを行おう。ロールプレイを行わなかった学生も積極的に参加し、気づいたことを発言しよう。特に、市町村の精神保健福祉士の役割について検討しよう。

❺ ここまでの振り返りを踏まえ、「精神障害にも対応した地域包括ケアシステムの構築」を推進していくためには、どのように保健、医療、福祉は連携していけばよいか、また精神障害者のニーズを実現していくために、社会資源はどのように創設していけばよいか検討しよう。

5 ミニレクチャー

❶協議会の機能と役割

　障害者自立支援法等の一部改正により、2012（平成24）年4月から法定化された協議会は、地域の関係者が集まり、個別の相談支援の事例を通じて明らかになった地域の課題を共有し、その課題を踏まえて、地域のサービス基盤の整備を着実に進めていく役割を担っている。

　具体的には、「委託障害者相談支援事業や基幹相談支援センターの事業実績に関する検証や評価」、「相談支援事業者等からなる相談支援に関する専門部会等における、個別事例の支援のあり方についての協議」、「指定特定相談支援事業者が作成するサービス等利用計画等の質の向上を図るための体制の検討」、「地域移行支援・定着支援を効果的に実施するための相談支援事業者、精神科病院、入所施設、保健所や地域の障害福祉サービス事業所等による地域移行のネットワークの強化や、障害福祉サービスの利用の組み合わせによる施設入所者の状況を踏まえた地域の社会資源の開発の役割強化」等の取り組みを地域の実情に応じて進めていく必要がある旨や、地域における障害者虐待防止等のためのネットワークの強化を図る必要がある旨が、通知により明確化されている。

　精神障害者が住み慣れた地域を拠点とし、本人のニーズに即して充実

した生活を送ることができるよう、入院中から医療・保健・福祉等で連携して支援が行える体制を構築していくこと等を目的とし、協議会の下部組織として精神障害者部会を設置する市町村もある。

❷障害福祉計画

厚生労働大臣の定める基本指針では、障害福祉計画の計画期間を3年としており、これに即して、都道府県・市町村は3年ごとに障害福祉計画を作成している。2017（平成29）年度からは定期的にその策定した地域障害福祉計画について、「調査、分析及び評価を行うように努める」ことが明記され、PDCAサイクルを踏まえた進行管理の必要性が示された。また、都道府県、市町村それぞれの障害者計画との調和が求められている。

障害福祉計画は、行政が作成しているだけのように捉えられがちであるが、精神障害の有無や程度にかかわらず、誰もが安心して自分らしく暮らすことができる共生社会の実現や、偏見や差別のない社会づくりの根幹となる。そのためにも、日ごろから関係団体との情報交換や、市民や当事者の声を把握しておくことが必要である。

❸関係機関とのネットワークの構築および市民や当事者のニーズ把握

事例では障害福祉計画の根拠となる実態調査とパブリックコメントを実施することになり、結果的に「精神障害にも対応した地域包括ケアシステムの体制構築ワーキングチーム」を設置することにつながった。厚生労働省は、標準的な協議会の構成員を、❶社会資源や地域における権利擁護、相談支援事業を担う関係者、❷障害当事者・団体の代表者またはその家族、❸相談支援事業者、福祉サービス事業者、保健・医療、学校、企業、高齢者介護等の関係機関、❹❶～❸に掲げるもののほか、地域ケアに関する学識経験を有する者と示している。

事務局担当者は、協議会委員委託のためだけでなく、精神障害の有無や程度にかかわらず、誰もが安心して自分らしく暮らすことができる地域づくり推進のためのネットワークを作っておくことが必要である。

❹社会資源創出

精神障害者を直接対象とした我が国の社会資源は量・質ともに絶対的な不足状況にあるといわれている。特に地域で精神障害者の自立生活を支援し、継続するための資源が不足している。

例として、静岡県浜松市における社会資源創出の取り組みを紹介する。浜松市では、精神保健福祉法制定時の1995（平成7）年当時、人

口60万人に対して、精神障害者授産施設が1か所のみで、精神障害者を対象とした作業所もグループホームも0か所という状況であった。精神科医療機関や施設の職員、精神障害者の家族などと情報交換をするなかで、誰もが住みやすい地域づくりを目指す市民参加型の組織をつくる必要性を感じ始め、地域の約25の団体（精神病院、企業、福祉団体、家族会、作業所、救護施設など）と約240名の一般会員の協力者を得て、1997（平成9）年に遠州精神保健福祉をすすめる市民の会〔E-JAN（Ensyu-Joyful-Action-Network）〕が設立された。この会の目的は、心の病をもつ人や、その他の障害をもつ人に対して、その社会復帰や社会参加の支援に関する活動を行うことで、2003（平成14）年にはNPO法人格を取得し、理解啓発活動（地域交流会、運動会、コンサート、絵画展、講演会、体験発表会等）、ボランティア養成、施設見学ツアー、職場のメンタルヘルス相談、ボランティア部によるバザー活動、自主制作ビデオ作成、会報発行、ホームページによる情報発信等を行った。また並行して、同地域で援護寮（精神障害者生活訓練施設）、精神障害者地域生活支援センターを開設した。遅れていた地域精神保健福祉活動を加速化させていくためには、重装備型の社会復帰施設とネットワーク型のNPOの両方が必要であると考えたためであった。

　その後、それぞれの活動は時に協働し、時に別の道を進み展開していく。NPO法人E-JANは2009（平成21）年度以降順次職員を配置して、

図3-3　NPO法人E-JAN組織図

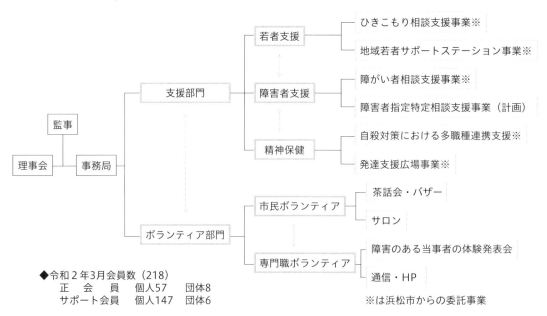

◆令和2年3月会員数（218）
　　正　会　員　　個人57　　団体8
　　サポート会員　個人147　　団体6

※は浜松市からの委託事業

障害者相談支援事業所、ひきこもり相談センター、若者サポートステーション、発達支援広場等を開設していった。また、子ども・若者支援プランや不登校支援協議会、就学支援委員会等、精神保健福祉活動と近接する領域のネットワークづくりや、児童相談所 OB や教員経験者らとともに NPO の設立支援やその後の協働により行政の補完機能を果たしていくことになっていった。

あらためてコミュニティソーシャルワークの視点を整理すると、❶個別ニーズを既存の社会資源に結びつける方法の模索、❷個別ニーズを充足するために新たに必要な社会資源を開拓するという 2 つの課題がある。常に法律や制度の狭間での地域課題を周辺機関と協力しながら、時に人材を発掘しながら、フォーマルなサービスだけでなく、インフォーマルなサービスを開拓していく問題意識をもち、ソーシャルアクションを起こすことにより、地域のキーパーソンとつながる可能性が拓ける。さらに子育てや環境問題といった一見精神保健福祉分野と異なる領域とのつながりが、社会関係資本(ソーシャルキャピタル)となり、共生社会の確立に寄与するだろう。

◇参考文献
・厚生労働省「相談支援の手引き 第 2 版」2005.
・田中英樹「コミュニティソーシャルワークにおける支援展開の方法(その 2)社会資源の活用と開拓」『コミュニティソーシャルワーク』第 6 巻, 2010.
・内閣府編『障害者白書 平成29年版』2017.
・全国社会福祉協議会「地域共生社会の実現に向けた地域福祉計画の策定・改定ガイドブック」2019.
・内閣府編『障害者白書 令和元年版』2019.
・厚生労働省「精神障害にも対応した地域包括ケアシステムの構築について」 https://www.mhlw.go.jp/content/12200000/000607970.pdf
・大場義貴「遠州精神保健福祉をすすめる市民の会(E–JAN)問いと解の螺旋──E–JANの20年とこれから」『精神障害とリハビリテーション』第20巻第 1 号, 2016.

事例 19

市町村における生活困窮者への地域生活支援

1 事例演習のねらいとポイント

・我が国の生活保護制度とその利用状況について学ぶ。
・生活保護に該当しないが、生活に困窮する人たちへの生活困窮者自立支援制度についての理解を深める。
・具体例を通して、障害福祉を担当する市町村の精神保健福祉士と生活困窮者自立支援制度の担当職員等との連携について学ぶ。
・市町村の障害福祉担当である精神保健福祉士の役割を理解し、医療や障害福祉サービスへのリンケージの方法について知る。
・生活支援において、精神保健福祉士が経済的支援を検討する際、どのように制度や施策を整理して情報提供すべきかについて知る。

2 この事例を検討するための知識

・生活保護制度の適用要件を復習しよう。
・生活困窮者自立支援制度を再確認しよう。
・高次脳機能障害がある人の障害特性と支援のあり方を復習しよう。
・高次脳機能障害がある人が利用可能な社会保障制度を整理しよう。

3 事例の紹介

 事 例

精神保健福祉士の勤める職場と日常業務

　A市は、人口約35万人の中核市で、障害者自立支援法（現・障害者の日常生活及び社

会生活を総合的に支援するための法律（障害者総合支援法））が成立した翌年の 2006（平成 18）年 4 月から、精神保健福祉士の採用に至っている。当時、A 市では 3 年後に保健所の設置を予定していたことと、かねてより精神障害がある人への体制づくりを検討していたのである。

そのようななか、A 市内の精神科病院で 10 年間の勤務経験のある B 精神保健福祉士が即戦力として採用された。B 精神保健福祉士は、市の障害福祉課に所属し、直接窓口を訪れる人たちへの相談支援、訪問支援、関係機関との連絡・調整、さらには、市の障害者計画（障害者基本法に基づくもの）や障害福祉計画（障害者総合支援法に基づくもの）の策定等の取り組みをしている。そのようなことからも、福祉事務所や、A 市が直接実施している「くらし安心相談室」（A 市独自の名称で、生活困窮者自立支援制度）、地域の障害福祉の事業所等とは、頻繁に連絡をとりあっているのである。

支援対象となるクライエント

C さん（50 歳、男性）は、元来真面目で成績優秀。地元でも有名な高校、国立大学を卒業後は、大手の広告会社の営業部門で働いていた。C さんは誠実であり、コミュニケーション能力に長けていたことから、34 歳で係長、39 歳からは課長というように、営業部門では異例の若さでの昇進を繰り返していた。

また、大学時代から付き合っていた彼女と、24 歳のときに結婚し、その翌年には長女、さらに、2 年後には双子の次女と三女を授かった。C さんは業界においても、凄腕の営業マンとして名が知られているほどの存在で、40 歳のときには、部下が 30 名ほどいた。

このような C さんは、周囲からすれば、順風満帆な日々を送っているように見えていた。

問題の発生経過

42 歳のとき、取引先の会社から苦情の電話が入り、部下 2 人を連れて急いでタクシーで移動している最中、交通事故に遭い、意識不明の重体になった。3 日間、意識が戻らなかったが、その後の経過は順調で、リハビリテーションにも積極的に参加し、2 か月後には職場復帰を果たした。しかし、仕事の多忙さもあり、C さんは医療機関への受診が滞りがちになっていたのである。

そのようななか、職場復帰をした 1 か月後、取引先との会議に C さんは無断欠席をした。失念していたのである。元来責任感が強い C さんだけに、取引先も寛容に接し、事なきを得たものの、その頃から、同様のことが頻繁に起こるようになった。

また、家庭内においても、これまで仕事のことはほとんど話したことがなかったのに、C さんは、「人間関係で疲れている」というようなことを妻に言うようにもなっていた。C さんはその後、体調不良を理由に仕事を休むことも増えるようになり、そして、44 歳

のときに退職するに至っている。Cさんは退職後、公共職業安定所（ハローワーク）を通じて何か所か仕事に行き始めるが、どこに行っても、「人間関係で苦しい」と言い、長くても半年以上続くことはなかった。

一方で、家庭内では不和が生じ始めた。そして、妻が働き始めて2年ほど経過したとき、協議離婚をしている。48歳のとき、Cさんは自宅マンションを妻の名義に変更し、家を出て、実家で暮らすことにした。離婚後は、子どもたちと月に1回会えることがCさんの生きる希望となった。

実家では、80歳の母との二人暮らしとなった。ところが母は、デイサービスに通っていたものの、2年後には特別養護老人ホームに入所するに至っている。その際、母を担当していたケアマネジャーは、Cさんに対して、「Cさんの今後の単身での暮らしが心配なので、生活保護を申請するといいと思います。よければ、A市福祉事務所に連絡を入れますが」と話した。Cさんは2日後に、迷いながらも「ぜひ、お願いします」と返答した。

支援経過

● 生活保護のケースワーカーから精神保健福祉士への依頼

Cさんは、生活保護を申請するためにA市福祉事務所を訪ねた。すると、最初にケースワーカーから保護の補足性の原理について説明された。そこでCさんは、「一戸建ての自宅は、デパートが立ち並ぶ市の中心駅から3分ぐらいのところに立地していて、土地が約80坪ほどあります」と答えた。また、預金も100万円ほど残っているということも話した。

福祉事務所のケースワーカーは、自宅の資産価値や、預金状況から生活保護は難しいものの、一定の支援の必要性を感じた。特に、Cさんの、「交通事故に遭うまでは、仕事がバリバリできていた」という言葉が気になった。また、生活が大変なことは伝わるものの、淡々と話をするCさんの姿からも、違和感を覚えた。そこで、A市障害福祉課のB精神保健福祉士に連絡をとった。

● 精神保健福祉士との出会い

B精神保健福祉士は福祉事務所の面談室で、Cさんに自己紹介をした。すると、Cさんは「以前は結婚しており、子どもにも恵まれ、幸せな暮らしをしていました」と話した。さらに続けて、「交通事故に遭い、職場復帰をしてから、複雑な仕事ができなくなって、約束を忘れてしまうことがあったんです」と、Cさんは吐露した。そこで、B精神保健福祉士が「そのことを医師に伝えましたか」と聞くと、Cさんは「また入院になるといけないと思い、退院してからはほとんど病院に行っていません」と話した。

また、母と同居しているとき、買い物はCさんの役割だったものの、「買い物をするとき、レジに並んでいると、すごく焦るので、お金の計算をしなくてもいいように、いつも1万円札を渡していました」ということまで、CさんはB精神保健福祉士に伝えた。

● 精神保健福祉士による訪問

　B精神保健福祉士は、在宅の様子を見ないことには生活実態がわからないと考えた。そこでCさんに了解をもらい自宅へ訪問した。すると、部屋の片隅には大きなバケツに硬貨が山盛りになって入っていた。Cさんに聞くと、「買い物をしたときのおつりをすべてバケツに入れているんです」ということだった。また、離婚した妻や子どもと一緒に撮った写真、会社員時代に営業成績から受賞した表彰状が何枚か飾られていた。B精神保健福祉士が写真や表彰状のことを尋ねると、Cさんは幸せそうな表情で饒舌に語った。一方で、日々の暮らしは、「困っているけど、誰に相談していいかがわからないので」と話した。また、「実家に戻ってきてから、月に一度子どもたちと会う以外は、ずっと家にいます」と、まさに、ひきこもりの状態にあることがうかがえる発言をした。

　B精神保健福祉士は、2つのリンケージを検討した。1つ目として、状況的に生活保護は現時点では困難なものの、生活困窮の状態にあると考え、A市の「くらし安心相談室」のD相談員につなぐ、ということ。一方で、話がところどころ、ちぐはぐになっていたりする様子から、2つ目として、交通事故以降の暮らしの変化に注目し、高次脳機能障害支援コーディネーターのEさん（以下、Eコーディネーター）につなぐ、ということ。

● 生活支援における支援会議

　1週間後、EコーディネーターとCさんは、A市の障害福祉課で面談をすることになり、これまでの経過から、医師の診察を受ける必要性を互いに認めた。そして、3日後に医師の診察を受けると、Cさんは高次脳機能障害の診断を告げられた。通常、こだわり、激しい感情の起伏、極端な金銭管理の変化、失禁等があると、高次脳機能障害に気づくきっかけになったりするが、もともとCさんがもっているコミュニケーション能力等で、障害部分が隠れていたのではないか、ということだった。B精神保健福祉士はCさんに対して、「これまで障害がありながらも、よく仕事や日々の暮らしに取り組んできましたね」とねぎらった。するとCさんは、これまでのことを振り返りながら、「ほっとしました。職場に戻って1か月ぐらい経ったとき、部下から注意されたことが悔しかった。自分はダメな人間になったと落ち込んでいたけど、それは障害のせいだったとわかり、安心しました」と安堵した。そこで、B精神保健福祉士が「みんなで知恵を出しあい、今後Cさんにとって、よりよい生活を考えましょう」と言うと、Cさんは「ぜひ、お願いします」と答えた。

　そこで、B精神保健福祉士は、Cさん、D相談員、Eコーディネーターの4人で、支援

ⅰ　生活困窮者自立支援制度では、利用者側が生活困窮にあると判断すれば、基本的に制度の対象として認めている。そのようなことから、絶対的な基準はない。かたや生活保護の適用は厳格な基準により保護の要否が決定される。

ⅱ　2006年から、高次脳機能障害支援普及事業の取り組みの一つとして、各都道府県に支援拠点機関を設置し、そこに高次脳機能障害支援コーディネーターが配置されることになった。役割としては、専門的な相談支援、保健医療福祉のネットワークの構築等である。

会議を開催した。するとCさんは、B精神保健福祉士に対して、「使える制度をすべて教えてください。私自身、もっと早く『高次脳機能障害』ということがわかっていたら、違う人生があったと思っています」と語った。

● 利用可能な社会資源の活用

　支援会議では、Cさんの思いを参加者全員で共有した。まずEコーディネーターは、Cさんを診察した医師の見解を伝えた。それによると、Cさんの障害は一見、目立ちにくいものの、実際は障害年金の障害等級でいえば、2級相当の可能性があるということだった。また、D相談員は、家計改善支援として、金銭の使い方について支援できることを伝えたうえで、「まずは、金銭管理について一緒に考えましょう」と提案した。

　これらのことを踏まえ、B精神保健福祉士は、「自立支援医療の申請をすぐにでも実施するといいと思います」と話した。また、Eコーディネーターは、8年前の交通事故のときに受診した医療機関には、医療ソーシャルワーカー（以下、MSW）がいることを伝えた。そこで、B精神保健福祉士は、「MSWに窓口になってもらい、8年前に高次脳機能障害という診断名がついてなかったとしても、初診日証明がとれれば、精神障害者保健福祉手帳（以下、手帳）、障害厚生年金の請求ができると思います」と話した。加えて、「Cさんの交通事故が、労災認定を受けているので、労災からの障害補償給付の可能性も追求しましょうか」と問うと、Cさんは、「ぜひとも、お願いします」と答えた。

　また、「手帳の1・2級が取得できれば、A市では条例により、医療費助成があるので、全診療科の医療費が無料になります。さらに、手帳の等級を問わず、A市内に乗り入れているバスの料金が半額割引になります」と、B精神保健福祉士は情報提供をした。

● 日中活動としての働く場

　支援者たちとの面談を重ねるなかで、Cさんからは「どんな形でもいいので、働く場がほしいです」という思いが語られた。そのことに対して、D相談員からは、就労準備支援事業、さらには、登録している事業所での中間的就労を紹介できることが話された。それに対して、Cさんも関心を示した。そのようなとき、Eコーディネーターから、「中間的就労の前段階の福祉的就労として、A市の隣の政令指定都市のF市には、高次脳機能障害のある人が主に通う、就労継続支援B型事業所がありますよ」と話された。さらに、EコーディネーターはCさんに対して、そこで発行している会報を見せ、「これは利用者の方が作っているんですよ」と伝えた。会報のなかには、普及啓発のために、民生・児童委員の

---

iii　傷病と業務との因果関係が認められれば、健康保険や厚生年金保険よりも手厚い給付を労働者災害補償保険から受けられることになる。精神保健福祉との関係でいえば、うつ病や自殺が労災認定されることがある。

iv　医療費の自己負担を、基本的に0負担にする制度。精神障害者保健福祉手帳1・2級といった条件によって、一部の自治体が条例等により助成している。

研修会や高校等へ出向き、利用者が体験談を話している写真と、高校生の以下のような感想文が掲載されていたのである。「私は障害がありながらも、前向きに生きている方々の話から勇気をもらいました」。

この記事を見つけたとたん、Ｃさんの表情が変わった。Ｃさんは、「自分が活かせる」と気持ちが高ぶったようだった。また、Ｂ精神保健福祉士より、「手帳が取得できれば、Ｆ市の地下鉄や市バスは、市外者も半額割引になります」と情報提供された。Ｃさんは、これらの公共交通機関の運賃割引制度にも後押しされ、「ぜひ、行きたいです」と見学希望をした。

● **現在の様子**

Ｃさんは現在、くらし安心相談室に、２週間に１回ぐらい来て、近況や、昔の思いを語っていくそうである。Ｃさんは離婚後実家に帰ったとき、「預金が破綻（はたん）することが怖かったけど、誰にも相談できなくて」と、当時の思いをＤ相談員に語ったことがあった。そのことから、家計改善支援員とＤ相談員が、自宅に訪問して、バケツに入っている硬貨を計算すると、20万円近くあったという。それらを整理しつつ、１か月の消費支出を計算すると、Ｃさんは「消費額がわかると目途が立つので安心です」と今では語っている。

また、手帳は、２級を取得することができたので、医療費助成によって、すべての医療機関での自己負担がなくなった。また、障害厚生年金は３級だったものの、月額約15万円の支給がある。ただし労災は、障害補償給付の請求に取り組んだものの、事故から８年が経過している等の理由から難航しており、いまだに見通しは立っていない。Ｃさんは、「しっかり働けるようになったら、障害年金は支給停止になるかもしれないので、これまで通り、Ｄさん（相談員）と相談しながら、家計管理をします」と笑顔で語っている。

加えて、Ｆ市にある就労継続支援Ｂ型事業所には、見学した日の翌週から通い始め、「毎日が楽しい」と話す。月額、約３万円の作業手当を受けている。Ｃさんは、「特に気にいっている作業は、会報づくりです」と言う。それと、普及啓発の講演依頼が事業所にあると、常に立候補し、自身の半世紀にわたる人生を語るそうである。

「私はこれまで、真面目に勉強して希望の大学、会社に入った。そこで、一所懸命働いた。仕事も家庭も大事にしてきた。そのようななか、交通事故に遭い、そして、障害が残った。でもそれも、私にとっては必然の出来事だったのかもしれません。これからの人生、今までの自分の経験を活かした生き方をしようと思っています」というのが、決まって、Ｃさんの体験談の締めの言葉である。そして、最近は次のように続けている。「社会人になった娘たちや、別れた嫁さんと会うときにも、ちょっとおしゃれをして、一緒に食事をするのが楽しみです。今では、自分が取り組んでいることや想いについて、自信をもって娘たちに語れています……」

❶ Cさんは当初、ケアマネジャーから勧められて生活保護の申請に福祉事務所を訪れている。その際、どのような思いで、福祉事務所に来たのかについて想像してみよう。また後に、B精神保健福祉士を紹介されて以降、なぜ精神保健福祉士の話に耳を傾け続けているのかについて考えてみよう。

❷ 生活保護を受給したり、障害年金や精神障害者保健福祉手帳を取得することと、スティグマとの関係について考えてみよう。

❸ ピアサポートがスティグマの解消に役立つとしたら、どのような状況の場合だろうか。①障害受容の葛藤から障害年金の受給を拒否する者と、②かつてそのような状況にありながらもすでに障害年金を受給し障害年金の意義を感じている者、さらには、③精神保健福祉士の三者によるロールプレイを実施してみよう。

❹ 精神保健福祉士が社会保障制度の情報提供をする際、事前に保有しておくべき知識や技術とはいかなるものかについて考えてみよう。

❺ 精神保健福祉士が、利用者のディマンドとニーズを踏まえ、今および未来を志向し、保健医療福祉の制度やサービスにリンケージする際の方法と留意点について考えてみよう。

❻ 経済的支援を、①所得保障、②出費の軽減の2つに分類するとすれば、どのようなものが含まれるだろうか。また、障害厚生年金の新規請求や、等級改定請求の方法についても調べてみよう。

5 ミニレクチャー

❶生活支援におけるリンケージの意義と役割

　生活支援を展開するにあたって、精神保健福祉士と精神障害がある人（以下、本人）との二者関係で完結することは少ない。多くの場合、リンケージとして、他機関や他の支援者等につなぐことによって実現する。その際、本人の事前の承諾を得ておくことが必須となる。また、リンケージの必要性について、精神保健福祉士と本人が理解をしておくことが肝要だといえる。それは、リンケージによって、生活支援がより効果的、効率的に提供できることが見込まれるからである。その結果、本人から

すれば新たな支援者を増やすことになり、次のステージにチャレンジできる貴重な機会となる。また、従前の支援者とも関係が完全に切れるわけではないので、本人にとっては重層的な支援が期待できるのである。

❷制度や施策の活用方法

生活支援においては、経済的支援、居住、就労等の制度や施策を活用することが求められる。その際、医療保険でいえば、保険優先、法律、条例等の順番に利用することになる。たとえば、健康保険で医療費が3割負担となり、次に自立支援医療により1割負担となり、残りの1割を市町村独自の医療費助成によって減免を追求する、という流れである。精神保健福祉士は、このように❶制度や施策の仕組みを理解し、❷精神障害がある人や家族はスティグマ等をはじめアクセスしづらい部分が少なくないということを踏まえ、支援にあたることが大切となる。また、❷については、ピアサポート等にリンケージすれば、体験談を聞くことによって身近に感じ、制度や施策につながることも少なくないといえる。

❸生活保護における保護の補足性の原理

生活保護は我が国において、社会保障のなかで最後の砦として位置づけられる。そのことから、生活保護を申請する人が、最低限度の生活を維持するために、さまざまな可能性を探ることが前提となる。具体的には、以下の4つから構成されている。❶資産活用として、生活費に充てることが可能な有価証券や家屋等の多寡、❷能力活用として、稼得能力の可能性、❸他法優先として、障害年金をはじめとする他制度等からの運用、❹扶養義務の履行として、直系血族や兄弟姉妹等からの扶養の可能性というものである。なお、実施にあたっては、ミーンズテスト（資力調査）が行われることになる。そのうえで、生活保護の要件に該当すれば生活保護基準額と照合し、その差額が補足的に給付されるのである。

❹生活困窮者自立支援制度と精神障害者支援の関係

生活困窮者自立支援制度は、経済的な問題があれば幅広く利用できるという制度である。支援内容としては、❶自立相談支援、❷住居確保給付金、❸就労準備支援、❹家計改善支援、❺一時生活支援、❻子どもの学習・生活支援等となっている。なお、❸〜❻は任意事業である。一方で、精神障害がある人は、たとえば、東京都の生活実態調査において、年収100万円未満の者が約6割というように、経済的に厳しい状況に置かれている。[1]

◇引用文献
1）東京都福祉保健局『平成30年度「障害者の生活実態」』p.204, 2019.

第3章 支援の場に応じた相談援助の理解

【行政機関】

事例20 基幹相談支援センターにおける障害者虐待防止法に基づく取り組み

1 学習のねらいとポイント

・障害者虐待の防止、障害者の養護者に対する支援等に関する法律（障害者虐待防止法）について学び、虐待とは何かということに関する理解を深める。
・施設という密室で起こる虐待の原因について考える。
・虐待が通報されたあとのプロセスについて理解し、施設に勤務する精神保健福祉士としての対応について学ぶ。
・虐待を繰り返さないためにとるべき対策について考える。

2 この事例を検討するための知識

・障害者の人権に関係する法律（障害者権利条約、障害を理由とする差別の解消の推進に関する法律（障害者差別解消法）など）について復習しよう。
・障害者虐待防止法について理解しよう。
・障害者の日常生活及び社会生活を総合的に支援するための法律（障害者総合支援法）について復習しよう。
・精神保健福祉士の倫理綱領について復習しよう。
・経済的支援（障害年金や生活保護など）に関する制度やサービスについて復習しよう。

3 事例の紹介

事 例

基幹相談支援センター

　障害者基幹相談支援センター（以下：B相談支援センター）がある地域は、人口約20万人の中核市である。官庁街や昔ながらの商店街がある一方で、田園地帯や山もある自然豊かな地域である。障害者相談事業所や障害福祉サービス事業所の数も県で一番多く、市外からの利用もある。

　B相談支援センターには、社会福祉士、精神保健福祉士の資格をもつ職員が6名配置されている。市から社会福祉法人へ委託されている事業である。

　B相談支援センターの機能は、

❶　総合的・専門的な相談機関として、障害児者の個別相談・計画相談などの総合支援、情報収集・発信、ピアカウンセリングの実施、24時間体制の相談対応を行っている。

❷　地域の相談支援体制強化にも力をいれ、関係機関との連携を強化することを目的に教育分野、子ども分野、医療分野等の人たちと福祉分野の合同の交流会を企画・開催、相談支援事業者への専門的指導等では研修会の企画・事例検討会などを開催、障害者自立支援協議会の運営等を担っている。

❸　地域移行・定着支援促進に向けた取り組みも行っている。

❹　権利擁護・虐待防止に向けて、成年後見人制度の利用支援や障害者虐待防止センターとの連携を図っている。虐待防止研修等の企画運営を行っている。

　B相談支援センターでは、障害者支援を総合的に担っているため、相談内容も、医療サービスや福祉サービスに結びついていない人、重度の医療的ケアが必要な人、障害児への相談支援、障害者と家族の支援など、相談窓口としてさまざまな相談に対応している。

支援対象となるクライエント

　統合失調感情障害と軽度知的障害のあるAさん（60代、女性）。

　家族は、両親とAさん。両親は一人娘のAさんを大切に育ててきた。小学校、中学校と普通学級に通い、高校は特別支援学校で教育を受けた。高校卒業後、Aさんは、高校からの紹介でスーパーに勤めたが、ほかのパートさんと人間関係がうまくいかなくなり1年で退職となった。しばらくは家にいたが、家族や高校の先生と話しあい、家から通える作業所を利用することになった。

　しかし、通所開始から1年経った頃から、急に怒鳴ることや泣くことが多くなり、「み

んなで私のことを馬鹿にして」「私の考えていることがみんなに伝わっている」などと言い、生活もお風呂に入らず、「お風呂に入っていないから作業所には行けない」と言い、通所が難しくなっていた。眠ることもできなくなり、母親に付き添われて精神科病院を受診し、入院となった。それからは、在宅と入院、デイケアを利用しながら生活を続けてきた。

　生活は、Ａさんが50歳ごろに父親が病気で他界し、それからは母との二人暮らしを続けてきた。経済的にも父親の死後、母親の年金とＡさんの障害者年金で暮らし、生活は母親がほとんど家事全般を行い成り立っていた。その間も、入退院を繰り返し、病院の精神保健福祉士等も相談にのっていた。母親も高齢になり、病院の精神保健福祉士は介護保険のヘルパー利用やＡさんへのヘルパー支援も考えていたが、母親とＡさんは「ほかの人に家に入られたくない。何とか自分たちでできる」とサービスの活用には消極的であった。しかし、同居していた母親が急に体調を崩し入院、Ａさんも症状が悪化し、生活ができなくなり入院となった。そして、母親は体調の回復は見込めず、亡くなってしまった。

　Ａさんの入院が長期化する前に、在宅での生活を可能にするため、病院の精神保健福祉士はＢ相談支援センターの精神保健福祉士を紹介し、Ａさんも含め、三者で退院後の生活について話し合いをした。Ａさんは、自宅に帰ることを希望したが、今まで一人暮らしの経験がないこともあり、精神保健福祉士は、たまには家の様子を見に行くことを含め、一人暮らしができるように宿泊型自立訓練施設や地域活動支援センターを利用することをＡさんに提案した。Ａさんも最初は渋っていたが、入院しているよりは好きなときに好きなものを食べたいし、好きなことをやりたいと前向きに考えはじめ、宿泊型自立訓練施設への入所と地域活動支援センターを利用することになった。退院準備中に生活するための生活費や医療費などについても相談をした。

　支援計画として、日中は週3日、地域活動支援センターを利用し、帰宅後は自立訓練施設で食事や家事等の日常生活能力を向上するための支援を受けることになった。週に1回は、自宅に行ってみることも計画にいれた。自立訓練施設は、利用期間が原則2年と定められている。生活能力等の維持や向上を目的に地域移行の促進を図ることを目的にしているため、自立訓練施設の支援者とともに生活技術を身につけ、その後の家に戻っての一人暮らしができることを目標とした。

問題発生経過

　自立訓練施設（以下、Ｃ訓練施設）では、規則正しいリズムで生活をすることを目標にしているので、起床時間や食事の時間等はほかの人たちと同じように過ごすことが求められていた。

　ある朝、Ａさんは気分の落ち込みと体のだるさから、起きる時間になっても布団から出ることはできず、日中活動で通所している地域活動支援センターを休みたいと職員に訴え

た。職員からは「行けば楽しく過ごせるからね。規則正しい生活を身につけるためにも休まず行ったほうがよいですよ。ほかの人は休まず通っていますよ。この間も休んだけど、食欲はあったみたいだし……」「ここでのルールは守りましょう。自分で決めた計画でしょ」と言われてしまった。事務所で職員がほかの職員に「Aさんは怠けているだけだよね」と言っているのを耳にして傷ついた。それでも仕方なく地域活動支援センターに行った。地域活動支援センターでも何もやる気は起きず、横になって過ごしてきた。C訓練施設に帰ってきてからも食欲はなく、「夕食を一緒に作りましょう」と声をかけられるが、「ご飯はいらない。食べたくないから、今日はいいです」と答えるが、「ご飯を食べないと元気が出ませんよ」と言われてしまう。このことがきっかけになり、Aさんは大声で「私の悪口ばっかり言って、食べたくないって言ってるでしょ！」と声をあげ、事務所のドアを強く閉めた。職員は、Aさんの居室に来て「大声出してどうしたのですか。ほかの人に迷惑でしょ。ご飯を食べたくないなら勝手にしなさい。好きにしたらいいですよ」とAさんの居室のドアをぴしゃりと閉めてしまった。その後、Aさんが部屋を出ても職員とは挨拶だけ、必要最小限の話のみになり、職員からの声かけも少なくなり、Aさんは施設の中で孤立した状況になった。

C訓練施設では、夜間や休日などは施設内で過ごし、仲間と同じ行動を求められ、たまにゆっくりしたいと思っても「みんなで決めたことだから、一緒に行いましょう」と言われる。料理や掃除等の練習でも「お母さんがほとんどしてくれていたんですね。これから覚えなくてはね。自立生活ができないですよ。一人暮らしはできないですよ」「また入院するしかなくなりますよ」と言われた。週1回は、家の様子を見に行くことができるはずだったが、それも行くことができなくなっていた。

生活も何もやる気が起きなくなり、お風呂に入ることも面倒くさくなっていった。

C訓練施設の職員に、「状態が悪いときは、ゆっくり横になりたい。自分のペースで生活したい」と相談すると、「病院に連絡をしてみましょうか。入院してゆっくり過ごしますか」と言われ、入院はしたくないのに、誰も私のことをわかってくれない、こんなところにいたくないと思い、Aさんは、B相談支援センターの精神保健福祉士に相談の電話をかけた。そして、「職員の暴言に傷つけられた」「自分の意見を聞いてもらえない」「体調が悪いと相談するとすぐ入院と言われる」「無視されている」と訴えた。

支援経過

● 基幹相談支援センターの精神保健福祉士のかかわり

精神保健福祉士はAさんからの相談を受け、虐待にあたる可能性があることを考え、市町村障害者虐待防止センターに通報をした。

精神保健福祉士は、Aさんからの相談に早期に対応するためAさんに直接、話が聞きた

いとの希望を伝え、日中利用している地域活動支援センターで会うことを提案し、予定を組むことにした。精神保健福祉士は、地域活動支援センターに連絡をいれ、Ａさんが利用している日にＡさんと話がしたい旨を伝え、場所を借り、相談を受けることにした。Ａさんと会うと疲れもみられ、睡眠不足が続いていることや食欲もなくなっていることから、すぐにかかわることが必要と判断した。場合によっては、入院も必要だが、Ａさんは入院をしたくないと言っている。Ａさんからは、「自立支援施設の職員は私ばかりに怒る。私のことを馬鹿にしている。何もできないくせにと思っている。あそこでは、学校みたいにみんなが一緒に行動することを求められる。私は嫌だ。ほかの利用者さんは楽しそうだけど、私は楽しいときばかりではない。私のことを理解しようとしない。話を聴いてくれない。職員から私に話しかけることは少なくなった」など今まであったことを訴えてきた。精神保健福祉士はＡさんの訴えをまずはじっくり聴き、Ａさんのつらい思いや憤りを感じた。

● 市町村虐待防止センターの立ち入り調査

市町村虐待防止センターの職員と基幹相談支援センターの職員は、Ｃ訓練施設の職員の利用者への対応について、通報があったことからＣ訓練施設の職員数名に聞き取り調査を行った。

施設職員からは、プログラムも利用者が身につけたいことを実践しているとの話があった。

ほかにも、「利用者は、皆さん楽しそうに行っているし、集団行動をすることで仲間意識も生まれている」「利用者によっては、気がのらないときもあるが可能な限り、リズムを崩さないように働きかけている」「悪いことをしたときは、反省をしてもらい、自分の行動を自分で考えてもらうようにしている。利用者から話をしてくるまで待っていることもある」などの話があった。

Ｂ相談支援センターの精神保健福祉士から、利用者のなかには早めの対応をすることで体調を自己管理している人もいることや、休むことで体調やリズムを整えていること、すべての利用者がいつも一緒に同じことを望んでいないこと、利用者一人ひとりの障害特性や個性があること、待つことと無関心になることは別であることなどを伝えた。さらに、利用者のなかには言葉によるコミュニケーションを行うことが難しい人も多いことや職員に遠慮している人もいること、職員の顔色を見て生活している人もいることを理解する必要があることを話した。

職員たちは行っているプログラムやかかわりについて、虐待としての意識はなく、教育訓練であると考えていた。以前のＣ訓練施設では、皆が同じことを一緒に行うことが当たり前であり、よい方法として理解されていた。また、以前は知的障害者が中心の入所施設であったため、障害者総合支援法から精神障害者も対象に含まれたが、精神障害者の疾病や障害特性への理解が乏しく、利用者が傷つくかかわりにつながったことがわかった。

　施設の職員からは、施設としてよいと思ってかかわっていることが、利用者にとって苦痛になっていることもあると気づいたこと、今まで利用者からは誰も何も言わず楽しそうに生活しているので今のままでよいと感じていたことなどが話された。

　調査を行うなかで、今回は虐待認定にはならないが虐待防止に向けての体制づくりが求められた。

● 虐待防止に向けての体制づくりへのＢ相談支援センターの精神保健福祉士のかかわり

　精神保健福祉士はＣ訓練施設の虐待防止の体制づくりに協力することになった。

❶　Ｃ訓練施設の運営規定への定めと職員への周知

　施設では、障害者虐待防止法が施行され施設の運営規定にも定められていたが、職員の誰も読んだことがなかった。このことについては、管理者の責任であり職員への周知がされていなかったことがわかり、早急に確認を徹底することになった。

　また、利用者や家族、外部の人に対してもわかりやすいパンフレットづくりを行うことにした。精神保健福祉士は、職員への周知をどのように行うかを一緒に考え、周知されたかどうかの確認を行った。また、パンフレットづくりについてもＣ訓練施設の職員ととともに作成した。

❷　虐待防止委員会の設置

　管理者が責任をもって、虐待防止に努めることになった。虐待防止のための計画づくり、虐待防止のチェックリストを用いて日常のかかわりや施設環境の振り返りを行うことにした。

❸　虐待防止のための研修

　また虐待防止や人権意識を高めるための研修、障害について理解を深める研修、知識と技術を高めるための研修、事例検討会、職員のメンタルヘルスのための研修等を定期的に行うことにした。利用者や家族に対しての研修も大切なことであることが共有された。

　Ｃ訓練施設の管理者やサービス管理責任者とＢ相談支援センターで定期的に話しあいをもつことを提案し、全職員に対して虐待についての研修、かかわりについてのスーパービジョンを実施することになった。精神保健福祉士は、研修やスーパービジョンに積極的にかかわった。

現在の状況

● 個別支援計画の見直し

　Ａさん、Ｃ訓練施設、Ｂ相談支援センターとの話し合いにより、再度、Ａさんの利用計画の見直しが行われた。計画の課題のなかに、Ａさんから相談できる機会が設けられた。

週に1回、定期的に支援員も個別の時間を取り入れることになった。ほかの利用者とすべて同じプログラムではなく、Aさんに合わせたプログラムも導入し、一緒に作成していくことも盛り込まれた。

● 個別の支援

　Aさんとは、B相談支援センターの精神保健福祉士として、個別の相談を継続し経過をみていくことになった。必要に応じて、相談支援専門員を中心に、医療機関の精神保健福祉士、C訓練施設、地域活動支援センターとも連携し、Aさんを中心に今後についてチームで支援体制づくりをする。

● 現在

　Aさんは、毎週職員と話ができることで、お互いに"わかっているつもり"からくる誤解も少なくなってきた。不安に思っていること、嫌なことなどを諦めず伝える姿勢もみられるようになってきた。Aさんが相談できる人が増え、安心して暮らせる環境が少しずつ整ってきている。

演習課題

❶　Aさんの日常生活や生活のしづらさについて考えてみよう。

❷　施設内での虐待はなぜ起こるのか考えてみよう。

❸　虐待の早期発見、早期対応について、どのようにかかわっていくことが必要か考えてみよう。

❹　利用者や家族に障害者虐待防止法について説明してみよう。

❺　養護者（養護する者、家族等）による障害者虐待について考えてみよう。

❻　使用者（障害者を雇用する事業主）による障害者虐待について考えてみよう。

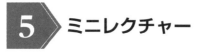

ミニレクチャー

●障害者虐待に対する施設内虐待への対応

❶　精神障害者や家族のなかには、「お世話になっている」という意識から、医療機関や相談事業所、サービス提供事業所の対応について疑問に思うことや不信を感じた場合でも、自由に伝えることができない

人がいる。精神保健福祉士は、精神障害者や家族が感じていることを素直に表現してくれるように働きかけることが必要である。

❷　障害者虐待の判断をする場合は、虐待をしているという自覚の有無は問わない。しつけや指導などとして日常化し、継続されていることで、事業所や周りも虐待に気づかずにいることがある。虐待側に自覚がなくても、障害者が苦痛を感じることや自己決定を支援されないこと、無視をされていると感じることに気づいたら、早急に虐待防止の取り組みを行う必要がある。

❸　虐待が行われる環境には、職員が職場のなかで過度のストレスを抱えていることや孤立していることも要因の一つと考えられる。お互いに抱え込まず、話ができる環境づくりが大切である。風通しのよい環境をつくるためには、ボランティアや学生の受け入れや地域との交流も重要である。

◇参考文献
・日本社会福祉士会編『障害者虐待対応の手引き――養護者・障害者福祉施設従事者・使用者による虐待対応帳票・事例』中央法規出版，2016.
・厚生労働省社会・援護局障害保健福祉部「障害福祉施設等における障害者虐待の防止と対応の手引き」2018.

事例21 【教育機関】
**児童虐待が疑われる要援護
児童とその家族への支援**

1 事例演習のねらいとポイント

・精神疾患が疑わしい本人（母親）に対する初回面接・受診勧奨の方法
　を理解する。
・児童虐待・マルトリートメントの疑いがある家庭への危機介入の方法
　を学ぶ。
・児童虐待・マルトリートメントの疑いがある家庭に対するスクール
　ソーシャルワーカー（以下、SSWer）の支援について理解する。
・SSWerが連携する学校内チームと、学校外の機関間連携を学ぶ。
・子ども主体の支援のあり方について学ぶ。

2 この事例を検討するための知識

・ソーシャルワークの展開過程におけるケース発見の方法について復習
　しよう。
・DV（ドメスティック・バイオレンス）や貧困問題と精神保健につい
　て復習しよう。
・貧困世帯に対する社会資源について復習しよう。

3 事例の紹介

事 例

精神保健福祉士の勤める職場

　A市教育委員会所属のSSWerとしてB中学校とその通学区域にあるC小学校、D小学

校、E小学校を担当している。活動形態は拠点巡回型であり、最も児童数の多いC小学校を拠点とし、机はC小学校の職員室に置かれている。B中学校の通学区域は就学援助率が高く、貧困世帯やひとり親世帯が多い地域であり、C小学校の児童数は400人程度で教職員は20代、30代が多い構成になっている。

SSWerは週5日、9時から17時までの勤務で児童生徒への支援と併せて校内ケース会議を含めた学校の教育相談体制づくり、A市の要保護児童対策地域協議会の実務者会議への参加も行っている。

支援対象となるクライエント

F君は、小学校2年生の男児で、A市にて母親とアパートで二人暮らしである。母親の離婚をきっかけにG市からA市に転入し、C小学校には1年生の3学期に転校してきた。離婚のきっかけは父親の母親に対するDVであり、離婚前はDVによる心理的虐待で児童相談所が受理していたが、離婚、転出により終結になっている。家庭は生活保護を受けている。

転校した当初より、落ち着きのない行動がみられ、学習の遅れ、宿題忘れや同じ服を着てくること、時々欠席もあり、担任も気になっていた。

問題の発生経緯

2年生に進級し4月の定例の家庭訪問より帰ってきた担任が職員室で、F君の家について「部屋の中に物が散乱しており、料理をしている形跡もなく、厳しい状況であった」と養護教諭に話をしていた。その話を聞いていたSSWerは、担任に状況を確認した。

「初めての家庭訪問で驚きました。部屋にあげてくれましたが、台所は料理をした形跡がなく、ごみ箱にはコンビニ弁当の容器が溢れていました。そういえば同じ服を着て来たり忘れ物も多く、気になっていたところです」「母親は表情が暗い感じで、話はできましたが、反応が遅い感じでした。『子どもがお世話になっています』ということと、『子どものことが心配です』ということは話してくれました」とのことであった。

SSWerは、担任に自分も一緒に家庭訪問すること、子どもさんの心配な面をサポートしてくれる人としてSSWerを紹介してもらうように提案した。

学校教育法第19条に規定されており、経済的理由によって就学困難と認められる児童生徒の保護者等に対して、就学に必要な費用を援助する制度。補助対象品目として、学用品費、修学旅行費、学校給食費、クラブ活動費、生徒会費などがある。

支援経過

● SSWer との出会い

担任と SSWer で家庭訪問を行った。その日は、F君も欠席していたため、F君の状況確認の目的と担任より電話で SSWer のことを伝えてもらい、母親の了解を得て、訪問した。

家庭の状況は担任からの報告と同じような状況であった。F君は隣の部屋でゲームをしており、SSWer は担任とともに F君に声をかけ、いつも準備している「子ども向けの名刺」を渡した。F君から、「学校で見たことあるけど、先生？」と聞かれ、SSWer が、「先生じゃないけど、F君がつらいな、嫌だなと思っていることやお母さんが同じように困っていることをどうしたらいいか、一緒に考えていく人だよ」と伝えると、F君は、「ふうん」と答えた。

その後、担任には F君にかかわってもらい、SSWer は母親と面接を行った。SSWer は、あらためて自己紹介を行い、「担任の先生から F君のことで心配されていることを伺いましたが、どのようなことをご心配されていますか？」と尋ねた。「学校に行きたがらないときもあって……」と少しずつ話し始めてくれた。「それはいつ頃からでしょうか？」と尋ねると「前の学校のときもあったのですが、そのときは家庭でいろいろあったので、今度は大丈夫かと思っていたのですが……」と話された。「家庭でいろいろってどんなことだったか、少し伺ってもいいですか？」と尋ねると、「夫から私への暴力があって、やっと離婚してこちらに来たんです」と答えてくれた。

SSWer は、「そうだったんですね。お母さんも F君も大変でしたね」と共感したうえで、「そのことで今もつらいことはありませんか？」と尋ねた。

母親から「なかなか夜眠れなかったり、意欲も出なくて身の回りのこともできないことが多くなってしまって……」という話が聞かれた。「つらいなかで生活してこられているんですね。なかなか一人ではどうにもできないこともありますので、そのようなときには支えてくれる人が必要になります。気持ちがつらいときは病院などの機関が力になる場合もあります。そのような人を少しずつ増やしていけたらと思いますが、どうですか？」と提案すると、「お願いします」と同意してくれた。また、「学校の先生方もその一つだと思いますので、今日伺ったことを学校でも共有して、これから学校としてどう力になっていけるか話しあってもいいですか？」と提案し、こちらも同意を得ることができた。最後に、F君に「学校で待っているよ」と声をかけて帰った。

● 校内ケース会議の開催

翌日、F君が登校してきたため、SSWer は F君と話をした。

F君は、「学校では給食が楽しみ」「お母さんはあまり家のことをしてくれない。勉強はわからないし、家では宿題ができない」と話してくれた。

SSWer は、「お母さんが元気になってもらえるようにと、F君が勉強できるように先生たちと協力してみるね」と伝えた。

そのことを踏まえ、その日の午後、学校で校内ケース会議を開催した。参加者は、担任、学年主任、養護教諭、教頭、SSWer であった。

まず、担任より今までの経過と SSWer より昨日の家庭訪問の様子、F君と話したことの報告を行い、その後、SSWer が校内ケース会議で導入を勧めてきたエコマップを活用し、F君とその家庭のアセスメントを行った。そこからはネグレクトに伴う母子の愛着関係の不十分さ、転入したばかりで地域から孤立した状態、母親の精神的な課題などが挙げられた。また母親が担任を拒否していないこと、F君がよく保健室に来ることがあり、養護教諭との関係がよいことも確認された。

そこでF君の学校生活における落ち着きのない行動は、家庭におけるネグレクトや過去の心理的虐待が影響していることから、通常の注意指導を行うだけでは悪循環に陥りやすいことをコンサルテーションし、学校の取り組みとしてF君は精一杯頑張っていることを認め、F君が落ち着きやすい環境を整えること、F君の学習面の配慮を行い、F君にはいいところをフィードバックすることに努めることを確認した。

学年主任からは、「家庭の養育力の問題でしょう。学校も頑張りますが、母親にも頑張ってもらわないと」という発言があった。SSWer は、「そうでしょうが、母親自身も支援が必要なのだろうと思います。メンタルヘルスの課題を抱えている面がみられるので、適切な医療機関へのつなぎと、この家庭を支援するために、ネグレクトということで要保護児童対策地域協議会の調整機関であるA市の子育て支援課に通告しておく必要があります」と伝えた。

そのうえで、当面以下の支援計画が立てられた。

❶ 安心できる場所の確保

養護教諭が、F君が登校したときに声をかけ健康観察をし、安心できる場所として保健室を活用する。

❷ F君との対人関係の構築

担任が、F君のよいところを見つけ、F君を褒める。またそのことを連絡ノートで母親へ伝える。また SSWer もF君へのかかわりをもつ。

❸ 関係機関との連携

校長がA市の子育て支援課へ通告をする。

❹ 母親への支援

担任と SSWer で家庭訪問を実施し、母親の適切な医療機関への受診を促す。

● **要保護児童対策地域協議会を活用した機関間連携**

その後、担任と SSWer は家庭訪問を実施し、学校として取り組んでいるF君の安心で

きる場所の確保について説明を行った。またSSWerから、「その後の体調はいかがですか？」と尋ねると、母親は、「眠れない日も続いて、何もする気が起きない状況です」と話した。SSWerから、「先日お話をしましたが、病院などの力を借りることも一つだと思います」と事前に調べていた複数の精神科医療機関の情報提供を行った。母親より「このままではきついので、受診をしてみたいと思います」との話があり、うつ病を専門にしている医療機関を受診することになった。SSWerより、「病院の地域連携室のH精神保健福祉士へこちらからも状況をお伝えしておいてよろしいでしょうか？」と確認し、同意を得た。

　数日後、要保護児童対策地域協議会への通告事例であることから母親（本人）の同意のもとH精神保健福祉士より報告があり、母親が受診され、「うつ病」との診断。抗うつ剤が処方され当面2週間おきの通院の予定であるとのことだった。

　また学校より通告を受けた子育て支援課の調整により、要保護児童対策地域協議会におけるケース会議が開催された。参加者は、子育て支援課の保健師と事務職員、C小学校の校長、担任、養護教諭、SSWer、A市の生活保護担当者、精神科病院のH精神保健福祉士、児童相談所の児童福祉司だった。

　ケース会議では、以下の支援計画を立てた。

・学校においては、今までの支援を継続すること。
・子育て支援課は、SSWerより母親に保健師を紹介してもらい、保健師による定期的な家庭訪問を実施し、H精神保健福祉士と連携した母親の精神症状の安定と子育ての悩みの相談相手になること。
・生活保護担当者は、生活困窮者自立支援事業の実施主体であるA市社会福祉協議会を紹介し、改正生活困窮者自立支援法で強化された学習・生活支援事業の巡回支援を実施すること。
　また、母親の負担軽減のためにH精神保健福祉士より就労継続支援B型事業所が行っている低価格の弁当の宅配サービスも提案してみることも確認された。
　そして1か月後にモニタリングとしてのケース会議を開催することを確認した。

● モニタリングとしてのケース会議

　1か月後のケース会議では、母親と一緒にF君も参加してくれた。

　そのなかで、母親は服薬を始めて少しずつ落ち着いてきていること、F君も学校での居場所づくりと学習・生活支援事業のおかげで登校が安定し、宿題の提出もできるようになったこと、また弁当の宅配サービスも利用され、この宅配サービスが見守り機能を果たしていることも確認された。

　F君からは「お母さんが元気になってうれしい」という言葉が聞かれ、母親からも「お

かげで少しずつ家のことができるようになりました。また子どもと話すのが楽しくなってきました」「この子には夫のことできつい思いをさせてしまっていたので、この子だけは大切に守っていきたいと思っていたのに、何もできなかったので……」という言葉が聞かれた。

現在の様子

その後も継続支援を行い、母親が少しずつ自炊をできるようになると、宅配サービスを減らし、時には近くのシングルマザー親子の受け入れも行っている子ども食堂に顔を出すようになった。また、F君は学校でも落ち着きを取り戻していった。

要保護児童対策地域協議会の実務者会議に参加しているSSWerは、その他のケースの進行管理を確認するなかで、F君のケースも含めてA市の子育て支援における地域課題についても話題にした。そうするとひとり親や貧困家庭が多いこと、また親が精神疾患を抱えているケースが多いことなどがあがってきた。そこで今後、ひとり親家庭のホームヘルプサービスを就学前から学童期まで拡充できないかということや子育て支援課が地域活動支援センターなどと連携し、精神疾患をもっている親の子育て支援の取り組みなどもできないだろうかということが検討された。

また、SSWerは校長から校内研修の依頼があったため、「マルトリートメントが子どもに与える影響」について研修を行った。その後、校長とも相談し、少子化により増えてきている空き教室を使って、きつい思いをしてきている子どもたちの居場所づくりができないかと提案し、校長からも「面白いね」という言葉が返ってきた。

4 演習課題

❶ SSWerとして小学生にどのように自己紹介し、面接をするかロールプレイをしてみよう。

❷ うつ症状のある母親への家庭訪問におけるインテーク面接について、精神保健福祉士の視点や契約を意識してロールプレイをしよう。

❸ 学校アセスメント、地域アセスメントについてあなたの所属している養成校近くの中学校通学区域の学校の児童生徒数および市町村の人口推移や地域の子育て支援等についてインターネット等で調べてみよう。

❹ SSWerには、在籍するすべての子どものなかから支援を必要とする子どもを発見する機能が求められる。児童虐待やマルトリートメン

ト事例の発見の方法について考えてみよう。

❺　校内ケース会議において教職員と協働でアセスメントを実施している。その意義と効果について考えてみよう。

❻　虐待通告から始まる要保護児童対策地域協議会におけるケース会議の意義について検討してみよう。

5 ミニレクチャー

❶スクールソーシャルワーカー

　文部科学省の「スクールソーシャルワーカー活用事業実施要領」（平成 29 年 4 月 1 日一部改正）において、スクールソーシャルワーカーの選考は、社会福祉士や精神保健福祉士等の福祉に関する専門的な資格を有する者から、実施主体が選考し、スクールソーシャルワーカーとして認めた者とする。ただし、地域や学校の実情に応じて、福祉や教育の分野において、専門的な知識・技術を有する者または活動経験の実績等がある者であって、職務内容を適切に遂行できるものも可としている。これに基づき自治体により採用要件は、社会福祉士・精神保健福祉士に限定しているところ、その他の資格も認めているところなどさまざまである。2015（平成 27）年における全国のスクールソーシャルワーカーの有する資格の割合は、社会福祉士が 50％、精神保健福祉士が 28.2％、教員免許が 37.2％、心理に関する資格が 15.9％となっている[1]。

❷スクールソーシャルワーカーの配置形態

　スクールソーシャルワーカーは大きく派遣型、配置型、拠点巡回型に分けられる。派遣型は教育委員会もしくは教育事務所に配置され管内の学校からの要請に基づき学校を訪問し支援を行う。配置型は教育委員会や教育事務所から選定された一つの学校に配置され、その学校の児童生徒に対して支援を行う。拠点巡回型は教育委員会もしくは教育事務所から選定された中学校通学区域に配置され、その区域の学校の児童生徒に対して支援を行う。

❸児童虐待とマルトリートメント

　児童虐待は、児童虐待の防止等に関する法律（児童虐待防止法）において、身体的虐待、性的虐待、ネグレクト、心理的虐待と規定されており、マルトリートメントは、不適切な養育と訳され、児童虐待と同義であるがより広義の意味で捉えられている。

児童虐待およびマルトリートメントの子どもに与える影響は、虐待行為の反復による攻撃性、感情コントロールの困難さ、自己肯定感の低さなどがあり、これらによって日常生活や学校生活に不適応が生じやすい。

❹要保護児童対策地域協議会

要保護児童対策地域協議会（以下、協議会）は、児童福祉法第 25 条の 2 において、地方公共団体が単独または共同で設置することが努力義務として規定されている。協議会は、主に市町村、保健機関、学校・教育委員会、児童相談所、警察、医療機関、民生・児童委員などで構成されており、代表者会議、実務者会議、個別ケース会議の三層構造になっている。協議会の調整機関として市町村が位置づけられていることが多く、2016（平成 28）年の児童福祉法の改正により、調整機関に児童福祉司、保健師、保育士等の専門職の配置が義務づけられるようになった。この専門職として精神保健福祉士を配置する自治体も増えてきている。

❺学校アセスメントと地域アセスメント

義務教育である小・中学校には、その校区のすべての子どもたちが就学している。その子どもたちが抱える課題は、その地域の課題と密接に関係しており、その地域の課題がその学校が抱える課題にも結びついている。その意味で SSWer には、それらを把握するために学校アセスメント、地域アセスメントを行う必要がある。学校アセスメントの項目は、児童生徒数や学級数（特別支援学級を含む）、教職員数、教職員の疲弊性や関係性、学校風土などであり、地域アセスメントの項目は貧困率や人口増減、世帯構成員数、社会資源の状況などが挙げられる。

それらの状況が子どもたちの抱えている課題にどのように影響を与えているのかをアセスメントし、学校や地域の変革を促していく取り組みも SSWer に求められている。

◇引用文献
1）厚生労働省「社会福祉士の現状等（参考資料）」p.5，2018.

◇参考文献
・門田光司・奥村賢一『スクールソーシャルワーカーのしごと──学校ソーシャルワーク実践ガイド』中央法規出版，2009.
・友田明美『子どもの脳を傷つける親たち』NHK出版，2017.
・奥田眞紀子「マルトリートメント（子ども虐待）と子どものレジリエンス」『学術の動向』第15巻第4号，pp.45〜51，2010.
・中央法規出版編集部『改正 児童福祉法・児童虐待防止法のポイント（平成29年4月完全施行）新旧対照表・改正後条文』中央法規出版，2016.
・米川和雄「スクールソーシャルワークの相談援助技術Ⅰ──包括的アセスメントと支援の観点」米川和雄編著『スクールソーシャルワーク実践技術　認定社会福祉士・認定精神保健福祉士のための実習・演習テキスト』北大路書房，pp.67〜119，2015.

メンタルヘルス課題のある中学生への多職種・多機関連携による支援

事例 22

1 事例演習のねらいとポイント

・「性的違和」に関する知識を学び、メンタルヘルスの観点からライフステージごとの課題を理解する。
・自傷行為、いじめ、性的違和などのメンタルヘルスの課題に対して、養護教諭、担任、スクールソーシャルワーカー（以下、SSWer）、嘱託医等で構成される会議の意義と SSWer の役割について理解する。
・メンタルヘルス課題を抱えやすい子どもたちに対して、ソーシャルワーク実践の立場からメンタルヘルスリテラシー教育の実施方法について学ぶ。

2 この事例を検討するための知識

・LGBT に関する国内外の当事者活動の動向を確認しておこう。同時に、我が国における LGBT に対する問題意識についても確認しよう。
・我が国における LGBT に関する条例などを確認しよう。
・ソーシャルワーク専門職のグローバル定義と精神保健福祉士の価値について確認しよう。
・メゾレベルにおけるソーシャルワークの機能と役割について復習しよう。
・学校の組織や運営管理について確認しよう。また、学校へのスクールソーシャルワーク導入の背景と現状について確認しよう。
・「児童生徒の教育相談の充実について（通知）」（平成 29 年 2 月 3 日 28 文科初第 1423 号）を参考に、教育相談コーディネーターの役割について確認しよう。
・思春期の発達課題と心性の特徴とについて確認しよう。

3　事例の紹介

事例

SSWer の勤める職場

　D精神保健福祉士は、B市教育委員会に、会計年度任用職員として採用された拠点校配置型のSSWerである。B市内にある公立C中学校（以下、C中学校）に、1日6時間週5回勤務して4年になる。また、定期的に、C中学校区内の4つの小学校の巡回訪問も行っている。

　C中学校におけるSSWerの業務は、いじめ、不登校、成績不振、進路相談など生徒の抱える課題や問題への対応、授業参観、保護者相談、関係機関との連絡調整など多岐にわたっている。また、SSWerの業務は、教職員に十分理解されており、ソーシャルワークを行ううえでの支障はない。ちなみに、D精神保健福祉士は、SSWerとして勤務する以前は、精神保健福祉士として精神科クリニックに15年の勤務経験がある。

　C中学校は、全校生徒数は300人程度で、1学年3クラス、1クラスの生徒数は30名程度である。教職員と生徒の関係は安定しており、文化系、運動系の部活動が活発な落ち着いた雰囲気の漂う学校である。また、PTAも学校に協力的である。

　教職員は、教諭、養護教諭に加え、スクールカウンセラー（以下、SC）1名（週1回4時間勤務）、SSWer 1名（週5回6時間勤務）、特別支援教育支援員1名（週5回6時間勤務）である。

　なお、生徒支援にあたる教育相談支援部は、教頭、教諭、養護教諭、SC、SSWerで構成されており、教育相談コーディネーターである養護教諭を中心に、月1回の部会をもっている。

支援対象となるクライエント

　Aさんは、C中学校に通う2年生で、成績は中程度、柔道部に所属する闊達な女子生徒である。性格は、一人っ子で家族に大切に育てられたこともあり、屈託のない人懐っこさと、なじむまでに時間のかかる人見知りの面をもち合わせている。また、これまで大きな病気をしたことがない。

　家族状況は、高校教諭の父親と小学校教諭の母親、父方の祖父の4人で暮らしている。Aさんと共働きの両親との関係は良好で、祖父に関しては、時間的に長く過ごすこともあり、Aさんにとって何でも話せる一番の理解者である。

　1学年1クラス20名の小さな小学校から入学したAさんは、小学校から付き合いのある親しい友だちがクラスに数名しかいないこともあり、人間関係をはじめ新しい環境になじむのに苦労していた。Aさんは、次第に登校するのが苦痛になり、中学1年生の夏休み以降は欠席や欠課が目立つようになる。学校に行くのを渋っていると、両親や祖父が心配して、同伴で登校することもあった。休むことで、学校や友だちとの距離が生じ、おのずと自分を見つめる時間が増えるようになる。当初、Aさんは、クラスメイトとかかわることが苦手で学校に行きたくないと考えていたが、次第に別の理由が頭に浮かぶようになった。

　それは、同性の友だちと一緒に過ごすことが負担で、女子生徒同士の会話に興味がわかず、話を合わせようとすればするほど苦痛である、といった自分の性に対する違和感であった。家族から、一人娘として大切に育てられたこともあり、家族にこのような気持ちを言うのもはばかられるような気がして、悶々とするようになった。

　1年生のときは、自分の性に疑問を感じながらも家族の支えでどうにか学校に通ったが、2年生になってからは、性に対する疑問が強くなったことや、クラス替えによって新しい人間関係を作らなければならないといったことが関係してか保健室で過ごすようになった。クラスで過ごすことの少なくなったAさんに対して、新しいクラスメイトは、しだいにAさんを訝しがって関係をもとうとしなくなった。

　クラス担任や養護教諭は、悶々としたAさんに対して心配をしていたが、Aさんから、性的違和や人と関係をもつのが億劫になっているといった相談を受けたこともなかったため、思春期によくあるアイデンティティ確立期の一時的な混乱による抑うつ状態としてAさんを見ていた。

　1学期が終わりに近づいたある日のこと、トイレの前でしばらく立っていたAさんが、男子トイレに入るのをクラスメイトに目撃された。Aさんは、普段から思い悩む性的違和に耐えかね、思い余って男子トイレに入ったのであった。Aさんにとって初めてのことであったが、たまたまクラスメイトに目撃されたのである。目撃したクラスメイトは、興味本位で写真を撮り、仲のよい友だちにSNSで送ったため、何人かのクラスメイトが知ることとなった。写真はクラス内で一気に拡散し、Aさんのうわさ話で落ち着かなくなった。

　Aさんは、SNSで自分の写真が拡散したこともさることながら、クラスメイトの陰口に耐えかねて登校することができなくなった。欠席が続くAさんを心配した保護者が担任に相談をしたことで、担任と養護教諭が家庭訪問することになった。家庭訪問で、Aさんからこの間の出来事を聞くなかで、担任、養護教諭、家族は、SNSで写真が拡散したことと、自身の性的違和に耐え切れずにコンパスで腕を傷つけたり、頭髪を抜く自傷行為があるこ

とを知ることになった。Ａさんは、思春期に入って、自分が女性であることを受け入れられず、一人思い悩んでいたのである。

支援の経過

　家庭訪問をした翌日、担任と養護教諭は家庭訪問でのことを管理職に報告した。報告を受けた管理職は、養護教諭の声かけのもと、早々に善後策を検討するケース会議をもつよう指示した。

　数日後、SC が出勤する日に合わせてケース会議がもたれた。ケース会議は、教頭、担任、副担任、養護教諭、SC、D 精神保健福祉士の 6 名で行うこととなり、検討事項は、Ａさんの精神面のケアと SNS への対応であった。

　ケース会議では、状況の整理と共有化を図るため、参加者でエコマップの作成を行い、「アセスメント・プランニングシート」を用いて、今後の方針と役割分担を決めた。なお、今後の方針と役割分担は、以下のとおりである。

❶　Ａさんの精神面のケア：性的違和およびクラスに入れない状況（SC を中心に、担任、副担任が対応）

❷　Ａさんの性的違和の対応：カウンセリングおよび精神科受診の勧め、校内環境の整備（D 精神保健福祉士を中心に、養護教諭、担任が対応）

❸　SNS の写真の拡散と陰口の対応：性の多様性に関する講演会の実施とロングホームルーム（以下、LHR）での話し合い（D 精神保健福祉士、担任、副担任、生徒指導部が対応）

　なお、ケース会議の結果は、Ａさんを不在にしない取り組みをしたいと提案したD精神保健福祉士が、Ａさんと家族に伝えることになった。また、D 精神保健福祉士の「Ａさんの個別支援もさることながら、解決に向けた状況の調整が必要となるため、ソーシャルワークの視点と機能に基づく支援が望ましい」との意見に、ケース会議出席者全員が賛意を示したこともあって、ケース会議を境に、D 精神保健福祉士が中心となってケースにあたることになった。

● SSWer との出会い

　D 精神保健福祉士は、ケース会議の結果を伝えると同時に、Ａさんに対して「何をしたいか、何をしてほしいか」と、Ａさん自身が現状をどのように捉えているのか確認をしながら話しあった。というのも、学校が出した方針は、あくまでも学校が考える方針であって、Ａさん自身の思いや考えを踏まえたものでないということが考えられたからである。

　Ａさんは、「カウンセリングは、SC に悩みを聞いてもらって気持ちが楽になるのなら、会ってみたい」と思いを述べた。しかし、2 つ目の精神科受診は、「リストカットはしたくないけど、精神科は周りから変な目で見られそうな気がするので、受診したくない」と

返事をした。ただ、校内環境の整備については、「トイレや体育のときの着替えは、女子と一緒にするのは嫌なので、きちんとしてほしい。自分のことをわかってもらえるような学校にしてほしい」と述べた。

また、3つ目のSNSの写真の拡散と陰口の対応については、「人間関係がこじれるのは嫌だけど、写真を流したクラスメイトには謝ってほしいし、今後このようなことをしないと約束してほしい」と悔しそうに思いを述べた。

面接終了時、D精神保健福祉士は、「できる限り一緒に今後の取り組みをしたいので、定期的に面接をもちたい。できれば、近いうち保護者と面接をしたい」、また、「チームで支援を行っているので、内容によっては担任などに話しあった内容を伝えることもある」とSSWerとして考えていることを話し、Aさんの同意を得た。

● SSWerから学校への働きかけ

後日、D精神保健福祉士は、Aさんとの面接結果の報告も兼ねて、養護教諭、担任の3人で今後の取り組みについて打ち合わせをした。

その結果、取りかかりとして、カウンセリングに関しては担任が間に入り、SCとの面接日の調整を行い、精神科受診についてはD精神保健福祉士が家庭訪問を行い、Aさんと家族に再度受診の意味などについて説明をすることになった。また、校内の環境整備については、担任が関係部署に検討してもらえるよう働きかけ、SNSの写真の件については、担任、副担任、生徒指導部が対応にあたることになった。

カウンセリングとSNSで情報を流したクラスメイトとの件については、すんなりと解決した。しかし、Aさんの性的違和を和らげるための校内の環境整備については、今までにない新たな取り組みが多くあり、環境整備に向けたケース会議がもたれることになった。

ケース会議では、新たにメンバーとして人権教育関係の教諭が参加することになった。会議のなかで、「いくら環境を整備しても、教職員や生徒の性的違和を抱く人に対する意識が変わらない限り、Aさんの抱えている悩みや不安は軽減しないのではないか」「潜在する性的違和を抱える生徒やほかのマイノリティに対する理解を促すことも必要ではないか」などの意見が多く聞かれた。その結果、夏休み明けの早々に、人権教育も兼ねたLGBTがテーマの講演会を実施することが正式に決まった。また、企画運営は、人権教育担当教諭、養護教諭、D精神保健福祉士が行うことになった。

D精神保健福祉士は、SSWerになる以前の経歴を活かし、思春期外来を標榜するクリニックの院長である精神科嘱託医（以下、嘱託医）との連携調整をすることになった。また、講演を聞いた生徒のなかには、興味本位でLGBTを理解する人もいて、いじめが生じるおそれがあるため、事前にAさんと保護者に講演会開催に関するインフォームド・コンセントを行うことを受けもった。

● SSWer の啓発活動

　D精神保健福祉士は、夏休みの期間を利用して、嘱託医の調整に加え、LGBT の当事者団体に講演会出席の依頼を行った。

　講演会実施前には、嘱託医、LGBT 当事者、嘱託医と一緒に働いている精神保健福祉士、Aさんおよび保護者、学校関係者（教諭、養護教諭、D精神保健福祉士）とで、当日の打ち合わせの集まりをもった。

　ちなみに、打ち合わせは、嘱託医の厚意で、嘱託医が開院するクリニックが会場として使われ、コーディネートにあたったD精神保健福祉士が司会と進行を務めることとなった。その場では、当日のタイムスケジュールなど具体的なことから、講演のねらいと講演後のAさんに対する支援内容などが2時間近く話しあわれた。

　打ち合わせの結果、講演会のねらいは、「LGBT と性の多様性理解を促し、異なった文化、異なった者を受容する感性を涵養すること」となり、それを受けて、嘱託医が医学的な面から思春期の発達と LGBT について話し、LGBT 当事者が体験談を交えながら LGBT に対する社会の理解の受け入れについて話すことになった。

　また、打ち合わせでは、これまで精神科受診を敬遠していたAさんが、「今後しんどくなったら精神科を受診してみたい」と、自分の課題に向き合おうとする姿をみせた。Aさんの気持ちの変化は、学校関係者のみならず、Aさんの家族もホッとしたようで、祖父が「Aが自分らしく生きることを応援する」と涙ながらに語る場面もみられた。

　打ち合わせを終えた数日後、計画どおり講演会を実施することができた。

　なお、講演会は、全校生徒および全教職員を対象としたものであったが、D精神保健福祉士に刺激された校長が、PTA やB市教育委員会に働きかけを行ったため、学校関係者の参加も多くあった。

現在の様子

　講演会後、各クラスは LHR の時間に、性の多様性と異なる文化や異なる者を理解することについて話しあった。また、学校は、LGBT をはじめジェンダーやノーマライゼーションを意識した環境改善を行った。このようなことが功を奏して、生徒は好奇心でAさんを見るようなこともなく、Aさんも入学当時のようにクラスで過ごすことができるようになった。

　一連の取り組みを終えたあと、D精神保健福祉士は、Aさんに気持ちの変化について尋ねた。Aさんは、「お医者さんの優しさに触れて安心できた」「学校に来られるように応援してくれたクリニックの精神保健福祉士の存在が大きかった」と話してくれた。支援してくれたD精神保健福祉士に対しては、「自分を子ども扱いしないで、ちゃんと説明してくれたのがうれしかった。また、一緒に考えながら話をしてくれた。自分は大切にされてい

る存在であると思えるようになった」と話してくれた。

　ケースの依頼があって、3、4か月の取り組みであった。この間の学校では、Aさんの個別支援、校内環境の整備や講演会といった規模の大きな取り組みもあった。D精神保健福祉士は、このたびの取り組みを振り返るなかで、計画性のある支援が連携を強化し、生徒を不在にしない支援がクライエント中心のソーシャルワークになることをあらためて実感した。

4 演習課題

❶　計画性に基づく支援を行うために、「アセスメント・プランニングシート」（**表3-3**）を作成し、今後の方針と取り組みの手順および支援にかかわる職種の役割を明確にしよう。

❷　「アセスメント・プランニングシート」をもとに、全体状況が把握できるエコマップを作成しよう。

❸　LGBTの生徒を支援するにあたり、精神保健福祉士として留意しておくべき事柄を整理しよう。

❹　講演会を行うにあたり、精神保健福祉士として留意しておくべき事柄を整理しよう。

❺　学校において、精神保健福祉士が課題や問題の解決に向けて動くことの意義を確認しよう。

❻　取り組みを通してAさんが学んだことや気持ちの変化から、精神保健福祉士が果たした役割を整理しよう。

5 ミニレクチャー

❶当事者支援における精神保健福祉士の役割

　学校では、児童期、思春期の児童生徒の支援が主たる業務となるため、この時期の子どもの発達課題とそれに伴う心理特性および行動特性を熟知しておくことが重要である。また、教育的立場から行われる指導が定着している学校において、精神保健福祉士の脱権威性、脱対象化に基づいて行われるソーシャルワーク実践は、これまでの学校文化に新たな視点をもち込むことになる。さらにいえば、児童生徒の思いや考えを十分

表3-3　アセスメント・プランニングシート

アセスメント・プランニングシート

| 作成月日： |
| 作 成 者： |

| 氏名　　　　　　　　　性別　　年齢　　歳　　学年　　年　　組　部活動 |

ロングゴール（全体的な課題や問題解決のための目標）

※子どもの生活全般や学校全体に焦点をあてた到達目標

アセスメント①（ロングゴール達成のための見立てと課題）	アセスメントの理由
例）LGBTに対する理解不足	例）多様性の啓発と理解の促進

ショートゴール（具体的な課題や問題解決のための目標）

※子どもや学校が抱える具体的な課題や問題に焦点をあてた到達目標

アセスメント②（ショートゴール達成のための見立てと課題）	アセスメントの理由
例）更衣室とトイレの改善が必要	例）Aのストレス軽減

プランニング（役割分担と支援開始時期）

取り組み事項	担当者	時　期
例）嘱託医（精神科医）への講演依頼	D精神保健福祉士	8月中

モニタリング（振り返りの時期）

例）講演会後の各クラスの様子確認を済ませた9月下旬

※このアセスメント・プランニングシートは、本事例の学びを深めるために作成したものである。

に聞き取り、児童生徒のもてる力を活用しながら、自己決定を保障する精神保健福祉士の業務は、あらゆる面において意味がある。

❷精神保健福祉士として支援計画を立てる

　支援の根拠となるアセスメントが的確になされなければ、解決すべき課題や問題の本質からかけ離れた、的外れの支援になりかねない。さらに、チームで生徒の支援を行うことが多い学校では、アセスメントとプランニングがチーム内で共有されていないと、連携と一貫性に欠ける支援となってしまい、生徒や家族、さらには学校をも混乱させることになってしまう。そのため、本事例のような、多岐にわたる取り組みが求められるケースは、多角的、総合的にケースをみるSSWerの力量が問われる。

　そこで、本事例で用いるアセスメント・プランニングシートは、一般的なシートによくある基礎情報部分は割愛し、LGBTに焦点をあて、生徒のニーズ、生徒や教職員への働きかけ、家族や関係者をも巻き込む取り組み、校内環境の改善など、課題や取り組みが明確になるように工夫している。

　なお、アセスメントは、SSWerの個人的な価値観に基づいて行うことは避け、客観的に判断でき、かつ本人の考えや意見を中心に行い、プランニングは、既存の枠に縛られたりこだわったりせず、実現が予測される範囲で計画することが大切である。

◇参考文献等
　・門田光司・鈴木庸裕編著『ハンドブック学校ソーシャルワーク演習』ミネルヴァ書房，2010.
　・柏木昭・佐々木敏明・荒田寛『ソーシャルワーク 協働の思想──"クリネー"から"トポス"へ』へるす出版，2010.
　・河野哲也『境界の現象学──始原の海から流体の存在論へ』筑摩書房，2014.
　・山野則子・野田正人・半羽利美佳編著『よくわかるスクールソーシャルワーク 第2版』ミネルヴァ書房，2016.
　・井上牧子・西澤利朗編著『精神医学ソーシャルワークの原点を探る──精神保健福祉士の再考』光生館，2017.
　・大塚隆史・城戸健太郎編著『LGBTのひろば』日本評論社，2017.
　・今井ミカ監督『虹色の朝が来るまで』JSLTime，2018.

【教育機関】

事例23 合理的配慮に基づく学生支援と就業・生活支援センターにおける就労支援

1 事例演習のねらいとポイント

・大学における障害のある学生支援（合理的配慮の提供）のためのソーシャルワーカー（精神保健福祉士）の実践を知る。
・発達障害の特性を踏まえ、障害受容に向けた支援のプロセスと方法を学ぶ。
・障害者の希望を尊重した就労支援事例を通して、精神保健福祉士の視点の重要性を理解する。
・大学と就労支援機関の連携のありようを、大学で働くキャンパスソーシャルワーカーの働きかけを中心に学ぶ。

2 この事例を検討するための知識

・障害者権利条約、障害者基本法、障害を理由とする差別の解消の推進に関する法律（障害者差別解消法）における差別禁止や合理的配慮について復習しよう。
・発達障害の特性、二次障害とそれを引き起こす要因について復習しよう。
・障害者就労・雇用に係る施策の動向、支援制度やサービスについて復習しよう。
・若者サポートステーションなど、働くことに困難を抱える人が利用できる支援機関と主な支援内容について復習しよう。

精神保健福祉士が勤務する職場

　A私立大学（以下、A大学）の学生支援室に勤務するキャンパスソーシャルワーカー（以下、CSW）である。A大学では障害者差別解消法の施行を機に障害学生支援ガイドラインが策定され、4年前にCSWとしてL精神保健福祉士が学生支援室に配置された。

支援対象となるクライエント

　Bさん（男性、20歳）、A大学経済学部の3年生である。

問題の発生経過

　Bさんは、2年生までは成績不振ながらも何とか単位取得できていた。しかし3年生になって欠席が目立つようになり、前期はほとんど単位が取れなかった。心配した経済学部のC教員（Bさんのクラス担当）は何度かBさんに声をかけ、学生支援室へ相談に行くよう伝えていたが、Bさんは学生支援室に行かなかった。夏休みのある日、C教員はBさんを大学に呼び出し、2人で学生支援室を訪れた。

支援経過

● 精神保健福祉士との出会い

　C教員と学生支援室の窓口に現れたBさんは、髪の毛はぼさぼさ、よれよれのTシャツにジーパン姿で、においもあった。L精神保健福祉士はBさんに自己紹介し、BさんとC教員を面接室へ案内した。

　Bさんは、面接室のいすに俯いて座った。L精神保健福祉士は、Bさんが来てくれたことをねぎらい、来所の理由について尋ねた。するとBさんは俯いたまま小さな声で、「C教員から一緒に学生支援室へ行って相談するよう言われた」とだけ言った。C教員が、このままでは卒業が危なくなることを心配していることを改めてBさんに伝えると、Bさんは俯いたまま泣き出し、「卒業はしたい」「何を相談していいかわからない」と言った。L精神保健福祉士は、今Bさんが本来の力を発揮できない状況に陥っている可能性があること、その状況を脱するために必要なことを一緒に考えたいこと、そのためにBさんのことを教えてほしいことを伝えた。Bさんは俯いたまま、小さく頷いた。

　L精神保健福祉士は、まずBさんの「卒業したい」という気持ちに焦点を当て、その理

由について尋ねた。するとBさんは、「大卒」でないと社会に出てからいろいろ不利になりそうだからと話した。L精神保健福祉士は、そういった気持ちがありながらも前期にほとんど単位が取れない状況が生じている理由について思い当たることがないかさらに尋ねた。Bさんは、3年生になり卒業論文や就職活動に取りかかるよう言われるが、何からどう取りかかればいいかわからないこと、気分が落ち込み、夜眠れないため昼夜逆転の状況が続いていることなどを話してくれた。また、そもそも父親の勧めで大学受験をし、たまたま入れたのがこのA私立大学であり、関心のある学部ではなかったため勉強に身が入らないことも話してくれた。L精神保健福祉士は、Bさんが同市内にある実家から通学していることを確認し、家族もBさんの状況を心配しているのではないかと尋ねた。するとBさんは、父親は昔からBさんに対して厳しく、「自分のことは自分でなんとかしろ」と小さい頃から言われたためほとんど会話はないこと、母親は成績のことなどを心配して話しかけてくるが「大丈夫」と話していること、4つ年下の妹とはほとんど会話がないことなどを話してくれた。また、L精神保健福祉士が友人について尋ねると、大学では親しい友人はいないということだった。

● 精神保健福祉士による修学支援

L精神保健福祉士は、Bさんから了解を得て支援会議を開催するための調整を開始した。また、Bさんの気分の落ち込みや夜眠れない状況について、大学附属の健康管理センターの精神科医に診察してもらうことや、公認心理師（以下、心理師）のカウンセリングを受けることを勧め、Bさんの了解を得て調整を行った。

支援会議には、Bさん、Bさんの母親、C教員、ゼミ担当教員、健康管理センターの精神科医と心理師、教務課と就職支援課の職員が参加した。L精神保健福祉士はBさんの意向や参加者の意見をホワイトボードに整理していき、最終的に❶卒業に必要な単位の取得と卒業論文の提出をまずは優先し、関係者もそのサポートを行う、❷就職活動は3年生後期の間は控え、4年生になった時点で改めて検討する、❸精神的な不調の回復のため医療機関を受診することが決まった。支援会議終了後、L精神保健福祉士はBさんに初めての支援会議を終えての感想を尋ねた。Bさんは、自分が責められたり叱られたりするのではないかと不安だったが、そうではなかったのでほっとしていると話した。

その後Bさんは精神科クリニックへの通院を開始し、「適応障害」と「発達障害（ADHD）」と診断された。Bさんは戸惑いながらも、どこか納得する部分もあったと話した。L精神保健福祉士は、その複雑な思いを受けとめつつ、Bさんの話を丁寧に聴いた。L精神保健福祉士は、Bさんから「自分だけできない」「どうしたらほかの人みたいにできるようになるのか」という言葉を聴き、Bさんと同じような悩みを抱えている学生数名の顔が浮かんだ。そして、大学生活に困難を抱える学生がお互いの悩みに対して知恵を出しあうミーティング（以下、ピア会）について、Bさんと数名の学生にそれぞれ提案した。その後、

Bさんは定期的にピア会に参加するようになった。

● 精神保健福祉士による就労支援

　ある日の面接で、L精神保健福祉士はBさんに将来の夢について尋ねた。するとBさんは、親に干渉されたくないため一人暮らしがしたいと話した。そのときふと、L精神保健福祉士はBさんの鞄にゲームのキャラクターのキーホルダーが付いていることに気づいた。キャラクターについて尋ねると、Bさんは人が変わったようにうれしそうに話し始めた。先日Bさんが好きなゲームの映画が公開され、映画館へ観に行った際に購入したキーホルダーだという。また、Bさんは時間を見つけてはゲームの販売店に行き、常連客とゲームやキャラクターの話で盛り上がると話した。小遣いは、ほとんどゲームやグッズの購入費用に充てているという。

　4年生の前期に入った頃、L精神保健福祉士はBさんの了解を得て、Bさんの単位取得状況の確認や支援計画のモニタリングを目的とした支援会議を開催した。支援会議には、Bさん、Bさんの母親、C教員、ゼミ担当教員、健康管理センターの心理師、教務課と就職支援課の職員が参加した。

　Bさんからは、ピア会への参加や心理師によるカウンセリングを通して、自分の気持ちや状況を話すなかで「自分のことをわかってもらえた、受けとめてもらえた」という感覚をもつことができる機会が増えたという話があった。また、成績不振の状況は続いていたが、C教員やゼミ担当教員のサポートを受けながら単位を取り、卒業論文に苦戦しながらも少しずつ進めることができていた。

　一方、Bさんの母親からは就職についての不安が語られた。Bさんは、アルバイトの経験がなく、働く自信もなければ自分に何が向いているのかもわからないと話した。L精神保健福祉士は先日の面接でBさんと話したことを思い出し、ゲーム関連の仕事について就職支援課の職員に尋ねた。職員は思いつく仕事をいくつか挙げ、就職支援課に来てもらえれば、実際の求人や仕事内容を詳しく伝えられると話した。Bさんはゲームと仕事を結びつけて考えたことがなかったようで、驚いていた。またL精神保健福祉士は、現在Bさんが修学上の配慮やサポートを受けているように、就職活動や就職後についてもBさんに必要なサポートを提供してくれる支援機関や雇用の仕組みがあることを説明した。Bさんは、ピア会のメンバーから同様のことを聞いたことがあると話した。

　就職活動についての話がなされる一方で、就職活動への取り組みを始めることによって、卒業に向けた取り組みに支障が出てくるのではないかといった意見もあった。Bさんも就職については不安が強く、卒業に向けての取り組みに集中したいと話し、母親も了承した。L精神保健福祉士は、前期のBさんの具体的な取り組みとタイムスケジュール、そしてサポート体制などを確認し、支援会議を終えた。

● 卒業後を見据えた学外の社会資源の活用

　後期も中盤にさしかかった頃、Ｂさんは卒業に必要なほとんどの単位を取得し、卒業論文も結論の執筆を残すのみとなっていた。Ｌ精神保健福祉士はＢさんの了解を得て再び支援会議を開催した。Ｂさんからは、卒業が現実のものとなってきたことを喜ぶ一方で、就職活動についての不安が語られた。障害者雇用でサポートを受けながら働けたらと思うが、一般雇用に比べて給与など待遇が悪くなることもあると知り、どちらを選んだらいいか自分では決められないと話した。Ｌ精神保健福祉士は、Ｂさんの不安や迷いを受けとめたうえで、そういった思いをもっているのはＢさんだけではないことや、Ｂさん自身が決められるようにサポートしていきたいことを伝えた。また、Ｌ精神保健福祉士は、Ｂさんに大学卒業後どんな生活（人生）を送りたいかや、働くことを通して実現したいことについて尋ねた。Ｂさんはしばらく考えこんでいたが、「卒業したら働かなければならない」ということしか考えていなかったのでよくわからないと話した。Ｌ精神保健福祉士は、<u>質問した意図を説明し</u>、これからぜひ考えてほしいと伝えた。そして、就職活動や就職後のサポートをしてくれる障害者就業・生活支援センター（以下、センター）について紹介し、後日一緒に相談に行ってみることを提案し、Ｂさんも了承した。Ｂさんの母親も、卒業後に現在のようなサポートが受けられなくなることを懸念しており、どういった働き方になるにせよ、卒業後も支援機関とつながっていてほしいと希望した。卒業に向けた取り組みに加え、就労支援機関を利用してみること、その他学内でのサポート体制などについて確認し、支援会議を終えた。

　Ｌ精神保健福祉士はＢさんに了解をとり、センターに連絡を入れた。後日、Ｌ精神保健福祉士はＢさんとセンターへ赴き、面接に同席した。センターのＯ精神保健福祉士は、リーフレットに沿ってセンターの役割や支援概要などについて説明したあと、Ｂさんの大学での様子や就職活動についてＢさんに尋ねた。Ｂさんはインターネットでゲーム関連の仕事を検索しているものの、そもそも働く自信がないため就職活動はできていないと話した。Ｌ精神保健福祉士からも、先日の支援会議でＢさんから語られたことなどについて補足した。するとＯ精神保健福祉士は、働く体験や訓練をしながら、Ｂさんが力を発揮できることや働くうえで課題になること、力を発揮するために必要な配慮などについて一緒に考えてくれる就労移行支援事業所という支援機関があることについて説明した。また、障害福祉サービスである就労移行支援事業所を利用した場合でも、必ず障害者雇用への就職を目指さなければならないわけではなく、一般採用枠での就職を目指すこともでき、さまざまな体験を重ねるなかで自分自身が進む方向を考えることができること、利用料が発生すること、利用期限があることなどを説明してくれた。Ｂさんは利用料が気になったようで、Ｏ精神保健福祉士に質問していた。Ｂさんが希望した場合、Ｏ精神保健福祉士が見学へ同行してくれるかについてＬ精神保健福祉士が尋ねると、見学への同行は可能とのことだっ

た。Bさんの意向を確認し、見学をしてから利用するかどうか検討することになった。

　L精神保健福祉士は、先日の質問を再びBさんにしてみた。Bさんは思いつかないと話したが、L精神保健福祉士とさまざまなことを振り返り、整理していくなかで、大学卒業後は親に干渉されないよう一人暮らしがしたいこと、ピア会メンバーのDくんが卒業後実家のある県外へ帰ってしまうことから、Dくんの地元へ遊びに行きたいと話した。

　後日、BさんはO精神保健福祉士といくつかの就労移行支援事業所を見学し、IPS（Individual Placement and Support：個別職業紹介とサポート）の原則を大切にしながら就労支援を展開している就労移行支援事業所の利用を希望した。Bさんが卒業論文を書き上げ、卒業要件をクリアして卒業できることが決まった頃、L精神保健福祉士は支援会議を開いた。O精神保健福祉士や就労移行支援事業所のサービス管理責任者であるK精神保健福祉士にも参加してもらい、修学上のサポートを振り返るとともに、「（親に干渉されない）一人暮らし」「Dくんの地元へ遊びに行く」というBさんの長期的な目標と卒業後の支援体制について確認した。K精神保健福祉士は、Bさんの関心や夢、長所を大切にしながら就職に向けた支援をしていきたいと話した。さらに、Bさんが就職に向けてさまざまな体験を重ねるなかで、またほかの利用者や職員、企業の人たちとの関係を築いていくなかで新たな目標や希望が見つかることもあるため、そういったことも一緒に確認しながら取り組んでいきたいと話した。Bさん自身も、「働かなければならない」から少し考え方が変わってきたと話した。

現在の様子

　Bさんの卒業から3か月後、L精神保健福祉士はセンター主催のBさんの支援会議に参加した。現在、Bさんは就労移行支援事業所を利用しながらゲームにかかわる仕事などBさんの興味や長所を活かせそうな職業の体験を重ねている。また、就労移行支援事業所にはBさんのように一般雇用か障害者雇用かについて悩んでいる利用者もおり、現在働いているOBの体験談を聞くプログラムなどに参加しながら方向性を考えているという。さらに、公共職業安定所（ハローワーク）の精神（発達）障害者雇用トータルサポーターの相談も活用し、ゲーム関連の企業の情報を得たり、発達障害をもちながら働く人への企業側のサポートについて話を聞いたりしているという。Bさんの取り組みを聞き、L精神保健福祉士は大学のピア会メンバーにその話をしに来てもらえないか相談した。すると、Bさんは照れくさそうに了承してくれた。L精神保健福祉士は大学へ戻り、早速ピア会のメンバーにそれを伝えた。

4　演習課題

❶　C教員に勧められていたにもかかわらず、Bさんが学生支援室に行かなかった理由について考えてみよう。また、C教員に連れられて学生支援室を訪れたBさんの心情を考えたうえで、精神保健福祉士が面接において留意することを考えてみよう。

❷　第1回目の支援会議について、それぞれの参加者の役になり、ロールプレイを行おう。また、ロールプレイのなかでの気づきをグループで共有しよう。

❸　L精神保健福祉士がBさんとのかかわりのなかで大切にしていたことについて、「精神保健福祉士との出会い～精神保健福祉士による修学支援」「精神保健福祉士による就労支援」の場面からそれぞれ考え、グループで共有しよう。

❹　L精神保健福祉士がBさんに質問した意図（事例中の下線部）を考えてみよう。

❺　学内外との連携がスムーズにいくよう、CSWが取り組むことを考え、グループで共有しよう。

5　ミニレクチャー

❶キャンパスソーシャルワーカー（CSW）

　CSWは大学で学生支援業務に従事するソーシャルワーカーであり、学生部・学生支援室や障害学生支援部署への配置が増加してきている。

　発達障害をもつ学生の特性や生じている困難について、大学の仕組みがそれを顕在化させている場合が少なくない。しかし、大学の教職員をはじめ発達障害をもつ学生を取り巻く人々のなかには、「学生自身に問題がある」という意識をもっていたり、発達障害をもつ学生自身も「自分が悪い」と自分自身を責めていたりする。こういった意識を変革し、学生が本来もっている力を発揮できるようになるための学内外における支援体制の構築がCSWには求められる。

　また、合理的配慮の検討は原則として学生本人からの申し出によって始まる。しかし、Bさんのように、自ら支援を求めることができない状況に陥っている学生は少なくない。その場合には、学生自身の困り感や

ニーズ、意向をまず確認していくことが大切である。

　CSW が学生とかかわる期間は主に学生が大学に在籍している期間であり、限定的である。しかし、CSW の視点は学生の大学時代のみならず、大学卒業後の人生にも及ぶ。したがって、CSW が行う修学・就労支援は、学生が「単位取得できた」「卒業できた」「就職できた」ということ以上に、学生自身が目標に向け、どのようなプロセスを踏み、自己実現に向けてどれだけ近づくことができたかといった QOL の向上を常に意識した実践となる。

❷IPS（Individual Placement and Support：個別職業紹介とサポート）

　IPS は、精神疾患をもっている人たちの自己実現を応援するために1980 年代初めにアメリカで開発された、援助付き雇用のモデルである。IPS には、「働きたいと希望すれば誰もが利用可能である」「本人が望む仕事に就くことを目指す」「雇用主の開拓、雇用後の雇用主へのアドバイスを行う」「あくまでも一般雇用を目指す」など原則がある。

　「障害があるからまずは訓練してから」「精神的な不調をきたさないために短時間から」など、障害者に対する就労支援は本人のニーズが軽視される場合が少なくない。また、障害者の経済的自立が強調されるなか、「就職できたか」「いかに長く働けたか」など単一の評価を重視した実践に陥ってしまう危険性もあり、障害者就労・雇用のあり方や就労支援におけるソーシャルワーク実践が問われている。こういった現状において、IPS の理念や原則はソーシャルワークの価値との親和性が高く、ソーシャルワーカーとして就労支援の実践を点検するための指標にもなり得る。

◇参考文献
・村田淳「京都大学における障害のある学生の修学支援」『ソーシャルワーク学会誌』第27巻，2013.
・廣江仁「一般就労と福祉的就労」『精神保健福祉』第38巻第4号，2007.
・長沼洋一「キャンパスソーシャルワーカーの業務と効果の実践的評価方法の開発に関する研究」『科学研究費助成事業　研究成果報告書』，2016.
・日本学生支援機構編著『合理的配慮ハンドブック——障害のある学生を支援する教職員のために』ジアース教育新社，2019.
・キャンパスソーシャルワークネットワークHP　https://sites.google.com/site/campussw/
・菊池悌一郎・下田学「大学キャンパスにおける総合的学生支援——学生総合支援室とカウンセラー・ソーシャルワーカーの協働」『日本教育心理学会総会発表論文集』第50巻，2015.
・中原さとみ・飯野雄治編著『働くこととリカバリー——IPSハンドブック』かもがわ出版，2010.
・S. スワンソン・D. ベッカー，林輝男訳『IPS就労支援プログラム導入ガイド——精神障がい者の「働きたい」を支援するために』星和書店，2017.

【司法】

事例 24 地域生活定着支援センターにおける触法障害者への支援

1 事例演習のねらいとポイント

・刑務所における累犯障害者の現状について学ぶ。
・地域生活定着支援センターが事業化された背景、センターの機能と役割について学ぶ。
・地域生活で展開される居住支援、生活支援、就労支援についてイメージできるようにする。
・地域生活定着支援センターの精神保健福祉士の役割と機能について学ぶ。

2 この事例を検討するための知識

・障害を有する人が罪を犯す背景について復習する。
・再犯防止対策の動向や概要を復習する。
・特別調整対象者に対して、刑務所、保護観察所、地域生活定着支援センターが担う役割について再確認する。

3 事例の紹介

事例

精神保健福祉士の勤める職場

　矯正施設を出所した高齢者、または障害を抱えた人のなかには、地域生活において必要な支援につながることができず、再犯を繰り返すことが少なくなかった。そこで、いわゆる「司法と福祉の連携」が求められ、その施策の一環として、地域生活定着支援センター（以

下、センター）が設置された。地域生活定着支援センターには、社会福祉士や精神保健福祉士といった国家資格所有者などが配置され、対象者が必要な支援に繋がり、継続的に地域生活を営めるよう支援している。

　受刑中の対象者に対する精神保健福祉士の主な支援として、帰住先の確保と障害福祉サービスなどにつなぐことが挙げられる。事例のＢ精神保健福祉士は、Ａさんと担当の福祉専門官との面接を重ね、Ａさんが出所後に必要な支援を検討し、グループホームの確保、生活保護の申請、就労継続支援Ｂ型事業所への通所、シンナー依存の治療を行う依存症専門のクリニックへの通所などの受け入れ先との調整を行った。また、関係機関との合同支援会議を開催し、問題の共有や支援の検討などを行い、出所後の受け入れ態勢を整えた。

　Ａさんが出所した後については、地域で安定した生活を送っているか、一定期間継続してフォローアップを行っている。

　ほかに、矯正施設から出所した人の福祉サービスなどの利用に関して、対象者やその関係者からの相談に応じて助言などを行っている。

支援対象となるクライエント

　Ａさん（30歳、男性）は、幼少時に父親が死亡し、母親と妹の３人で暮らしていた。小学校入学後に、忘れ物が多く、注意散漫であったため、教師や母親からよく注意されていた。小学校高学年になり、勉強についていけず、学校から特別支援学級の対象ではないかと指摘され、医療機関の受診を勧められた。しかし、母親は子どもに障害があるということを認めることができず、受診には至らなかった。

問題の発生経過

　中学校（普通科）に入学した頃から、非行仲間と行動をともにして、万引きなどの問題を起こしたり、シンナーを吸引したりしていた。中学校卒業後はアルバイトをするも、遅刻を繰り返したり、仕事を進めるのが遅かったりするなどの理由から、長く勤めることができなかった。25歳のときに母親が死亡。その後は妹との交流はなく、疎遠となっている。

　一人になったＡさんは、住み込みで働いていたが、職場でシンナーを吸っていたのが発覚し解雇される。住んでいた寮を出て、ネットカフェで寝泊まりをしていたが、所持金が底をつき、ホームレス状態になった。Ａさんは、空腹に耐えかね、スーパーで食料品を万引きするようになる。ある日、いつものスーパーで万引きしていたところ逮捕。執行猶予の判決を受けて釈放されたが、頼る身内がいないＡさんは、非行仲間のもとに身を寄せ、行動をともにする。その後、非行仲間とシンナーを盗むために入った店で逮捕され、１年の服役となる。

　出所後のＡさんは、帰る場所や頼る人もいない。また、軽度の知的障害が疑われ、地域

生活を送るには支援が必要であることから、刑務所にて支援が必要と思われる候補者として保護観察所に通知した。通知を受けた保護観察所では、面接等によりＡさんの意向等を確認し、特別調整対象者として選定した。

支援経過

● 地域生活定着支援センターのコーディネート業務

　刑期終了日の８か月前、保護観察所からセンターにＡさんの特別調整の依頼があった。依頼を受けたセンターのＢ精神保健福祉士は、保護観察所から事前にＡさんの情報を得ていたが、Ａさんの現状の理解や今後どのような生活を送りたいのかという思いを聞き取るため、刑務所を訪問した。

　刑務所内の面接室でＡさんと福祉専門官と会い、初回から数回目の面接では、Ａさんのこれまでの生活歴を話してもらった。

　Ａさんがシンナーを吸うようになったきっかけは、好奇心からだった。最初は、中学時代の非行仲間から誘われて吸うという程度だったが、シンナーを吸うと気分が高揚し、嫌なことが忘れられると感じるようになった。

　妹は、母親に迷惑をかけるＡさんのことを嫌っていて、早く家を出たいと言っていた。母親の死をきっかけに、妹は一人暮らしをするために家を出て、その後は音信不通となった。

　アルバイトや就職をしたこともあるが、人間関係をうまく築くことができず、職場内で孤立したり、一度にいくつもの指示を出されるとパニックになったりして、うまく仕事をこなすことができなかった。仕事がうまくいかないとシンナーを吸って現実逃避をするようになり、やめることができなかったという。

　担当の福祉専門官からは、Ａさんは集団生活に適応し、トラブルなく過ごしており、刑務作業は、単純な作業であれば問題なく取り組むことができるが、複雑な工程がある作業はできないとのこと。刑務所で行った知能検査の結果はIQ（知能指数）65で、軽度の知的障害が疑われる状態である。Ａさんは、これまで知的障害の診断を受けていないため、障害福祉サービスにつながることはなかったが、出所後の生活支援の必要性から療育手帳を申請するための手続きをしているとのことであった。

　その後もＡさんと面接を重ね、出所後どのような生活を希望しているのか話してもらった。当初Ａさんは、「お金がなく、住むところもないので困っている。すぐにでも働きたい」と話していたが、これまで人間関係のトラブルや職場で指示されたことができない等によって長く勤めることができなかったため、一般就労に強い不安があることがわかった。そこでＢ精神保健福祉士は、まず自分のペースで働くことができる就労の場として就労継続支援Ｂ型事業所があることを説明した。Ａさんは、そのような障害福祉サービス事業所

があることを初めて知ったと話し、興味をもった様子であった。また、継続的に働くために
は、仕事がうまくいかない等といったトラブルをどのように対処するかということも必
要であるため、どのように対処するか聞いた。Ａさんは、これまではシンナーを吸うこと
で対処してきたが、それにより職場を解雇された。現在は刑務所にいるため物理的にシン
ナーが吸えないが、出所後はどうなるかわからないとのこと。Ａさんにとってシンナーは、
すぐに気分を変えたり、現実逃避ができたりする「万能薬」のようなものであった。ただ、
そのことにより、仕事が長く続かなかったり、犯罪行動につながったりすることから、Ａ
さんにどうしたいか聞いてみたところ、シンナーは止めないとよくないことはなんとなく
理解している様子であった。そこで、依存症の専門治療を行っているクリニックがあるこ
とを紹介し、治療を受けることを検討することになった。

　住居については、Ａさんにどのようなところに住みたいか聞いたところ、以前、寮生活
をしていたので、一人暮らしはできるとのことであった。ただ、食事は外食中心であった
ため、栄養面の偏りがあったり、お金がかかるため金銭面で困ったりした。掃除や洗濯な
どは気が向かないとしないため、清潔の保持ができなかったとのこと。福祉専門官からは、
Ａさんは刑務所内で集団生活ができ、刑務官の指導により身の回りのことはできるが、一
定の支援は必要であるとのこと。Ａさんも一人暮らしに不安があったため、グループホー
ムへの入所を検討することになった。

　Ａさんは所持金がないため、出所後、医療機関に受診したり、グループホームに入居し
たりするにはお金がかかることを心配していた。そこで生活保護の説明を行ったところ、
生活が保障されることに安心した様子であった。生活保護の申請については、グループホー
ムに住所地を定めて、出所後生活保護の申請ができるように事前に福祉事務所に連絡をす
ることになった。

　その後Ｂ精神保健福祉士は、各機関の担当者に連絡し、受け入れの調整を進めていった。
グループホームの担当者から、「施設に溶け込むことができるのか」という問い合わせや、
就労継続支援Ｂ型事業所の担当者からは、「作業内容に取り組むことができるのか」とい
う確認があった。

　Ｂ精神保健福祉士は、Ａさんに施設の説明をするときは施設のパンフレットをみてもら
い、本人が選択できるように情報提供を行っていた。Ａさんも自分が興味がある施設を選
んだが、実際見学に行ったわけではないので、具体的にイメージをもつことが難しい様子
であった。双方の理解を促すために、各施設の担当者がＡさんと面接を行うことになった。
直接、担当者から話を聞くことで、Ａさんはグループホームでの生活や就労継続支援Ｂ型
事業所での作業内容について具体的にイメージをもつことができた様子である。また、各
施設の担当者もＡさんと話をすることで、Ａさんの人柄や希望する生活を知ることができ、
受け入れるイメージをもつことができた。

その後、Ｂ精神保健福祉士は、Ａさんの支援を担う関係機関との合同支援会議を開催した。参加者は、福祉事務所の生活保護担当のケースワーカー、相談支援事業所の相談支援専門員、クリニックの精神保健福祉士、グループホームの生活支援員、就労継続支援Ｂ型事業所のサービス管理責任者である。

会議では、各機関の支援内容や支援を行うにあたっての検討事項を話しあった。そのなかで、Ａさんが刑務所に入った経緯や罪名から、受け入れ先の職員の不安があることや再犯した場合の責任について危惧する意見が出た。Ｂ精神保健福祉士は、Ａさんの犯罪の背景として、Ａさんは軽度の知的障害があることを見過ごされ、学業や就労面で困難な状況となっても周囲の理解を得ることができず、必要な障害福祉サービスにつながることができなかったという経緯があること。またＡさんが心のよりどころを非行仲間に求めたこと、現実逃避をするためにシンナーを使用したこと、非行行為により家族と疎遠になったり、仕事や住居を失い周囲から孤立してしまったりしたことを説明した。このようにＡさんを取り巻く環境要因の影響が大きいため、適切な支援につながることの重要性を確認した。

相談支援専門員からは、Ａさんと面接等を行い、出所後の支援計画の作成をすることと、今後Ａさんが地域生活をするなかで、刑務所内ではみえなかった生活課題が明らかになったり、Ａさんのニーズが変わったりすることがあるため、必要に応じて障害福祉サービスの検討をしていくということになった。

参加者全員の共通理解として、Ａさんの支援は再犯防止ではなく生活の再建を目的とすることと、もし問題が起こった場合は特定の機関だけでかかわるのではなく、支援チームで検討し、対応することとした。

現在の様子

● センターにおけるフォローアップ業務

出所後１か月経った頃、Ｂ精神保健福祉士は、Ａさんの状況を確認するため、受け入れ先の担当者にケース会議の開催の連絡をしたところ、相談支援専門員から、ちょうどＡさんの支援計画のモニタリングを考えていたとのことだったため、併せて行うことになった。

ケース会議には、Ａさん、グループホームの生活支援員、就労継続支援Ｂ型事業所のサービス管理責任者、クリニックの精神保健福祉士、相談支援専門員が参加した。

まずＡさんから現在の生活を聞いたところ、グループホームで初めて自炊をしたとのこと。最初は料理の仕方がわからなかったが、同じ入居者から教えてもらって作ることができて嬉しかったとのこと。また、何か困ったことがあれば相談できる人がいて安心だと話す。

グループホームでは、当初は、ホームになじむことができず不安だったが、スタッフがＡさんの不安な気持ちを受けとめ、必要に応じて助言や指導を行うことで、徐々に落ち着

いて過ごすことができるようになった。ただ、掃除や洗濯は気が向かないとしないため、時々、声かけして様子をみているとのこと。

就労継続支援B型事業所では、軽作業を中心に行っている。自分のペースで作業をすることができるため、Aさんも楽しいとのことである。また、手先が器用であることがわかり、今後は本人の強みを活かした作業内容を考えているとのこと。

クリニックでは、精神科デイ・ケアに通所している。Aさんは、これまでは悩みや辛いことがあればシンナーを使って現実逃避をしていたが、シンナーの話ができる仲間がいることが心の支えになっているとのこと。今のところ、シンナー吸引の欲求はないとのこと。

Aさんは地域生活に移行して、ようやく生活に慣れたところである。現在、落ち着いて生活しているため、支援内容は継続となるが、今後、トラブル等が起こったときにどのように対処していくかが課題になる。また、これから生活上の課題やニーズの変化が生じる可能性があるため、今後も定期的にケース会議を開催し、チームでAさんを支援していく。

4 演習課題

❶ Aさんはなぜ、罪を犯したのかを考えてみよう。
❷ Aさんを支援するうえで必要なソーシャルワークの視点について考えてみよう。
❸ 罪を犯した高齢者・障害者が地域生活を送るうえで、どのような課題があるか考えてみよう。
❹ 刑務所から出所した高齢者・障害者に対して、どのような障害福祉サービス等があるのか調べてみよう。
❺ 関係機関との連携を進めていくうえで、重要な点について考えてみよう。

5 ミニレクチャー

❶障害受刑者の状況

藤本（2008）の「わが国の矯正施設における知的障害者の実態調査」では、法務省矯正局の協力にて行った一般刑務所15か所2万7024名の入所者の実態調査の結果、410名（1.5%）の知的障害者（疑いも含む）が存在し、うち療育手帳の所持者はわずか26名（6.3%）にとどまっ

ている。¹⁾

また、2014（平成26）年の「法務総合研究所研究部報告52」の「知的障害受刑者調査」では、知的障害受刑者の主な特徴として、罪名は窃盗が最も多く、住所不定である者や無職の者が占める割合が高い。

罪を犯した障害者の罪名から、経済的困窮等の生活上の問題を抱えているが、福祉サービス等につながらないことにより、再犯を繰り返す傾向があることが読み取れる。

❷地域生活定着支援センター

① 地域生活定着支援センターの概要

2000年代に入り、刑事施設入所者のうち、高齢・障害受刑者の再犯率の高さがクローズアップされ、福祉サービス等の支援を必要とする人が多くいることがわかった。出所後、福祉サービス等につながれるよう、いわゆる「司法と福祉の連携」が求められた。2009（平成21）年より、法務省と厚生労働省が連携し、地域生活定着支援センターの設置が進められ、現在は全国の都道府県に設置されている。

地域生活定着支援センターは、「高齢であり、又は障害を有することにより、矯正施設から退所した後、自立した生活を営むことが困難と認められる者に対して、保護観察所と協働して、退所後直ちに福祉サービス等を利用できるようにするための支援を行うことなどにより、その有する能力等に応じて、地域の中で自立した日常生活又は社会生活を営むことを助け、もって、これらの者の福祉の増進を図ること」を目的とする。²⁾

地域生活定着支援センターのなかには、先駆的な取り組みとして、被疑者・被告人段階で支援をするいわゆる入口支援を行っているところがある。その代表的な機関である長崎県の社会福祉法人南高愛隣会では、社会福祉専門職や弁護士等の専門家が連携し、高齢者・障害をもつ者の適切な審判や出所後の生活を見通した支援が試みられている。

② 地域生活定着支援センターの事業

センターの事業は、コーディネート業務（保護観察所からの依頼に基づき、対象者の福祉サービス等のニーズ確認、受け入れ先施設等のあっせんまたは福祉サービス等に係る申請支援等）、フォローアップ業務（コーディネート業務のあっせんにより、矯正施設から退所後、社会福祉施設等を利用している者に関して、本人を受け入れた施設等に対して必要な助言を行う）、相談支援業務（矯正施設から退所した者の福祉サービス等の利用に関して、本人またはその関係者からの相談に応じて、助

言等を行う）等がある³⁾。

③ 地域生活定着支援センターの支援の対象者

　主に支援の対象となる「特別調整対象者」は、平成 21 年 4 月 17 日付け法務省保観第 244 号法務省矯正局長・法務省保護局長連名通達によれば、特別調整の対象は、被収容者であって、以下に掲げる要件のすべてを満たすものとする。

1　高齢（おおむね 65 歳以上をいう。以下同じ。）であり、又は身体障害、知的障害若しくは精神障害があると認められること。
2　釈放後の住居がないこと。
3　高齢又は身体障害、知的障害若しくは精神障害により、釈放された後に健全な生活態度を保持し自立した生活を営む上で、公共の衛生福祉に関する機関その他の機関による福祉サービス等を受けることが必要であると認められること。
4　円滑な社会復帰のために、特別調整の対象とすることが相当であると認められること。
5　特別調整の対象者となることを希望していること。
6　特別調整を実施するために必要な範囲内で、公共の衛生福祉に関する機関その他の機関に、保護観察所の長が個人情報を提供することについて同意していること。

---

④ 地域生活定着支援センターの精神保健福祉士の役割

　地域生活定着支援センターの精神保健福祉士の主な役割は、対象者のニーズを把握し、必要な障害福祉サービスなどにつなぎ、継続して地域生活が営めるように支援することである。そのためには、対象者を理解することが肝要である。主な方法として、刑務所や保護観察所からの情報提供に加えて、刑務所での面接がある。実際、対象者と直接会ってみると、罪名からイメージするものとはかけ離れたものであることが少なくない。また、直接話を聴くことによって、新たに知る情報がある。ただ、刑務所の設置目的から、受刑者は行動が制限され、管理された環境にならざるを得ないため、対象者が地域で生活している姿や、生活上の課題がみえにくいということがある。また高齢・障害受刑者の場合、話を理解することが難しかったり、自分が思っていることを伝えられなかったりする場合がある。

　精神保健福祉士は、まず刑事司法の手続きや対象者が置かれている環境を理解しておく必要がある。そして、対象者の状況や障害特性などを

踏まえて、質問の方法や情報の伝え方を工夫するなど、対象者の意向を汲み取るかかわりが求められる。日々の刑務所での様子については、社会福祉士や精神保健福祉士、福祉専門官と連携し、生活能力や作業状況、健康状態などを把握し、対象者理解につなげることが重要である。

　また、受け入れ先の調整の際に、本人の罪名から受け入れる施設の職員が不安に感じたり、出所後の生活の見通しがもてなかったりする等の理由により、受け入れを断られる場合がある。精神保健福祉士は、受け入れる施設の不安や負担を少しでも解消できるよう課題について話しあったり、チームで支援にあたるという共通認識を築いたりすることが重要になる。

　本事例のAさんのように、知的障害が疑われていたが療育手帳取得には至らず、支援を受けることなく犯罪を重ねるケースがある。司法領域にかかわる精神保健福祉士が着目するのは、「罪名」ではなく、その人が抱えている「生活問題」であり、適切な支援を受けることで安定した地域生活を送ることができるという視点が求められる。

◇引用文献
　1）藤本哲也「わが国の矯正施設における知的障害者の実態調査」『罪を犯した障がい者の地域生活支援に関する研究』p.6，2008.
　2）「「地域生活定着支援センターの事業及び運営に関する指針」について」（平成21年5月27日社援総発第0527001号）
　3）同上

◇参考文献
　・加藤幸雄・前田忠弘監，藤原正範・古川隆司編『司法福祉（第2版）──罪を犯した人への支援の理論と実践』法律文化社，2017.
　・南高愛隣会編『罪を犯した障がい者・高齢者を受け入れるために──福祉事業所・更生保護施設版 平成27年3月版』南高愛隣会，2015.

◦ おすすめ
　・山本譲司『獄窓記』ポプラ社，2003.

更生保護施設における ハームリダクションに 基づくリカバリー支援

1 事例演習のねらいとポイント

・薬物依存症者のリカバリープロセスを学ぶ。

・更生保護施設における精神保健福祉士の支援について理解する。

・ハームリダクションの必要性と実際を学ぶ。

・依存症回復支援施設との連携や協働について理解する。

・関連問題としての家族支援（特に小さな子どもがいる場合）の必要性を考える。

2 この事例を検討するための知識

★SMARPP（Serigaya Methampheta-mine Relapse Prevention Program）

マニュアル化された薬物依存に対する統合的外来治療プログラム。特徴として動機づけ支援や認知行動療法を取り入れており、その目的は資源につながり続けることにある。現在精神科病院だけでなく精神保健福祉センターなど、全国的に広まっている。

・刑の一部執行猶予制度ができた背景と制度の中身を押さえておこう。

・薬物依存症治療プログラムの SMARPP★ について復習しよう。

・司法領域施設における専門的支援の必要性と実践を再確認しよう。

・依存症の人を支援する際の留意点や対応について復習しよう。

・依存症者の家族問題について復習しよう。

3 事例紹介

事例

精神保健福祉士の勤める職場

　定員20名規模の女性専用の更生保護法人更生保護施設。本施設は法務省薬物処遇重点実施更生保護施設に指定されており、入寮者に居住支援・就労支援を行うだけでなく、外部の依存症回復支援施設からスタッフを派遣してもらい、専門資格等を有するスタッフを

交えて再発防止プログラムとしてSMARPPを実施している。精神保健福祉士は個人のニーズに応じた福祉支援、退所先の調整などのケースワークを行うほか、プログラムも適宜担当し、退所後を想定して自助グループやミーティングに入所中からつながるよう働きかけている。

支援対象となるクライエント

　Aさん（32歳、女性）は父親のアルコール問題とDV関係にある両親のもとで育った。母は小学生時に病死し、その後父親からの暴力を避けて夜遊び仲間と過ごすようになった。高校中退後、アルバイトを転々としながら、10代で最初の結婚をし、長女出産。その後夫は家に寄り付かなくなったので離婚し、すぐに次の男性と結婚した。

　その男性が覚醒剤を使用していたことをきっかけに自身も使用するようになった。覚醒剤より安価な危険ドラッグを一時使用すると、精神的混乱をきたして短期間医療保護入院になり、長女は児童養護施設に入所した。退院時に医師から依存症のデイケアプログラムを勧められるが、「もう危険ドラッグはやらないと決めているので」と行くことはなかったが、退院後再び夫が使っている覚醒剤をAさんも使用するようになった。

　その後、夫が覚醒剤所持で逮捕されると自宅を捜索され、Aさんも逮捕となったが、保護観察付き執行猶予がついた。拘置所を出るとき、拘置所のソーシャルワーカーに、「一人きりは危ないのですよ」と薬物依存症者のための回復支援施設を教えられたがAさんは足を向けなかった。

　アパートに戻り、ほどなく覚醒剤を使う日々に戻った。今度はすぐに生活が困窮し、その後売春と覚醒剤使用により逮捕された。執行猶予中の再使用のために前回の件と合わせて懲役2年となり、その刑の一部（6か月）の執行を2年間猶予され、その間保護観察処分となった。

　保護観察処分の間、特別遵守事項として、保護観察所の薬物再乱用防止プログラムと更生保護施設の中で行われているSMARPPプログラムを受講すること、退所後も保護観察所のプログラムと依存症回復支援施設で行われているプログラムに期間一杯通うことを保護観察官と確認した。夫とは懲役中に離婚が成立し、刑務所から更生保護施設へ入所した。連絡をとる家族や友人はおらず、退所先や仕事の見込みはまだ立っていない。

---

i 覚醒剤や大麻などの規制薬物に似せて合成された化学物質で、「合法ドラッグ」「脱法ハーブ」などと称して販売され、規制されずに一時流布した。2014（平成26）年から包括規制が導入されて以降、違法となったために鎮静化している。

ii 保護観察中に課される一般ルール「遵守事項」とは別に、個々に課される事項。薬物事犯には再発防止のプログラム参加を課されることが多い。違反に対しては保護観察官が面接調査を行い、何らかの措置をとられることがある。

Aさんと精神保健福祉士の出会い

入所後の施設内会議にて、前回の保護観察処遇下においても薬物使用をしているほど覚醒剤への精神依存が強いと思われるので、保護観察所と施設内の再発防止プログラムを受けるほか早い段階で自助グループにつなげること、薬物再使用の可能性のある場合には保護観察官と連絡することなど対応策をスタッフで確認する。初日から頭痛を訴えており、痛み止めを渡す対応をめぐって、精神科での管理も必要ではという意見があった。担当する精神保健福祉士はAさんと面接しようとAさんの自室に行くと、宙を向いてぼうっとしているAさんがいた。これまでの経過をAさんから聞きたかったが、ぽつりぽつりと話されることはいつの時点でのことか時制が不明瞭で、もういいですか、とイライラしながら切り上げようとしている様子が伺えた。子どもの頃のことは記憶があいまいで、不眠を訴えるため、精神保健福祉士は心療内科を紹介した。心療内科では不眠・うつ状態のほかに解離性症状の可能性を指摘されていた。

Aさんは施設内で行われているSMARPPプログラムに参加し始めた。施設職員（精神保健福祉士）との面接、児童相談所のスタッフとも月1回の面接を予定しており、長女とはまだ会えていなかった。SMARPPプログラムのあとに、そろそろ自助グループのミーティングも参加してみては？　と精神保健福祉士が声をかけてみると、Aさんは、「子どもと暮らすには一緒に住める家がないといけないし、働かないと」と焦った口調で言い、「自助グループに行っている時間はない。依存症だとわかったし、夫とも別れた。もう覚醒剤はやらないですから」と宣言する。精神保健福祉士はその宣言にかえって不安を覚えながら、自助グループのことはもう言わず、「早くお子さんと暮らしたいですよね」とAさんの希望を共有するにとどめた。

支援経過

● Aさんの入所中の様子

その後Aさんは通院のほか、知人と連絡をとって住まいをどうするか相談していると言い、プログラムを休み、頻繁に外出するようになった。精神保健福祉士は、保護観察中の特別遵守事項としてプログラムが組まれているからそれを前提に考えてくださいと伝えたが、「わかりました」というものの、変化はみられず、外泊や夜間帰宅がみられた。保護観察官が来所してAさんと面接後に精神保健福祉士と話した際、この状態について遵守事項違反者としてみるよりも子どもとの暮らしをかなり焦っているようで様子をみたいと伝

---

iii　解離は、意識、記憶、思考、感情、知覚、行動、身体イメージなどが分断されて体験されるもの。時間の記憶が抜け落ちている健忘、トラウマティックな出来事がよみがえるフラッシュバック、自分が自分ではないように感じる離人感などがある。

えた。実際生活の立て直しのための課題は多かった。担当医の話では、自助グループと併せて、カウンセリングなどで複雑性 PTSD 様症状の自覚や症状管理を目指すとよい、子育てを一人で担うのは困難なので、一緒に暮らすならヘルパーを入れるなどサポートが必要とのことだった。児童相談所からは年単位の再統合を目指すにしてもまずはきちんと生活できていることが必要、と言われている。

　このような状況のなかで何を優先するかＡさんと整理するための面接を行った。保護観察官・担当医・児童相談所の話をそれぞれ確認すると、「仕事も、アパート探しも、子育ても、治療も、もう無理。きちんとなんて私には無理です。頭がずっと痛いし、どうしていくか考えるのもしんどいです。実は一緒に住もうと言ってくれる男性がいて、そうしようかなと思っています」と言う。相手は以前入院した病院で知り合った人で、経済的な問題はないらしい。精神保健福祉士は動いていたのはその人のことだったのかと思い至りながら「何とか切り抜けようと体調も悪いのに頑張っていたんですね」と伝えた。「その人と一緒になれば治療は続けられるし、家も大丈夫ということですね。でも本当にその方法でよいのか、いずれにしてもお子さんとの暮らしは児童相談所では年単位計画らしいから、そこまで急がなくていいでしょう？　少し話しあっていきましょう」と継続的に面接で話をしていくことを確認した。

● 精神保健福祉士との継続面接の過程

　面接では体調面の不安があるため、就労についての葛藤が語られた。障害者総合支援法のサービスであるグループホーム等の利用は長女を引き取れないのではないかという抵抗があった。依存症回復支援施設への入所も同様で、通いにしたい希望があったが、一方精神保健福祉士は、急に親密になった男性と一緒になることで問題解決を図ることに同意してよいのかわからなかった。かといってアパートを借りる資金のめどはなく一人暮らしは精神面での厳しさが気になった。先行きのみえない状況のまま一人でいる時間が多いことは再使用のリスクが高まると経験上考えられたからである。また、担当医から助言された複雑性 PTSD 様症状の自覚や症状管理を目指すカウンセリングを無料で行っている機関等は探してみても見つからず、Ａさんのカウンセリングへの動機も低かった。長女との暮らしを目標にするからこそまず再使用防止のプログラムや治療やリハビリテーションを最優先してほしかったが、急性症状への治療と違い、Ａさんの思いとは一致しなかった。

● 更生保護施設退所

　結局Ａさんは１か月後に男性宅へ退所することになった。退所時、更生保護施設内のプログラムを担当してくれていた依存症回復支援施設職員と合同で面接し、社会内プログラ

---

iv　虐待や暴力等を継続的に受け続けた心的外傷から起こる、感情などの調整困難を伴うPTSDを「複雑性PTSD」として、精神科医であるジュディス・ハーマンが概念化した。ICD-11で初めて事故や災害など一度のトラウマから起こるPTSDと区別された。

ムを引き続きその施設で受けることになった。そこでは社会内プログラムだけでなく、子育て支援プログラムもあった。施設内最後のプログラムミーティングで、精神保健福祉士はＡさんがこれまでの体験を振り返って話すのを聞いた。母親が死んだあと酒乱だった父親から性暴力を受けたという話だった。「毎日地獄で、学校の先生には話せず勉強どころではなかった。早くに結婚し、子どもを産んだが正直私なんかがどう育てていったらよいのかわからなかった。二人の夫は何かあると暴力をふるったが、私が至らないから仕方ない。薬はそうした苦しさを忘れさせてくれた。それがあって何とか生きられたんだ。子どものことは早く引き取りたい。そうしないと母親失格のような気がして。でも虐待しちゃったらどうしよう、私なんかに育てられたらかわいそう、と本当はとても怖くて、頭が痛くなる」という語りだった。個別面接では聞けなかった事情が赤裸々に話され、精神保健福祉士は薬物使用の背景にある生きづらさともいうべきこれまでの事情とＡさんの低い自己肯定感を理解した。再使用防止プログラムや自助グループへの参加にこだわらず、まずここを共有してそばに立つ必要を考えた。

　精神保健福祉士は最後の面接のときに、この間のミーティングでのＡさんの話を聞き、心を揺さぶられたことを伝えた。そして「Ａさんは生きるために薬をやったんですね。薬を使ってでも生き延びてくれて本当によかった。すごい人よ、Ａさんは」と、薬物使用をこれまでの境涯のなかで発揮したＡさんのサバイバル方法として評価した。「いきなり男性宅に住む、と言われて心配だったけど、これもまた、Ａさんのサバイバル方法なんでしょう。でも今度は一人じゃなく、この先何かあったら、依存症回復支援施設のスタッフや私、担当の先生も入れたチームがあることを忘れないで」と語りかけた。当面通院のほか依存症回復支援施設に通所することになったＡさんは「お世話になりました」とにこやかに口にした。

● 2年後

　同居していた男性は酒を飲んで暴力をふるうようになったため、Ａさんは精神保健福祉士に連絡してきた。中学2年生になった長女と暮らすようになっており、1年前に長男が生まれていたが、今度は自ら「危ないので長男を預かってください」と児童相談所へ依頼し、自分と長女は民間シェルターにいるという。「やはり安全じゃなかった。夫だけでなくあの場にいたら私も子どもをどうにかしてしまいそうだった。世話がろくにできなかったし子どもにあたっちゃったりして」「彼とは離れました。父親のせいで酒飲みの暴力だけは我慢できないの。長女のことを酔って変な目でみていたし」という。長男については経緯がありそうだったが、精神保健福祉士は「連絡くれてありがとう。今回は安全のために離れるのが早かったですね。子どものことも自分から守りましたね。資源の活用が上手になっていますよ」とまず褒めた。長男を手放すまいと執着するよりも、今は離れてまず自分の立て直しをしようとしたＡさんに、子どもの安全に責任をもとうとする母親としての姿が

みえたからである。また、飲んで暴言を吐く夫とかつての父親の姿が重なってそれがトリガー（トラウマ症状を起こす引き金）となり、不眠・頭痛・フラッシュバックが起きていると話す。しかしクリニックにもつながっており、症状に関する自己理解も進んでいると思えた。今度はスタッフに見守られながら母子で安全に暮らせる場所として母子生活支援施設を紹介した。通っていた依存症回復支援施設への通所を希望していたため、スタッフと連絡をとり、生活保護を受けて入所することになった。

● **子どもとの暮らし**

　その数年後、依存症回復支援施設のイベントに精神保健福祉士が連携活動として施設から参加したときに、Ａさんと顔を合わせることがあった。子どものことは好きだがちゃんとした暮らしをしようとすると大変だとこぼす。「早くに母を亡くし、私自身がちゃんとした暮らしなんて知らないんだから。毎日掃除して、栄養ある正しい食事をさせて、宿題をさせて、そうすると夜死にたくなって、父親のように飲んで寝るんです。私はやっぱりだめですねえ。娘はしっかりしているし下の子もいい子なんだけど。具合が悪くて仕事もまだだし」と言う。ソーバー（薬物をやめて生きること）を続けていても今の生きづらさ＝子育てや家事の大変さはなくならない。その根底に低い自己評価があり、そのため家事や子育てをちゃんとやらなくてはと強迫的になっている傾向が精神保健福祉士には見受けられた。毎晩の飲酒をやめるように指導することよりも、その生きづらさに共感し、困難を減らすことのほうが大切だと考えた。そして同じ母親としての賛辞を送った。「私にも子どもがいるけど、子育てをちゃんとやろうとするのは難しい。一人で育てているＡさんを本当に尊敬しますよ。ちゃんと暮らす、ということより、Ａさんが楽しく暮らすことのほうが大切なんだけどなあ」すると、「私の人生はもう終わっているのでね……」と寂しそうに言う。希望のない将来像を語るＡさんから人生の価値を問われているように精神保健福祉士には感じられた。「Ａさんの人生はこれまで嵐の連続だったけど、Ａさんはそれをあらゆる方法を使って乗り越えてきた。本当によくやってきましたね。今は子どもらしく楽しく過ごす権利があった子ども時代を、お子さんたちを育てながらもう一度なぞってあげたらどうでしょう」と伝えると「本当にね。この施設はキャンプとかお餅つきなんかするんだけど、父親の暴力から逃げるのに必死で子ども時代はそんなのしたことなかったよ。準備を落ち度なくやらなくちゃって、楽しむより緊張してしまうんだけどね」と笑った。通院は続けており、担当医がトラウマに関する包括的なカウンセリングを行う機関を勧めてくれているという。「自分のメンタルヘルスがよいほうが子どもにも結局いいようだとわかってきました」と話してくれた。

演習課題

❶　Aさんの薬物依存と背景にある生きづらさを、刑務所・更生保護施設入所の段階、その後の暮らしの段階で考えてみよう。また、Aさんの回復を阻む、地域の側に存在するバリアを考えてみよう。

❷　自助グループへ参加することを拒んだAさん、毎晩飲酒している話をしたAさんに対し、精神保健福祉士はそのことを焦点づけして話しあわなかった。この精神保健福祉士の姿勢の特徴と効果、注意すべき点について考えてみよう。

❸　精神保健福祉士がAさんが治療プログラムよりも退所後の手立てを優先して動いていたときに保護観察官と話しあった場面や、Aさんの退所を前に通所予定の依存症回復支援施設スタッフと合同面接を行った場面について、それぞれ留意すべき点を考えてみよう。

❹　Aさんは自身の危機において子どもを自ら児童相談所に預けているが、そうしなかった場合の子どもの状況について考えてみよう。その場合どのような介入があり得るだろうか。

5 **ミニレクチャー**

❶依存症と自己治療仮説

　現在、依存症について自己治療仮説（カンツィアン（Khantzian, E. J.）、アルバニーズ（Albanese, M. J.））に基づいた理解が広がっている。自らの抱える困難や苦痛を一時的に緩和するのにその薬物を使い、そのためにさらに困難な悪循環に陥り依存症となるという考え方である。これに基づき精神保健福祉士はもともと抱えている困難と、依存症によって引き起こされた困難とのニーズに理解を寄せる必要がある。この事例の場合は子ども時代の境涯とそれに続く過酷な生活歴のなかで複雑性PTSD様症状を抱えるようになり、今の生活のしづらさが重なり、覚醒剤・アルコール・男性への依存行為等を使って生き延びようとしていると理解することである。

❷ハームリダクション

　ハームリダクションとは、薬物使用をやめさせるよりも被害を減らすことを目的に行われるプログラム・政策・実践をいう。被害とは、個人

レベルだけでなく社会全体における、薬物使用により生じる健康・社会・経済上の影響を指す。日本ではハームリダクションを政策としては行っていないが、依存症治療において、断薬ありきでなく、やめられない心理の段階から再使用のときの対応まで、それでも資源につながっていることを重視するという、揺れに寄り添う治療姿勢に活かされている。この事例では薬物使用・飲酒だけでなく、男性関係への対応に反映されている。

❸司法領域における精神保健福祉士の役割

現在、更生保護施設だけでなく、司法領域の施設（刑務所・少年院などの矯正施設、拘置所や検察等）において、罪を犯した人の福祉的ニーズが指摘されており、ソーシャルワークの必要性が高まっている。主に障害者や高齢者などの被疑者に対し矯正施設入所前に入り口段階で福祉処遇を考える「入口支援」、出所後の住まいや生活支援、福祉施設や医療施設へつなぐ「出口支援」などが行われている。事例のような依存症や摂食障害、盗癖、性犯罪等の関連問題で罪を犯すケースでは、刑に服するだけでなく、矯正施設内や出口支援で依存症の治療プログラムやリハビリテーションにつなげる必要がある。

❹違法なアディクションと性犯罪

現在、矯正施設や保護観察内で盗癖や性犯罪の累犯者に対し、依存症と同様のプログラムが実践され始めている。それに続き社会内でも、一部の依存症への治療を行う医療施設では性犯罪の再犯防止に向けた治療が行われている。まだ一般的ではなく、盗癖・性犯罪など習癖となっている行為そのものが違法である場合のアプローチについては現段階では見解が分かれている。アディクションは個人の健康を侵食していく問題で、それにどう取り組んでゆくかは基本的に本人に委ねられるが、これらの行為には直接の被害者がいるため、行動修正の責任があると理解すべきだろう。特に性犯罪は重大な人権侵害行為であり、被害者理解、贖罪指導、矯正教育という視点も必要になる。加害者更生は医療の範疇を超える領域になることを知っておきたい。

◇参考文献
・松本俊彦・古藤吾郎・上岡陽江編著『ハームリダクションとは何か——薬物問題に対する、あるひとつの社会的選択』中外医学社，2017.
・E. カンツィアン・M. アルバニーズ，松本俊彦訳『人はなぜ依存症になるのか　自己治療としてのアディクション』星和書店，2013.
・松本俊彦編著『物質使用障害の治療——多様なニーズに応える治療・回復支援』金剛出版，2020.
・法務省法務総合研究所編『犯罪白書 平成28年版』第 2 編第 1 章，2016.

【司法】

事例26　医療観察法に基づく社会復帰調整官を中心とした多職種連携による支援

1　事例演習のねらいとポイント

・心神喪失等の状態で重大な他害行為を行った者の医療及び観察等に関する法律（医療観察法）の制度概要とその特徴を精神保健及び精神障害者福祉に関する法律（精神保健福祉法）などと比較し学ぶ。
・医療観察法における対象者、家族、支援者の立場や思いを理解する。
・社会復帰調整官の業務やケアマネジメントを学ぶ。
・医療観察法に基づく入院から退院、指定通院中の支援、地域に出てからの自立支援のプロセスについて学ぶ。

2　この事例を検討するための知識

・司法・更生保護制度の概要（検察、裁判所、保護観察所の機能）を復習しよう。
・医療観察制度の知識（対象者の処遇の変化、指定入院・指定通院医療機関、社会復帰調整官）を確認しよう。
・司法精神医療・保健・福祉分野のケアマネジメントを復習しよう。

3　事例の紹介

　事　例

精神保健福祉士の勤める職場

　B社会復帰調整官が勤める保護観察所は、関東近郊の都道府県の県庁所在地にあり、医療観察法の担当部署である社会復帰調整官室には、7人の社会復帰調整官が配置されている。B社会復帰調整官（38歳、男性）は、大学卒業後、地方の中核市にある比較的大き

な精神科病院で10年ほど精神保健福祉士として勤務していた。その精神科病院での仕事のなかで、医療観察法のケア会議などに参加したこともあり、医療観察制度に興味をもった。そして、その地域の保護観察所で、経験のある精神保健福祉士の社会復帰調整官の募集があり、応募して採用された。現在、採用から5年が経過し、研修と先輩のサポート業務を経て、3年ほど前から、直接、単独で対象者を担当している。

支援対象となるクライエント

　Aさん（33歳、男性）は、同胞2人の次男として出生、2歳上に兄がいる。Aさんは16歳の頃、学校でいじめに遭い、高校を中退し、自宅にひきこもるようになった。両親は、できるだけ相談にのっていたが、Aさんの生活が徐々に怠惰になり、それを父親が強く叱責したことをきっかけに、ほとんど自室からも出ず（食事は母親が部屋の前に置き、入浴は深夜に行っていた）、両親とも、ほとんど顔を合わせていない状況となり、それが2年ほど続いた。また、ちょうどAさんがひきこもりとなった頃、実兄が大学進学のため実家を出て、大学のあるⅠ県で下宿生活を始めることになり、会う機会が少なくなった。また、Aさんは、大学に行った実兄に引け目を感じるようになり、実兄の帰省時に激しい言い争いをして以降、実兄とはほぼ交流していない。Aさんは、21歳の頃より徐々に自室から出て、日中、父親がいないときには、母親と世間話などし、週に3日ほど、不定期にコンビニのアルバイトなどをするようになっていた。

　ただ、29歳になる頃、近所の知り合いを非常に気にするようになり、表情が硬く、「監視されているのではないか」「盗聴されている気がする」と訴え、また理由を言わず父親の古い携帯を解体するなどのエピソードがあった。その後、少し落ち着くが、Aさんは、母親のみと必要な会話だけをして、父親とは、ほぼ没交渉となっていった。

問題の発生過程

● 事件（対象行為）の発生までの経緯

　Aさんが、30歳の誕生日を迎える3か月ほど前より、コンビニの仕事のときなどに、「地震とか、怖くて眠れない」などと疲れを訴え、仕事に集中できないことが多くなった。その後、店長から強く注意されたことを契機に、コンビニの仕事をやめ、また自宅（自室）にひきこもるようになった。そして、しだいに昼夜逆転の生活となっていった。

　この頃から、Aさんは父親の動向を気にするようになり、「父親が別人となっている」「父親が帰ってくると、異臭がする」など意味不明な訴えを始めた。母親は精神病を疑い、本人に病院の受診を勧め、近々、保健所に相談に行こうとしていた。このような時期、Aさんの30歳の誕生日の深夜、父親が寝ているところをバットで殴り、頭部挫傷、外傷性くも膜下血腫で父親を死亡させ、同日、警察に逮捕された。

● 医療観察法審判までの経過

　逮捕後、Aさんは、「父は殺され宇宙人に乗り移られている。今、止めないと大地震を引き起こし、みんなが不幸になるので仕方なく殴った」と主張。検察官は、起訴前鑑定後、統合失調症での心神喪失による行為であるとして不起訴を決定し、医療観察法による審判の申立てを行った。

　裁判所は審判を開始し、Aさんは、X病院へ鑑定入院した。また、このとき、裁判所の依頼を受けて、この裁判所地域を管轄する保護観察所のB社会復帰調整官が、生活環境調査として、鑑定入院中のAさんの病院を訪問、Aさんや鑑定医、病院スタッフと面接し、また、母親や実兄などへ面接を行い、その結果を生活環境調査結果報告書として、裁判所に提出した。この報告書やX病院からの鑑定書をもとに、裁判所において、裁判官、精神保健審判員により処遇の決定を行う合議体と合議体に助言する役割の精神保健参与員が審判を行い、Aさんは、指定入院医療機関であるY病院への入院処遇が決定された。

● 入院処遇中の治療・リハビリテーション・社会復帰支援と社会復帰調整官の生活環境調整

　Aさんが入院すると、Y病院においてAさんを担当する医師、N看護師、S精神保健福祉士、作業療法士、心理士からなる担当多職種チーム（multidisciplinary team、以下「担当MDT」）が編成され、チーム医療による治療・リハビリテーション・社会復帰支援が開始された。また、Aさんの入院後も、B社会復帰調整官は引き続きAさんを担当した。

　B社会復帰調整官は、本人や家族や関係者の意向を聴取し、指定入院医療機関や退院予定地の関係機関と連絡・調整などを行い、退院後の処遇計画を調整・作成するなどの生活環境調整を行っていく。具体的には、指定入院医療機関であるY病院と連携をとり、Aさんとの面接や担当MDTとの協議を行い、医療観察法病棟におけるAさん、家族、担当MDT、退院予定先の外部関係機関（精神保健福祉センター、保健所、福祉事務所、指定通院医療機関、地域活動支援センターやグループホームなど福祉施設等）と個別に面談・協議し、あるいは、これらの外部機関も参加して指定入院医療機関で行われる退院調整のためのケア会議（Care Programme Approach meeting、以下「CPA会議」）などに参加して、Aさんや家族の希望、その病状や治療状況などを把握し、退院後の処遇計画の調整や作成を進めていくことになる。

　入院当初、Aさんは、「みんなのため、どうしてもしなければならない行為だった」「入院は宇宙人の陰謀」などを確信的に主張していた。

　家族の状況は、事件当初から実兄は、「勤務先である銀行は多忙であり、実家からも遠い。また、家庭（長男4歳、長女2歳）ももっており、とてもAの支援はできない」「事件のことが職場や近所に知られることが心配。できれば、あまりかかわりたくない」と、かかわること自体に拒否的で、B社会復帰調整官や担当MDTのS精神保健福祉士からの連絡

にも、ほぼ対応してもらえなかった。母親も、事件当初は大きく動揺し、一時、うつ状態で精神科クリニックにも受診していた。

しかし、Aさん本人は、母親の差し入れに好きなお菓子が入っていないとなじったり、また、母親との面会時に、「（事件は）仕方がなかったことだよ。お父さんも、きっと天国で（自分を）許してくれているよ」などと、他人事のように話すことから、面会が終わるまでこらえていた母親が面会後、担当MDTのところで泣き崩れるようなこともあった。そのため、担当MDTのS精神保健福祉士や心理士、N看護師等やB社会復帰調整官が役割分担しながら連携し、まずは、母親を支えていくことになった。

その後、母親は、しだいにCPA会議に参加し、Aさんとの面接なども行えるようになった。ただ、「退院後は、自分（母親）がひとりで面倒をみる。長男や世間には、迷惑をかけない」との主張は続いていた。また、治療の進行とともに、Aさんの妄想が薄れ始めると、Aさんからは、「自分が信じたことは、病気による妄想なのかもしれない」などと話すようになっていった。ただ、一方でAさんは、日によって「自分の行動は、やはり正しい」「病気で行ったのなら、もう生きていけない」など、不安定な思いを訴えていた。担当MDTは、そのようなAさんに寄り添いながら、治療を進めていった。

その後、本人の努力と治療により、これらの問題にも向きあい、また、病状の安定などから、現実を受けとめられるようになっていった。Aさんは、この時期になると後悔や反省を述べることが多くなり、母親もAさんの態度が変わってきたこと、そしてAさんからの希望も受け、早期の自宅退院を強く望むようになったが、ただ、実兄は、依然として強く反対であった。また、この時期、Aさんの態度が変わったことでN看護師も、B社会復帰調整官やS精神保健福祉士に、Aさんの自宅への早期退院を訴えるようになった。

社会復帰調整官は、本人の自己決定と家族の不安や地域の関係機関（保健所や市区町村、指定通院医療機関、精神障害者関連の福祉施設等）の狭間で、退院地について難しい調整を迫られることが多い。以前より自宅への退院については、病状悪化のリスクが高いことが担当MDTから指摘されており、また、現状では、自宅地域を担当する保健所や精神保健福祉センターの不安も強いことから、B社会復帰調整官は、自宅退院の調整は、非常に困難と思っていた。

ただ、本人の意向とともに担当MDTの一部からも自宅退院の可能性が言及されるようになったことで、B社会復帰調整官は、難しい調整に思い悩みながら、自宅退院の方針で調整することを決め、担当MDT同席のもと、まずは、Aさんと母親へ、自宅退院のメリット、デメリット、場合によっては、少し時間はかかるなどの説明をし、本人、母親の自宅への退院の意向を再確認した。担当MDTからは、時間がかかることについて、将来的に、社会的入院になるのではないかとの危惧もでたが、B社会復帰調整官は、その懸念はあるが、まずは、本人、家族の意向を優先させて対応、退院できる状況になっても入院継続さ

れそうな状況であれば、早めに、本人、家族、担当 MDT に再度、相談するとして、保健所などの地域関係機関への調整を行っていった。

その後、S 精神保健福祉士の説明や B 社会復帰調整官からの今後の社会復帰の見通しの説明などから、A さんの意向は、「関係者の支援を受けてケアしてもらうほうがよいかな」と変わっていった。

そして入院 10 か月頃、CPA 会議において、まずは退院先を実家ではなく、居住施設を利用するという方針が、本人・家族を含む関係者間で合意された。そして、B 社会復帰調整官の調整で、隣市の C グループホームが候補となり、入院から 14 か月後、C グループホームで試験外泊を行った。その後、数回の C グループホームへの試験外泊とともに、指定通院医療機関の Z 病院の受診やデイケアなどの試行も行っていった。そして、その結果などをもとに CPA 会議などで、C グループホームの D 世話人や Z 病院の意見などを調整し、地域ケア計画の原案を作成し、病状も大きく改善したことから、入院から 20 か月後に、指定入院医療機関の Y 病院から退院許可申立てがあり、地方裁判所での 3 か月の審判を経て、医療観察法による「入院によらない医療」（通院処遇）の決定が出された。

● 地域処遇（通院処遇）中の治療・リハビリテーション・社会復帰支援と社会復帰調整官の精神保健観察

地域処遇（通院処遇）の決定により、A さんは、Y 病院を退院後、C グループホームに入所しながら、Z 病院へ通院を開始した。また、退院後も引き続き B 社会復帰調整官が担当した。A さんと B 社会復帰調整官の退院後初めての面接時、A さんは、終始笑顔で「入院機関の担当 MDT から通院機関の担当 MDT へ支援者が大きく変わったことで、心細く思っていた」と話した。B 社会復帰調整官は、「支援者が大きく変わることは、A さんの負担がやはり大きいのだな」と理解し、退院直後のこの時期は、少し面接を多くし、また、Z 病院などで、月 1 回程度、A さんと家族、地域の関係機関が参加するケア会議を開催するなど精神保健観察全般を少し頻繁に丁寧にやっていこうと思った。

その後、A さんの地域ケア計画案が、保護観察所より「処遇実施計画書」として交付され、その計画に基づき、Z 病院のデイケアに週 4 日通うとともに、週 1 回の Z 病院の E 精神保健福祉士と F 看護師による訪問看護を利用する。福祉事務所で生活保護を開始、また、保健所で、必要に応じて随時、相談対応する体制を確保した。また、G 地域活動支援センターで 1 週間に 1 回程度昼食会やレクリエーションなどの活動に加わってもらい、また、職員の H 精神保健福祉士が随時、面談などで声をかけるなど、A さんの支援が開始された。

退院前から指定通院医療機関の Z 病院の医師や精神保健福祉士、C グループホームの D 世話人などは、外泊や CPA 会議で、A さんとは面識もあったが、そのかかわりの短さから、齟齬や誤解が生じやすく、初期には、C グループホームの D 世話人に被害的な念慮などが出たこともあったが、関係の長い B 社会復帰調整官が間に入ることで、A さんの態度につ

いての誤解も解け、処方の調整などの介入もあり、通所開始2か月頃より病状も安定し、D世話人や各関係機関のスタッフとも良好な関係を築いていった。

　しかし、Z病院通院開始から12か月が経った頃、Aさんから、CグループホームのD世話人に「寝られない」「デイケアのメンバーの視線がすごく気になり、怖い」などと相談の訴えがあった。D世話人が、面接して話を聞くと、「内緒ですが、宇宙人から連絡があった」「事件は陰謀で、父親は生きている」などの妄想的な発言も出てきたため、本人の了解をとり、Z病院のE精神保健福祉士とB社会復帰調整官に連絡。翌日に、Z病院の訪問看護チームからも怠薬の報告があったことから、AさんとZ病院の主治医、E精神保健福祉士等が面接し、B社会復帰調整官とも連絡をとり、本人の同意を得て、服薬調整と休養のため指定通院医療機関のZ病院に任意入院となった。

　入院後、B社会復帰調整官は、Z病院のE精神保健福祉士と連携し、しばしば、本人と面接した。1か月ほどの入院を経て、Aさんは、順調に回復し、退院した。その後は、病状にはある程度の波はあったが、関係機関の職員との信頼関係も深まってきたこともあり、大きな問題行動には至ることはなくなっている。医療観察法の通院開始から30か月が経過し、地域処遇（通院処遇）の満期終了（通常36か月）がみえてきたところで、ケア会議において、地域処遇（通院処遇）の満期終了後のケア計画を調整、終了に伴いB社会復帰調整官が抜けたあとも、6か月程度、同様の支援体制を継続し、その後、Aさんの意向や状況をみて、支援体制を再構築することになった。そして、ケア会議の関係機関の勧めもあり、地域活動支援センターの職員などと相談し、本人が希望していたコンビニのアルバイトの準備を開始した。

4 演習課題

❶　精神保健福祉法と大きく異なる医療観察法の入院・通院の決定方法、退院請求・処遇改善請求の手続きや、医療観察法における裁判所、保護観察所、指定入院・指定通院医療機関の役割などについてグループで手分けして調べ、表などにまとめ理解を深める。

❷　入院中のAさんの処遇の経過を理解するとともに、本人と母親、担当MDTの思いなどの違いを想像し、話しあう。

❸　社会復帰調整官が医療観察制度の審判、入院処遇、通院処遇において、どのような役割を果たしているのか理解する。

❹　保護観察所、指定入院・指定通院医療機関、地域の行政機関、施設等の精神保健福祉士（社会復帰調整官等）の専門性や役割・立場、思

いなどの違いについて、それぞれを比較して理解する。

❺　Aさんの地域生活への移行での思いを理解し、また地域生活を継続するためにどのような支援が必要かを考える。

5　ミニレクチャー

❶医療観察法の対象者とは

　我が国では、欧米諸国でもたれているような、「司法精神医療の対象者は、（自分の意思で）犯罪を犯した精神障害者ではなく、精神症状の悪化により心神喪失・耗弱（幻覚妄想）状態で、犯罪行為を行ってしまった精神障害者である」という認識があまり浸透していない。もちろん医療観察法の対象者についても、このような考え方をもとに制度が作られており、精神障害者であっても、心神喪失や心神耗弱の状態以外で、自分の意思で犯罪に至った場合（親の言動に怒り、殴ったなど）は、対象となっていない。

　ただ、司法精神医療が始まってまだ歴史が浅い我が国では、この対象者像については、精神医療・保健・福祉に携わる専門職のなかでも、理屈としては理解していても、実感として、まだ整理できていないものも多い。そして、いたずらに本人の反省を求めたり、また「本人が対象行為を覚えていないというのは、反省が足りないからだ」などや、逆に現状では（精神症状）再発のリスクが高くなってきている状態にもかかわらず「本人が二度とやらないと固い決意をしているので大丈夫だと思う」などの情緒的な意見が、退院調整のケア会議（CPA会議）や地域でのケア会議などで、精神医療・保健・福祉の専門家であるソーシャルワーカーからも散見されている。支援の対象者に対して、応報感情を整理しながら支援者としてかかわる、自身の危険に配慮しながら支援者としてかかわるなどの状況にソーシャルワーカー自身が慣れていない。

　欧米諸国では、「精神症状により心神喪失・耗弱（幻覚妄想）状態で、犯罪行為を行ってしまった精神障害者」のみならず、自分の意思で犯罪を犯した人の社会復帰である加害者支援についても、福祉の領域として多くのソーシャルワーカーがかかわっており、それぞれのソーシャルワーカーが専門的な知識やスキルを蓄積し、この領域における福祉の専門家として支援を行っている。

　我が国でも、近年、刑務所や更生保護施設に社会福祉士や精神保健福

祉士が配置され、また、就労支援や居住施設関連支援、高齢者や知的障害者支援など、加害者支援の領域にかかわるソーシャルワーカーは増えてきているため、この分野における専門的な知識やスキルが求められており、また、このような司法精神医療や加害者支援を行うソーシャルワーカーには、意識の変革などが求められている。

❷司法精神医療におけるソーシャルワークと社会復帰調整官

医療観察法では、第1条でその目的として、重大な他害行為歴のある医療観察法の対象者（以下、対象者）の病状の改善や行為の再発防止とともに、社会復帰の促進が明記されている。そして、その第2項では、再度、この処遇に携わる者が対象者の社会復帰に努めなければならないとしているところからも、医療観察法にかかわる専門職、関係者には、応報感情や不安を乗り越え、対象者の社会復帰への支援を行っていくことが求められている。また、国際的にも、司法精神医療・保健・福祉に携わるソーシャルワーカーについて、同様の規定や倫理規範が存在していることが多い。

ただ、医療観察法の対象者にかかわるソーシャルワークにおいては、クライエントである対象者の意向やその権利擁護と、支援者や地域関係者などの葛藤や不安などの要因から対立する場面も実際に多くある。そして、それ以外にも、対象者本人の病状や状況、地域の社会資源の現状や連携体制などの環境要因などからも、しばしば難しい判断が求められる。特に、社会復帰調整官は、医療観察法の審判での調査から入院処遇、地域（通院）処遇すべてにかかわるため、事例のように退院調整や退院地域の状況や環境変化への対応など、難しいソーシャルワークを求められる場面が多い。また、社会復帰調整官は、保護観察所に所属するソーシャルワーカーとして、事例にあるように、対象者の自己決定をソーシャルワークの基本に置きながら、病状悪化や再発防止のリスク、関係者の不安も考慮しソーシャルワークを行っていくことが求められるなど、司法、精神医療、福祉についての専門的知識とスキル、そして高い倫理観が求められる職種となっている。

◇参考文献
・『こころの科学』第199号，2018.

第3章 支援の場に応じた相談援助の理解

【産業・労働】
EAP機関における勤労者の休職・復職支援

1 事例演習のねらいとポイント

・勤労者のメンタルヘルス課題に精神保健福祉士の立場で関与する方法を理解する。
・EAP（employee assistance program：従業員援助プログラム）の概要を踏まえ、精神疾患により休職した人のリワーク（復職）支援における精神保健福祉士の業務を理解する。
・産業分野における多様な関係者との連携や協働のあり方について理解する。
・従業員ストレスチェック制度の運用実態を踏まえ、勤労者のメンタルヘルス向上のために精神保健福祉士としてできることを考える。

2 この事例を検討するための知識

・ストレスと精神疾患の発症との関連について復習しよう。
・労働安全衛生法における精神疾患への対策について復習しよう。
・勤労者に対する社会保障制度、特にストレスチェック制度が創設された経緯と制度の概要について復習しよう。
・うつ病の人を支援する際の留意点や対応方法を復習しよう。
・EAP機関やリワーク（復職）支援プログラムにおける支援方法について復習しよう。
・当事者の権利擁護や自己決定の尊重、多職種多機関連携などについて、産業分野における精神保健福祉士の責務を再確認しよう。

3 事例の紹介

事 例

精神保健福祉士の勤める職場

　企業からの委託を受けて、人間ドックや健康診断を行う健診センターに併設されたクリニックである。労働安全衛生法の改正に伴い、従業員のストレスチェック実施制度がスタートすることに合わせて精神保健福祉士が採用され、EAP 機能をもつことになった。

　精神保健福祉士は、ストレスチェックの実施に加え、企業の産業医や保健師からの紹介で休職中の社員のメンタルヘルス相談に応じたり職場の管理職等に対するコンサルテーションをするほか、企業に出向き社員へのメンタルヘルス研修などを行っている。

支援対象となるクライエント

　Ａさんは、大学院修士課程を卒業後、自動車メーカーに就職し経理部門で働いていた。33歳で係長になり、まもなく経理部門が外注されることになって営業部門に異動した。元々内気でコミュニケーションはあまり得意ではなかったが、真面目な人柄で責任感も強く誠実な仕事ぶりは顧客からのウケがよく、まずまずの営業成績を収めていた。

　家庭では妻と小学生の子どもの３人暮らしであるが、営業職では土日出勤も多いことから、家族と休暇を楽しむ機会は多くない。

問題の発生経過

　営業に異動した翌年、大きなプロジェクトの責任者を務めることになると、Ａさんはそれまで以上の熱心さで営業に努めた。しかし世の中の不況も影響して成績は芳しくなく、同僚のなかでもＡさんの担当する部門は最も成績不良であった。

　どうにかプロジェクトのイベントを終え、大型連休の代休を取ったＡさんは、休み明けの朝にひどい頭痛とだるさを感じた。仕事が溜まっていると思い、なんとか出かけようと支度をしても家から出ることができず、妻が医者へ行くことを勧めても、Ａさんは少し横になれば治ると言って、結局その日は１日休みをとり家で寝ていた。翌日もその翌日も同じような状態が続き、１週間が過ぎたとき、課長が自宅に電話をかけてきた。応対した妻がＡさんの様子を伝えると、課長は会社が提携している健診センターへの受診を勧めた。

　妻からそのことを聞いたＡさんは、３か月前に会社で受けたストレスチェックの結果、高ストレスを警告されていたことを思い出した。ストレスがあるくらいでないと仕事の張り合いがないと考え、Ａさんは産業医面談も希望せず、何も対処していなかったのである。

● 精神保健福祉士との出会い

　妻に連れられて健診センターを受診したＡさんは、うつ状態と診断され、医師より２週間の休職を促された。「休むわけにはいかない」と抵抗するＡさんに、精神保健福祉士は「専門家の意見を聞いてご自身の健康状態を良好に整えることも、社員としての務めではありませんか」と助言した。Ａさんが渋々納得すると、精神保健福祉士は「３か月前のストレスチェックの結果をみて、何か気をつけたことはありましたか」と尋ねた。Ａさんは、うつむいたまま無言で応じた。

　精神保健福祉士は「ここまで大変な努力をしてお仕事をしてこられたと思いますが、Ａさんにはお休みが不足していたのではないでしょうか。この際少しゆっくり心身を休ませて、もとの元気が回復するのを待ってはどうですか」と提案した。

　医師より抗うつ薬と睡眠薬が処方されたが、Ａさんは昼夜を問わず眠っているような状態で、２週間経っても思っていたようには回復せず、さらに１か月間の休職が必要であると診断された。

　最初の２週間は有給休暇を申請したが、１か月となると療養休暇に入ることになる。精神保健福祉士から傷病手当金の申請手続きについて説明されると、Ａさんは「会社にそんな迷惑をかけられません」と言った。これに対して精神保健福祉士から「傷病手当金制度は労働者が安心して療養することができるための社会保障制度です。社員さんには利用する権利があります。Ａさんはご家庭もありますし、安心してお休みするためにも申請をお勧めします」と言われ、そういうものかと考えたＡさんは手続きをすることにした。

　また、Ａさんは「ただ薬を飲んで休んでいてもよくなる気がしない。どんな過ごし方をしたらいいですか」と尋ねた。精神保健福祉士は「週に１回ここへ来て、これまでの働き方を振り返り、ストレスを軽減させるための対処法を一緒に考えてみませんか」と提案した。また、「ご自宅近くのリワークデイケアを利用する方法もあります。もしご希望なら、まず主治医に相談してはどうでしょう」と提案し、情報提供した。

● 精神保健福祉士による個別支援

　Ａさんは、まず精神保健福祉士との週１回のメンタルヘルス相談のための面接を開始した。そこでは、Ａさんが経理部門から営業部門へ異動する前からの仕事ぶりや、仕事に対する思いなどさまざまなことを、精神保健福祉士の問いかけに応じて振り返ることになった。しだいにＡさんは、自分が何もかも犠牲にして仕事に打ち込んできたこと、しかし営業成績が伸びず焦る気持ちや将来への不安が募っていたこと、そのためなおさら、がむしゃらに休日出勤や残業を重ねていたことに気づいた。

　こうして約１か月が過ぎる頃にはＡさんはぐっすり眠れるようになり、また日中は起き

て過ごすことができるようになっていった。ところが、会社に行こう、行かなければ、と思うと頭痛やめまいが出現し、「まだ出社できない気がする」とも感じるようになっていた。

「当初は1日でも早く職場復帰したいと思っていたのに、私はすっかり怠け者になってしまったんでしょうか」と不安を語るAさんに、精神保健福祉士は、「ご心配ですよね。でもこれまで抱えていた仕事のストレスを避けたい気持ちが、体に反応しているとも考えられますね。病気の状態からみて出勤可能かどうかは主治医に尋ねて、復職の時期については、そのあとに考えてはいかがでしょうか」とゆっくり応じたうえで、リワークデイケアでよく行われているアサーティブコミュニケーションのトレーニング、認知行動療法プログラムなどは復職前のリハビリとして有効だと助言した。

主治医からは、大事をとってあと1〜2か月休職を延長し、復職前にリハビリ的に会社へ行ってみたり、リワークデイケアを活用して生活スタイルを出社時と同じようにすることを勧められた。また、復帰当初は短時間勤務が望ましいとも言われたことをAさんから聞くと、精神保健福祉士はAさんに「上司に、リハビリ出社や復職後の勤務形態に関して相談しては」と勧めた。Aさんが「そんな迷惑をかけるわけには……」とためらいをみせたため「差し支えなければ私から会社に連絡して、復職に向けて相談してみましょうか」と提案した。Aさんは、少し考えたのち、そうしてもらえるとありがたいと応えた。

● 精神保健福祉士からの職場への働きかけ

精神保健福祉士は、伝える内容をAさんと話しあったうえで上司に連絡し、復職準備について相談した。上司は、自分から連絡していいものか迷っていたが心配していたと言い、会社にはリハビリ出社の制度はないが、Aさんがリハビリ的に会社に来てみたいならいつでも職場に顔を出して構わないこと、復職する場合は残業なしで定時間勤務の対応はできるが、短時間勤務という仕組みはないので有給休暇を半日単位で使用してはどうか、などを話してくれた。

また精神保健福祉士が「Aさんの同僚や部下のみなさんには、Aさんの休職についてどう説明されているのですか」と尋ねると、「メンタル的なことなので詳しくは話していませんが、みんな薄々わかっていると思いますよ」という答えが返ってきた。

これらを翌週面談に来たAさんに伝えると「プロジェクトを終えて代休を4日間とったあと出勤できなくなって、そのままずっと休んでいるから職場に行きづらいなあ。みんなどう思っていることか……」と暗い表情になった。「Aさん、それも復職に気乗りしない理由のひとつかもしれませんね。でもこれまでAさんは真剣に誠実に、そして人一倍お仕事をしてこられたんですよね。これまでの面接で私が受けた印象です。そんなAさんのことを職場のみなさんはどう思っているでしょうね？」と問いかけると「そう……ですね。どうかな。心配かけちゃってるかもしれないですね」と言うので、上司も心配していたがAさんに気を遣って連絡を控えていたそうだと伝えると、Aさんは「そうですか。そろそ

ろ自分から連絡してみます」と初めて笑顔をみせた。そして、先週勧められたリワークデイケアを利用したいと言った。そこで、主治医に確認のうえＡさんの自宅近くのメンタルクリニックを紹介した。

● リワークデイケアのプログラム利用

そのクリニックのリワークデイケアは、週５日で９時半から16時まで午前と午後にそれぞれプログラムが用意されていた。スタッフは精神保健福祉士のほか看護師と公認心理師、作業療法士が担っており、プログラムは、ヨガやストレッチ、自律訓練法をはじめ、自己洞察やアサーティブなコミュニケーションを意識したグループワークが数多くある。

Ａさんが特に今後の生活に役立つと感じたプログラムは、うつ病を体験した人たちとのグループワークであった。再発防止のための工夫を聞いたり「ノーと言えるコミュニケーション」の練習をはじめ、ワークライフバランスを考えた生活設計などを話しあい、自分と異なる考えや価値観にも触れ、実生活で役立つ発想を身につけることができた。

リワークデイケアを利用したことで、Ａさんは、他人の評価を気にして言いたいことを我慢してしまったり、相手に快く思ってほしい気持ちが強くて相手の反応に過敏になりがちであるといった自分のコミュニケーションの癖を再認識した。こうした傾向は悪いことではないものの、時として自分を抑え込み過ぎてストレスが大きくなることを理解し、自己のストレスに気づいて適切に対処することの重要性や方法を学ぶことができた。

● 精神保健福祉士による復職支援

約３か月間の休職を経てＡさんは復職できる状態となり、精神保健福祉士は職場の上司に連絡した。主治医の意見として「復職当初は、定時間勤務とし休日出勤や出張は禁止。通院と服薬を継続し、１か月後の状態をみてその後のことを判断する」ことを伝え、職場での受け入れ体制やＡさんの復職にあたって心配な点を尋ねると、上司は、Ａさんがすでに職場へ挨拶に来ており、元気そうなので安心したと言いつつ、声をひそめて「前と同じ仕事をさせていいのか、仕事を任せる際に気をつけることがあれば知りたい」と言った。

精神保健福祉士は、業務内容や任せる範囲についてはＡさんと話しあっていただく必要があると伝えたうえで、まじめで責任感の強いＡさんが復職当初から頑張りすぎないように報告や相談の機会を多めに設け、Ａさんの調子を尋ねながら仕事量を検討するのがいいのではないかと応えた。これは、Ａさんとあらかじめ確認していたことである。Ａさんは、面談の際に３か月のブランクにより自分の業務遂行能力が落ちているのではないかという心配を口にしていた。そこで精神保健福祉士が「復職当初は定時間勤務という主治医の指示もあります。以前と同じ働きぶりでは難しいですよね」と返すと、「はい。業務量を上司と相談したり、やってみて様子をみながら少しずつ増やすような調整ができるといいのですが」とＡさんは自ら言っていた。これを念頭に置いて精神保健福祉士は上司に助言したのである。

　また、精神保健福祉士は、Aさんのように高ストレス状態の判定が出ても、その後なにも対応しなければ予防効果を得られないため、ストレスチェック制度の効果的な活用について社員研修等を行うとよいのではないかと助言した。上司は「たしかに自分もどうしていいかわかっていません。今度、安全衛生委員会で話しあってみます」と答えた。

現在の様子

　1か月後の診察のあと、Aさんは面接相談に訪れた。最近の様子を尋ねると「初めは緊張して1日終わるとどっと疲れていたが、2週目からは徐々に慣れてきて、今は少し物足りないと感じるようになった」と明るく言った。診察では、主治医より「病状が改善しているので薬の量を減らし、1か月20時間程度の残業は可能」と言われたという。声の出し方が力強く、口調も以前より速くなっていると感じられたため、精神保健福祉士は「表情が明るくなっているし、体力も戻ってこられたようですね」と応じてから、「また残業するようになるのかもしれませんが、ご自身で疲労を自覚して、休養も大事にしてくださいね」と伝えた。それを聞いたAさんはハッとしたような顔をしてから「そうでした、無理しない程度に少しずつやっていきます」とうれしそうに声を弾ませた。

　来月には、精神保健福祉士がAさんの会社のメンタルヘルス研修で「ストレスと上手に付き合う」という講義とグループワークの実施を予定している。

4　演習課題

❶　Aさんの人柄や仕事ぶりについて想像してみよう。そのうえで、Aさんのストレスはどのようなものか考えてみよう。

❷　精神保健福祉士は、「休職したくない」「傷病手当金制度を利用したくない」と言うAさんに、意向を変えるよう助言している。こうした働きかけの効果について検討しよう。

❸　❷の場面では実際にどのような面接が繰り広げられるか想像し、ロールプレイをして、精神保健福祉士の視点や面接技術、説明すべき事柄（知識）について具体的に確認しよう。

❹　職場復帰支援のために精神保健福祉士はAさんの上司と連絡をとっているが、こうしたときに留意すべき点について確認しよう。また主治医と職場との仲介役として、EAP機関の精神保健福祉士にはどのような知識が必要か考えよう。

❺　実際にリワークデイケアではどのようなプログラムが実施されているか、身近な機関についてインターネットや実習体験などを活用して調べてみよう。また、そこへの紹介の手順を確認しよう。

5　ミニレクチャー

❶EAP機関の多様性と精神保健福祉士のスタンス

EAPを行う機関は、内部型と外部型に分けられ、外部型の場合は、医療機関、保健所や精神保健福祉センター、障害者職業センターや産業保健総合支援センター地域窓口のほか、EAPの提供を主な事業とする民間機関など多様である（精神専門②『現代の精神保健の課題と支援』参照）。EAPの専門部署を設けることができるのは一定規模の社員を抱える大企業が多く、中小企業では外部機関を利用することが多い。

本事例のように、会社との契約により社員の健康診断やストレスチェック等を行うEAP機関の顧客は「会社」である。時としてクライエントと会社の間には利害関係が生じることもあるが、精神保健福祉士は、メンタルヘルスの課題を抱えている当事者を中心とした支援の視点をもち、本人の権利擁護を念頭に入れて介入することが重要である。

❷職場でよくみられるメンタルヘルス不調

症状として睡眠障害がよく自覚されるが、消化器症状や頭痛、倦怠感などの身体症状を中心に訴える場合であっても、気分障害（うつ病）などの精神疾患を発症していることが考えられる。また、本事例のようにオーバーワークが要因となっているもののほか、背後に発達障害やアルコール依存症などをはじめとする精神疾患・障害があることや、職場外の問題が引き金となっていることもある。こうした精神疾患の有無と内容に関する見立ては、本人の既往歴等を聴取することで推測できる場合もあるが、確定診断には専門医の診察が欠かせない。

❸EAPのコア・テクノロジー

日本EAP協会は、従業員支援の専門家の重要な諸技能を8つ掲げている[1]。EAPには多様な職種が携わるが、精神保健福祉士は、ソーシャルワーカーとしてこれらの技能を発揮する。

1. 組織のリーダー（管理職、組合員、人事）等への問題を抱える社員の管理、職場環境の向上、社員のパフォーマンスの向上に関するコンサルテーション、トレーニング、援助。および社員とその家族へのEAPサービスに関する啓蒙活動。
2. 個人的な問題によって社員のパフォーマンスが落ちないように、社員への秘密厳守で迅速な問題発見／アセスメント・サービスの提供。
3. パフォーマンスに影響を与えている個人的な問題を持つ社員へ建設的コンフロンテーション、動機づけ、短期介入的アプローチを通して、個人的な問題とパフォーマンス問題の関係に気付かせること。
4. 社員を医学的診断、治療、援助のための内部または外部機関にリファーし、ケースをモニターし、フォローアップを行うこと。
5. 治療等のサービスのプロバイダーとの効果的な関係を確立、維持するための組織へのコンサルテーション、およびプロバイダー契約の管理および運営。
6. 組織にコンサルテーションを行って、アルコール問題、物質乱用、精神的、心理的障害などの医学的、行動的問題に対する治療を医療保険の中に含み、社員が利用するように働きかけること。
7. 組織や個人のパフォーマンスへのEAPの効果を確認すること。
8. EAPサービスの効果評価

❹勤労者のメンタルヘルス対策における精神保健福祉士の役割

　精神保健福祉士は、メンタルヘルスにかかわる専門職として受診受療援助をはじめ、勤労者が社会（職場や地域、家庭）とのつながりをもちながら安心して生活できるように各種支援を行う。

　勤労者は、雇用主が求める成果を提供しその対価を得る立場であり、多くの職場は利潤追求を主目的に運営される。特に、終身雇用制が減少した現代社会においては、たとえ理由が傷病によるものであっても生産性の低下した者を雇用し続けるには、職場での支援体制の整備と周囲の理解を促進することが強く求められる。ソーシャルワーカーとして本人主体の支援を行うためには、調整機能をよりよく働かせ、事業場に対するコンサルテーションや、環境改善のための介入も重要である。また、疾病の発生予防と周囲の理解の促進を目的とした普及啓発も重要な役割である（精神専門⑥『ソーシャルワークの理論と方法（精神専門）』参照）。

◇引用文献
　1）日本EAP協会「EAP Core Technology」　http://eapaj.umin.ac.jp/coretech.html

【産業・労働】

企業における合理的配慮に基づく障害者雇用に向けた支援

事例 *28*

1 事例演習のねらいとポイント

・職場における障害のある人への合理的配慮の提供方法とそのための精神保健福祉士の働きかけ方を学ぶ。
・高次脳機能障害の特徴が、職場でどのように影響するか具体的に理解し支援方法を考える。
・企業の精神障害者の雇用率を達成するための取り組みを知り、近年の動向を踏まえて今後企業が検討するべき課題を考える。
・精神障害者を新たに雇用する際の連携先機関の概要と特徴を学ぶ。

2 この事例を検討するための知識

・障害者権利条約、特に合理的配慮について復習しよう。
・地域のニーズを把握する方法について理解しよう。
・精神障害者の自己決定支援のポイントを押さえよう。
・障害者の雇用の促進等に関する法律（障害者雇用促進法）の内容および障害者雇用の進捗状況を確認しよう。
・高次脳機能障害の状態像について復習しよう。

3 事例の紹介

事 例

精神保健福祉士の勤める職場

　情報サービスおよびその関連事業を生業とする企業Xの本社総務課に配置されている。

企業Xでは障害者雇用促進法で定められた障害者雇用率の達成と雇用した障害者の就業定着を目指している。2018（平成30）年の法改正に伴い、精神障害者雇用も義務づけられたことを受けて、精神障害者を雇用するうえでの不安の解消、雇用継続するうえでの問題解決を目的に精神保健福祉士を配置した。また、特例子会社Yの運営も行っている。特例子会社では、パソコンへの打ち込みを主な業務とし、障害者の雇用を進めている。また特例子会社から本社への異動を目指すことも目標となっている。

　ここでは、Aさん、Bさんに対する取り組みについて紹介する。

支援対象となるクライエント①

　Aさん（40歳、男性）は大学を卒業後、現在の会社に入社した。入社当初より営業部門に配属された。性格は穏やかで人当たりもよく、真面目に仕事に取り組み、営業成績はまずまずであった。34歳で係長に昇進し、中間管理職として部下や上司ともうまくコミュニケーションをとり組織の一員として信頼されていた。家族は妻と小学5年生の子どもとの三人暮らし。妻は自宅近くの企業で正社員として働いている。

問題の発生経過

　3か月前、出勤途上で横断歩道を歩行中に左折してきた車と接触事故を起こした。大きな外傷は認められなかったが、頭部打撲で救急搬送された。頭部裂傷の傷を負い5針縫った。担当医からは、頭部を打撲していることもあり2日間の入院と数日間の自宅安静が必要と言われた。CT検査を行ったが問題ないと説明された。その後、医師の許可を得て会社に出勤したが、通勤や営業先に行く道を間違え遅刻する、契約内容が違っている、決済の手順を間違える、管理職としての管理業務に遅れが出る等、これまで行っていた仕事に支障がみられるようになった。周囲からは、コミュニケーションそのものは、事故前と同じように感じられたが、時間が経つとその内容を思い出せないといった状況も生じた。

　家庭内でも起床や出かける時間、入浴など妻に声をかけられないと行動に移せず、服をしまった場所を忘れたり、毎日同じ服を着るなどの状況がみられ、家族も困惑していた。

　Aさん自身、自分が今までできていた事ができないことに戸惑っていたが、周囲には話せずにいた。職場の人達も事故前とは違うAさんに違和感を覚えたが、どのように対応したらよいのかわからず数日が過ぎていた。

支援経過

● P精神保健福祉士とAさん・家族との出会い

　Aさんの上司は、総務課のP精神保健福祉士に面談を申し込んだ。上司は、Aさんの状況を説明し、主治医に再度診察に行くように勧めたほうがよいか、また、Aさんを傷つけ

ないように現状を伝えるにはどうしたらよいのかを相談した。P精神保健福祉士は、Aさんを傷つけたくないと思いあいまいな言い方や遠回しに物事を伝えるより、Aさんが復職して以降、周囲が感じている違和感や戸惑いを具体的に伝えるようにアドバイスした。併せてAさんに現状を主治医に伝えるよう勧めてみてほしいと伝えた。Aさんは、上司から「仕事に復帰してから、仕事の手順が間違っていたり、話した内容を忘れることが多くなっている。会社としても心配をしているので、病院を受診し、そのことを主治医に伝えてみてほしい」と勧められた。Aさんは妻とともに受診し、主治医に現状を報告した。主治医は、高次脳機能障害を疑い、高次脳機能障害拠点病院を紹介した。

　Aさんは、拠点病院でMRI検査を受けた。その結果、微細な器質的病変が認められた。また仕事や日常生活での注意障害、記憶障害、遂行機能障害が認められることから高次脳機能障害と診断された。医師からは、症状の重症度は低く、日常生活や社会生活も工夫や周囲の協力・理解があれば続けていけるとの説明を受けた。また、時間の認識、記憶間違いや記憶の欠落、手順を間違える点への配慮は必要であると言われた。

　Aさんと妻は、上司に結果を報告した。上司は、高次脳機能障害について知識がなく、精神保健福祉士に相談したほうがよいと判断し、Aさんと妻に精神保健福祉士を紹介した。

● **精神保健福祉士のAさんへの支援（面談）**

　上司から紹介され、Aさんと妻は精神保健福祉士と面談した。Aさんは、高次脳機能障害と診断され、このまま仕事を続けられるのかと心配になっていた。「医師には、工夫と周囲の協力があれば仕事は続けられると言われたが、どのように工夫したらよいのか、同僚に理解してもらえるのか不安ばかりが強くなっている」と話をされた。精神保健福祉士は、「Aさんを診断した医師は、企業Xの産業医と情報は共有していますが、実際の職場環境はわからないので、産業医のアドバイスを受けながら、ほかの産業保健スタッフの協力も得て、Aさんが仕事を続けていけるように一緒に考えていきましょう」と話をした。また、家庭内や通勤についてのサポートが必要と思われるので、就業・生活支援センターの協力を求めることを提案し、了解を得たうえで紹介した。

● **就業・生活支援センターとの連携**

　早速、Aさんと妻は、就業・生活支援センターを訪れ、家庭内での工夫や、不安なく通勤できるような工夫について相談した。幸い、Aさんの自宅は会社に近く、徒歩15分程度であり、途中、2回左折し、横断歩道を2回渡る以外は道なりのルートで通勤できた。Aさん、妻、P精神保健福祉士と就業・生活支援センターの職員で、何度も場所を確認した。Aさんが記憶しやすい方法を探り、歩数計と左折する際の目標物の写真を活用することになった。Aさんも、「不安はありますが、これなら一人で通勤できるように思えます」と笑顔をみせた。日常生活については、就業・生活支援センターのサポートを引き続き活用することになった。

● 精神保健福祉士の職場内・Ａさんへの働きかけ

　Ａさんの不安を軽減するために、Ｐ精神保健福祉士は、ＡさんやＡさんの上司とも相談し、高次脳機能障害についての勉強会を産業保健スタッフの協力を得て心理教育のメソッドを応用し実施することにした。高次脳機能障害の原因・症状を産業医から、一緒に仕事をするために必要な配慮については心理士から、またＰ精神保健福祉士からは、これまでＡさんがしてきた努力や使っている社会資源について説明を行うことにした。勉強会には、Ａさん本人をはじめ、一緒に働く人達にも参加してもらい実施した。説明のあと、同僚として協力できそうなことを意見交換してもらった。なかには、「Ａさんと一緒に働くと余分な業務が増える」と文句を言う人もいたが、障害への理解はある程度得ることができた。Ａさんは上司から、「管理職を続けるのは負担ではないか、自身の体調のためにも管理職は退いたほうがよいのではないか」と打診されたが、「子どももいるのに収入が減ることは不安だ」と言い返事は保留された。Ｐ精神保健福祉士はＡさんの不安を受けとめ、妻とも面談した。妻は、「実は、今後のことを考えて転職先を決めました。夫の収入が少なくなっても生活がすぐに困ることはありません。夫にも伝えているのですが、夫は覚えられないようです」とのことだった。Ｐ精神保健福祉士は妻にも伝え続けてほしいと依頼した。またＡさんの話を傾聴し、先のみえない不安に寄り添いながら、Ａさんに何度も妻の転職を言葉やメモで伝え続けた。時間はかかったがＡさんは状況を理解し、管理職は退くという決断ができた。その後、営業部門の事務を行う部署に異動した。当面の業務として、契約の更新時に必要な書類の内容について、定められた内容に落ちがないかを確認する業務を行うこととなった。その際の時間管理、業務の手順書を作成する、作業について質問できる担当者を決めるなどの合理的配慮が行われた。

現在の様子

　現在は、業務を繰り返すことがあり、Ａさんに合った手順書に変えていくことが検討されている。Ａさんは「正直、会社を辞めずに済んだことにほっとしています」と話してくれた。今後も、経過をみながらＡさんの業務に支障があれば、Ａさんや周囲の同僚とも相談し、合理的配慮の内容について見直していく予定となっている。

支援対象となるクライエント②

　Ｂさん（24歳、女性）は両親と妹の４人暮らし。理工学系の大学に進学し、卒業後はIT関連企業に就職することが決まっていた。

問題の発生経過

　Ｂさんは大学卒業後、就職のため引っ越し作業をしていたところ、階段から転落し頭部

を強打した。救急搬送されたが、脳内出血を起こしており意識がない状態であった。翌日に意識は回復したが、事故後、記憶障害がみられ、自分がなぜ入院しているのか、どこに就職予定だったのか思い出せない状態が続いた。足のしびれがあり、歩行のリハビリを始めた。しびれは解消し、日常生活動作（ADL）に問題はなかった。しかし、院内で度々迷い、自室からリハビリ室やトイレへの往復が自力でできなかった。また、事故後に出会った病院スタッフの顔と名前が一致しないといった後遺症がみられた。主治医は高次脳機能障害と診断した。内定先を辞退したBさんと両親は、今後のことを考え、医師から紹介された高次脳機能障害支援室のソーシャルワーカーと相談した。「IT関係の仕事が希望だったので、その関係の仕事に就きたい」とのBさんの希望があり、障害者職業センターでの職業適性の評価を基に、ソーシャルワーカーから特例子会社Yを紹介され就職した。

支援経過

● 特例子会社Yでの経過

Bさんは、元々パソコン業務が得意だったことから、打ち込みの作業はしだいにできるようになった。作業速度も速く、本社の会計部門への異動を特例子会社Yの精神保健福祉士から打診された。Bさんは不安があったが、精神保健福祉士からパソコンへの打ち込みは正確で速く、仕事がはかどっている、他者との交流も穏やかにできている等の自分の具体的な評価を聞いた。Bさんは、「自分が、そんな風に思われているのは嬉しい。でも、失敗したら二度とチャンスがないかも。大きな失敗をしたら解雇されるかも。ほかの人からいじめられるかも」などの不安を話した。精神保健福祉士は、Bさんの不安を十分に受けとめながら「本社での仕事は、伝票や領収書をパソコンに日付ごとに打ち込んでいく仕事。ミスしても解雇されないし、相談に乗ってくれる人がいますよ」等の具体的な話を伝えていった。Bさんは精神保健福祉士とのやり取りのなかで、失敗しても大丈夫と思えるようになり、不安は残ったが、チャレンジしてみたいと考えるようになり異動を希望した。

● 企業XのP精神保健福祉士との出会い

P精神保健福祉士は特例子会社Yの精神保健福祉士から紹介されBさんと面談した。精神保健福祉士同士の申し送りをもとにBさんと話を進めた。Bさん自身、「人の顔と名前が一致するまでにかなりの時間が要ります。ルーティン以外の業務が急に入るとどうしていいのかわからない。社内の机の配置などなかなか覚えられない」と話され不安があることがわかった。「Yでは、全員名札があり、机の上にも名前が大きく書いてある。机の配置もわかりやすいように、床になくてもよい色分けもされているし、休憩時間もタイマーで計って、45分ごとに15分休憩時間がある。業務内容を確認できる人も決まっていた。本社では、それはできるのでしょうか」と不安そうであった。また、本社の社員にいじめられそうと感じており、それも大きな不安材料であった。P精神保健福祉士は、Bさんに「ほ

かの方を支援した経験を活かして、周囲への働きかけを一緒にしていきましょう」と話した。

● P精神保健福祉士の周囲への働きかけ

会社の方針として、半年間は出向とし、その後正社員としてBさんに経理部門で働いてもらいたい意向もあり、精神保健福祉士は、経理部長・会計課長と相談しながら、Bさんや同僚になる人達と一緒に勉強会を実施することにした。経理部門では職員が同じ時間に集まることが困難なため、精神保健福祉士が中心となって同じ内容の勉強会を複数回実施し学習の機会を確保した。しかし、高次脳機能障害への理解はある程度得られたが、Aさんのときに比べ、実際にBさんと一緒に働くことに難色を示す人が多かった。精神保健福祉士が話を聞くと、「勉強会に参加して、高次脳機能障害の人は突然怒ったりすると知った。一緒に仕事はしたくない」「名前を覚えてもらえない人とコミュニケーションはとれない」「障害のある人を雇用するのはよいこと。でも、この部署でなくてもいいのでは」という周囲の思いを知った。精神保健福祉士は、職場の人達の話を丁寧に聞き、誤解や不安なことに対して正しい知識や具体的な解決策を提案した。同時にBさんへの合理的配慮がなされ、Bさんや職場の人がともに働ける環境を一緒に試行錯誤しながら整えていった。

現在の様子

実際にBさんが会計部門で働いていくなかで、しだいにBさんへの理解も進みはじめている。Bさんも「業務のことで相談できる人がいるのは心強いです。皆が協力してくれるわけではないが、親切にしてくれる人もいて、頑張れる気がします」と話している。引き続き、Bさんや会計課の人たちと協力しあいながら、皆が働きやすい職場づくりを目指している。

その後の発展

P精神保健福祉士は、特例子会社Yの精神保健福祉士より、他の会社でも精神障害者の雇用を考えているところが多いが、精神保健福祉士の配置がなく個別の対応や社内への働きかけ等どのようにしていったらよいのかと他企業の担当者から相談を受けている、これまでの経験を活かして地域で精神障害者の雇用促進に取り組めないかとの相談があった。

企業Xと特例子会社Yの精神保健福祉士は協力し、地域企業の障害者雇用促進担当者に働きかけ、ニーズの把握を行った。企業同士が情報共有でき、勉強会を開催し、具体的な問題解決策を話しあうなど地域のなかで協働できる仕組みづくりを行い、「企業連絡会」として運営されている。現在、企業Xに事務局が置かれ、地域企業から加入したいと申し出を受けることが多くなった。自立支援協議会の就労部会、公共職業安定所（ハローワーク）との連携や就労移行支援事業所も連絡会に加わった。また、保健所、地元の労働基準監督署とも相談・連携するようになり、雇用の促進と定着に貢献できる組織になりつつある。

4 ▶ 演習課題

❶ Aさんの上司が相談をしてきた際に、精神保健福祉士はアドバイスを行っている。この事例のように、できていないことを他者に伝えるうえでの注意すべき点について、精神保健福祉士のコミュニケーションのポイントを思い出し、アドバイスする内容を考えてみよう。

❷ 仕事をするうえでのAさん、Bさんへの合理的配慮を具体的に検討してみよう。また、事例に限らず、職場の人たちが抱いている精神障害者への無理解や偏見をなくすための取り組みを考えてみよう。

❸ Aさんが管理職を退く際、Bさんが本社に異動する際に、精神保健福祉士は意思決定支援を行っている。この際、精神保健福祉士が支援のポイントとした点は何か考えてみよう。

❹ 事例では、特例子会社Yの精神保健福祉士が、他企業の担当者から直接相談を受ける形で一部のニーズを掴んでいるが、そこから発展させるために地域のニーズを把握する方法を考えてみましょう。また精神障害者の雇用促進のために企業が取り組むべき課題およびその課題に対して働きかける方法を検討してみましょう。

❺ 高次脳機能障害だけでなく、精神障害に対する社会的偏見が現実としてある。社会的偏見が精神障害者の生活に与えている影響やそれに対して精神保健福祉士として何ができるのかを検討してみましょう。

5 ▶ ミニレクチャー

❶高次脳機能障害

高次脳機能障害は見えない障害でもあり、家族や周囲も障害のある本人を理解できず、人間関係が破綻することもあるため、家族を含めた人的環境にアプローチしていくことは重要な点である。このように、生活に与える影響は重大であるにもかかわらず、高次脳機能障害独自のサービスはなく、障害者の日常生活及び社会生活を総合的に支援するための法律（障害者総合支援法）等既存のサービスに頼らざるを得ず、制度の狭間にある障害であるといえる。精神保健福祉士には、個別性に合わせた支援ネットワークの構築やインフォーマルな資源開拓の役割が求められている。

❷心理教育

　事例の企業には、産業保健スタッフが置かれており、精神保健福祉士は「心理教育」の方法論を応用するにあたって協力を求め、高次脳機能障害について周囲の人たちに伝えようとしている。「心理教育」はもともと統合失調症について、疾患・薬・病気との付き合い方・社会資源等について本人および家族向けに作られたものであるが、さまざまな疾患に応用されている。今回の事例では、職場の人を対象としているため、1回のみ90分程度のレクチャーとし、疾患全般のこと、合理的配慮がされれば就労できること、Aさん、Bさん個別に必要な対応、配慮を伝える内容を想定した。

❸精神保健福祉士の周囲への働きかけについて

　事例のBさんについての働きかけで、精神保健福祉士は同じ内容の勉強会を複数回開催し参加の機会を確保する努力をしている。時間がないなかで実施するのは困難な場合もあるが、障害特性や合理的配慮について伝え、理解を得られるように働きかけることは、精神保健福祉士の役割の一つである。この事例では、参加者の意見を受けとめながら、一つひとつのことに対応し、Bさんが働ける環境の整備や啓蒙活動の機会と捉えている。

❹雇用における障害者差別について

　障害者雇用促進法では障害者に対する差別の禁止を謳っている。障害者差別にあたる事例としては、障害があることを理由に採用を拒否、低い賃金を設定することなどがそれに当たる。就労支援をしていると、「採用するが、障害があるから賃金は低いよ」など言われることがあるが、これは障害者差別に当たる。

　なお、事例ではAさんの収入が下がる状況があるが、これは管理職から退き部署変更により残業がなくなったためで、差別には当たらない。

◇**参考文献**
・中島八十一・今橋久美子『福祉職・介護職のためのわかりやすい高次脳機能障害——原因・症状から生活支援まで』中央法規出版，2016.

第4章

ソーシャルワーク実践のための力の獲得

　今や精神保健福祉士は、精神科病院だけでなく、行政、福祉サービス、企業など、多様な組織で採用されている。しかし、「あなたの専門性は何ですか」と聞かれたときに、自分の職場だけのイメージではなく、精神保健福祉士の専門性についその全体像を念頭に置いてきちんと説明できるだろうか。また、皆さんが現場でソーシャルワーカーとして勤務するとしたら、どういうことを目標として掲げて、日々の仕事に取り組むのだろうか。そして、その実践の評価は客観的なものとしてフィードバックされるだろうか。

　本章では具体的な評価指標の例を紹介しながら、精神保健福祉士としてどのような力が求められているのかをみてみることとする。

第1節 CSWEのコンピテンシー

学習のポイント

● 精神保健福祉士の実践力に対する評価について考える
● アメリカのCSWE（Council on Social Work Education：ソーシャルワーク教育評議会）によるソーシャルワーク・コンピテンシーについて理解する

　CSWE（ソーシャルワーク教育評議会）は、1952年に設立され、750以上におよぶ大学の学部、大学院等におけるソーシャルワーカー養成課程のほか、質の高いソーシャルワーク教育の推進にかかわる教育者、実践者、機関が参加している。CSWEはアメリカのソーシャルワーク教育の唯一の認定機関であり、ソーシャルワーク教育が一貫性をもち、専門性を確立していくことに貢献している。

　アメリカのソーシャルワーク教育は2008年の改訂によって大きく変化し、今回紹介するコンピテンシー概念を基盤として位置づけている。そこで、本書においても、CSWEによる九つのソーシャルワーク・コンピテンシーを紹介する。

1 コンピテンシーとは何か

　最近職業教育の場面で、よく耳にするのは、コンピテンシー（competency）という言葉である。コンピテンシーとは成果につながる行動特性のことであり、主に人事評価や人材育成などに活用されている概念である。ソーシャルワーク教育において、コンピテンシーが用いられるようになったのは、1970年代後半であり、アメリカに始まり、カナダやイギリスでも中心的な教育モデルとして活用されている。日本の福祉系大学等でも主として実習教育において、コンピテンシーを用いた評価が導入されてきた。

　2019（平成31）年の「精神保健福祉士の養成の在り方等に関する検討会中間報告書」には、精神保健福祉士の対象拡大による役割の拡大に触れつつも、「価値や理念、倫理原則に基づく責務など『普遍的な役割や基盤となる役割』があり、専門職としての行動特性（コンピテンシー）

を価値付ける重要な要素である」と論じられている。また、「顕在的課題のみでなく潜在的課題も把握し、全体を俯瞰するというソーシャルワーカーとしての視点を常に意識しながら専門性を発揮することも重要な役割である」と記されているのである。

　当然のことであるが、精神保健福祉士という国家資格が誕生する以前も、精神保健福祉医療領域にソーシャルワーカーは存在しており、職能団体を中心に専門性に関する議論は積み重ねられてきた。専門的な知識と技術をどう活用するかということは今も昔も大きな課題として掲げられている。では、国家資格がなかった時代と現代において、何が一番違うのかというと、具体的な行動とそれに対する評価が求められるようになった点だろうと思う。その昔、先輩のソーシャルワーカーたちが実習生や新人を評するときに「センスがある」「センスがない」という言葉をよく使っていた。そして、「センスがある」という評価は養成校で優秀な成績を修めたことと必ずしも一致しなかった。つまり、知識があるということだけでは、ソーシャルワークにおける実践力が高いということにはつながらないということなのだろう。対人援助職においては、「実践知」が重視される。体験的な学びから得たことと、座学で学んできた知識をどう行動に結びつけられるかということが重要なのである。また、さらに一歩進んで、一連の実践（行動）による成果を得ること、成果を評価することが求められる時代に突入している。それは、ある意味、福祉も一つの職域として、社会のなかで認知を得つつあることの証であろうし、職域の広がりとともに、専門職としてのキャリアの実証を求められていることにほかならない。

　社会のなかで専門職としての認知を獲得していくことや、その専門性に対して正当な評価を得ていくためには、その指標を見える化しなければならない。そのための教育、評価のツールの一つとして、コンピテンシーが注目されている。

　精神保健福祉士の養成課程においても多様な科目を通じて得た知識をソーシャルワーク実践として収斂させていくことが求められており、演習科目はある意味その模擬的な訓練の授業でもある。対象や職域が拡大していくなかで、それに追いついていかなければならないが、時に少し遠くから自分のやっていることを眺めてみることで、全体のなかでの自分の位置ややるべきことが見えてくる。模擬的な事例を通した演習での学びはそれを体感できる貴重な機会なのである。

第4章　ソーシャルワーク実践のための力の獲得

ソーシャルワーク・コンピテンシー

ここまで、ソーシャルワーカーにとってのコンピテンシーとは何かを述べてきたが、実際にどのような力量を身につけたらよいのだろうか。ここでは、ＣＳＷＥによる９つのソーシャルワーク・コンピテンシーを紹介する（**表 4-1** 参照）。

❶ 倫理的かつ専門職としての行動がとれる

❷ 実践において多様性と相違に対応する

❸ 人権と社会的・経済的・環境的な正義を推進する

❹ 「実践にもとづく調査」と「調査にもとづく実践」に取り組む

❺ 政策実践に関与する

❻ 個人、家族、グループ、組織、コミュニティと関わる

❼ 個人、家族、グループ、組織、コミュニティのアセスメントを行う

❽ 個人、家族、グループ、組織、コミュニティに介入する

❾ 個人、家族、グループ、組織、コミュニティへの実践を評価する

ソーシャルワークは、個人と環境の交互作用を活用する柔軟性に富んだ手法をもつがゆえに、他領域と比較して、曖昧で、拡散した印象を与えてきた。支援対象の多様性、個別性を重視することにより、画一的な評価になじまないと考えられてきたのである。しかし、一つの専門領域として確立させるためには、科学性、客観性の担保を考えざるを得ない。

日本のソーシャルワークは主にソーシャルケースワーク、つまりミクロ領域の支援を中心に発展してきた。しかし、今やソーシャルワーク専門職のグローバル定義に示されているように、マクロな視点に立った実践が求められている。また、高齢分野でいち早く地域包括ケアシステムの構築が唱えられたが、精神障害にも対応した地域包括ケアシステムの構築が進められている。ここで紹介したコンピテンシーにも、多様性への許容、実証的な研究と現場実践の循環、政策へのコミットメント、個人、家族だけでなく、グループや組織、コミュニティへのアセスメント、介入とその評価が含まれている。これまで、個々のソーシャルワーク実践の効果と個々人の専門性への評価を直接結びつける取り組みは、十分なものではなかったのではないか。これからの時代は、ほかの専門職や他機関と協働や連携をしながら、地域社会における社会資源の創出など多くの課題を乗り越えていかなければならない。そこには、より行動の伴った実践力が求められているのである。

表4-1　『学士および修士課程でのソーシャルワークプログラムの教育政策と認証基準』（Council on Social Work Education 2015）に記載されているソーシャルワーク・コンピテンシー

コンピテンシー	コンピテンシーを構成する知識、価値、スキル、認知および情緒的なプロセス	行動
⑴　倫理的かつ専門職としての行動がとれる	ソーシャルワーカーは、専門職の価値基盤と倫理基準とともに、ミクロ・メゾ・マクロレベルでの実践に影響を及ぼす可能性のある関連法令について理解している。ソーシャルワーカーは、倫理的な意思決定の枠組みと、クリティカル・シンキングの原則を実践・調査・政策の各分野の枠組みに適用する方法を理解している。ソーシャルワーカーは、個人的な価値と、個人的な価値と専門職の価値との区別について認識している。また、個人的な経験や情緒的な反応が専門職としての判断や行動にどのように影響するかも理解している。ソーシャルワーカーは、専門職の歴史・使命・役割と責任について理解している。多職種チームで働く際には、他の専門職の役割も理解している。ソーシャルワーカーは、生涯学習の重要性を認識し、適切で効果的な実践ができるように常にスキルの向上に努める。また、ソーシャルワーク実践のなかで起こっている新しい技術と、その倫理的な使用についても理解している。	・倫理綱領や関連法令、倫理的な意思決定モデル、調査の倫理的な実施等にもとづいて、倫理的な意思決定をする ・実践場面で自身の個人的な価値に気づき、専門職としてのあり方を維持するために振り返りと自己規制を行う ・行動、外見、口頭・書面・メールでのコミュニケーションで、専門職としての態度を示す ・実践結果を促進するために、技術を倫理的かつ適切に使う ・専門的な判断と行動となるように、スーパービジョンとコンサルテーションを活用する
⑵　実践において多様性と相違に対応する	ソーシャルワーカーは、多様性と相違がいかに人間の経験を特徴づけ、形成するか、そしてアイデンティティの形成にとって重要かを理解している。多様性の次元は、年齢、階級、色、文化、障害と能力、民族、ジェンダー、ジェンダーの意識と表現、移民ステータス、配偶者の有無、政治的イデオロギー、人種、宗教／スピリチュアリティ、性別、性的指向、部族の主権の状態などを含む複数の要因の交差性として理解されている。相違の結果として、特権、権力、称賛や抑圧、貧困、疎外が人生経験のなかに起こることをソーシャルワーカーは理解している。ソーシャルワーカーは、また抑圧と差別の形態とメカニズムを理解し、社会的・経済的・政治的・文化的な排除などの文化の構造や価値がどれほど抑圧や疎外を起こしたり、特権や権力を生み出しているかを認識している。	・人生経験をかたちづくるうえで多様性や相違が重要であることを、実践のミクロ・メゾ・マクロレベルにおいて適用し、伝える ・自分自身を学習者として提示し、クライエントや関係者には彼ら自身の経験のエキスパートとして関わる ・多様なクライエントや関係者とともに取り組む際には、自分の偏見や価値観の影響を抑えるために、自己覚知や自己規制（自らの気づきを高め、自身をコントロールする）を行う
⑶　人権と社会的・経済的・環境的な正義を推進する	ソーシャルワーカーは、すべての人が社会的な地位に関係なく、自由、安全、プライバシー、適切な生活水準、医療、教育といった基本的人権をもっていることを理解している。ソーシャルワーカーは、抑圧と人権侵害の世界的な相互関係を理解しており、人のニーズと社会正義についての理論と社会経済的な正義や人権を促進するための戦略についての知識をもっている。ソーシャルワーカーは、社会財、権利、責任が公平に分配され、市民的・政治的・環境的・経済的・社会的・文化的な人権が守られるようにするために、抑圧的な構造をなくすための戦略を理解している。	・個別およびシステムレベルにおける人権擁護のために、社会的・経済的・環境的な正義についての理解を適用する ・社会的・経済的・環境的な正義を擁護する実践を行う
⑷　「実践にもとづく調査」と「調査にもとづく実践」に取り組む	ソーシャルワーカーは、ソーシャルワークの科学の進歩と実践の評価における量的および質的な調査方法とそれぞれの役割を理解している。ソーシャルワーカーは、論理の原則、科学的な調査、文化的に適切で倫	・科学的な研究と調査のために、実践経験や理論を活用する ・量的・質的な調査方法や調査結果を分析する際には、クリティカル・シンキングを行う

	理的なアプローチを知っている。ソーシャルワーカーは、実践に役立つ根拠は、学際的な情報源から複数の探求方法で引き出されることを理解している。また、ソーシャルワーカーは、研究結果を効果的な実践に変換するプロセスについて理解している。	・実践や政策、サービス提供について情報提供したり、改善したりするために、調査による根拠を使用したり、わかりやすく伝えたりする
(5) 政策実践に関与する	ソーシャルワーカーは、人権と社会正義、および社会福祉とサービスが、連邦・州・地方のそれぞれのレベルでの政策とその実施によって取りなされて（媒介されて）いることを理解している。ソーシャルワーカーは、社会政策とサービスの歴史および現在の構造、サービス提供における政策の役割、政策開発における実践の役割を理解している。ソーシャルワーカーは、ミクロ・メゾ・マクロレベルでの自身の実践現場のなかで政策の開発と実施における自身の役割を理解し、そのなかで効果的な変化に向けて政策実践に積極的に取り組んでいる。ソーシャルワーカーは、社会政策に影響する歴史的・社会的・文化的・経済的・組織的・環境的・世界的な影響について認識し理解する。また、政策の策定・分析・実施・評価についての知識をもっている。	・福利、サービス提供、社会サービスへのアクセスに影響する地方・州・連邦レベルでの社会政策を特定する ・社会福祉と経済政策が社会サービスの提供とアクセスにいかに影響するか評価する ・クリティカル・シンキングを適用して、人権と社会的・経済的・環境的な正義を促進する政策を分析、策定、擁護する
(6) 個人、家族、グループ、組織、コミュニティと関わる	ソーシャルワーカーは、エンゲージメント（関係構築および取り組みの合意形成）が多様な個人、家族、グループ、組織、コミュニティとともに、またそれらに代わって行うソーシャルワーク実践の力動的で相互作用的なプロセスのなかの継続的な要素だということを理解している。ソーシャルワーカーは、人間関係の重要性を重視している。ソーシャルワーカーは、人間行動と社会環境についての理論を理解し、この知識をクリティカルに評価して、個人、家族、グループ、組織、コミュニティといったクライエントや関係者とのエンゲージメントを促進するために適用する。ソーシャルワーカーは、実践の効果を高めるために、多様なクライエントや関係者との間で関係づくりをする戦略について理解している。ソーシャルワーカーは、自身の個人的な経験と情緒的な反動が多様なクライエントや関係者に関わる能力にどのように影響するかを理解している。ソーシャルワーカーは、クライエントや関係者、また必要に応じて他の専門職とのエンゲージメントを促進するために、関係構築や多職種間連携の原則を重視する。	・クライエントや関係者に関わるために、人間行動や社会環境、環境のなかの人、そして他の学際的な理論的枠組の知識を適用する ・多様なクライエントや関係者に効果的に関わるために、共感、反射、対人スキルを活用する
(7) 個人、家族、グループ、組織、コミュニティのアセスメントを行う	ソーシャルワーカーは、アセスメントが多様な個人、家族、グループ、組織、コミュニティとともに、またそれらに代わって行うソーシャルワーク実践の力動的で相互作用的なプロセスのなかの継続的な要素だということを理解している。ソーシャルワーカーは、人間行動と社会環境についての理論を理解し、この知識をクリティカルに評価して、個人、家族、グループ、組織、コミュニティといった多様なクライエントや関係者のアセスメントに適用する。ソーシャルワーカーは、実践の効果を高めるために多様なクライエントや関係者のアセスメントを行う方法を理解している。ソーシャルワーカーは、アセスメントプロセスのなかでより広い範囲で実践することの意味を認識し、そのプロセスにおいて専門職間の連携・協働の重要性を重視する。ソー	・データを収集、整理し、クリティカル・シンキングによってクライエントや関係者からの情報を解釈する ・クライエントや関係者からのアセスメントデータを分析する際には、人間行動や社会環境、環境のなかの人、学際的な理論的枠組の知識を活用する ・クライエントと関係者のストレングス、ニーズ、困難についての重要なアセスメントにもとづいて、相互に合意できる介入目標と課題を設定する ・アセスメントや調査による知見、クライエントと関係者の価値と選好にもとづいて、適切な介入の戦略を選ぶ

	シャルワーカーは、自身の個人的な経験や情緒的な反応がどのようにアセスメントや意思決定に影響する可能性があるかを理解している。	
(8) 個人、家族、グループ、組織、コミュニティに介入する	ソーシャルワーカーは、介入が多様な個人、家族、グループ、組織、コミュニティとともに、またそれらに代わって行うソーシャルワーク実践の力動的で相互作用的なプロセスのなかの継続的な要素だということを理解している。ソーシャルワーカーは、個人、家族、グループ、組織、コミュニティを含むクライエントと関係者の目標を達成するための根拠にもとづく介入について知識をもっている。ソーシャルワーカーは、人間の行動と社会環境についての理論を理解しており、この知識を評価し、クライエントと関係者に効果的に介入できるように活用する。ソーシャルワーカーは、クライエントと関係者の目標を達成するための根拠にもとづく介入を特定し、分析し、実施する方法を理解している。ソーシャルワーカーは、介入において専門職間のチームワークとコミュニケーションを重視し、良い結果を得るためには学際的、専門職間、組織間の協働が必要になる可能性があることを認識している。	・実践目標を達成し、クライエントや関係者の能力を強めるために、注意深く介入を選んで実施する ・クライエントや関係者に介入する際には、人間行動や社会環境、環境のなかの人、学際的な理論的枠組についての知識を活用する ・有益な実践結果を得るために、必要に応じて専門職間で連携・協働する ・多様なクライエントや関係者と、そして彼らに代わって、交渉、仲介、代弁をする ・相互に合意した目標に向かって進めるような効果的な移行と終結を促進する
(9) 個人、家族、グループ、組織、コミュニティへの実践を評価する	ソーシャルワーカーは、評価が多様な個人、家族、グループ、組織、コミュニティとともに、またそれらに代わって行うソーシャルワーク実践の力動的で相互作用的なプロセスのなかの継続的な要素だということを理解している。ソーシャルワーカーは、実践、政策、サービス提供を効果的に向上させるためにプロセスと結果を評価することの重要性を認識している。ソーシャルワーカーは、人間行動と社会環境についての理論を理解しており、この知識を評価し、結果を評価する際に活用する。ソーシャルワーカーは、結果と実践の効果を評価するための量的・質的な方法について理解している。	・結果評価のために、適切な方法を選んで使う ・結果評価の際には、人間行動や社会環境、環境のなかの人、その他の学際的な理論的枠組についての知識を活用する ・介入およびプログラムのプロセスと結果を注意深く分析し、モニターし、評価する ・評価で発見したことを、ミクロ・メゾ・マクロレベルにおける実践効果を改善するために活用する

出典：日本ソーシャルワーク教育学校連盟「ソーシャルワーク演習のための教育ガイドライン」pp.6-9, 2020.を一部改変

第4章

ソーシャルワーク実践のための力の獲得

◇参考文献
・CSWEホームページ　https://www.cswe.org/
・Council on Social Work Education, 'Educational Policy and Accreditation Standards for Baccalaureate and Master's Social Work Programs', 2015. https://www.cswe.org/getattachment/Accreditation/Standards-and-Policies/2015-EPAS/2015EPASand Glossary.pdf.aspx
・日本ソーシャルワーク教育学校連盟「ソーシャルワーク演習のための教育ガイドライン」2020.

「精神保健福祉士のキャリアラダー」に基づく実践力の獲得

学習のポイント

- 資格取得後も学び続ける力を養うことの意義と必要性を理解する
- ソーシャルワークの実践力を身につけるために必要な力を具体的に理解する

　本節では、養成課程修了後の現任者教育（以下、現任教育）の意義と必要性を説明する。そして、精神保健福祉士の職能団体である、公益社団法人日本精神保健福祉士協会が現任教育の維持・継続を目的に策定した「精神保健福祉士のキャリアラダー」をもとに、ソーシャルワーク実践者として求められる力を具体的に説明する。

養成教育と現任教育での学びの連続性

■1 国家資格取得が自己研鑽のスタートライン

　精神保健福祉士の国家試験は、知識の習得状況でその合否を判定する形式がとられている。一方で国家試験に合格し、精神保健福祉士としての登録を行った者には、知識だけでなく価値や技術を一定水準以上に保つことが求められる。そのため、国家資格の取得と同時に、専門職としての「資質向上の責務」（精神保健福祉士法第41条の2）が課されることとなる。

　精神保健福祉士の支援対象となるクライエントは、一人ひとりが複雑な生活福祉課題に直面しており、専門職として支援を行うためには精神保健福祉士自身の力量を蓄えていかなければならない。さらに、あらゆる人々の精神的健康の保持や増進、精神障害者の社会的復権といった、社会からの期待や要請に応えるためにも、新任期からベテランまでのすべての精神保健福祉士が資質向上に向けた研鑽を積んでいくことが不可欠となる。

■2 新任期の精神保健福祉士の特徴

　養成機関での専門職教育（以下、養成教育）を修了後に社会人として職場に配属されると、ソーシャルワーク実践より前に、所属する組織や

配属部署の規範や文化、そこでの自身の役割と業務を覚えていくことになる。このような組織の一員になっていくプロセスのことを組織社会化という。精神保健福祉士として働きだせば、クライエントだけでなく同僚や上司をはじめ、他部署の関係者や地域住民など多様な人々とかかわることになる。そのため適切な挨拶や言葉遣いといった接遇やマナーにも、十分な注意を払わなければならない。

また、専門職としてアンバランスさに悩む時期でもある。精神保健福祉士は医療職などと比べると、職業アイデンティティの獲得が比較的ゆるやかであると考えられている。それは、ソーシャルワークの専門性はそれ単体だけで向上することはなく、自身の人間性や社会性に影響を受けて少しずつ積み上がっていくものだからである。近年では機関・組織における雇用状況から即戦力として期待されることもあるが、日々の新たな経験を通して、専門職となった実感を少しずつ得ていくことができる。

このように新任期では、職場への適応に苦慮したり、職場での役割期待が自分の思い描いたソーシャルワーカー像と異なって悩んだりすることがある。その一方で、多くの知識や体験を吸収し、成長につなげていくことができる時期でもある。

3 精神保健福祉士のキャリアラダー

採用された職場では新人教育の一環として、研修等を準備していることが多い。ただし、その研鑽機会は業務を円滑に遂行することが目的で、専門性を養うことを目的としていない場合がある。専門性に特化した研修であったとしても、一人ひとり実践経験の長短や得意・不得意などがあり、知識や技術の習得状況は異なるため、与えられた研鑽機会にただ闇雲に参加し続ければよいというものではない。

日本精神保健福祉士協会では、精神保健福祉士の研鑽を支えるために多くの研修や支援ツールを提供している。その一つが、「精神保健福祉士のキャリアラダー」である。

精神保健福祉士として実務経験を積み上げるなかで、どの段階までにどのような力量を蓄えたらよいかは、自分だけで把握しきれるものではない。専門職としての成長を支援するために必要なことは、自身の目標を見定めて、着実に実践能力を獲得していけるように目安を示すこと、そして、そのための道筋を示すことである。そこで、次に、実際に「精神保健福祉士のキャリアラダー」に書かれた実践能力の項目に沿って、

★組織社会化
社会学用語の一つ。組織に新しく加わったメンバーが組織の一員となるために求められる組織の規範・価値・行動様式を受け入れ、職務遂行に必要な技能を習得し、組織に適応していく過程のこと。

★精神保健福祉士のキャリアラダー
ラダーとは"はしご"を意味する。つまり、キャリアラダーとはソーシャルワーク実践に必要な力量を項目別・レベル別に表した体系図のことであり、実践能力を獲得するための指標の役割を果たす。「精神保健福祉士のキャリアラダー」の実物は、横軸に資質向上の5つの段階（ステップ）を設定し、縦軸には専門職業人として備えていくべき力量が並べられている。

ソーシャルワーク実践に求められる力を具体的に説明する。

2 ソーシャルワーク実践に求められる力

表4-2 には「精神保健福祉士のキャリアラダー」に挙げられている、備えるべき力量の具体的項目を示した。精神保健福祉士には、アセスメント力や連携・協働・チーム形成力、ソーシャルアクションを推進する力などソーシャルワークに直接必要になるものから、後進を育てる力、実践成果を発信する力、あるいはビジネスマナーのような社会人として必要な力、自分の生活と仕事とのバランスを保つ力まで、実に多岐にわたる力量を備えることが求められる。ここでは、ソーシャルワーカーと

表4-2　精神保健福祉士に求められる力量

項目	キーワード
1．仕事と暮らしの調和	
⑴健康状態の自己管理	健康管理のマネジメント、ストレスチェック
⑵仕事と家庭のバランス	ワークライフバランス
2．社会人・組織人としての力	
⑴基本姿勢やマナー	適切なコミュニケーション、社会的規範、法令遵守
⑵組織人としての役割遂行	運営管理、組織経営、就業規則
3．専門職・実践者としての力	
⑴専門的支援関係形成力	協働、信頼関係、自己決定の尊重
⑵アセスメント力	ニーズの把握、人と環境の全体性、多面的理解
⑶支援・介入・調整力	ケアマネジメント、分野横断的支援、包括的支援
⑷連携・協働・チーム形成力	ネットワーキング、チームアプローチ
⑸コミュニティへのアプローチ・ソーシャルアクション	制度・政策の理解、地域組織化、情報発信
4．自己研鑽	
専門性を養うために学び続ける力	クライエントから学ぶ姿勢、学習方法の体系化、キャリアデザイン
5．専門職教育・研究	
⑴ソーシャルワーカーを育てる力	実習指導、スーパービジョン、後進育成
⑵研究、実践成果を示す力	実践の言語化、実践報告・研究への参画
6．ソーシャルワーカー意識	
ソーシャルワーカーアイデンティティ・モチベーションを維持する力	権利擁護、批判的視点、倫理的ジレンマ

★キャリアデザイン
将来設計と訳される。自身の職業人生について自分の経験やスキル、性格などの理解を深めながら、実現したい目標やありたい姿に近づくように、主体的に行動を計画・設計していくこと。

しての実践力に焦点化して「専門職・実践者としての力」、「専門職教育・研究」、「ソーシャルワーカー意識」に関する力量を取り上げる。なお、ここでも引き続き、各項目の内容は新任期の視点や特徴を取り上げる。

1 専門職・実践者としての5つの力

新任期では、先輩や上司から助言を受けて日常業務を行いながら、基本的な知識と技能を獲得していく。困っていること、悩んでいることを自身だけで判断せず、ためらわずに質問をし、助言を受けていくことも必要な力の一つである。

❶専門的支援関係形成力

専門的支援関係形成力は、クライエントをかけがえのない一人の人として尊重し、クライエントの意向や自己決定を尊重しつつ、関係づくりと支援の合意形成を図っていくことができる力である。新任期には、頭では理解していても、現実の生活を目の当たりにすると、クライエントの思いや希望を中心において支援することが思いの外難しいことがある。関係づくりにおいても、経験が浅い精神保健福祉士は「役に立ちたい」と意気込みすぎてしまい、焦りもあって、相手の歩調に合わせられず一方向的なかかわりになってしまうことがある。そのため、まず助言を受けながら、「クライエントと基本的な信頼関係を形成し、専門的支援関係を意識してかかわることができること」が達成課題となる。

❷アセスメント力

ここでは、クライエントの抱える問題やニーズを把握し、心身状態や環境要因など、全体的な視点からアセスメントできる力を意味する。新任期は、支援の見通しがうまく立てられないことに悩みつつも、クライエントが望む生活の実現に寄与するために何ができるか考え続ける時期である。あらゆる視点から状況を理解し、個人や環境のストレングスを見出そうとしていくことが当面の目標となる。そのための達成課題として、助言を受けながら、「クライエントや関係者から必要な情報を収集し、個人を取り巻く環境を見据えつつ問題解決に必要な課題を整理していくことができること」が挙げられる。

❸支援・介入・調整力

支援・介入・調整力は、ケアマネジメント等の手法を活用して、具体的な支援計画を立案し、実行するための力である。新任期には、精神保健福祉士自身がこれまでに体験したことがない場面に遭遇し、どうすればよいのか悩みながら支援に取り組まなければならず、行き詰まってし

まうことも少なくない。そのため、助言を受けながら、「問題解決やニーズの充足に必要な社会資源の情報を収集して支援に活用できること」、「リハビリテーション計画に基づいてプログラムを提供することができること」、「各種サービスの利用にあたって他機関と具体的な調整を行うことができること」などから達成課題が選択される。

❹連携・協働・チーム形成力

精神保健福祉士には、クライエントを中心とした支援チームを築き、密な連携をとりながら援助を展開していくためのコーディネーターとしての役割が求められる。そのためには、まずは関係機関の所在地を知り、機能と役割を理解したうえで、担当者とやりとりができるようにならなければ始まらない。そのうえで、新任期の達成課題には、「ケア会議の進め方を学び、助言を受けながら実施できること」や、「支援チームの一員として求められる役割を遂行することができること」などが考えられる。

❺コミュニティへのアプローチ・ソーシャルアクション

コミュニティへのアプローチ・ソーシャルアクションは、クライエントが地域でごく当たり前の生活をしていくために、不足している制度等を改善していく活動に関与したり、地域共生社会の実現に向けて住民に必要な働きかけができるようになることを指している。新任期には想像しにくい力量であるが、準備段階としてできることは、所属組織のなかだけに目を向けるのではなく、組織が所在する地域に関心を寄せることである。具体的には、住民との対話を意識して行うようにしたり、その地域の人口や文化・歴史、産業や交通などを調べたり、社会福祉に関するサービスを把握したりすることが一例として挙げられる。そうしたなかで、新任期の達成課題には、助言を受けながら、「社会制度や政策等に関する知識を形式的な理解にとどめず、目の前で展開される実践と結びつけて考え、実用的な理解に深めていくことができること」や、「地域住民の理解を促す啓発活動に関与することができること」が挙げられる。

■2 ソーシャルワーカーを育てる力、研究・実践成果を示す力

今や精神保健福祉士は診療報酬や施設等の設置基準の対象となるなど社会からの要請も高まり、精神医療・障害福祉分野だけではなく幅広い領域で活躍が期待されるようになっている。そのための質の担保という視点からも、後進育成を含めた専門職教育を充実させていく必要があ

る。また、昨今の多様で複雑な生活福祉課題を抱えたクライエントへのかかわりには、新たな支援手法等を開発していくことも求められている。これらの要請に対して、新任期は専門性の土台を固めるために、まずもって「育っていく力の修得」が目指される。たとえば、「今後自身が後輩を指導していくことを見据えて、スーパービジョンを受けることができること」や、「実践を言語化していく力をつけるために、実践報告・事例検討を機関内で行うことができること」などが達成課題の候補となる。

3 ソーシャルワーカーとしてのアイデンティティとモチベーションを維持する力

ソーシャルワーカーとしてのアイデンティティは、専門的な知識や技術に加え、価値や倫理に基づく態度と姿勢を養い、組織や社会との間で生じる矛盾や葛藤に向き合い続けること、「本当にそうであるのか」と批判的な視点をもって実践を省察することなどから磨かれていくものである。また、実践を行い続けるモチベーションは、たとえばクライエントとのかかわりのなかで得られた喜びや充実感、あるいは、ともするとつかみ難い自身の実践力を周りから認められていく過程で維持・向上していくものである。ソーシャルワーカーとしてのアイデンティティとモチベーションを維持する力は、精神保健福祉士としての一歩を踏み出した新任期には大事な力の一つとなる。そこで、「日々の実践が専門性に基づいた態度や姿勢で行われているかを振り返ることができること」や、「実践を通して社会的責務や役割を理解することができること」、「精神保健福祉士の仲間とのつながりをつくることができること」などが達成課題と考えられる。

3 学び続けるための力を養うために

今一度、精神保健福祉士の倫理綱領を読んでもらいたい。倫理綱領には4つの責務が謳われており、精神保健福祉士にはクライエント（利用者）・専門職・機関・社会を対象とした幅広いソーシャルワーク実践を包括的に行う役割がある。それは一朝一夕で行えるものではないため、現場に立った精神保健福祉士は研鑽を絶えず行うことによって、自身の専門性を維持・向上させていく必要がある。実践と研鑽は車の両輪のような関係であるともいえよう。

現任者の研鑽は養成教育時とは異なり、自らがその機会を選び、調整し、行動に移さなければならない。しかし、実践現場の毎日は目まぐるしく、研鑽の必要性はわかっていても、実践を振り返ることや研修を受講することなどが後回しになることも少なくない。つまり、主体的かつ自発的に学び続けることは"言うは易く行うは難し"なのである。

　だからこそ、職能団体を積極的に活用することが望まれる。日本精神保健福祉士協会では、本章で紹介した「精神保健福祉士のキャリアラダー」のほか、現任者が育ち続けられるための生涯研修制度も用意している。精神保健福祉士が着実に実践力を身につけるためには、一人ではなく職場内外の同職種の支援を受けながら、自身の力量や期待される役割を自己分析したうえで「なりたい自分」の目標を立て、そのために達成すべき課題に対し、具体的な取り組みを可視化していくことが効果的である。そこで、理論を含む知識と実践を切り結ぶための質の高い振り返り（リフレクション）やスーパービジョンなど、手助けになる社会資源を上手に組み合わせながらその過程を歩んでいくことが、日々の実践と向きあいながら資質を磨くことにつながる。最後に、ソーシャルワーカーとして活躍し続けることができるように、自分の成長を応援してもらえる自身のためのネットワークを築いていくことの大切さを付け加えておきたい。

◇参考文献
・岡田隆志・越智あゆみ・松本すみ子「PSWの資質向上に関する研究——経験年数による違いに着目した現任教育への提言」『精神保健福祉』第50巻第2号，2019.
・日本精神保健福祉士協会「精神保健福祉士の倫理綱領」2013.
・日本精神保健福祉士協会「精神保健福祉士のキャリアラダー」2020.
・Maanen, J. V., Schein, E., *Toward a theory of organization socialization : Annual review of research in organizational behavior*, vol.1, JIP Press, 1978.
・加藤洋平『成人発達理論による能力の成長——ダイナミックスキル理論の実践的活用法』日本能率協会マネジメントセンター，2017.
・日本精神保健福祉士養成校協会編『精神保健福祉士の養成教育論——その展開と未来』中央法規出版，2016.

索引

鶉 領太郎 （うずら・りょうたろう） ──────────────── 第 3 章事例 7
静岡福祉大学社会福祉学部助教

大塚 ゆかり （おおつか・ゆかり） ──────────────── 第 3 章事例 20
山梨県立大学人間福祉学部教授

大場 義貴 （おおば・よしたか） ──────────────── 第 3 章事例 18
聖隷クリストファー大学社会福祉学部准教授

岡﨑 直人 （おかざき・なおと） ──────────────── 第 3 章事例 4
日本福祉教育専門学校精神保健福祉士養成学科学科長

岡田 隆志 （おかだ・たかし） ──────────────── 第 4 章第 2 節
福井県立大学看護福祉学部准教授

北本 明日香 （きたもと・あすか） ──────────────── 第 3 章事例 24
福島学院大学福祉学部講師

倉知 延章 （くらち・のぶあき） ──────────────── 第 3 章事例 8
九州産業大学人間科学部教授

齋藤 敏靖 （さいとう・としやす） ──────────────── 第 3 章事例 16
東京国際大学人間社会学部教授

坂入 竜治 （さかいり・りゅうじ） ──────────────── 第 3 章事例 1
武蔵野大学人間科学部助教

栄 セツコ （さかえ・せつこ） ──────────────── 第 2 章
桃山学院大学社会学部教授

佐藤 純 （さとう・あつし） ──────────────── 第 3 章事例 5
京都ノートルダム女子大学現代人間学部准教授

高木 善史 （たかぎ・よしふみ） ──────────────── 第 3 章事例 6
東京家政大学人文学部特任講師

田村 綾子 （たむら・あやこ） ──────────── 第 1 章第 3 節、第 3 章序・事例 27
聖学院大学心理福祉学部教授

富島 喜揮 （とみしま・のぶき） ──────────────── 第 3 章事例 22
四国学院大学社会福祉学部教授

福島 喜代子 （ふくしま・きよこ） ──────────────── 第 3 章事例 14
ルーテル学院大学総合人間学部教授

松本 すみ子 （まつもと・すみこ） ──────────────── 第 3 章事例 10
東京国際大学人間社会学部教授

三澤 孝夫 （みさわ・たかお） ──────────────── 第 3 章事例 26
駒澤大学文学部講師

八木 亜紀子 （やぎ・あきこ） ──────────────── 第 3 章事例 17
福島県立医科大学放射線医学県民健康管理センター特任准教授

最新 精神保健福祉士養成講座

7 ソーシャルワーク演習［精神専門］

| 2021年2月1日 | 初　版　発　行 |
| 2024年9月5日 | 初版第4刷発行 |

編　集　　一般社団法人日本ソーシャルワーク教育学校連盟
発行者　　荘村明彦
発行所　　中央法規出版株式会社
　　　　　〒110-0016　東京都台東区台東3-29-1　中央法規ビル
　　　　　TEL 03（6387）3196
　　　　　https://www.chuohoki.co.jp/

印刷・製本　株式会社アルキャスト
本文デザイン　株式会社デジカル
装　　帧　株式会社デジカル
装　　画　酒井ヒロミツ